JEDZ I TRENUJ

JEDZ I TRENUJ

PORADNIK ODŻYWIANIA DLA AKTYWNYCH

WARSZAWA 2015

Tytuł oryginału: ***Nancy Clark's Sports Nutrition Guidebook 4th Edition***

Przekład: Anna Siecińska
Redakcja: Ewa Zarzycka
Redakcja merytoryczna: Justyna Marszałkowska-Jakubik – Centrum Dietetyczne Prolinea
Korekta językowa: Matylda Pawłowska
Skład i projekt graficzny: Kaja Mikoszewska/Grażyna Kozłowska
Fotografie na okładce: © Depositphotos.com/Franck Camhi

www.bukrower.pl

ISBN: 978-83-64131-17-2

W podzięce za ich cierpliwość, wyrozumiałość i miłość
dedykuję tę książkę mężowi Johnowi
oraz dzieciom Johnowi Michaelowi i Mary.
To oni sycą moje serce i są wzmocnieniem mej duszy.

SPIS TREŚCI

WSTĘP

„Fatalnie się odżywiam. Nie mam problemów z treningiem, ale zupełnie nie umiem właściwie się odżywiać".

„Ciężko trenuję, ale efekty nie są tak dobre, jak bym chciał. Przypuszczam, że problem tkwi w mojej diecie".

„Zupełnie się gubię w tym, co należy jeść. Czym tak naprawdę jest zbilansowana dieta?"

Oto zaledwie kilka pytań i problemów, jakimi dzielą się ze mną sportowcy i osoby wiodące aktywny tryb życia. Najczęściej nie mają pojęcia, co i kiedy powinny jeść; co spożywać przed, w trakcie i po wysiłku; jak się odnaleźć w gąszczu produktów spożywczych przeznaczonych dla sportowców; jak wybrać dietę, która pozwoli im pozbyć się tłuszczu i zwiększyć masę mięśniową.

Nie mam najmniejszych wątpliwości, że spożywanie odpowiednich produktów we właściwym czasie ma niezwykle pozytywny wpływ na naszą sprawność i wagę – oraz na nasze zdrowie i dobre samopoczucie w przyszłości. Pomogłam już wielu sportowcom zwiększyć masę mięśniową, szybciej biegać w maratonach i rywalizować z większą energią. Pomogłam również wielu entuzjastom aktywności fizycznej lepiej trenować, schudnąć i osiągać świetne wyniki. Jednak zbyt wiele aktywnych osób źle się odżywia i nie ma ochoty tego zmienić. Wydaje im się, że dobre odżywianie wymaga głodzenia się i rezygnacji z pysznego jedzenia. Nic bardziej mylnego.

Książka *Jedz i trenuj. Poradnik odżywiania dla aktywnych* rozwiewa wątpliwości co do tego, ile należy spożywać węglowodanów, białka i tłuszczów, oraz uczy, jak czerpać przyjemność z jedzenia smacznych i odżywczych posiłków, dążąc do sportowego sukcesu. Znajdziesz tu najświeższe informacje i omówienie kwestii, które są szczególnie ważne dla większości ludzi uprawiających sport:

- Jak pozbyć się niechcianego tłuszczu i zachować energię do ćwiczeń
- Kiedy należy jeść, by utrzymać optymalny poziom energii, przyrost mięśni i sprawność – koniec z opadaniem z sił podczas treningów
- Zachowanie równowagi i najlepsze źródła węglowodanów – paliwa dla mięśni, oraz białka – ich budulca; przykładowe menu i porady
- Ile tłuszczu należy spożywać i jak rozpoznać produkty zawierające zdrowe tłuszcze
- Jak zapewnić właściwy poziom białek w posiłkach, nawet jeśli nie jesz mięsa
- Jak sprytnie wprowadzić więcej owoców i warzyw do jadłospisu, by czerpać z nich mnóstwo witamin i minerałów
- Jak ujarzmić „ciasteczkowego potwora" (wskazówka: potwór atakuje, kiedy czujemy głód).

Jeśli chcesz być sprawniejszy i zdrowszy, najnowsze informacje zawarte w tej książce pomogą ci w tym. Znajdziesz tu odpowiedzi na pytania o indeks glikemiczny, aminokwasy, napoje izotoniczne, żywność dla sportowców, syrop glukozowo-fruktozowy, skurcze mięśni, żywność organiczną, niedobór sodu, regenerację po wysiłku, a także wskazówki dotyczące wprowadzenia tej wiedzy w życie. Bez względu na to, jaką dyscyplinę uprawiasz, nie zaniedbuj posiłków i sportowych przekąsek!

Z najserdeczniejszymi życzeniami zdrowia, niewyczerpanych pokładów energii i sukcesów

Nancy Clark

PODZIĘKOWANIA

Pragnę z całego serca podziękować mojej rodzinie. Bez miłości i wsparcia mojego męża Johna, syna Johna Michaela oraz córki Mary zabrakłoby mi determinacji, poczucia sensu i równowagi, które napełniają moje życie energią i inspiracją.

Moim partnerkom biegowym, Jean Smith i Catherine Farrell, dziękuję za dzielenie ze mną życiowych maratonów.

Dziękuję moim pacjentom, od których uczę się indywidualnego podejścia do sportowego odżywiania. Dzieląc się ze mną swoimi doświadczeniami, pozwalają mi pomagać innym. W książce często ich cytuję, jednak zmieniłam imiona, by chronić ich prywatność.

Doceniam wkład licznych autorów przepisów kulinarnych oraz wiernych testerów tych przepisów: moich sąsiadów Joany i Rexa Hawleyów, mojej mamy i brata, Janice i Warrena Clark, oraz najbliższej rodziny.

Dziękuję również wydawnictwu Human Kinetics za wsparcie podczas pracy nad książką. Specjalne podziękowania kieruję do Rainera Martensa, Martina Barnarda, Jasona Muzinica, Heather Healy, Alexis Koontz, Kim McFarland, Sue Outlaw, Nancy Rasmus oraz Carli Zych.

CZĘŚĆ I

Codzienna dieta dla aktywnych

ROZDZIAŁ 1

Wysokoenergetyczny plan żywieniowy

„Dieta to moje słabe ogniwo. Wiem, że czułbym się lepiej, miałbym więcej energii i lepiej bym trenował, gdybym lepiej się odżywiał. Ale nie wiem, co powinienem jeść i zwyczajnie jestem zbyt zajęty, żeby o tym myśleć. Pomocy".

Paul

Jeśli jesteś w sytuacji Paula oraz większości moich pacjentów, wiesz, że jedzenie to paliwo organizmu, że ma ogromny wpływ na zdrowie – ale nie potrafisz się prawidłowo odżywiać. Być może przesypiasz śniadanie, pracujesz w porze lunchu, nie dojadasz albo napychasz się niezdrowymi przekąskami. Studenci, rodzice, ludzie biznesu, amatorzy sportu i zawodowi sportowcy – wszystkich frustrują nieudane próby wprowadzenia w życie zdrowej diety. Stres i zmęczenie wynikające z wielogodzinnej pracy, próby schudnięcia oraz wysiłki związane z treningami mogą sprawić, że jedzenie zamiast przyjemnością staje się kolejnym źródłem frustracji. W dzisiejszej kulturze jedzenia na wynos prawidłowe odżywianie może się wydawać trudniejsze niż kiedykolwiek.

W tym rozdziale dowiesz się, jak się właściwie odżywiać i zapewnić organizmowi paliwo na cały dzień, nawet przy stresującym trybie życia. Nieważne, czy ćwiczysz na siłowni, grasz w szkolnej drużynie, chcesz zostać olimpijczykiem, czy po prostu potrzebujesz dużo siły na zabawy z dziećmi – możesz odżywiać się w taki sposób, by zapewnić sobie dobre zdrowie i mnóstwo energii, nawet jeśli zwykle jadasz w biegu.

Nie dopuszczać do zbyt silnego głodu – oto klucz do zdrowego odżywiania. Kiedy jesteśmy bardzo głodni, mniej przejmujemy się tym, co zjadamy, i chcemy wynagrodzić sobie głód czymś słodkim. Aby uniknąć głodu, trzeba dostarczać organizmowi odpowiednią dawkę paliwa w ciągu dnia. Najczęściej jednak wtedy nie dojadamy i nadrabiamy to wieczorem. Zapobiegając uczuciu głodu, można zahamować fizjologiczną potrzebę podjadania, a także pragnienie nagradzania się – dajmy na to – kawałkiem ciasta czekoladowego.

W kolejnych rozdziałach omówimy planowanie posiłków – śniadań, lunchów, obiadów i przekąsek – teraz jednak zajmiemy się tworzeniem optymalnej sportowej diety w codziennym życiu.

OPRACUJ PLAN ZDROWEGO ODŻYWIANIA

Tworząc plan zdrowego odżywiania, pamiętaj o trzech zasadach:

1. Zjadaj co najmniej trzy, a najlepiej pięć różnych składników odżywczych w każdym posiłku. Specjaliści zalecają spożywanie pięciu rodzajów składników pokarmowych w posiłku: białka, ziaren, owoców, warzyw i nabiału. Im bardziej zróżnicowane składniki, tym większa różnorodność witamin, minerałów i innych substancji odżywczych. Zamiast każdego tygodnia zjadać powtarzalny zestaw dziesięciu czy 15 produktów, staraj się zjadać 35 różnych rodzajów pokarmów. Możesz to osiągnąć, zamieniając jeden rodzaj płatków śniadaniowych z mlekiem, bananem i migdałami na różne rodzaje płatków z różnymi owocami i orzechami; zamiast ciągle jeść kanapkę z indykiem na lunch, wybieraj różne rodzaje pieczywa z różnym wypełnieniem: chleb żytni, indyk, ser, awokado i minimarchewki na dodatek – zacznij liczyć!
2. Wybieraj pokarmy nieprzetworzone. Na przykład pomarańczę zamiast soku pomarańczowego, banana zamiast batonika energetycznego, pieczywo pełnoziarniste zamiast białego, gotowane ziemniaki zamiast frytek. Pokarmy nieprzetworzone lub lekko przetworzone najczęściej zawierają więcej składników odżywczych, a mniej sodu, tłuszczów trans i innych niezdrowych składników.
3. Bądź realistą. Traktuj zdrowe produkty jako bazę, ale nie pozbawiaj się przyjemności jedzenia tego, co bardzo lubisz. Nie myśl o jedzeniu wyłącznie w kategoriach „dobre" lub „złe", ale staraj się spożywać 85–90 procent zdrowych posiłków i 10–15 procent produktów o mniejszej wartości odżywczej. Dzięki takiemu podejściu nawet puszka gazowanego napoju i frytki mają prawo pojawić się w twojej diecie, jeśli masz na nie ochotę. Trzeba je tylko zrównoważyć zdrowszymi pokarmami w ciągu dnia. Jeśli na śniadanie pozwolisz sobie na tłustą kiełbaskę i ciacho, dobrym pomysłem będzie niskotłuszczowa kanapka z indykiem na drugie śniadanie i grillowana ryba na obiad.

Jaki kształt ma twoja dieta?

Zróżnicowana dieta to podstawa dobrego odżywiania, jednak wielu moich pacjentów odżywia się bardzo monotonnie: jabłka, jabłka, jabłka; batonik, batonik, batonik; makaron, makaron, makaron. Powtarzalność ułatwia życie, zmniejsza ilość podejmowanych decyzji i upraszcza zakupy, ale może prowadzić do niedoboru pewnych składników i w konsekwencji do ciągłego zmęczenia. Jeśli twoja dieta bardziej przypomina linię niż okrąg (lub talerz) wypełniony w trzech czwartych owocami, warzywami i produktami pełnoziarnistymi, a w jednej czwartej w produkty bogate w białka - czytaj dalej. Dowiesz się, jak zjadać więcej najlepszych pokarmów, a mniej całej reszty oraz jak stworzyć plan żywienia zapewniający dużo energii, zdrowie, wysoką wydolność i optymalną wagę.

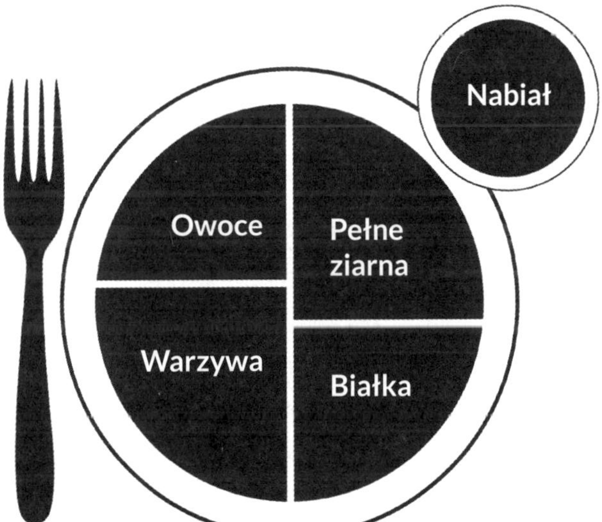

CZYM WYPEŁNIĆ TALERZ?

Rząd amerykański co pięć lat aktualizuje zalecenia żywieniowe – najważniejsze dotyczą jedzenia o wysokiej wartości odżywczej i utrzymywania odpowiedniej wagi. W dalszych częściach książki będę omawiać te wytyczne bardziej szczegółowo, tu podsumowuję, jakie produkty powinny stanowić podstawę codziennej diety.

- Jedz więcej owoców i warzyw.
- Staraj się jeść różne warzywa, zwłaszcza ciemnozielone, czerwone i pomarańczowe oraz strączkowe.

- Co najmniej połowę produktów zbożowych powinny stanowić produkty pełnoziarniste. Zwiększ spożycie pełnych ziaren, zamieniając mąkę białą na pełnoziarnistą.
- Spożywaj więcej niskotłuszczowego mleka i produktów mlecznych, takich jak jogurt, sery czy napoje wzbogacone w soję.
- Wybieraj różnorodne produkty białkowe, czyli: owoce morza, chude mięso i drób, jaja, fasolę, produkty sojowe, niesolone orzechy i nasiona.
- Jedz więcej owoców morza, zastępując nimi niektóre posiłki mięsne.
- Zamiast produktów białkowych o wysokiej zawartości tłuszczów zwierzęcych (na przykład wołowiny, sera) wybieraj takie o niższej zawartości tłuszczów (na przykład ryby, jaja) i kalorii lub takie, które zawierają tłuszcze roślinne (orzechy, masło orzechowe).
- Zastępuj tłuszcze stałe (masło) płynnymi (oliwą, olejem rzepakowym) wszędzie, gdzie jest to możliwe.
- Wybieraj produkty bogate w potas, błonnik, wapń i witaminę D, takie jak warzywa, owoce, pełne ziarna, mleko i jego przetwory.

Podstawą zdrowej sportowej diety jest spożywanie różnorodnych produktów bogatych w składniki odżywcze z pięciu głównych grup: owoców, warzyw, ziaren, chudego białka i niskotłuszczowego nabiału. Szczegółowe omówienie każdej z tych grup znajdziesz w dalszej części rozdziału.

Na talerzu sportowca odżywiającego się zgodnie z planem żywieniowym 1800 kilokalorii (to minimalna liczba kalorii dla większości aktywnych osób, chyba że starają się schudnąć) powinny znaleźć się:

- Owoce: około 360 mililitrów owoców lub soku dziennie. To łatwe – wystarczy wypić odświeżający koktail z bananem, jagodami i sokiem pomarańczowym.
- Warzywa: około 400 gramów różnokolorowych warzyw dziennie. To może być miska sałaty z pomidorem, papryką, marchewką i młodymi liśćmi szpinaku.
- Ziarna: 175 gramów produktów mącznych, z tego co najmniej połowę powinny stanowić produkty pełnoziarniste. Kromka chleba lub pół miseczki makaronu albo ryżu to około 30 gramów. Zjadając pełnoziarniste płatki na śniadanie i kanapkę z chrupkiego pieczywa na lunch, zrównoważysz porcję białego ryżu lub makaronu na obiad.
- Nabiał: 700 mililitrów niskotłuszczowego mleka lub jogurtu. 60 gramów sera żółtego to odpowiednik jednej szklanki (240 mililitrów) mleka.
- Mięso lub produkty, którymi je zastępujemy: 140 gramów.

28 gramów mięsa = 1 jajko
= 1 łyżeczka masła orzechowego = 14 gramów orzechów

Czyli do dwóch posiłków dziennie zjadamy małą porcję protein.

JAK JEŚĆ? DOBRZE!

W tworzeniu wysokojakościowej diety sportowej pomogą ci poniższe informacje – nawet jeśli zwykle jadasz w biegu i niechętnie bierzesz się do gotowania.

Pełne ziarna i skrobia

Dobra dieta to taka, która zawiera produkty z pełnego przemiału. Pełnoziarniste pieczywo, płatki i inne produkty zbożowe są fundamentem optymalnej diety, zwłaszcza dla sportowca. Ziarna nieprzetworzone lub przetworzone w niewielkim stopniu to doskonałe źródło węglowodanów, błonnika i witamin z grupy B. Dostarczają mięśniom paliwa, chronią je przed nadmiernym zmęczeniem, a jeśli zawierają dużo błonnika, przeciwdziałają zaparciom. Wbrew powszechnemu przekonaniu węglowodany pochodzące z ziaren nie tuczą; to za duża ilość kalorii tuczy. Nadmierną ilość kalorii często spożywamy w postaci tłuszczu (masła, majonezu, sosów), które dodajemy do bułek, chleba, ryżu i innego rodzaju węglowodanów. Jeśli masz problem z nadwagą, proponuję ograniczyć spożycie tłuszczu i nie wykluczać bogatego w błonnik pieczywa, płatków czy innych produktów pełnoziarnistych. Takie potrawy pozwalają ujarzmić głód i pomagają utrzymywać prawidłową wagę ciała. Węglowodany w postaci pełnych ziaren powinny być podstawą zarówno diety odchudzającej, jak i diety sportowca.

Ziarna stanowią około 25 procent kalorii spożywanych przez mieszkańców USA, ale na nieszczęście dla ich zdrowia są to produkty oczyszczone – białe pieczywo, biały ryż, produkty z białej mąki. W procesie oczyszczania ziarna pozbawia się otrębów i zarodków, a co za tym idzie – błonnika, antyoksydantów, minerałów oraz innych prozdrowotnych składników. Osoby, które stale spożywają produkty z mąki oczyszczonej, częściej chorują na choroby przewlekłe, takie jak cukrzyca i choroby serca. Ci, w których diecie przeważają produkty pełnoziarniste, są od 20 do 40 procent mniej zagrożeni chorobami serca i udarem (Flight i Clifton, 2006).

Wybierając ziarna, zwróć uwagę, by były tylko nieznacznie przetworzone, a najlepiej wcale. Na przykład w brązowym ryżu, pełnoziarnistym pieczywie czy ciastkach znajduje się więcej witaminy B, potasu i błonnika niż w białym ryżu, pieczywie i ciastkach z białej mąki. Inne przykłady produktów pełnoziarnistych to: pieczywo z pełnego ziarna, pieczywo graham, tortilla kukurydziana, makaron razowy, kasza gryczana, płatki owsiane i jęczmienne.

Odpowiednia ilość

Aby w pełni pokryć zapotrzebowanie mięśni na energię, węglowodany powinny być bazą każdego posiłku. Należy więc zjadać za każdym razem od 200 do 300 kilokalorii w ziarnach – miseczkę płatków, dwie kromki chleba, miseczkę ryżu. To niewiele dla wygłodniałego sportowca, który podczas jednego posiłku powinien pochłaniać 600–900 kilokalorii. Większość trenujących powinna spożywać dwa, a nawet trzy razy więcej niż standardowe zalecenia w tabelkach na opakowaniach płatków czy makaronu.

Co wybrać

W twojej diecie dominują oczyszczone ziarna (biała mąka, pieczywo, ryż i makaron)? Oto kilka sposobów na zwiększenie spożycia pełnego ziarna, które jest zdrowsze, bardzo smaczne i łatwo dostępne. Pamiętaj, że słowo „ziarno" na opakowaniu nie jest równoznaczne z pełnym ziarnem, a ciemny kolor może być efektem użycia barwnika, więc upewnij się, że produkt jest opisany jako pełnoziarnisty. I nigdy nie rezygnuj z produktów zbożowych, myśląc, że są tuczące. Nic bardziej mylnego.

Płatki pełnoziarniste. Płatki śniadaniowe pełnoziarniste oferują Good Food, Frutina, Fitella, Sportina i Bran Flakes (na ich opakowaniu lub w składnikach musi się znaleźć zwrot „pełne ziarno").

Płatki owsiane. Czy to na ciepło jako owsianka, czy na surowo jako dodatek do musli stanowią przykład doskonałego śniadania, które obniża poziom cholesterolu i chroni przed chorobami serca. Niektórzy trzymają w szufladzie saszetkę owsianki instant jako popołudniową przekąskę. Owsianka (błyskawiczna i zwykła) to produkt pełnoziarnisty zawierający złożone węglowodany, doskonała przekąska przed wysiłkiem.

Grahamki i muffinki. Pieczywo z mąki graham oraz niskotłuszczowe muffiny (z otrębów, kukurydzy, płatków owsianych) są zdrowsze niż pączki, maślane tosty, croissanty, słodkie bułki i muffinki wypiekane z mąki białej. Dodaj do tego kubek jogurtu i małą porcję soku pomarańczowego, a powstanie posiłek na wynos, który łatwo dostaniesz w pobliskim sklepie czy kafejce, jeśli nie zdążysz przygotować go w domu.

Pieczywo pełnoziarniste i ciemne. Wybierając pieczywo, należy pamiętać, że to pełnoziarniste ma zwykle większą wartość odżywczą niż białe. W super-

Dodaj „pełne" do swojej diety

Pełne ziarna dostarczają fitoskładników, które odgrywają kluczową rolę w obniżaniu ryzyka chorób serca, cukrzycy i raka. Aby produkt mógł być uznany za pełnoziarnisty, na pierwszym miejscu listy składników powinien znaleźć się któryś z wymienionych niżej:

Amarantus
Brązowy ryż
Bulgur
Dziki ryż
Jęczmień pełnoziarnisty
Kukurydza
Owies lub płatki owsiane
Popcorn
Proso
Pszenica nieoczyszczona
Pszenżyto
Quinoa (komosa ryżowa)
Sorgo
Żyto

marketach wybieraj znane marki i takie ich produkty, których lista składników zaczyna się od pełnoziarnistej mąki pszennej, żytniej lub płatków owsianych. Przechowuj pieczywo w lodówce, żeby zawsze było świeże. Kupując kanapkę na mieście, poproś o indyka z pomidorem na żytnim pieczywie.

Pełnoziarniste krakersy. Niskotłuszczowe krakersy są doskonałą wysokowęglowodanową przekąską dla sportowca. Upewnij się, że wybierany przez ciebie produkt jest pełnoziarnisty i ma niską zawartość tłuszczu (nie zostawia warstewki tłuszczu na palcach). Godne polecenia są Crakers Api Crich, Sunbites wielozbożowe, Bake Rolls pełnoziarniste i Wasa Delicate Thin Crackers.

Popcorn. Przygotowany na niewielkiej ilości oleju rzepakowego lub bez tłuszczu może być dobrym sposobem na zwiększenie spożycia pełnych ziaren. Rzecz w tym, by nie zatapiać go w tłuszczu i soli. Może zamiast niej posypać popcorn mieszanką włoskich lub meksykańskich ziół?

Warzywa

Podobnie jak owoce, warzywa stanowią podstawowe źródło węglowodanów w diecie sportowca. Osobiście nazywam je naturalnymi tabletkami witaminowymi, bo stanowią doskonałe źródło witaminy C, beta-karotenu (prowitaminy A), potasu, magnezu oraz wielu innych witamin, minerałów i substancji prozdrowotnych. Generalnie warzywa mają nieco większą wartość odżywczą niż owoce. Jeżeli jesz mało owoców, możesz to nadrobić, zjadając więcej warzyw. Dostarczysz organizmowi tyle samo witamin i minerałów, jeśli nie więcej.

Odpowiednia ilość

Zaleca się spożywanie codziennie co najmniej dwóch i pół miseczki warzyw (a najlepiej więcej). Wiele zabieganych osób zjada tyle w ciągu tygodnia. Jeśli do nich należysz, postaraj się, kiedy już masz okazję, zjadać zalecaną porcję, owe dwie i pół miseczki, naraz. W ramach inwestowania w zdrowie spróbuj zjeść dwie takie kopiaste porcje w ciągu dnia. Możesz skusić się na dużą kolorową sałatkę w porze lunchu i kilka różyczek brokułów do obiadu. Producenci warzyw bardzo ułatwiają ich spożywanie – wystarczy otworzyć opakowanie z wyborem liści sałat, minimarchewkami czy kostkami dyni piżmowej.

Co wybrać

Wszystkie warzywa są dobre. Oczywiście najlepsze są świeże, z ogrodu, ale takie może być trudno dostać. Dobrym wyborem są mrożonki; mrożenie odbiera warzywom nieznaczne ilości wartości odżywczych. Można też jeść warzywa z puszki; aby zmniejszyć zawartość sodu, możesz opłukać je wodą. W procesie puszkowania warzywa przygotowywane są szybko, dlatego tracą niewiele składników odżywczych. Zbyt długie gotowanie to główny zabójca składników odżywczych, dlatego świeże i mrożone warzywa należy gotować tylko do chwili, kiedy staną się miękkie, najlepiej w kuchence mikrofalowej, parowarze lub woku. Warzywa z puszki wystarczy podgrzać, nie trzeba ich gotować.

Ciemne warzywa o intensywnych kolorach mają zwykle więcej wartości odżywczych niż jasne. Jeżeli chcesz lepiej się odżywiać, wzbogać dietę w brokuły, szpinak, paprykę, pomidory, marchew i dynię. Zawierają więcej składników odżywczych niż sałata, ogórki, cukinia, grzyby czy seler naciowy. (To wcale nie znaczy, że warzywa o mniej intensywnych kolorach są bezwartościowe; te kolorowe po prostu mają więcej witamin i minerałów). Zerknijmy na kilka warzyw pierwszego wyboru.

Brokuły, szpinak i papryka (zielona, czerwona lub żółta). Zawierają mało tłuszczu, a dużo potasu, mnóstwo witaminy C i karotenu, prekursora witaminy A, która ma zbawienny wpływ na zdrowie. Średniej wielkości różyczka brokuła gotowanego na parze zapewnia dzienną dawkę witaminy C, podobnie jak pół dużej papryki. Lubię pogryzać paprykę jako przekąskę zamiast jabłka; w ten sposób dostarczam organizmowi więcej witamin i potasu, a mniej kalorii. Cóż za odżywczy zysk!

Pomidory i sos pomidorowy. Produkty z pomidorów to kolejny łatwy sposób na przemycenie warzyw do diety, na przykład z makaronem lub na pizzy. Są źródłem potasu, błonnika, witaminy C (średniej wielkości pomidor dostarczy połowę zalecanej dziennej dawki), karotenu oraz likopenu, związku chemicznego, który chroni przed niektórymi rodzajami raka. Osoby, które nie chcą tracić czasu na gotowanie, mogą sięgnąć po sok pomidorowy lub warzywny. Można wypić odpowiednią dawkę warzyw, trzeba tylko uważać na gotowe produkty pomidorowe, które często zawierają sporo soli. Osoby z nadciśnieniem powinny ich unikać lub wybierać produkty z niską zawartością sodu. Z drugiej strony po bardzo intensywnym wysiłku bogaty w sód sok pomidorowy pomoże uzupełnić wypocone minerały (patrz rozdział 8).

Warzywa kapustne. Kapusta, brokuły, kalafior, brukselka, jarmuż, kalarepa, rzepa i inne warzywa kapustne mogą chronić przed rakiem. Zrób sobie przysługę i wybieraj je często. W tym przypadku trudno przesadzić z ilością.

Jeśli jesz mało warzyw, zadbaj, aby te, które jesz, były jak najbardziej odżywcze. W wyborze pomoże ci tabela 1.1, podobnie jak dział o sałatach w rozdziale 4.

TABELA 1.1. Porównanie warzyw

Warzywa	Ilość	Kcal	A (IU)	C (mg)	Potas (mg)
Brokuły	1 miseczka, gotowane	50	3500	75	330
Brukselka	8 średnich, gotowane	60	1100	100	500
Buraki	½ miseczki, gotowane	35	30	5	260
Cebula	½ miseczki, siekana	30	0	5	125
Dynia młoda	gotowana, 1 miseczka	35	520	10	345
Dynia zwyczajna	pieczona, 1 miseczka	80	7200	20	890
Fasolka szparagowa	1 miseczka, gotowana	45	180	15	370
Groszek zielony	½ miseczki, gotowany	60	530	10	135
Grzyby	1 miseczka, surowe	20	0	2	260
Jarmuż	1 miseczka, gotowany	40	9600	55	300
Kalafior	1 miseczka, gotowany	30	20	55	180
Kapusta (zielona)	1 miseczka, gotowana	30	200	35	145
Kukurydza	½ miseczki, mrożona	65	180	5	120
Marchew	1 średnia, surowa	30	20250	10	230
Ogórek zielony	⅓ średniej sztuki	15	220	5	150
Papryka zielona	1 miseczka, krojona w kostkę	30	630	90	180
Pomidor	1 nieduży, surowy	25	770	25	275
Sałata lodowa	7 liści	15	455	5	160
Sałata rzymska	2 miseczki, siekana	15	2900	30	320
Seler naciowy	Łodyga 18 cm	5	55	5	115
Szparagi	8 sztuk, gotowane	35	980	30	260
Szpinak	1 miseczka, gotowany	40	14750	20	840
Ziemniak	1 duży ugotowany w mundurku	220	0	50	1700
Ziemniak słodki	1 średni pieczony	120	25000	30	400
Zalecana ilość:	Mężczyźni		>3000	>90	>4700
	Kobiety		>2310	>75	>4700

Według danych J. Pennington, 1998 zawartych w *Bowes & Church's Food Values of Portions Commonly Used.*

Owoce

Owoce to ważne uzupełnienie węglowodanów w sportowej diecie. Są też bogate w błonnik, potas i mnóstwo witamin, zwłaszcza witaminę C. Zawarte w owocach składniki odżywcze wspomagają proces leczenia, ułatwiają regenerację po ćwiczeniach i obniżają ryzyko wystąpienia raka, nadciśnienia i zaparć.

Odpowiednia ilość

Według zasad prawidłowego odżywiania, które obrazuje piramida żywieniowa, należy spożywać co najmniej półtorej miseczki owoców lub soku dziennie – co odpowiada zaledwie jednej lub dwóm standardowym porcjom. Amerykańskie Centrum Kontroli i Prewencji Chorób w ramach zapobiegania wielu chorobom typowym dla podeszłego wieku zachęca, by jeść więcej owoców. Jeśli z jakichś powodów w ciągu dnia ich nie jadasz, wprowadź je jako obowiązkowy element śniadania. Wystarczy szklanka soku pomarańczowego (240 mililitrów) i średni banan wkrojony do płatków, żeby pokryć minimalne dzienne zapotrzebowanie na owoce. Staraj się też zjadać je przy innych okazjach: na przekąskę przed treningiem wybierz suszone owoce zamiast batonika energetycznego albo wypij owocowy koktajl regeneracyjny po wysiłku. Każdy sposób będzie lepszy niż całkowity brak owoców!

Co wybrać

Jeżeli trudno ci wprowadzić owoce do codziennej diety, bo za szybko się psują lub sezon na nie się skończył – oto produkty, które powinny znaleźć się w dobrym planie żywieniowym.

Cytrusy (owoce i soki). Świeżo wyciśnięte soki, owoce świeże, mrożone lub z puszki – pomarańcze, grejpfruty czy mandarynki, zawierają więcej witaminy C i potasu niż wiele innych owoców. Jeśli nie chce ci się bawić w obieranie pomarańczy czy grejpfruta, po prostu wypij sok. Cały owoc ma odrobinę więcej wartości odżywczych, ale sok też doskonale się sprawdzi, jeśli nie ma innego wyboru. W jednej szklance soku pomarańczowego (240 mililitrów) znajduje się więcej niż zalecana dzienna dawka 75 miligramów witaminy C, tyle potasu, ile wypocisz podczas godzinnego treningu, a także kwas foliowy, czyli witamina z grupy B potrzebna do budowy białek i czerwonych krwinek. Możesz też wybrać sok z dodatkiem wapnia, który będzie dawką zdrowia dla twoich kości.

Aby wypijać więcej soków owocowych, zrób zapas świeżo tłoczonego soku, na lunch lub jako przekąskę kupuj sok w kartoniku, możesz też wybierać sok w puszce lub butelce w automacie z napojami. A jeszcze lepiej – zawsze trzymaj w lodówce świeże pomarańcze, które możesz zabrać na trening.

Banany. To niskotłuszczowy, bogaty w potas owoc doskonały dla aktywnych. Banany idealnie uzupełniają potas, jaki tracimy wraz z potem. Potas chroni przed nadciśnieniem. Można wkroić plasterki banana do płatków śniadaniowych, zapakować go do pracy na pyszny deser po lunchu lub trzymać je zawsze pod ręką jako szybką, energetyczną przekąskę. Moim ulubionym zestawieniem jest banan z masłem orzechowym, krakersami niskotłuszczowymi i szklanką chudego mleka – to zbilansowany posiłek lub przekąska zawierająca produkty z czterech grup (owoc, orzechy, zboża, nabiał), dzięki któremu dostarczam organizmowi węglowodany (banan, krakersy) i proteiny (masło orzechowe, mleko).

TABELA 1.2. Porównanie owoców

Warzywa	Ilość	Kcal	A (IU)	C (mg)	Potas (mg)
Ananas	1 miseczka	75	35	25	175
Arbuz	1 miseczka	50	585	15	185
Banan	1 średni	105	90	10	450
Brzoskwinia	1 średnia	35	465	5	170
Czereśnie	10 słodkich	50	145	5	150
Daktyle	suszone, 5 sztuk	115	20	–	270
Figi	1 średnia	35	70	1	115
Grejpfrut	różowy, średni, połówka	40	155	45	170
Jabłko	1 średnie	80	75	10	160
Jagody	1 miseczka	80	145	20	260
Kantalupa	w kawałkach, 1 miseczka	55	5160	70	495
Kiwi	1 średnie	45	135	75	250
Melon miodowy	krojony, 1 miseczka	60	70	40	460
Morele	suszone, 10 połówek	85	2550	1	480
Pomarańcza	1 średnia	60	240	75	230
Rodzynki	⅓ miseczki	150	5	2	375
Sok ananasowy	1 szklanka	140	13	25	335
Sok grejpfrutowy	biały, 1 szklanka	95	25	95	400
Sok jabłkowy	1 szklanka	115	0	2	300
Sok pomarańczowy	świeżo wyciskany, 1 szklanka	110	500	125	500
Sok żurawinowy	1 szklanka	140	10	90	55
Śliwki suszone	5 sztuk	100	830	2	310
Truskawki	miseczka	45	40	85	245
Winogrona	1 miseczka	60	90	5	175
Zalecana ilość:	Mężczyźni		>3000	>90	>4700
	Kobiety		>2310	>75	>4700

Według danych J. Pennington, 1998 zawartych w *Bowes & Church's Food Values of Portions Commonly Used.*

Aby banany dłużej nadawały się do spożycia, przechowuj je w lodówce. Skórka może sczernieć od zimna, ale owoc będzie dobry. Inny sposób to trzymanie obranych kawałków banana w zamrażalniku. Smakują jak lody bananowe, ale mają znacznie mniej kalorii; a dodając mleko można z nich przyrządzić gęsty koktajl.

Bez wątpienia banan to jedna z najpopularniejszych przekąsek wśród sportowców. Widziałam kiedyś rowerzystę, który do kasku przymocował sobie dwa banany – mógł je chwycić w każdej chwili, żeby dodać sobie sił.

Melony, kiwi, truskawki i inne owoce jagodowe. Te odżywcze owoce to również świetne źródło witaminy C i potasu. Wielu moich pacjentów trzyma w zamrażalniku truskawki i kawałki melona gotowe do przerobienia na koktajl śniadaniowy albo odświeżający smoothie przed albo po pracy.

Suszone owoce. Są bogate w potas i węglowodany i możesz je wszędzie ze sobą zabrać. Trzymaj mieszankę suszonych owoców i orzechów w torbie treningowej zamiast kolejnego batonika.

Jeśli jesz mało owoców, zadbaj, by te, które spożywasz, były jak najbardziej odżywcze. Tabelka 1.2 pomoże ci w wyborze.

Ekologiczne znaczy lepsze?

Wielu moich pacjentów zastanawia się, czy kupować owoce i warzywa z upraw ekologicznych. Czy jedzenie organiczne jest lepsze, bezpieczniejsze i bardziej wartościowe? Najprostsza odpowiedź brzmi: z pewnością jest lepsze dla małych producentów i dla środowiska, jednak nie wyróżnia się w istotny sposób pod względem wartości odżywczej. Kwestią sporną pozostaje, czy taka żywność jest faktycznie bezpieczniejsza. Przyjrzyjmy się bliżej, o co w tym wszystkim chodzi.

Słowo „ekologiczny" odnosi się do sposobu uprawy, hodowli i przetwarzania owoców, warzyw, zbóż, mięsa, drobiu, jajek i produktów nabiałowych. Wyłącznie produkty spełniające standardy Departamentu Rolnictwa USDA mogą być oznakowane jako organiczne. (Uwaga: określenia takie, jak „naturalny", „bez hormonów" czy „z wolnego wybiegu" niekoniecznie są równoznaczne z terminem „ekologiczny"). W rolnictwie ekologicznym nie stosuje się nawozów chemicznych, insektycydów ani środków chwastobójczych. Niedozwolone jest także stosowanie hormonów wzrostu, antybiotyków, leków wspomagających wzrost zwierząt i ich odporność na choroby.

Ekologiczne owoce i warzywa mogą być o 30 lub nawet więcej procent droższe od tych ze zwykłych upraw. Czy warto tyle wydawać? Niektórzy twierdzą, że produkty organiczne mają lepszy smak. To, oczywiście, kwestia subiektywna, ale bez wątpienia świeże produkty będą lepiej smakować. Jeżeli chodzi o wartość odżywczą, to według niektórych badań żywność ekologiczna może mieć trochę więcej minerałów i antyoksydantów niż ta uprawiana konwencjonalnie, jednak

Tęcza żywieniowa

Staraj się zjadać warzywa i owoce w najróżniejszych kolorach. Każdy kolor oznacza inny rodzaj prozdrowotnych fitoskładników, obniżających ryzyko wystąpienia raka i chorób serca.

Kolor	Owoce	Warzywa
Czerwony	truskawki, arbuz	czerwona papryka, pomidor*
Zielony	kiwi, białe winogrona, melon miodowy	groszek, fasolka szparagowa, szpinak, brokuły
Granatowy lub fioletowy	jagody, ciemne winogrona, śliwki	bakłażan, buraki
Pomarańczowy	mango, brzoskwinia, morela	marchew, patat, dynia
Żółty	ananas, pomarańcza	cukinia żółta, kukurydza
Biały	banan, gruszka	czosnek, cebula

*Technicznie rzecz biorąc, pomidor jest owocem.

Poniżej podpowiadam, jak wprowadzić więcej kolorów do diety:

Śniadanie
Zacznij dzień od szklanki soku pomarańczowego, który świetnie pobudza. Dodaj banana lub maliny, jagody lub truskawki do płatków śniadaniowych. Ugotuj owsiankę z rodzynkami i suszonymi owocami. Wypij koktajl z jagód, banana, soku i jogurtu.

Lunch
Pogryzaj minimarchewki i czerwoną paprykę. Dodaj suszoną żurawinę lub mandarynki do sałatki. Zjedz zupę jarzynową lub pomidorową.

Przekąski
Trzymaj w szufladzie biurka suszone morele i ananasa. Wypij sok warzywny. W poniedziałek przynieś do pracy zapas owoców na cały tydzień (pięć jabłek, pięć pomarańczy).

Obiad
Zjedz dużą porcję brokułów (świeżych lub mrożonych). Kupuj dynię mrożoną gotową do obróbki termicznej. Dodaj do makaronu dodatkową porcję sosu pomidorowego. Zamawiaj pizzę z dodatkową papryką lub brokułami. W restauracji orientalnej zamawiaj potrawy z dużą ilością warzyw.

różnica jest nieznaczna (Winter i Davis, 2006). Aby ją zniwelować, wystarczy zjadać odrobinę większe porcje.

Ważnym argumentem przemawiającym za kupowaniem ekologicznej żywności, najlepiej pochodzącej od lokalnych producentów, jest dbanie o naturalne zasoby ziemi. Kupując lokalne produkty, wspieramy niewielkich producentów i chronimy tereny wiejskie. Bez naszego wsparcia rolnicy mogą decydować się na sprzedaż ziemi pod budownictwo mieszkalne lub przemysłowe.

Jeśli jednak kupujesz żywność ekologiczną w dużym sklepie sieciowym, musisz brać pod uwagę szerszą perspektywę. Ze względu na duże zapotrzebowanie na organiczne owoce trzeba je transportować na znaczne odległości, na przykład z Kalifornii do Massachusetts. Podczas transportu zużywa się benzynę, produkuje spaliny itp. – czy to nie burzy idealnego obrazu ekożywności?

Drugim ważnym powodem, dla którego kupujemy produkty ekologiczne, jest to, że nie zwierają pestycydów. Ale Agencja Ochrony Środowiska wyznaczyła limity dopuszczalnej zawartości pozostałości pestycydów w jedzeniu*, opierając się na badaniach, które wskazują, że pestycydy nie stanowią „istotnego zagrożenia dla ludzkiego zdrowia". Według dr. Richarda Bonanno, eksperta w dziedzinie upraw z Uniwersytetu Massachusetts-Amherst, który jest również rolnikiem, 65–75 procent żywności z upraw konwencjonalnych nie zawiera wykrywalnych ilości pestycydów. (Jeśli używa się ich prawidłowo i w odpowiednim czasie, ulegają degradacji i stają się obojętne). Wyniki testów warzyw z upraw w Massachusetts wykazały brak pozostałości pestycydów w 100 procentach próbek. Bonanno donosi, że zaledwie 0,5 procent standardowej żywności przekracza standardy Agencji Ochrony Środowiska (ale już od trzech do czterech procent żywności importowanej). W badaniu 13621 próbek żywności przeprowadzonym w 2005 roku wykazano, że standardy przekraczane były maksymalnie o 0,2 procent. Stowarzyszenia promujące uprawy ekologiczne ostrzegają jednak, że niewielkie ilości pestycydów mogą kumulować się w organizmie. Może to mieć szczególne znaczenie w okresach wzrostu, na przykład we wczesnym dzieciństwie.

Kwestia wyboru żywności standardowej lub ekologicznej zależy więc od indywidualnych preferencji. Bonanno uważa, że hasło „ekologiczna uprawa" stało się po części marketingową sztuczką; żywność ekologiczną przedstawia się jako bezpieczniejszą i lepszą. Jego zdaniem producenci takiej żywności kierują swoje produkty do osób zamożnych, bo tylko takie na nią stać.

Co więc ma zrobić głodny, ale biedny sportowiec?

- Jeść różnorodne produkty, żeby zminimalizować ekspozycję na jakiś rodzaj pestycydu.
- Dokładnie myć i płukać warzywa i owoce pod bieżącą wodą; w ten sposób można usunąć do 99 procent pozostałości pestycydów (w zależności od rodzaju jedzenia i pestycydu).

---

* W Polsce najwyższy dopuszczalny poziom pestycydów reguluje Rozporządzenie Komisji (UE) nr 491/2014 z dnia 5 maja 2014 r.

- Obierać produkty, takie jak jabłka, ziemniaki, marchew i gruszki (choć przy okazji usuwamy ważne składniki odżywcze).
- Usuwać górne i dolne części selera naciowego, wierzchnie liście sałaty, kapusty.
- Z ekologicznych upraw kupować tylko te owoce czy warzywa, które jemy najczęściej, na przykład jabłka, jeśli zjadasz ich pięć w ciągu dnia.
- Czasem (jeśli nie zawsze) kupować te ekologiczne warzywa i owoce, których uprawy konwencjonalne zawierają najwięcej pozostałości pestycydów pomimo dokładnego mycia. Według danych Environmental Working Group (2006) do parszywej dwunastki należą: jabłka, czereśnie, importowane winogrona, nektarynki, brzoskwinie, gruszki, truskawki, maliny, ziemniaki, papryka słodka, seler naciowy oraz szpinak.
- W przypadku warzyw i owoców zaliczanych do czystej dwunastki (zawierających niewiele pestycydów lub wcale) unikać zbędnych wydatków. Do grupy tej należą: banany, kiwi, ananasy, mango, papaja (zauważ, że papaja, mango i banan mają warstwę ochronną, co zmniejsza ilość pestycydów przenikających do miąższu), szparagi, awokado, brokuły, kalafior, cebula, kukurydza i groszek zielony.

Wiedząc to wszystko, pozostaje nam podjąć indywidualną decyzję o tym, czy wybrać się do sklepu z ekologiczną żywnością i wydać dodatkowe pieniądze. Owszem, kupując u lokalnych ekologicznych producentów, wspierasz małe gospodarstwa, jednak pozostaje kwestią dyskusyjną, czy żywność ekologiczna jest lepsza, bezpieczniejsza i bardziej odżywcza.

Niskotłuszczowy nabiał

Produkty nabiałowe, takie jak niskotłuszczowe mleko, jogurt i ser, to nie tylko szybkie i proste źródło białka, ale także witaminy D (jeśli zostały w nią wzbogacone) oraz wapnia, który jest minerałem ważnym dla budowy kości – i to nie tylko u dzieci czy nastolatków, także u kobiet i mężczyzn w każdym wieku. Dieta bogata w wapń i witaminę D pozwala zachować mocne kości, obniża ryzyko osteoporozy, chroni przed nadciśnieniem i może pomagać w utrzymywaniu właściwej wagi (Caan i inni, 2007). Witamina D pomaga zapobiegać wystąpieniu chorób, takich jak fibromialgia, cukrzyca, stwardnienie rozsiane oraz reumatoidalne zapalenie stawów (Lappe i inni, 2007).

Produkty nabiałowe nie są jedynym naturalnym źródłem wapnia, ale zwykle zawierają go najwięcej i są najwygodniejsze dla osób jedzących w biegu. Jeśli ograniczasz ilość spożywanego nabiału ze względu na nietolerancję laktozy lub nie chcesz jeść produktów pochodzenia zwierzęcego, możesz mieć problem z dostarczaniem organizmowi odpowiedniej dawki wapnia z produktów naturalnych. Na przykład, aby przyswoić taką samą ilość wapnia jak po wypiciu szklanki mleka, musisz zjeść (do wyboru): trzy miseczki brokułów, trzy czwarte paczki świeżego szpinaku, trzy czwarte szklanki suchej białej fasoli, trzy łyżki sezamu lub pięć szklanek mleka sojowego niewzbogaconego w wapń. Wzbogacone w wapń mleko sojowe, sok pomarańczowy czy płatki śniadaniowe (na przykład Cheerios) pomagają zaspokoić zapotrzebowanie na wapń. Tabela 1.3 zawiera listę najpopularniejszych źródeł wapnia (podane ilości zawierają 300 miligramów wapnia). Dodatkowo tabela podaje ilość witaminy D w wymienionych produktach.

Chude mleko (krowie lub sojowe) i inne pokarmy bogate w wapń i witaminę D przez całe życie powinny stanowić ważny element twojej diety. Dopóki kości żyją, potrzebują codziennie nowej dawki wapnia i witaminy D. U dzieci i nastolatków to konieczne do wzrostu. Dorośli również potrzebują wapnia, aby

TABELA 1.3. Zawartość wapnia w produktach

Produkty bogate w wapń	Ilość*	Witamina D (IU)
Nabiał		
Mleko	1 szklanki (240 ml)	100
Mleko w proszku odtłuszczone	⅓ szklanki proszku (75 ml)	100
Jogurt	1 szklanka	100
Ser gouda	45 g	5–15
Serek wiejski	2 miseczki	–
Pizza z serem	2 kawałki	–
Proteiny		
Mleko sojowe (wzbogacone)	1 szklanki (240 ml)	40–120
Tofu	150 g	–
Łosoś z puszki (z ośćmi)	125 g	700
Sardynki z puszki (z ośćmi)	90 g	230–400
Migdały	170 g	–
Warzywa		
Brokuły gotowane	3 miseczki (500 g)	–
Kapusta gotowana	miseczka (200 g)	–
Jarmuż gotowany	1 i ½ miseczki (200 g)	–
Kapusta biała	10 liści (330 g)	–
Produkty wzbogacone w wapń		
Płatki śniadaniowe Cheerios	2 miseczki (60 g)	72
Sok pomarańczowy z wit. D i wapniem	1 szklanki (240 ml)	100

*Odpowiada porcji 300 mg wapnia.

ich kości były mocne. I choć przestajemy rosnąć około 20 roku życia, szczytową gęstość kości osiągamy dopiero w wieku 30–35 lat. Ilość wapnia zgromadzona w kościach do tego czasu jest najważniejszym czynnikiem decydującym o odporności na złamania w wieku późniejszym. Po 35 roku życia kości zaczynają ulegać naturalnemu procesowi starzenia i stają się coraz słabsze. Dieta bogata w wapń w połączeniu z aktywnością fizyczną i utrzymywaniem siły mięśni może opóźnić ten proces.

Wielu moich pacjentów przyznaje, że nie pije mleka, ale przyjmuje suplementy z wapniem. Zawsze im przypominam, że suplementy stanowią niekompletny substytut diety bogatej w wapń. Niskotłuszczowe mleko i jogurt zawierają pełny zakres ważnych dla zdrowia witamin, minerałów i białek – suplement zaś zawiera tylko wapń, ewentualnie witaminę D. Na przykład mleko jest bogate nie tylko w wapń i witaminę D, ale też w potas i fosfor, dzięki którym wapń lepiej się wchłania. Mleko to także jedno z najlepszych źródeł ryboflawiny – witaminy, która pomaga przetwarzać pożywienie w energię. Osoby aktywne zużywają więcej energii i potrzebują większych ilości ryboflawiny niż osoby prowadzące siedzący tryb życia. Jeśli nie jesz nabiału, to prawdopodobnie spożywasz niewielkie ilości ryboflawiny.

Oczywiście przyjmowanie suplementu z wapniem jest lepsze niż niespożywanie wapnia w ogóle. Jednak gorąco zachęcam do konsultacji z dyplomowanym dietetykiem, aby upewnić się, że codziennie spożywasz wystarczającą dawkę wapnia. Specjalista pomoże ci ułożyć optymalną i zbilansowaną dietę, zapewniającą zdrowie i jak najlepsze wyniki w sporcie.

Odpowiednia ilość

Jak widać w tabeli 1.4, zapotrzebowanie na wapń zmienia się wraz z wiekiem. Rosnący nastolatek powinien zjadać cztery porcje wapnia, podczas gdy większości dorosłych wystarczą trzy. To może się wydawać bardzo dużo, zwłaszcza jeśli nie jesteś entuzjastą mleka, ale nawet dbający o linię sportowiec może ułożyć sobie taki plan żywieniowy, żeby zjadać zalecane dzienne minimum niskotłuszczowego nabiału, które nie przekroczy 300 kilokalorii. Staraj się, by przynajmniej połowa zalecanej dawki wapnia pochodziła z naturalnych produktów.

Niektóre osoby mają problem z trawieniem mleka, bo brakuje im enzymu (laktazy) rozkładającego cukier mleczny (laktozę). Ludzie z nietolerancją laktozy często mogą jednak spożywać jogurt, twarde sery, a nawet niewielkie ilości mleka do posiłku. Mogą również pić mleko sojowe lub mleko niskolaktozowe dostępne w supermarketach. Niestety, bardzo często moi pacjenci z nietolerancją laktozy ignorują to, że ich organizmy również potrzebują wapnia i nie szukają jego alternatywnych źródeł.

TABELA 1.4. Zapotrzebowanie na wapń

Wiek	Zalecana dzienna dawka w mg	Liczba porcji
Dzieci		
1–3 lata	700	2,5
4–9 lat	1000	3,5
Nastolatki		
10–18 lat	1300	4
Kobiety		
19–50 lat	1000	3
>50 lat (w okresie menopauzy)	1200	4
Sportsmenki po menopauzie	1200	4
Ciężarne i karmiące	1000–1300	3–4
Mężczyźni		
19–70 lat	1000	3
>70 lat	1200	4

ZDS: dot. zalecanego dziennego spożycia wapnia, dane z 2011 r.

Co wybrać

Aby dostarczyć organizmowi ilość wapnia konieczną do budowania i utrzymywania mocnych kości (1000–1500 miligramów dziennie), należy spożywać produkty bogate w wapń podczas każdego posiłku.

Mleko chude, wzbogacone w witaminę D. Niskotłuszczowe mleko jest doskonałym źródłem wapnia. Zawiera niewiele tłuszczu, a jednocześnie mnóstwo białka i wapnia. Szklanka pełnego mleka (3,5 procent) zawiera tyle samo tłuszczu co dwie łyżeczki masła, podczas gdy mleko 0 procent prawie nie ma tłuszczu. Mleko sojowe wzbogacone w wapń jest dobrą alternatywą.

Jogurt niskotłuszczowy lub beztłuszczowy. Jogurt naturalny to jedno z najbogatszych źródeł wapnia. Pamiętaj, że lody oraz słodzone jogurty owocowe zawierają stosunkowo mało wapnia – obie te przekąski uważam za produkty bazujące na cukrze, a nie na mleku. Małe opakowanie jogurtu owocowego ma tyle samo wapnia co trzy czwarte szklanki mleka, ale dwa razy tyle kalorii.

Ser niskotłuszczowy. Ponieważ sery beztłuszczowe okazują się najczęściej trudne do przełknięcia, polecam małe porcje sera o niskiej zawartości tłuszczu. Takie sery są smaczne i wzbogacają kanapkę, makaron czy inne bezmięsne dania w wapń i białko.

Ciemnozielone warzywa. Brokuły, pak choi (warzywo często stosowane w kuchni chińskiej), jarmuż i kapusta to najlepsze warzywne źródła wapnia. Szpinak, boćwina (kapusta rzymska) i botwinka również zawierają wapń, jednak or-

Jak zwiększyć spożycie wapnia

Oto kilka pomysłów na zwiększenie spożycia wapnia:

- Na śniadanie zjadaj płatki ze szklanką chudego mleka (lub mleka sojowego).
- Do chrupiącej granoli możesz dodać jogurt zamiast mleka.
- Gotuj owsiankę na mleku lub dodaj do niej ⅓ szklanki mleka w proszku.
- Wybierając szybką przekąskę na mieście, zdecyduj się na pizzę z niskotłuszczową mozzarellą lub kanapkę z niskotłuszczowym serem lub zjedz garść migdałów lub sezamków.
- Na posiłek regeneracyjny po treningu wybierz mleko czekoladowe.
- Wzbogacaj sałatki w wapń, dodając do nich sezam, mak, twaróg albo kawałki tofu.
- Zmiksuj miękkie tofu lub jogurt naturalny z przyprawami, aby otrzymać bogaty w wapń sos sałatkowy. Czytaj etykiety na opakowaniach tofu i wybieraj marki z wysoką zawartością wapnia.
- Wypijaj szklankę chudego mleka lub mleka sojowego do lunchu, obiadu lub przekąski.
- Dodaj więcej mleka do kawy (zamiast śmietanki) i delektuj się smakiem latte.
- Zabierz do pracy mleko w proszku i dodawaj je do kawy zamiast sztucznych śmietanek.
- Możesz też wypijać gorące kakao na mleku zamiast kawy.
- Używaj mleka lub kefiru jako bazy do koktajli i smoothie.
- Zamiast lodów wybieraj jogurt z dodatkiem owoców.
- Dobrym źródłem wapnia jest budyń z chudego mleka.
- Na szybki lunch zjedz sardynki lub łososia z puszki i krakersy
- Dodawaj tofu do zup i dań orientalnych.

ganizm przyswaja go w niewielkim stopniu z powodu pewnego rodzaju włókien, które wiążą wapń i hamują jego wchłanianie.

Produkty bogate w białka

Białka pochodzenia zwierzęcego (mięso, owoce morza, jajka, drób) i roślinnego (fasola, orzechy, warzywa strączkowe) są ważnym składnikiem codziennej diety, jednak powinny być spożywane jako dodatek do bogatych w węglowodany owoców, warzyw i zbóż. Wystarczy, że jedna czwarta lub jedna trzecia talerza dwóch twoich posiłków będą stanowić produkty bogate w białko, aby zapewnić odpowiednią ilość aminokwasów do budowy i naprawy mięśni. Wybierając ciemne mięso bogate w żelazo i cynk, zmniejszasz ryzyko wystąpienia anemii.

Odpowiednia ilość

Sportowcy zjadają zwykle za dużo lub za mało białka w zależności od ich wiedzy na temat zdrowia i stylu życia. Niektórzy dosłownie opychają się mięsem. Inni uważają się za wegetarian, ale nie dbają o to, by zastępować wołowinę fasolą. Są po prostu osobami niejedzącymi mięsa, często z niedoborem białka. Choć na wielkie steki i megahamburgery nie ma miejsca w diecie żadnego sportowca – czy w ogóle żadnego człowieka – to odpowiednie ilości białka są konieczne do budowy mięśni i regeneracji tkanek. (Nadmiar protein nie kumuluje się w organizmie w postaci ogromnych mięśni). W tej części rozdziału pokażę, jak szybko i łatwo dostarczyć organizmowi protein. W rozdziale 7 znajdziesz więcej informacji o zapotrzebowaniu sportowców na białka. Większości osób, w tym sportowców, wystarczy dziennie 150–200 gramów jedzenia bogatego w białka. To dwie, trzy porcje mleka, jogurtu albo sera, z którymi dostarczamy organizmowi wapń. 150 gramów dziennie to znacznie mniej niż większość Amerykanów zjada w ciągu jednego posiłku: 300-gramowe steki, 200-gramowa pierś z kurczaka czy gruby kawał pieczeni wołowej są na porządku dziennym. Wielu sportowców zaspokaja dzienne zapotrzebowanie na białka jeszcze przed obiadem, by następnie zjeść jeszcze dwa lub trzy razy tyle, ile potrzebują.

Inni z kolei, zjadając tylko sałatkę warzywną na lunch i warzywa z patelni na obiad, spożywają za mało białka. Takie zaniedbania dotyczą zwłaszcza osób odchudzających się, które bazują na sałatkach i warzywach.

Co wybrać

Wszystkie rodzaje pokarmów bogatych w białka zawierają cenne aminokwasy. W tabeli 1.5 znajdziesz porównanie najpopularniejszych źródeł białka. Poniższa lista pomoże ulepszyć twoją sportową dietę.

Kurczak i indyk. Drób ma mniej tłuszczów nasyconych niż czerwone mięso, więc jest to wybór zdrowszy dla serca. Trzeba jednak kupować drób bez skóry lub usuwać ją przed przygotowaniem. Po upieczeniu skórka będzie kusząco chrupiąca i trudno będzie się jej oprzeć.

Ryby. Świeże, mrożone i puszkowane ryby dostarczają nie tylko mnóstwo protein, ale też zdrowych kwasów omega-3. Zaleca się spożywanie 350 gramów lub dwóch, trzech porcji ryby świeżej lub z puszki tygodniowo. Najlepszym wyborem są tłuste ryby żyjące w chłodnych wodach oceanicznych, takie jak łosoś, makrela, tuńczyk, sardynki, okoń morski i śledź, ale każda ryba będzie lepsza niż żadna. W rozdziale 2 znajdziesz więcej informacji o rybach.

Chuda wołowina. Kanapka z chudą pieczenią wołową i dwiema cienkimi kromkami pełnoziarnistego chleba, który dostarczy nam węglowodanów, to doskonałe źródło protein i żelaza (zapobiega anemii), cynku (wspomaga przyrost i rege-

TABELA 1.5. Zawartość białka w popularnych produktach

Produkt	Białko (g)
Białka zwierzęce	
Białko jaja kurzego, 1	3
Pieczeń wołowa 120 g	30
Pierś z kurczaka gotowana 125 g*	30
Tuńczyk, 1 puszka	30–40
Białka roślinne	
Orzechy 30 g	6
Mleko sojowe 240 ml	7
Soczewica 100 g	7
Hummus 125 g	8
Masło orzechowe, 2 łyżeczki	9
Tofu 125 g	11
Burger wegetariański 70 g	13
Nabiał	
Ser tostowy, 1 plasterek	6
Mleko 240 ml	6–7
Jogurt 175 g	6–7
Ser gouda 30 g	7
Mleko w proszku 25 g	8
Serek wiejski, pół kubeczka	15
Pieczywo, płatki, zboża	
Chleb, kromka	2
Płatki śniadaniowe 30 g	2
Ryż 65 g suchego/miseczka gotowanego	4
Płatki owsiane, 45 g suchych/miseczka gotowanych	5
Makaron 60 g gotowanego lub suchego	8
Warzywa bogate w skrobię**	
Groszek gotowany ½ miseczki	2
Marchewka gotowana ½ miseczki	2
Kukurydza gotowana ½ miseczki	2
Buraki gotowane ½ miseczki	2
Dynia ½ miseczki	2
Ziemniak, 1 nieduży	2

*125 g gotowanego mięsa = 150–175 g surowego.
**Warzywa bogate w skrobię dostarczają mało białka, warzywa (i owoce) wodniste mają go niezauważalne ilości. W sumie z tego źródła możesz sobie dostarczyć 5 do 10 g białka dziennie w zależności od tego, jak dużo ich zjadasz.

nerację mięśni) oraz witamin z grupy B (pomagają wytwarzać energię). Najchudsze elementy wołowiny pochodzą z udźca. Dzięki niższej zawartości tłuszczu kanapka z kawałkiem chudej wołowiny jest zdrowsza dla naszego serca i bardziej odżywcza niż kanapka z opiekanym serem, sałatką majonezową z kurczakiem czy hamburger.

Masło orzechowe. Nadmiar masła orzechowego to zagrożenie dla zbilansowanej diety, ale kilka łyżeczek z pełnoziarnistym chlebem, krakersem, grahamką czy bananem to sycąca przekąska lub szybki posiłek dostarczający białka, witamin i błonnika. Jako roślinne źródło białka masło orzechowe nie zawiera cholesterolu i stanowi dobre źródło zdrowych tłuszczów wielonienasyconych. Osoby zjadające przynajmniej dwie porcje masła orzechowego (lub dowolnych orzechów) tygodniowo są mniej zagrożone chorobami serca (Kris-Etherton i inni, 2001).

Fasolka z puszki. Pasta z fasoli (owinięta w tortillę z dodatkiem salsy i tartego niskotłuszczowego sera, podgrzana w mikrofalówce), hummus (do zanurzania chrupiącej marchewki) oraz cieciorka i fasolka z puszki dodana do sałatki – to trzy proste sposoby zwiększenia spożycia białka roślinnego, a przy okazji doskonałe źródło węglowodanów. Jeśli unikasz fasoli, bo powoduje wzdęcia, możesz jeść ją razem z naturalnym środkiem zapobiegającym wzdęciom, takim jak Espumisan lub z kminkiem czy koprem włoskim.

Tofu. Tofu to prosty dodatek do bezmięsnej diety, bo nie wymaga gotowania. Ma łagodny smak, więc komponuje się z sałatami, duszonymi warzywami, sosem do spaghetti, daniami orientalnymi i zapiekankami. W sklepie szukaj go w dziale z produktami wegetariańskimi. Twardsze tofu można kroić w plastry i kostkę, miękkie nadaje się do sosów i koktajli.

Nawet ci, którzy nie gotują, mogą łatwo wprowadzić odpowiednią ilość białka do swojej diety. Wystarczy kupić kawałek chudej wędliny z wołowiny, kurczaka lub indyka albo otworzyć puszkę z tuńczykiem lub łososiem.

Tłuszcze

Zdrowy plan żywieniowy nie jest beztłuszczowy. Tłuszcz zawiera niewielką ilość składników odżywczych, ale dodaje jedzeniu smaku. Wbrew powszechnemu przekonaniu, niewielkie ilości tłuszczu nie mają negatywnego wpływu na zbilansowaną dietę, choć znaczne ilości tłuszczów nasyconych i trans mogą niekorzystnie wpływać na zdrowie.

W szczególności zależy nam na ograniczeniu spożycia twardych tłuszczów, takich jak smalec i masło. Używaj częściej tłuszczów miękkich, takich jak oliwa czy olej rzepakowy. Trzymaj się z dala od utwardzonych tłuszczów trans, które przez długi czas przeważały w większości gotowych produktów, takich jak krakersy, ciasta, ciastka, chipsy i czekolada pokrywająca batoniki. Tłuszcze trans powstają w procesie łączenia wodoru z tłuszczami jedno- i wielonienasyconymi. W ten sposób otrzymujemy częściowo utwardzony olej.

Amerykańskie Towarzystwo Kardiologiczne zaleca, by unikać tłuszczów trans, bo podnoszą poziom złego cholesterolu LDL, a obniżają poziom dobrego cholesterolu HDL. Staraj się, by ilość spożywanych przez ciebie tłuszczów trans nie przekraczała jednego procenta wszystkich kalorii, jakie przyjmujesz – to daje zaledwie 18 kilokalorii (dwa gramy tłuszczu) przy diecie 1800 kilokalorii. W dużej porcji frytek może się znajdować nawet sześć gramów tłuszczów trans. Na szczęście przepisy nakładają na producentów obowiązek informowania na opakowaniu o ilości tłuszczów trans, więc szukają innych składników zapewniających produktom taką samą chrupkość i lekkość.

Odpowiednia ilość

W prawidłowo skomponowanej diecie około 20–35 procent kalorii może pochodzić z tłuszczu. Zgodnie z piramidą żywienia w diecie 1800 kilokalorii byłoby to jakieś pięć łyżeczek tłuszczu dziennie. Niektórzy spożywają go o wiele za dużo – smażony na maśle omlet z serem, burger z frytkami na lunch, smażony kurczak na obiad. Jeśli gustujesz w tłustych potrawach, spróbuj zbilansować swoją dietę, wybierając niskotłuszczowe potrawy na dwa z trzech głównych posiłków. Jeśli lubisz tłuste przekąski (chipsy, ciastka, lody), staraj się zjadać większe porcje pełnoziarnistych potraw, aby zmniejszyć apetyt na jedzenie zapychające tętnice.

Co wybrać

Oto tłuszcze, które powinny znaleźć się w twojej diecie, bo wspomagają zdrowie.

Oliwa z oliwek. Ten jednonienasycony tłuszcz uważany jest za sprzymierzeńca zdrowia: zmniejsza ryzyko zachorowania na raka i choroby serca. Używaj jej do sałatek i makaronu. Mimo wyższej ceny lepiej wybrać oliwę nierafinowaną z pierwszego tłoczenia (extra virgin). Ma więcej fenoli – silnych antyoksydantów działających przeciwzapalnie (Fitó i inni, 2007).

Masło orzechowe. Każdy rodzaj masła orzechowego zawiera dużo korzystnego dla zdrowia tłuszczu.

Orzechy włoskie, migdały i inne. Uważa się, że zapobiegają chorobom serca (dotyczy to także oleju z orzechów, na przykład włoskich) i stanowią dobry dodatek do sałatek, gotowanych warzyw, a nawet makaronu.

Siemię lniane i olej lniany. Len zawiera kwasy omega-3, które nasz organizm przetwarza na niewielkie ilości prozdrowotnych kwasów tłuszczowych EPA i DHA, obecnych na przykład w rybach. Możesz go dodawać do płatków, koktajli i ciasta naleśnikowego.

Cukier i słodycze

Nawet w zbilansowanej diecie jest miejsce na odrobinę cukru i słodyczy; kluczem jest umiar. W planie żywieniowym muszą się znaleźć wszystkie potrzebne składniki. Dodatkowo, jeśli masz ochotę, możesz zrobić sobie przyjemność niewielką słodkością. Nie ma nic złego w zjedzeniu kawałka czekolady po kanapce na lunch, ale złe jest zjedzenie czekolady zamiast kanapki. Zakładając, że dziesięć procent kalorii może pochodzić z cukrów, możesz wykorzystać tę ilość, dokonując zdrowych wyborów:

Melasa. Pamiętasz zasadę, że im ciemniejszy kolor jedzenia, tym więcej wartości odżywczych? Dotyczy to także cukru, a melasa to ciemny syrop o większej wartości odżywczej niż cukier. Stanowi dobre źródło potasu, wapnia i żelaza – jeśli spożyjesz kilka łyżeczek. Dla urozmaicenia smaku możesz dodać łyżeczkę melasy do mleka, żeby nadać mu smak toffi, jogurtu lub rozsmarować ją na kanapce z masłem orzechowym.

Dżemy. Dzięki zawartości pestek w malinach, truskawkach i jagodach dżemy z tych owoców zawierają trochę błonnika, który jest korzystny dla zdrowia. Są lepsze niż galaretki, bo mają nieco więcej wartości odżywczych, ale i tak trzeba je traktować przede wszystkim jako cukier, a nie owoce.

ZDROWA SPORTOWA DIETA

Po przeczytaniu tego rozdziału wiesz już, jakie produkty najlepiej wybierać. Sztuka polega na wprowadzeniu ich do posiłków i przekąsek. Sugeruję, żeby wybierać z przynajmniej trzech z pięciu grup na każdy posiłek. Poniższa tabelka pokazuje, jak może to wyglądać.

Grupa pokarmowa	Posiłek 1	Posiłek 2	Posiłek 3
1. Zboża	Owsianka	Tortilla pełnoziarnista	Spód pizzy
2. Owoce	Rodzynki	Jabłko	Papryka zielona
3. Warzywa		Sałata, pomidor	Sos pomidorowy
4. Nabiał	Mleko chude	Jogurt chudy	Ser
5. Białko	Migdały	Indyk	

Potrawy skomponowane z różnych składników mogą być dobrze zbilansowanym posiłkiem. Na przykład wegetariańska pizza z papryką, cebulą i grzybami z pewnością nie jest śmieciowym jedzeniem. Zawiera nabiał (niskotłuszczową mozzarellę), warzywa bogate w potas, beta-karoten i witaminę C (sos pomidorowy i warzywne dodatki) oraz węglowodany (najlepiej pełnoziarnisty spód). Pizza na grubym spodzie bogata w węglowodany to lepszy obiad niż smażony w głębokim tłuszczu kurczak, który dostarcza nam głównie tłustych protein.

Można się zdrowo odżywiać bez wielkiego wysiłku. Wystarczy kierować się poniższymi zasadami:

- Odżywiaj się różnorodnie, by dostarczyć organizmowi jak najwięcej zdrowych składników. Wybieraj jak najwięcej najlepszych produktów, a mniej całej reszty.
- Jedz o stałej porze; zamiast jednego czy dwóch dużych posiłków na cały dzień jedz coś co dwie do czterech godzin.
- Kiedy czujesz głód zjedz coś. Przestań jeść, kiedy go zaspokoisz. Jedząc na mieście, uważaj na oferty „jedz, ile chcesz". To kończy się przejedzeniem i źle wpływa na zdrowie.
- Poważnie traktuj pory posiłków.

W kolejnych rozdziałach znajdziesz więcej podpowiedzi dotyczących wyboru sportowej diety, która zapewni ci dobre zdrowie i mnóstwo energii do udanych treningów i aktywnego życia.

Dietetyczny bilans

Skąd wiadomo, kiedy dieta jest zbilansowana? Można dostarczać organizmowi zalecaną dawkę witamin, minerałów, aminokwasów (budulca białek) i innych składników odżywczych, mieszcząc się w 1200–1500 kilokaloriach, jeśli mądrze wybierasz pełnowartościowe produkty z różnych grup. Wiele aktywnych osób spożywa od 2000 do 5000 kilokalorii (zależnie od wieku, poziomu aktywności, wagi i płci), mają więc szansę wchłonąć mnóstwo witamin i innych składników odżywczych. Z kolei osoby odchudzające się zwykle spożywają mniej kalorii, muszą więc wybierać takie produkty, które dostarczają jak najwięcej wartościowych składników przy jak najmniejszej liczbie kalorii.

Aby sprawdzić, czy twoja codzienna dieta jest zbilansowana i odpowiednia, możesz skorzystać z wielu dostępnych stron internetowych oceniających sposób odżywiania. Listę takich stron znajdziesz w dodatku A. Możesz też samodzielnie poszukać programów analizy odżywiania czy analizy jadłospisu.

ROZDZIAŁ 2

Co jeść, by być zdrowym w każdym wieku

Niewielu ludzi docenia potęgę diety w zapobieganiu i leczeniu tzw. chorób wieku starczego, które w rzeczywistości są wynikiem braku ruchu i złego odżywiania. W epoce tabletek niemal na wszystko – na obniżenie cholesterolu, poziomu cukru we krwi, ciśnienia, zapominamy, że tak jak niewłaściwa dieta może bardzo negatywnie wpływać na nasze zdrowie, tak odpowiednie pokarmy mogą być jego potężnym sprzymierzeńcem.

Odżywiając się mądrze, inwestujesz w zdrowie i dobrą kondycję; złe odżywianie może sprawić, że problemy zdrowotne przejmą kontrolę nad twoim życiem.

Żadne lekarstwo nie ma tak wielkiego wpływu na zdrowie ogólne, jak zdrowa dieta. Na szczęście pokarmy, które pomagają je chronić, to te, z których powinna się składać dieta sportowca. Wybierając najbardziej odżywcze produkty z tej diety, możesz się cieszyć zdrowiem i pełnią energii.

Wokół tego, które produkty są „dobre" dla zdrowia, a które „złe", panuje mnóstwo zamieszania, stąd częste pytania o to, jakich pokarmów powinno się unikać. Zawsze wtedy odpowiadam, że „złe" są jedynie to pokarmy zepsute albo trujące (ewentualnie te, na które mamy alergię). Wszystkie inne można z umiarem wprowadzić do zbilansowanego planu żywieniowego.

Choć nie ma czegoś takiego jak złe jedzenie, z pewnością istnieje zła dieta. Ciągłe zapychanie się śmieciowym jedzeniem pełnym tłuszczów nasyconych i oczyszczonego cukru może być przyczyną otyłości, chorób serca, raka, nadciśnienia, cukrzycy, niewydolności nerek i innych chorób wynikających z obżarstwa. Jak już zaznaczyłam w rozdziale 1, wybierając plan żywieniowy oparty na pełnoziarnistych zbożach, owocach, warzywach, orzechach, chudym białku i niskotłuszczowym nabiale – uzupełniony aktywnym stylem życia – inwestujesz w zdrowie. W tym rozdziale podpowiem ci, co wybierać, aby cieszyć się dobrostanem przez całe życie.

DIETA A ZDROWE SERCE

Choroby układu krążenia to w USA główna przyczyna śmierci zarówno wśród kobiet, jak i mężczyzn. Panuje przekonanie, że wśród kobiet najczęstszą przyczyną zgonów jest rak, ale to nieprawda. 38 procent Amerykanek umiera na choroby serca i zawał serca (Mosca i inni, 2007), podczas gdy w przypadku raka odsetek ten wynosi 22 procent. Sprawność fizyczna i mądra dieta redukują ryzyko chorób serca. Tymczasem wiele osób, które prowadzą aktywny tryb życia, sądzi, że już nie muszą przestrzegać zdrowej dla serca diety. Zakładają, że dobra kondycja sama w sobie uchroni je przed chorobami układu krążenia. To błąd! Mój znajomy, 48-letni maratończyk, na pozór cieszący się doskonałym zdrowiem, zmarł nagle z powodu rozległego zawału. Bezpośrednio przed śmiercią biegał przez dwie godziny dziesięć minut, zdążył jeszcze zatrzymać stoper, a po jakimś czasie odnaleziono jego ciało na ścieżce biegowej. Wszyscy byliśmy zszokowani jego śmiercią.

Niestety, nawet osoby dobrze orientujące się w sprawach zdrowotnych mogą się czuć zagubione w nieustannie zmieniającym się gąszczu informacji. Ciągle zastanawiamy się, jaka jest prawdziwa odpowiedź na na przykład takie pytania: Czy wołowina jest niezdrowa? A jajka? Należy używać masła czy margaryny? Odpowiedź będzie różna dla różnych osób, bo różnimy się od siebie pod względem genetycznym. Być może niedługo eksperci od żywienia zaczną opierać swoje zalecenia na testach genetycznych, tymczasem zoptymalizuj swoją dietę zgodnie z wynikami najnowszych badań.

Poznaj swoje wyniki

Cholesterol to woskowata substancja, która gromadzi się na ścianach naczyń krwionośnych, zwłaszcza w okolicy serca, przyczyniając się do stwardnienia tętnic; nagromadzona blokuje przepływ krwi do mięśnia sercowego, a to może wywołać zawał. Cholesterol spożywamy w pokarmach pochodzenia zwierzęcego, bo jest obecny w zwierzęcych tkankach. Organizm człowieka również wytwarza cholesterol. Pokarmy zawierające tłuszcze nasycone (masło, smalec) i częściowo utwardzone lub tłuszcze trans mogą podnosić poziom cholesterolu we krwi, zwiększając tym samym ryzyko chorób układu krążenia. Tabela 2.1 pokazuje ilość cholesterolu i tłuszczu w popularnych produktach.

TABELA 2.1. Tłuszcz i cholesterol w popularnych produktach

Produkt	Ilość	Tłuszcz (g)	Cholesterol (mg)
Mleko			
0%	240 ml	0	5
2%	240 ml	5	20
pełne	240 ml	8	35
Ser			
gouda	30 g	10	30
mozzarella light	30 g	5	15
serek wiejski 1% tłuszczu	115 g	1	5
Lody			
Droższe marki			
16% tłuszczu	125 g	12–18	40–50
Tańsze marki			
10% tłuszczu	125 g	5–10	30–35
niskotłuszczowe	125 g	3–5	10–20
Mięso i ryby			
schab pieczony	125 g	8	85
chudy hamburger wołowy	125 g	18	95
szynka konserwowa	125 g	6	50
pierś z kurczaka pieczona	125 g	2	95
tuńczyk biały z puszki	125 g	3	45
McDonald's Big Mac	1	29	75
McDonald's Filet-o-Fish	1	18	35

Dane pochodzą z tabeli żywieniowych, www.mcdonalds.com oraz J. Pennington, 1998, *Bowes & Church's Food Values of Portions Commonly Used*.

Duże znaczenie mają cechy genetyczne – nawet jeśli zdrowo się odżywiasz, możesz mieć wysoki poziom cholesterolu. Poznałam kiedyś 28-letniego triatlonistę, który miał bardzo wysoki poziom cholesterolu. Najprawdopodobniej odziedziczył tę cechę po ojcu i dziadku – obaj po pięćdziesiątce zmarli na zawał serca.

Znając poziom cholesterolu we krwi, możesz ocenić ryzyko wystąpienia chorób układu krążenia. Poproś o lekarza o badanie krwi, w którym sprawdzone zostaną następujące czynniki:

- Cholesterol całkowity. W organizmie człowieka znajdują się różne typy cholesterolu, w tym HDL i LDL. Ich suma to tzw. cholesterol całkowity. Pożądany poziom to mniej niż 200 miligramów na decylitr krwi.
- HDL. To lipoproteina wysokiej gęstości (ang. *high-density lipoprotein*), tzw. dobry cholesterol, który wyprowadza „zły" cholesterol z tętnic. Aby chronić

serce, jego poziom powinien wynosić ponad 60 milimetrów na decylitr krwi.

- LDL. To lipoproteina niskiej gęstości (ang. *low-density lipoprotein*), „zły cholesterol" blokujący tętnice. Poziom wyższy niż 160 miligramów na decylitr krwi oznacza podwyższone ryzyko chorób układu krążenia. Optymalny poziom LDL to mniej niż 100 miligramów na decylitr.
- Stosunek cholesterolu całkowitego do HDL. Co najmniej 25 procent całkowitego cholesterolu powinien stanowić cholesterol HDL. Ćwiczenia fizyczne podnoszą jego poziom, dlatego osoby aktywne mają zwykle większy procent dobrego cholesterolu. Mogą mieć wyższy całkowity poziom cholesterolu w porównaniu z osobami, które prowadzą siedzący tryb życia, ale jeśli 25 procent tego cholesterolu stanowi HDL, są mniej narażone na choroby serca. Im wyższy procent HDL, tym lepiej.

Kiedy już znasz poziom cholesterolu we krwi, łatwiej ci zdecydować, jak restrykcyjna powinna być twoja dieta. Na przykład, jeśli twój wynik to mniej niż 200 miligramów, a twoi 97-letni rodzice nadal cieszą się zdrowiem i witalnością, możesz mniej przejmować się dietą niż znajomy, u którego cholesterol zbliżył się do ryzykownej granicy 250 miligramów i którego ojciec zmarł nagle na zawał serca w wieku 54 lat.

Innym badaniem, jakiemu mogą się poddać osoby z historią choroby serca w rodzinie, ale bez widocznych czynników ryzyka, jest test sprawdzający poziom cząsteczek blokujących tętnice zwanych apolipoproteinami, który określa stosunek apoB do apoA-1. Trzecią możliwością jest test na stężenie CRP (białka c-reaktywnego), które może świadczyć o stanie zapalnym. Tętnice osłabione stanem zapalnym to także czynnik podwyższający ryzyko chorób układu krążenia. Choć żadne z wymienionych badań nie określi ze stuprocentową pewnością, czy będziesz mieć kiedyś zawał serca, czy nie, są dobrym punktem wyjścia do określenia dystansu dzielącego cię od ewentualnej choroby układu krążenia.

Jedzenie dobre dla serca

Komponując codzienną dietę tak, by zawierała pokarmy dobre dla serca, możesz wprowadzić kilka niewielkich zmian, które na dłuższą metę zrobią wielką różnicę. Amerykańskie Towarzystwo Kardiologiczne (AHA) zaleca różnorodność i w odżywianiu się, i aktywności fizycznej jako prewencję chorób układu krążenia (Lichtenstein i inni, 2006). Dieta i ruch powinny się równoważyć, dzięki temu utrzymasz prawidłową wagę. Rekomendacje dotyczą też diety bogatej w warzywa, owoce i pełnoziarniste produkty dostarczające błonnika, a do tego należy spożywać 250 gramów tłustych ryb tygodniowo.

Kolejny krok w udoskonalaniu diety to ograniczenie tłuszczów nasyconych, tłuszczów trans i cholesterolu. Tłuszcze nasycone powinny stanowić maksymalnie siedem procent wszystkich przyjmowanych kalorii, a tłuszcze trans – nie więcej niż jeden procent. Ogranicz spożycie cholesterolu do mniej niż 300 miligramów dziennie. Możesz to zrobić, wybierając chude mięso lub jego warzywne zamienniki, chude lub odtłuszczone mleko i jego przetwory oraz zmniejszając spożycie częściowo utwardzonych tłuszczów.

Jeszcze inny ważny element zmniejszający ryzyko zapadnięcia na choroby serca to kontrolowanie wagi przez ograniczenie spożycia napojów i dań słodzonych, wybieranie lub przygotowywanie dań z niewielką ilością soli lub bez niej oraz umiar w piciu alkoholu (lub rezygnacja z niego). Nawet gdy jadasz tylko na mieście, możesz się kierować zaleceniami AHA.

Informacje zawarte w tej książce pomogą ci wcielić zalecenia Amerykańskiego Towarzystwa Kardiologicznego w życie.

Chuda wołowina w diecie dla zdrowego serca

Sportowcy często unikają wołowiny, wierząc, że zapycha tętnice. Jest to oczywiście prawda w przypadku tłustych burgerów i kiełbas, ale mała porcja chudej wołowiny nie zaszkodzi. Chude mięso wołowe to doskonałe źródło żelaza, cynku i innych składników niezbędnych dla sportowców. Wbrew obiegowej opinii zawartość cholesterolu w wołowinie nie jest nadzwyczaj wysoka; podobna ilość cholesterolu znajduje się w kurczaku czy rybie. Poza tym wiemy już, że cholesterol, który niegdyś uznawany był za głównego winowajcę chorób serca, w rzeczywistości jest mniej szkodliwy niż tłuszcze nasycone. A tych wołowina ma zwykle więcej niż kurczak lub ryba i to z tego powodu nadal cieszy się złą sławą wśród dbających o zdrowie. Tłuszcze nasycone mają postać stałą w temperaturze pokojowej. Na przykład twardy tłuszcz na surowym steku różni się od tłuszczu drobiowego, który jest bardziej miękki i mniej nasycony.

Amerykańska Agencja Zdrowia zaleca, by tłuszcze nasycone stanowiły maksymalnie siedem procent wszystkich spożywanych kalorii. Tymczasem średnie spożycie tych tłuszczów w USA wynosi 11 procent. Na stronie internetowej www.calcoolator.pl/dzienny_kalkulator_kalorii.html znajduje się kalkulator, który pomoże ci określić, ile tłuszczu każdego rodzaju może się znaleźć w twoim codziennym planie żywieniowym. Jeśli jesteś na diecie odchudzającej 1800 kilokalorii, dozwoloną dawkę tłuszczu nasyconego zjesz z jednym cheeseburgerem z McDonalda. Jeśli jesteś osobą bardzo aktywną i zjadasz 3000 kilokalorii w ciągu dnia, siedem procent to ilość odpowiadająca dwóm podwójnym cheeseburgerom.

Jednak nie każda wołowina jest tłusta. W ciągu ostatniej dekady poprawiła się jakość wołowiny i innych rodzajów mięsa. Rolnicy nauczyli się produkować chudsze mięso, a rzeźnicy usuwają z niego więcej tłuszczu niż kiedyś. Możesz spokojnie wprowadzić wołowinę (oraz wieprzowinę i jagnięcinę) do zdrowej sportowej diety, jeśli będziesz wybierać chude kawałki, takie jak rostbef, antrykot czy polędwica, oraz będziesz jadać niewielkie porcje, mniej więcej wielkości dłoni (mam na myśli powierzchnię bez palców). Wołowinę, jeśli ma być naprawdę chuda, lepiej przyrządzić w domu. Ta serwowana w restauracjach często bywa naładowana tłuszczem nasyconym, nawet jeśli reklamowana jest jako „soczyste i delikatne" mięso wołowe.

Ryby w diecie dla zdrowego serca

Jeśli zależy ci na zdrowiu, radzę polubić ryby. Badania pokazują, że ryby chronią nie tylko przed chorobami serca, ale także przed nadciśnieniem, rakiem, artretyzmem, astmą i kto wie przed czym jeszcze. Kwasy tłuszczowe omega-3, wielonienasycony tłuszcz znajdujący się w rybach, blokują wiele negatywnych reakcji powodujących powstawanie zakrzepów (które mogą wywołać zawał serca lub wylew) i nieregularną pracę serca (jak przy zawale). Część naukowców uważa, że olej z ryb może zapobiegać chorobom serca, a nie tylko wspierać proces leczenia.

Jedno z badań wykazało, że współczynnik zgonów z powodu chorób krążenia wśród mężczyzn z wioski rybackiej był cztery razy niższy niż wśród mężczyzn z regionów rolniczych. Mężczyźni z rybackiej wioski spożywali dziesięć razy więcej ryb niż rolnicy, a poziom prozdrowotnego tłuszczu omega-3 we krwi był u nich znacznie wyższy (Torres i inni, 2000). Badanie przeprowadzone wśród 85 000 amerykańskich pielęgniarek wykazało, że kobiety, które jadły ryby dwa do czterech razy w tygodniu, były o 31 procent mniej narażone na choroby układu krążenia niż te, które jadły je sporadycznie (Hu i inni, 2002).

Amerykańskie Towarzystwo Kardiologiczne zaleca, by jeść około 250 gramów tłustych ryb tygodniowo (to jedna duża lub dwie małe porcje), aby zmniejszyć ryzyko zachorowania na serce. Wybierając na obiad rybę, nie tylko dostarczasz organizmowi zdrowych tłuszczów, ograniczasz też spożycie mięsa bogatego w tłuszcze nasycone. Tabela 2.2 pomoże ci wybrać ryby najbogatsze w kwasy omega-3. Pamiętaj tylko, żeby nie smażyć ich w głębokim tłuszczu czy na dużej ilości masła. Jeśli przyrządzanie potraw z ryb nie jest twoją mocną stroną, wybieraj tuńczyka, łososia i sardynki z puszki lub na tackach.

Nadmiar ryb też nie jest obojętny dla zdrowia. Niestety, ryby najbogatsze w kwasy omega-3 to jednocześnie te, które zawierają najwięcej metylortęci będącej skutkiem przemysłowego zanieczyszczenia oceanów. Długotrwałe spożycie rtęci może prowadzić do problemów neurologicznych i kardiologicznych u dorosłych, a także do znacznego uszkodzenia rozwijającego się mózgu niemowląt i dzieci. Jeżeli codziennie jesz na lunch sushi albo sałatkę z tuńczykiem – uważaj. Rtęć może kumulować się w organizmie i powodować problemy ze zdrowiem (drętwienie dłoni i stóp, przemęczenie, bóle mięśni).

Mimo to zaleca się, aby kobiety w ciąży spożywały do 340 gramów ryb tygodniowo, ponieważ tłuszcz zawarty w rybie jest istotny dla rozwoju mózgu dziecka. Taka porcja zawiera spory margines bezpieczeństwa, ale i tak kobiety ciężarne powinny unikać mięsa rekina, miecznika, makreli królewskiej i płytecznika, a spożycie tuńczyka białego ograniczyć do maksymalnie 170 gramów tygodniowo. Dlaczego? Są to gatunki długo żyjące i duże. Z czasem w ich ciele gromadzi się sporo rtęci, bo zjadają mniejsze ryby zawierające rtęć. Najbezpieczniejsze są krewetki, łosoś, dorsz, sum oraz tuńczyk light w puszce.

Listę popularnych ryb zawierających rtęć znajdziesz na stronie Morskiego Instytutu Rybackiego (www.rybynapolskimrynku.pl/2010/10/substancje-niepozadane-w-rybach-morskich-i-hodowlanych).

Jeśli nie jesteś fanem ryb, a cierpisz na chorobę układu krążenia, możesz stosować kapsułki z olejem rybnym jako zamiennik: 850 do 1000 miligramów EPA

TABELA 2.2. Ryby z największą zawartością kwasów tłuszczowych omega-3

Ryba, 170 g gotowanej lub 250 g surowej	Omega-3 (EPA i DHA, g)**
Łosoś atlantycki hodowlany	2,0–3,6
Sardynki w oleju z sardynek 90 g	2,0–3,4
Łosoś atlantycki dziki	1,8–3,1
Miecznik*	0,7–3,1
Łosoś kiżucz hodowlany	3,0
Pstrąg tęczowy hodowlany	2,0
Pstrąg tęczowy dziki	1,7
Łosoś kiżucz dziki	1,4
Sardynki w oleju roślinnym 90 g	1,0
Halibut	0,8
Tuńczyk biały w puszce 90 g	0,7
Tuńczyk świeży*	0,5
Dorsz	0,4
Homar 90 g	0,1–0,4
Krewetki 90 g	0,3
Źródła alternatywne	
Margaryna wzbogacona omega-3, pół łyżeczki	0,08
Sok pomarańczowy wzbogacony omega-3 (240 ml)	0,05
Mleko sojowe wzbogacone omega-3	0,03

*Najwyższe stężenie rtęci, spożywaj nie więcej niż 175 g tygodniowo

**EPA i DHA to dwa rodzaje kwasu omega-3.

Źródło: Amerykańskie Towarzystwo Kardiologiczne i etykiety na opakowaniach produktów.

plus DHA lub 2000 do 4000 miligramów, jeśli masz wysoki poziom trójglicerydów (Kris-Etherton, Harris i Appel 2002, Mosca i inni, 2007). Pamiętaj jednak, że suplementy zawierają niewielką ilość omega-3 w porównaniu z rybą, więc aby otrzymać ekwiwalent 120 gramów porcji łososia, trzeba byłoby łyknąć kilka kapsułek. Więcej informacji o suplementach z olejem rybnym znajdziesz na stronie www.krsio.org.pl.

Alternatywnym źródłem kwasów omega-3 mogą być produkty pochodzenia roślinnego, takie jak olej lniany, orzechy włoskie, tofu, ziarno soi, olej rzepakowy i oliwa z oliwek. Omega-3 pochodzenia roślinnego nie jest równie wartościowy jak ten z ryb, ale lepsze to niż nic. Można także dostać produkty wzbogacone w kwasy omega-3, takie jak niektóre soki pomarańczowe, margaryny i jogurty.

Produkty sojowe w diecie dla zdrowego serca

Swego czasu uważano, że soja obniża poziom złego cholesterolu LDL i zwiększa poziom HDL. Taka zależność oznaczałaby ochronę przed chorobami układu krążenia. Najnowsze badania wykazały jednak, że soja oraz zawarte w niej substancje zwane izoflawonami nie chronią przed chorobami serca. Niemniej jednak produkty sojowe mogą mieć korzystny wpływ na zdrowie dzięki wysokiej zawartości wielonienasyconych tłuszczów, błonnika, witamin i minerałów (Sacks i inni, 2006). Soja zawiera mało tłuszczów nasyconych, a więc wybierając ją na obiad, możesz zastąpić żeberka czy inne zapychające tętnice produkty.

Jaja w diecie dla zdrowego serca

Jajka cieszą się złą sławą. Od lekarzy słyszeliśmy, że negatywnie wpływają na zdrowie, bo jedno jajko zawiera aż 210 miligramów cholesterolu. To prawie tyle, ile Amerykańskie Towarzystwo Kardiologiczne zaleca jako dzienny limit (300 miligramów). Jednak najnowsze badania wykazują, że cholesterol jajeczny może mieć niewielki wpływ na poziom cholesterolu we krwi u wielu osób, zwłaszcza w połączeniu z dietą ubogą w tłuszcze nasycone (Katz i inni, 2005, Kritchevsky i Kritchevsky, 2000). Szacuje się, że 85 procent Amerykanów może jeść produkty wysokocholesterolowe i nie podniesie to poziomu cholesterolu w ich krwi. U 49 zdrowych mężczyzn i kobiet, którzy przez sześć tygodni zjadali po dwa jajka dziennie, poziom cholesterolu we krwi pozostał stabilny (Katz i inni, 2005).

Do dziś nie jest pewne, czy zjadany przez nas cholesterol ma wpływ na poziom cholesterolu we krwi, bo większość cholesterolu produkowana jest w wątrobie. Wiemy, że tłuszcz w diecie ma wpływ na to, w jaki sposób organizm rozkłada cholesterol. W szczególności tłuszcze nasycone (takie jak masło czy smalec) zmniejszają zdolność organizmu do pozbywania się złego cholesterolu, który blokuje tętnice. Wiemy też, że u niektórych efekty niskocholesterolowej diety są lepsze niż u innych, dlatego zalecenia żywieniowe powinny być zindywidualizowane.

Spożycie jajek należy ograniczyć, jeśli masz wysoki poziom cholesterolu i przypadki chorób układu krążenia w rodzinie. Amerykańskie Towarzystwo Kardiologiczne zaleca maksymalnie trzy jajka tygodniowo, w tym te znajdujące się w produktach. Jeżeli masz niski poziom cholesterolu we krwi, a twoi najbliżsi nie cierpią na choroby serca, możesz bez obaw korzystać z tego niezwykle bogatego źródła białka w zbilansowanej diecie.

W przypadku osób, które próbują zrzucić zbędne kilogramy, żeby zapobiec chorobom układu krążenia, jajka mogą się okazać świetnym dodatkiem do diety. Wykazano, że śniadanie złożone z dwóch jaj, dwóch kromek pieczywa i odrobiny dżemu lepiej zaspokaja apetyt niż taka sama ilość kalorii w formie grahamki z kremowym serkiem i jogurtem. Śniadanie jajeczne na dłużej zaspokaja głód, dzięki czemu badani zjadali w ciągu całego dnia o 250 kilokalorii mniej (Vander, Wal i inni, 2005).

Wybierając jajka, możesz poszukać tych wzbogaconych w kwasy omega-3*. Kury, które je znoszą, są karmione specjalną mieszanką z olejem rzepakowym, co zwiększa zawartość tłuszczu w żółtku. Zawierają również więcej witaminy E niż inne jajka i dzięki temu są zdrowsze dla serca.

Owsianka w diecie dla zdrowego serca

Rodzaj błonnika znajdujący się w ziarnach owsa (błonnik rozpuszczalny), a także w jęczmieniu, soczewicy, grochu łuskanym i fasoli chroni przed chorobami serca. Szukaj sposobów, by zwiększyć ilość tych produktów w swojej diecie. Na przykład zamiast kanapki z wędliną możesz wybrać placek z hummusem lub gęstą zupę z soczewicy z pełnoziarnistym chlebem.

Badania wykazują, że zjadanie miski owsianki dziennie może pomóc obniżyć poziom cholesterolu, szczególnie w połączeniu z dietą niskotłuszczową i zwłaszcza w przypadku, gdy początkowy poziom cholesterolu jest podwyższony (panel ekspercki 2001). W sześciotygodniowym badaniu zdrowych osób dorosłych, które zjadały owsiankę na śniadanie, spadek cholesterolu wynosił 10 punktów (Katz i inni, 2005). Oczywiście niskotłuszczowa dieta jest równie ważna jak spożywanie owsianki – co oznacza, że nie można zjadać na śniadanie owsianki, a potem bułki ze stekiem i opiekanym serem na lunch, pizzy pepperoni na obiad i oczekiwać, że spadnie nam cholesterol!

* W Polsce naukowcy z Uniwersytetu Przyrodniczego we Wrocławiu opracowali metodę pozyskiwania jaj wzbogaconych o witaminy i kwasy tłuszczowe omega-3. Obecnie metoda ta jest w fazie testów, a wzbogacanych jaj nie ma jeszcze w sprzedaży (przyp. red.).

Jeśli nie masz czasu na gotowanie owsianki w domu, zabierz jedną lub dwie saszetki błyskawicznej owsianki do pracy jako lunch lub przekąskę. Możesz też robić to, co ja – po prostu dodaję suche płatki owsiane (błyskawiczne lub zwykłe) do płatków śniadaniowych. To mój ulubiony sposób na dawkę pełnych ziaren w jednej pysznej miseczce.

Oleje w diecie dla zdrowia

Wybierając do smażenia i pieczenia tłuszcz, który będzie dobry dla twojego serca, kieruj się zasadą: „im bardziej miękki, tym lepszy". Miękkie (płynne) oleje roślinne zawierają więcej tłuszczów nienasyconych niż tłuszcze twarde (stałe), takie jak margaryna czy masło. Oliwa z oliwek i olej rzepakowy to tłuszcze szczególnie polecane dla dbających o serce. Są bogate w jednonienasycony tłuszcz i dlatego uważane za lepszy wybór niż olej kukurydziany, słonecznikowy lub inne wielonienasycone. Stosuj oliwę i olej rzepakowy do sałatek, pesto, makaronów i podsmażania. Jeśli chcesz schudnąć, używaj niewiele oleju. Wprawdzie dostarczają zdrowszych kalorii niż te pochodzące z masła czy smalcu, ale to nadal kalorie.

Gotowanie z użyciem oliwy lub oleju rzepakowego jest o wiele zdrowsze niż stosowanie masła, margaryny, smalcu, słoniny czy innych tłuszczów zwierzęcych, które w temperaturze pokojowej mają postać stałą. Jeśli używasz sporych ilości margaryny, możesz poszukać takiej, która zawiera sterole, czyli substancje hamujące wchłanianie cholesterolu. Dwie łyżeczki dziennie (które zawierają dwa gramy steroli roślinnych) mogą przyczynić się do obniżenia cholesterolu LDL o dziesięć procent lub więcej.

Orzechy i masło orzechowe w diecie dla zdrowego serca

Wiele osób unika orzechów i masła orzechowego, ponieważ uważa się, że tuczą. Tymczasem badania przeprowadzone na próbie ponad 260 000 osób wykazały, że spożywanie porcji orzechów lub masła orzechowego pięć razy w tygodniu może obniżyć ryzyko wystąpienia chorób układu krążenia o 50 procent (Kris-Etherton i inni, 2001). Badania pokazują także, że jedzenie orzechów pomaga obniżać ryzyko pojawienia się dwóch rodzajów cukrzycy o 25 procent (Jiang i inni, 2002). Orzechy są bogate w tłuszcze wielonienasycone (oraz kwas foliowy, niacynę, tiaminę, magnez, błonnik i inne prozdrowotne składniki). Możesz dodać orzechy włoskie do owsianki, posmarować grahamkę masłem orzechowym, posypać sałatkę siekanymi migdałami albo wymieszać orzechy z suszonymi owocami jako przekąskę zjadaną poza domem – to tylko kilka prostych sposobów na włączenie tego zdrowego pokarmu do codziennej diety, nie mówiąc już o przyjemności delektowania się ich smakiem.

Sztuczka polega na tym, aby kaloryczność orzechów bądź masła orzechowego nie wykraczała poza dzienną normę. 170 kilokalorii znajduje się w około 30 gramów orzechów, co odpowiada: około 22 migdałom, 28 orzeszkom ziemnym, 20 orzechom laskowym, 45 pistacjom, dziesięciu orzechom włoskim lub jednej czwartej szklanki pestek słonecznika. Dobra wiadomość jest taka, że orzechy są niezwykle sycące, więc jedna garść (lub mniej) potrafi zaspokoić głód na dłuższą chwilę. Włączenie do diety orzechów, masła orzechowego i innych rodzajów zdrowych tłuszczów nie przeszkadza w odchudzaniu ani utrzymywaniu właściwej wagi ciała (McManus i inni, 2001).

Tłuszcze w diecie. Zarówno w diecie sportowej, jak i zwykłej zdrowej diecie tłuszcze nie powinny przekraczać 20–30 procent wszystkich kalorii. Amerykańskie Towarzystwo Kardiologiczne zaleca spożywać więcej dobrych tłuszczów roślinnych i z ryb, a mniej tłuszczów nasyconych pochodzenia zwierzęcego. Zaleca się także ograniczenie spożycia utwardzonych tłuszczów roślinnych (trans), oleju kokosowego i palmowego, czyli trzech wysoko nasyconych tłuszczów roślinnych często stosowanych w przetwarzaniu pokarmów.

Ograniczając spożycie produktów smażonych i takich, które zawierają dużo masła, margaryny, majonezu i sosów majonezowych, lodów, ciastek oraz chipsów, utrzymasz poziom tłuszczu w swojej diecie mniej więcej na poziomie 25 procent. Naprawdę nie musisz liczyć każdego grama tłuszczu. Jeśli jednak, jak wielu moich pacjentów, lubisz wczytywać się w etykiety na produktach, możesz się pokusić o bardziej precyzyjne określenie zawartości tłuszczu w swojej diecie. Większości sportowców zalecam, by ich dieta w 25 procentach składała się z tłuszczów, bo w ten sposób zostawiają sobie sporo miejsca na węglowodany, które stanowią paliwo dla mięśni.

Jeśli masz bardzo wysoki poziom cholesterolu, lekarz może zalecić ci dietę, w której ilość tłuszczu nie przekracza 20 procent wszystkich spożywanych kalorii. Dotyczy to osób zagrożonych chorobami krążenia, a nie zdrowych, z niskim poziomem cholesterolu. Często spotykam się z fanatykami zdrowego jedzenia – mają niski cholesterol, ale i tak starają się wyeliminować tłuszcz z diety. Bardzo restrykcyjnie się ograniczają, zupełnie niepotrzebnie. Dieta niskotłuszczowa to nie to samo co dieta beztłuszczowa. Tłuszcz jest niezbędny do wchłaniania witamin A, D, E i K, dostarcza energii i zaspokaja apetyt.

Twoja waga w kilogramach pozwala z grubsza określić, ile gramów tłuszczu może się znaleźć w twojej zdrowej diecie. Aby to precyzyjnie policzyć, wykonaj trzy poniższe kroki:

1. Oszacuj, ile kalorii dziennie potrzebujesz (instrukcje znajdziesz w rozdziale 15).
2. Pomnóż dzienną dawkę przyjmowanych kalorii przez 25 procent, aby określić liczbę kalorii pochodzących z tłuszczu, które możesz przyjmować.

3. Podziel otrzymaną liczbę przez dziewięć, aby określić, ile gramów tłuszczu dziennie możesz zjadać (gram tłuszczu ma dziewięć kilokalorii).

Jeśli więc jesteś aktywną kobietą i zjadasz około 2000 kilokalorii dziennie, 500 z tych kilokalorii może spokojnie pochodzić z tłuszczów, możesz więc zjadać 56 gramów tłuszczu dziennie:

0,25 x 2000 = 500 kilokalorii z tłuszczu

500 kilokalorii z tłuszczu ÷ 9 kilokalorii/gram = 56 gramów tłuszczu

Ile tłuszczu mogę zjeść? Poniższa tabela pomoże ci określić odpowiednie spożycie tłuszczu. Jeśli ważysz za mało lub jesteś osobą bardzo aktywną, możesz zwiększyć ilość zjadanego (zdrowego) tłuszczu, żeby zwiększyć liczbę kalorii. Staraj się spożywać więcej tłuszczów mających zbawienny wpływ na serce, takich jak masło orzechowe, orzechy, oliwa lub olej rzepakowy. Czytaj etykiety na opakowaniach, żeby wiedzieć, ile tłuszczu zjadasz w różnych produktach (w dodatku A znajdziesz więcej na temat analizy żywienia).

Dzienne zapotrzebowanie na kalorie	20% tłuszczu (g)	25% tłuszczu (g)	30% tłuszczu (g)
1500	30	40	50
1800	40	50	60
2000	45	55	65
2400	55	65	80
2600	60	70	85

Suplementy w diecie dla zdrowego serca

Często spotykam się z pytaniami na temat roli suplementów witaminowych w zdrowej diecie. Życie byłoby o wiele łatwiejsze, gdybyśmy mogli po prostu łyknąć tabletkę, która zrekompensowałaby zarówno kiepskie odżywianie, jak i kiepskie geny. Niestety, badania nad wpływem witamin i antyoksydantów na zdrowie serca wykazują, że przyjmowanie wysokich dawek beta-karotenu, selenu i witaminy E przynosi niewielkie korzyści, a nawet szkodzi. To samo dotyczy kwasu foliowego i innych witamin z grupy B – wyniki badań były rozczarowujące. Dlatego zaleca się spożywanie witamin i antyoksydantów w formie owoców, warzyw, pełnych ziaren i olejów roślinnych. Odpowiednie odżywianie może mieć olbrzymi wpływ na zdrowie! Więcej informacji na temat suplementów witaminowych znajdziesz w rozdziale 11.

DIETA A ZACHOROWALNOŚĆ NA RAKA

W USA rak jest drugą po chorobach układu krążenia przyczyną śmierci. Nie jest to jedna choroba, ale wiele różnych chorób. Każdej przypisuje się inną grupę ryzyka, częstość występowania, uleczalność i przyczyny. Szacuje się, że dieta jest istotnym czynnikiem w 35 procentach zachorowań na raka, a zdrowy sposób odżywiania może obniżyć ryzyko bardziej, niż myślisz.

Pomimo przygnębiających statystyk – aż dwie osoby na pięć prawdopodobnie zachorują na raka, otuchy dodaje to, że zmiany w diecie mogą uchronić aż jedną trzecią z nas przed śmiercią spowodowaną rakiem. Na przykład osoby, które zjadają co najmniej pięć porcji warzyw lub owoców dziennie, są o 40 procent mniej narażone na niektóre odmiany raka (płuc, jelita grubego, żołądka, przełyku i gardła) w porównaniu z osobami, które dziennie zjadają dwie lub mniej porcji owoców i warzyw. Bogata w owoce i błonnik dieta chroniąca przed rakiem to jednocześnie najlepsza dieta dla sportowca.

Składniki chroniące przed rakiem

Jeden z sekretów znaczenia diety w zapobieganiu nowotworom może kryć się w przeciwutleniaczach, a dokładnie ich zdolności do dezaktywowania szkodliwych chemikaliów znanych jako wolne rodniki. Organizm codziennie je wytwarza, to naturalny proces. Substancje zanieczyszczające środowisko: dym papierosowy, spaliny, promieniowanie czy herbicydy, także przyczyniają się do ich powstawania. Wolne rodniki mogą atakować komórki, przenikać do nich i niszczyć ich strukturę. Na szczęście nasz organizm ma naturalny system kontroli, który je dezaktywuje i minimalizuje ich szkodliwy wpływ. Na ten naturalny system składa się wiele witamin i minerałów, takich jak:

- **Kartenoidy**. Są występującymi w roślinach prekursorami witaminy A przetwarzanymi na tę witaminę w naszych organizmach. Beta-karoten, a także ponad 40 innych kartenoidów znajdujących się w pomarańczowych, zielonych warzywach i owocach pomaga zapobiegać tworzeniu się wolnych rodników. Najlepsze źródła to marchew, szpinak, pataty, jarmuż, morele i dynia (osoby, które jedzą za duzo pokarmów bogatych w beta-karoten, mogą mieć żółtawy odcień skóry. Jeśli tak jest w twoim przypadku, po prostu ogranicz te pokarmy).
- **Witamina C**. Chroni komórki przed szkodliwymi reakcjami. Najlepsze jej źródła to kiwi, cytrusy, brokuły, czerwona i zielona papryka oraz truskawki. Około 200 miligramów dziennie wystarczy do nasycenia komórek witaminą C, a to osiągniemy, zjadając rekomendowane cztery porcje owoców i warzyw.

- **Witamina E.** Chroni ścianki komórek przed wolnymi rodnikami. Upewnij się, że planując zbilansowaną dietę, włączasz do niej pokarmy bogate w witaminę E, jednak zachowaj umiar, bo są kaloryczne. Najlepsze źródła to oleje roślinne (w tym sosy sałatkowe na ich bazie), migdały, fistaszki, pestki słonecznika i sezamu, zarodki pszenne i produkty pełnoziarniste (patrz tabela 2.3). Zalecana dawka witaminy E wynosi 15 miligramów.
- **Selen.** Chroni ścianki komórek przed wolnymi rodnikami i wspomaga układ odpornościowy w walce z rakiem. Najlepsze źródła selenu to owoce morza i ryby – takie jak tuńczyk, a także mięso, jaja, mleko, pełne ziarna i czosnek. Suplementy nie są zalecane ze względu na zagrożenie zatruciem z powodu długotrwałego przyjmowania dawki wyższej niż 200 mikrogramów.

Inne pokarmy chroniące przed rakiem to te bogate w błonnik. Badania dowiodły, że osoby spożywające duże ilości błonnika ze zbóż, owoców i warzyw są mniej narażone na raka, choć naukowcy nie mają pewności, czy składnikiem ochronnym jest właśnie błonnik. Poza znanymi witaminami i minerałami, produkty takie zawierają setki, jeśli nie tysiące innych, mniej poznanych substancji zwanych fitoskładnikami, które chronią nasze zdrowie. Dlatego lepiej włożyć trochę wysiłku we wzbogacenie diety niż wybrać suplement.

Więcej informacji na temat diety i profilaktyki nowotworów znajdziesz w raporcie *Diet and Cancer Report* opublikowanym w 2007 roku przez World Cancer Research Fund i American Institute for Cancer Research (patrz rak w dodatku A). Kilka z najważniejszych punktów dotyczy spożywania w większości produktów pochodzenia roślinnego, w tym co najmniej 340 gramów owoców i warzyw dziennie, ograniczenia spożycia czerwonego mięsa do 510 gramów tygodniowo, unikania żywności przetworzonej (jak hot dogi, parówki czy salami), ograniczenia spożycia alkoholu i dostarczania organizmowi wszystkich niezbędnych składników wyłącznie z pożywienia. Twórcy raportu nie zalecają stosowania suplementów w celu zapobiegania rakowi.

Swego czasu naukowcy mieli nadzieję, że przyjmowanie dużych dawek antyoksydantów w postaci suplementów może redukować ryzyko zachorowalności na niektóre rodzaje raka, ale wyniki najnowszych badań rozczarowują. Poza tym, że witamina E i selen mogą chronić przed rakiem prostaty (oraz chorobami oczu takimi jak zwyrodnienie plamki żółtej), kilka szeroko zakrojonych badań wykazało, że korzyści z suplementacji antyoksydantami są bardzo niewielkie. Nadzieję na pozytywne wyniki tych badań oparto na obserwacji osób, które spożywały duże ilości owoców i warzyw (i miały wysoki poziom antyoksydantów we krwi).

TABELA 2.3. Zawartość witaminy E w pożywieniu

Pokarm	Porcja	Witamina E (mg)
Pestki słonecznika	30 g	28
Migdały	30 g	14
Olej słonecznikowy	1 łyżeczka	6
Zarodki pszenne	30 g	5
Fistaszki	30 g	4
Olej rzepakowy	1 łyżeczka	3
Oliwa	1 łyżeczka	2
Szpinak gotowany	44 g	2

Źródło: J. Pennington, 1998, *Bowes & Church's Food Values of Portions Commonly Used.*

Większość lekarzy podkreśla obecnie, jak ważne jest pozyskiwanie tych składników z diety, a nie suplementów. Naukowcy nie ustalili jeszcze, które z tysięcy substancji znajdujących się w owocach i warzywach działają ochronnie.

Dlatego jedz sporo brokułów, marchewki, patatów i innych kolorowych warzyw i pamiętaj, że żadna ilość suplementów nie zrekompensuje fastfoodowej diety ubogiej w warzywa i owoce oraz niezdrowego stylu życia.

Ochrona przed rakiem

Być może drugim sekretem diety chroniącej przed rakiem jest ograniczone spożycie tłuszczu, zwłaszcza gdy prowadzi do pozbycia się otyłości. Badania dowodzą, że ludzie pilnujący niskotłuszczowej diety rzadziej chorują na raka. Krajowa Rada ds. Badań USA zaleca, by mniej niż 30 procent wszystkich przyjmowanych kalorii pochodziło z tłuszczów, by jeść więcej owoców i warzyw bogatych w beta-karoten i witaminę C (zajrzyj do tabeli 1.1 i 1.2) oraz produktów pełnoziarnistych. I oto mamy bogatą w węglowodany dietę sportowca! Wśród pokarmów chroniących przed rakiem mogą znaleźć się również tłuste ryby – kwasy tłuszczowe omega-3 mogą spowalniać wzrost zmian nowotworowych.

Zachorowalność na raka (lub inne problemy ze zdrowiem) zależy nie tylko od diety, ale także stylu życia. Relaks, wyciszenie, pozytywne nastawienie do świata, zadowolenie, brak zawiści, miłość do ludzi oraz wiara to potężne czynniki prozdrowotne, bez których nie można osiągnąć idealnego zdrowia. Takie holistyczne podejście wymaga również jedzenia smacznych, niskotłuszczowych posiłków, znajdowania przyjemności w codziennej aktywności fizycznej oraz czasu na rozkoszowanie się zapachem róż.

DIETA A NADCIŚNIENIE

Zbyt wysokie ciśnienie krwi, inaczej nadciśnienie, to jeden z najważniejszych czynników ryzyka w chorobach układu krążenia oraz główna przyczyna udaru mózgu. Problem ten dotyka około 25–30 procent Amerykanów. Regularnie mierząc ciśnienie, możesz kontrolować, czy utrzymuje się ono na odpowiednim poziomie. Za normę uznaje się ciśnienie 120/80, a wynik powyżej 140/90 uważa się za nadciśnienie. Zwykle ciśnienie rośnie wraz z wiekiem.

Co powoduje nadciśnienie?

Wśród czynników ryzyka predysponujących do nadciśnienia znajdują się: otyłość, palenie, stres, słaba praca nerek i niewłaściwa dieta. Większość osób regularnie uprawiających sport nie ma problemu z otyłością, nie pali i odżywia się lepiej niż większość ludzi, eliminując w ten sposób kilka czynników ryzyka. Wiele aktywnych osób ma tak naprawdę niskie ciśnienie. Są jednak takie czynniki ryzyka, na które nie mamy wpływu, na przykład geny, wiek czy płeć, które mogą powodować nadciśnienie pomimo zdrowych nawyków. Nie można ignorować faktu, że ciśnienie rośnie wraz z wiekiem; 70 procent osób powyżej 65 roku życia choruje na nadciśnienie. W badaniu przeprowadzonym wśród osób od 30 do 54 roku życia, u których ciśnienie krwi dochodziło do górnej granicy normy, udało się o 25 procent obniżyć zachorowalność na zawał serca i inne choroby układu krążenia u tych z nich, które ograniczyły spożycie soli przez 10–15 lat, w porównaniu z osobami, które nie zmieniły swoich nawyków spożywania posiłków bogatych w sód (Cook i inni, 2007).

Możesz uznać, że przyczyną nadciśnienia jest zbyt duże spożycie soli i że zmniejszenie jej wyeliminuje problem, jednak nie zawsze tak jest. Wśród Amerykanów zaledwie dziesięć procent przypadków nadciśnienia ma rozpoznaną przyczynę. Specjaliści zastanawiają się, czy szeroko popularyzowane zalecenia dotyczące zmniejszenia ilości sodu w diecie są uzasadnione. W Finlandii w ostatnich trzech dekadach udało się zmniejszyć spożycie soli o 30 procent dzięki kampanii edukacyjnej. Uważa się, że miało to znaczny wpływ na zmniejszenie liczby przypadków nadciśnienia oraz spadek o 75–80 procent liczby zgonów z powodu chorób serca i udarów mózgu wśród Finów poniżej 65 roku życia (Karppanen i Mervaala, 2006). Zmniejszenie spożycia soli w codziennej diecie wydaje się na dłuższą metę dobrą inwestycją w zdrowie.

Spożycie soli wśród sportowców

Sól składa się głównie z chlorku sodu. Sód pomaga utrzymywać właściwą równowagę płynów wewnątrz i wokół komórek. Z tego powodu pewna ilość sodu

– około 1000 miligramów dziennie – jest konieczna. Jednak wiele osób regularnie zjada nawet siedem razy więcej.

W zasadach żywienia dla Amerykanów z 2005 roku rekomenduje się spożycie mniej niż 2300 miligramów sodu dziennie (tyle mniej więcej znajduje się w jednej łyżeczce soli). Sód tracimy wraz z potem, a niektórzy sportowcy tracą go więcej niż inni. Większość aktywnych osób spożywa wystarczającą ilość sodu w naturalnych produktach. Powinno się jeść więcej soli w przypadku, gdy trenujemy z umiarkowanym wysiłkiem przez więcej niż cztery, sześć godzin w upale lub intensywnie przez krótszy czas. Na przykład zawodowi futboliści amerykańscy podczas dwugodzinnego treningu w sezonie letnim tracą wraz z potem od 1500 do aż 11 000 miligramów sodu (Greene i inni, 2007). W rozdziałach 8 i 10 znajdziesz więcej na temat uzupełniania zapasów sodu utraconego podczas treningu.

Dla aktywnego sportowca zalecana dzienna dawka sodu jest raczej niska. Stosowanie diety niskosodowej nie musi być priorytetem dla osób, które regularnie trenują i mocno się przy tym pocą, mają normalne lub niskie ciśnienie krwi, a w ich rodzinie nie było przypadków nadciśnienia. Jeśli jednak nie pocisz się obficie w trakcie ćwiczeń, zmniejszenie ilości spożywanego sodu będzie mądrą inwestycją w zdrowie.

Jak ograniczyć spożycie soli

Produkt	Średnia zawartość sodu	Uwagi
Płatki śniadaniowe	250 mg w 30 g	Zależnie od producenta, czytaj etykiety
Słodkie bułki	250 mg na porcję	Raz dziennie, jeśli w ogóle
Ser żółty light	200 mg w 30 g	W umiarkowanych ilościach
Pieczywo	150 mg w kromce	Zależnie od producenta, czytaj etykiety
Mleko, jogurt (chude)	125 mg w 240 ml/g	Czytaj etykiety
Mięso, ryby	80 mg w 115 g	Nieprzetworzone, niesolone
Jaja	60 mg w jajku	Nieprzetworzone, niesolone
Masło, margaryna	50 mg w porcji na kromkę	Najlepiej niesolone
Warzywa	10 mg w porcji	Świeże i mrożone (puszkowane opłucz)
Owoce, soki	5 mg w porcji	Naturalnie niska zawartość sodu

Jeśli chcesz dzięki diecie obniżyć ciśnienie krwi, najlepiej zrobisz, kupując produkty w stanie naturalnym, na przykład surowe niesolone orzeszki, świeże (niepuszkowane) warzywa itp. Jedz dużo świeżych owoców, warzyw, niskotłuszczowego nabiału i chudego białka. Fabrycznie przetworzone pokarmy i dania gotowe to główne źródło sodu w diecie, dlatego najprostszym sposobem na ograniczenie jego spożycia jest jedzenie mniej przetworzonych pokarmów. (Amatorzy fast foodów zwykle zjadają ponad 5000 miligramów sodu dziennie). Jeśli masz nadwagę, spróbuj zrzucić trochę kilogramów i w ten sposób obniżyć ciśnienie. Oto porównanie produktów spożywczych pod kątem zawartości sodu:

- Dania gotowe, takie jak mrożone obiady, zupy w puszkach i produkty instant, chyba że mają wyraźne informacje o niskiej zawartości sodu. Wśród Amerykanów takie produkty dostarczają aż 75 procent sodu w diecie. Na przykład miseczka sosu do spaghetti Łowicz zawiera 615 miligramów sodu, porcja pulpecików w sosie pomidorowym Pudliszki – 779, flaki w rosole Szubryt – 230, a fasolka po bretońsku Profi – 1561.
- Sól kuchenna. Usuń solniczkę ze stołu. Ogranicz lub zrezygnuj z solenia potraw gotowanych i pieczonych. Często nie ma to wpływu na efekt. Jeśli musisz użyć soli, dodaj ją tuż przed podaniem, a nie w trakcie gotowania. Smak soli będzie intensywniejszy niż wtedy, gdy przeniknie w głąb.
- Solone przekąski, takie jak krakersy, chipsy, precelki, popcorn, orzeszki solone, pikle. Jeśli jest taka możliwość, kupuj wersje o niskiej zawartości soli.
- Wędzone ryby i mięso oraz wędliny, takie jak szynka, boczek, kiełbasa, pastrami, parówki, salami, pepperoni, łosoś wędzony czy marynowane śledzie. Jeśli lubisz takie potrawy, wybieraj wersje o niskiej zawartości sodu.
- Sery, zwłaszcza w formie przetworzonej oraz niektóre sery odtłuszczone, w których zawartość sodu może być wyższa niż w zwykłych.
- Mieszanki przypraw i dodatki, jak ketchup, musztarda, gotowe dipy, Maggi, sos sojowy, sos barbecue, sól czosnkowa.
- Soda oczyszczona, woda sodowa i środki na zgagę. Również niektóre środki przeczyszczające mogą zawierać dużo sodu.

Aby nadać potrawom bogatszy smak, poeksperymentuj z ziołami i przyprawami. Wypróbowując nową przyprawę, zacznij od niewielkiej ilości. Oto kilka sprawdzonych połączeń:

- Do wołowiny: musztarda w proszku, pieprz, majeranek, czerwone wino lub sherry.
- Do kurczaka: pietruszka, tymianek, szałwia, estragon, curry, białe wino lub wermut.
- Do ryby: liść laurowy, pieprz kajeński, koperek, curry, cebula, czosnek.
- Do jaj: oregano, curry, szczypiorek, pieprz, pomidory, szczypta cukru.

Dieta DASH

Aby uzmysłowić zależność pomiędzy ciśnieniem krwi a dietą, Narodowy Instytut Zdrowia USA przeprowadził szeroko zakrojone badanie wpływu sposobu odżywiania na nadciśnienie (tzw. program DASH). Na dietę DASH składają się dwie standardowe porcje warzyw, owoców i nabiału, jedna trzecia zwykłej porcji wołowiny, wieprzowiny lub wędlin, pół typowej porcji tłuszczów, olejów i sosów sałatkowych oraz jedna czwarta zwykłej ilości przekąsek i słodyczy (Blackburn, 2001). U ponad 400 osób stosujących dietę DASH przez trzy miesiące odnotowano spadek ciśnienia. Badacze doszli do wniosku, że dieta bogata w wapń, potas, magnez i błonnik ma wpływ na obniżenie ciśnienia krwi. Jeśli jednocześnie zmniejszymy ilość spożywanego sodu, ciśnienie obniży się jeszcze bardziej. U osób, które spożywały 1500 miligramów sodu dziennie, zanotowano większy spadek ciśnienia niż u tych, które spożywały 3300 miligramów (czyli standardową dawkę dla większości Amerykanów). Więcej o diecie DASH znajdziesz w dziale o nadciśnieniu w dodatku A.

Wspomniane badanie wykazało, że ciśnienie krwi zależy nie tylko od ilości spożywanego sodu. Owoce, warzywa, pełne ziarna i chudy nabiał, z których składa się sportowa dieta, mają również dobry wpływ na zdrowie. Wygląda na to, że dieta bogata w potas chroni przed nadciśnieniem. Potas wzmacnia tętnice i chroni naczynia krwionośne przed uszkodzeniami powstającymi z wiekiem. Wapń może równoważyć nadmiar sodu w diecie. W tabelach 1.1. i 1.2 w rozdziale 1

Jak zwiększyć ilość potasu w diecie

Jeśli uznamy, że sód to opryszek, który podnosi ciśnienie krwi, możemy przyjąć, że potas jest policjantem, który pilnuje, by było niskie. Potas występuje w większości nieprzetworzonych pokarmów, takich jak owoce, warzywa, pieczywo i płatki pełnoziarniste, soczewica, fasola, orzechy oraz produktach zawierających białka. Produkty wysoko przetworzone, słodycze oraz tłuste dodatki (dressingi sałatkowe, masło) to marne źródło potasu. Możesz zwiększyć ilość spożywanego potasu, wybierając poniższe produkty:

- Pieczywo razowe i żytnie oraz płatki owsiane zamiast produktów z białej mąki.
- Sałaty i warzywa surowe lub gotowane na parze albo w małej ilości wody, jako że potas ucieka do wody. Gotowanie na parze wypłukuje jedynie od 3 do 6 procent potasu, a gotowanie w wodzie 10–15 procent. Najwięcej potasu zachowujemy, przygotowując pokarmy w mikrofali.
- Ziemniaki, które mają więcej potasu niż ryż czy makarony.
- Soki wyciskane ze świeżych owoców zamiast napojów o smaku owocowym.

Zalecane dzienne spożycie potasu dla przeciętnej osoby wynosi 4700 miligramów. W typowej amerykańskiej diecie znajduje się od 4000 do 7000 miligramów. Niewielką jego ilość tracimy wraz z potem – od 85 do 105 miligramów na około 450 gramów potu.

znajdziesz dane na temat zawartości potasu w warzywach i owocach, a w tabeli 1.3 – listę potraw bogatych w wapń.

DIETA I CUKRZYCA

Oprócz nękającej współczesne społeczeństwo epidemii otyłości pojawiła się jeszcze inna – epidemia cukrzycy. Dotyczy to nie tylko dorosłych, ale także dzieci, które przyzwyczailiśmy do powiększonych zestawów w fast foodach i spędzania czasu przed ekranem telewizora lub komputera zamiast zabaw na podwórku. Istnieje typ cukrzycy, w którym organizm nie potrafi wytworzyć wystarczającej ilości insuliny, by dostarczyć cukier do komórek, jednak najczęściej występującym typem cukrzycy jest typ 2, który dotyka zwykle osób otyłych i prowadzących nieaktywny tryb życia. Ci ludzie powinni schudnąć, zacząć ćwiczyć i przerzucić się na pokarmy lepszej jakości (ewentualnie przyjmować leki). W przeciwnym razie wysoki poziom glukozy we krwi może doprowadzić do zawału serca, udaru mózgu, niewydolności nerek, ślepoty i amputacji kończyn.

Wiele osób sądzi, że przyczyną cukrzycy jest zjadanie dużych ilości cukru. Nieprawda. Ważniejsze powody to otyłość i brak ruchu. W badaniu przeprowadzonym na 3200 osobach po pięćdziesiątce, u których stwierdzono nadwagę i wysoki poziom glukozy we krwi zarówno na czczo, jak i po posiłkach (czynnik ryzyka wystąpienia cukrzycy), jednym badanym podano lek (metformin) obniżający poziom glukozy we krwi. Innym zalecono, by ćwiczyli minimum 150 minut tygodniowo (pięć razy w tygodniu po 30 minut) i zredukowali wagę ciała o siedem procent (niecałe pięć kilogramów u osoby ważącej 72 kilogramy). Pozostałych poproszono, by nie wprowadzali żadnych zmian (stanowili grupę kontrolną).

U osób, które zwiększyły aktywność i nieco schudły, ryzyko zachorowania na cukrzycę zmalało aż o 58 procent. W grupie przyjmującej lek spadek wyniósł 31 procent w trakcie trzyletniego badania. Wniosek: dieta i ćwiczenia są lepsze niż leki! Zwiększając poziom aktywności i pozostając aktywnym przez całe życie, znacznie zmniejszysz ryzyko zachorowania na cukrzycę (oraz inne choroby typowo pojawiające się wraz z wiekiem) (Knowler i inni, 2002). Najlepszy sposób na cukrzycę to jej zapobieganie. Więcej szczegółów na temat cukrzycy w dziale Źródła, w dodatku A.

DIETA A ZDROWE KOŚCI

Osteoporoza, czyli zmniejszanie gęstości kości postępujące wraz z wiekiem, sprawia, że kości robią się kruche, podatne na złamania. To poważny problem zdrowotny zwłaszcza wśród kobiet po menopauzie. W badaniu przeprowadzonym wśród 500 000 kobiet po pięćdziesiątce i starszych aż u 40 procent stwierdzono osteopenię (zmniejszoną gęstość kości, czyli pierwszą fazę osteoporozy), a siedem procent cierpiało na osteoporozę – nawet o tym nie wiedząc. Kobiety, u których stwierdzono osteoporozę, były cztery razy bardziej narażone na złamanie kości w ciągu kolejnych 12 miesięcy, u tych z osteopenią ryzyko zwiększyło się dwukrotnie (Siris i inni, 2001). Osteoporoza to również poważny problem wśród mężczyzn po 70 roku życia, więc panowie także muszą zadbać zawczasu o swoje kości.

Młodsze kobiety uprawiające sport, które przestały miesiączkować, również są narażone na zmniejszanie się gęstości kości prowadzące do osteoporozy. Organizmy kobiet, u których zanikła miesiączka, nie wytwarzają odpowiedniej ilości estrogenu – hormonu, który odgrywa ważną rolę w utrzymywaniu gęstości kości. Jedna z moich pacjentek, 29-letnia była biegaczka z zanikiem miesiączki, z powodu małej gęstości kości żyła w ciągłym bólu i martwiła się, czy jej osłabione kości zniosą ciężar ciąży.

Dobra wiadomość jest taka, że osteoporozie można zapobiec. To nie jest nieunikniony stan towarzyszący podeszłemu wiekowi. Możesz zmniejszyć ryzyko jej wystąpienia dzięki poniższym zdrowym nawykom:

- **Dieta bogata w wapń**. Dieta bogata w wapń pomaga budować mocne kości i utrzymywać ich gęstość. Najlepszą ochronę zapewnia od 1000 do 1300 miligramów wapnia dziennie. Oprócz tego codziennie należy przyjmować od 400 do 800 IU witaminy D, która pomaga wchłaniać wapń z produktów spożywczych. Jeśli jesteś rodzicem, upewnij się, że twój nastolatek wypija więcej mleka niż napojów gazowanych. Spożycie wapnia jest najważniejsze w tych trzech latach okresu dojrzewania i dalej mniej więcej aż do trzydziestki.

  W rozdziale 1 opisuję, jak wprowadzić do diety ilość wapnia wystarczającą do zachowania zdrowia przez całe życie. Niestety, kobiety między 25 a 40 rokiem życia spożywają przeciętnie połowę zalecanej porcji. Być może dlatego około 25 procent pań po 65 roku życia cierpi na osteoporozę (z tego 12 procent może umrzeć z powodu powikłań). Mogły one zmniejszyć ryzyko zachorowania, spożywając odpowiednią ilość wapnia przez całe życie.

  Jeśli wydaje ci się, że łatwiejszym sposobem na dostarczenie wapnia jest łykanie tabletek, pomyśl jeszcze raz. Kobiety, które czerpią wapń z diety, mają zwykle mocniejsze kości niż te, które polegają na suplementach (Napoli i inni, 2007).
- **Regularne ćwiczenia fizyczne**. Zacznij stosować program, w którym znajdą się zarówno ćwiczenia aerobowe, jak i wzmacniające mięśnie. Jeśli pływasz lub jeździsz na rowerze, możesz przeplatać treningi z bieganiem, skakaniem na skakance lub innym intensywnym treningiem wzmacniającym kości.

- **Prawidłowy poziom hormonów**. Kobiety z niedoborem estrogenu mają mniejszą gęstość mineralną kości pomimo przyjmowania wysokich dawek wapnia i dużej aktywności fizycznej. (To jeden z powodów, dla których niemiesiączkujące sportsmenki są bardziej narażonej na urazy kości). Trenujące panie, które nie miesiączkują, zwykle przyjmują tabletki antykoncepcyjne, wierząc, że wpłynie to ochronnie na ich kości, jednak badania sugerują, że może to być mało efektywne (Weaver i inni, 2001). Lepszym rozwiązaniem jest odpowiednie odżywianie wspomagające miesiączkowanie (Nattiv, 2007).
- **Niskie spożycie sodu**. Nadmiar soli wypłukuje wapń z organizmu (Sellmeyer, Schloetter i Sebastian, 2002), więc najlepiej ogranicz jej spożycie, zwłaszcza jeśli masz genetyczne skłonności do wystąpienia osteoporozy.

Niestety, mało kobiet stosuje się do tych zaleceń. Konsultowałam kiedyś 24-letnią, anorektycznie chudą instruktorkę fitnessu, która miała kości 60-latki. Rzadko piła

Jak zwiększyć spożycie wapnia

Doskonałym źródłem wapnia jest jogurt. Oprócz tego, że szklanka jogurtu zawiera więcej wapnia niż szklanka mleka (400 vs 300 miligramów), znajdziemy w nim także probiotyki - bakterie wspomagające układ odpornościowy i trawienie. Kupując jogurt, upewnij się, że na etykiecie znajduje się napis „żywe kultury bakterii". Jogurt ma zbawienny wpływ przy kuracji antybiotykowej. Antybiotyki zabijają bowiem zarówno dobre bakterie żyjące w jelitach, jak i złe bakterie wywołujące problemy zdrowotne. Jogurt pomaga odbudować florę bakteryjną. Ponadto bakterie trawią większość laktozy (cukru mlecznego), więc wiele osób z nietolerancją laktozy może spożywać jogurt jako alternatywę dla mleka.

Jogurty owocowe mogą zawierać bardzo dużo cukru - znacznie powyżej 12 gramów cukru mlecznego naturalnie występującego w 240 mililitrach mleka - więc lepiej wybierać jogurt naturalny i dodawać do niego łyżeczkę miodu lub dżemu albo mieszać jogurt smakowy z naturalnym. W ten sposób znacznie obniżysz ilość spożywanego cukru. Pamiętaj, że lody jogurtowe nie zawierają żywych kultur bakterii, a jedynie mnóstwo cukru i niewiele składników odżywczych. Nie oszukuj się.

Dla sportowców jogurt to lekkostrawna kombinacja węglowodanowo-proteinowa, doskonała przed i po treningu. Badanie przeprowadzone wśród sportowców wykazało, że ci, którzy regularnie spożywali jogurt, mieli lepszą odporność (Clancy i inni, 2006). Co powiesz na owocowo-jogurtowy koktajl po treningu?

mleko (uważała, że tuczy), trzymała się restrykcyjnej diety ubogiej w białka i nieustannie dążyła do tego, by być jeszcze szczuplejszą. Nie przyszło jej do głowy, że dieta miała związek z zatrzymaniem miesiączki i zwiększała ryzyko pęknięć kości i osteoporozy. Wydawało jej się, że wzmacnia kości dzięki ćwiczeniom, bo słyszała, że trening poprawia gęstość kości. To prawda, że ćwiczenia pomagają, ale wapń, estrogen i odpowiednia podaż kalorii są równie ważne.

Jej lekarz stwierdził, że przywrócenie miesiączki pomoże chronić zdrowie kości. Ponieważ brak miesiączki związany był z nieodpowiednim odżywianiem, zaleciłam jej, by zwiększyła ilość spożywanych kalorii w postaci bogatego w wapń chudego mleka i jogurtu. Po dwóch miesiącach od wprowadzenia zmian w diecie miesiączka powróciła – był to pierwszy krok ku poprawie zdrowia. W rozdziale 16 znajdziesz więcej na temat zaniku miesiączki, a więcej o osteoporozie w dodatku A.

BŁONNIK ZBAWIENNY DLA ZDROWIA

Błonnik to jeden ze składników dobrych węglowodanów – znajduje się w produktach pełnoziarnistych, roślinach strączkowych, owocach i warzywach. Jest to ta część komórek roślinnych, której ludzie nie potrafią strawić. W procesie przetwarzania żywności, na przykład podczas mielenia ziaren i wytwarzania z nich białej mąki, błonnik zostaje usunięty. Aby spożywać zalecane 25 gramów błonnika dziennie, staraj się zjadać pokarmy w ich naturalnym stanie.

Słysząc o zbawiennym wpływie błonnika na poziom cholesterolu, trawienie i kontrolę poziomu cukru we krwi, osoby uprawiające sport szukają produktów bogatych w błonnik i węglowodany, które powinny stanowić podstawę sportowej diety. Choć trudno stwierdzić, które z wymienionych korzyści zawdzięczamy błonnikowi, a które innym składnikom owoców, warzyw, pełnych ziaren, warzyw strączkowych i orzechów, wzbogacenie diety w błonnik wyjdzie ci tylko na dobre.

Do niedawna sądzono, że błonnik może zmniejszać ryzyko raka jelita grubego. Najnowsze badania wykazują, że nadzieje były płonne (Rock, 2007). Mimo to związek błonnika z obniżeniem ryzyka chorób serca, kontrolą poziomu glukozy i wagi ciała oraz zapobieganiem i leczeniem zaparć to więcej, niż potrzeba, by wzbogacić w niego swoją dietę.

Rodzaje błonnika

Codziennie trzeba spożywać błonnik pochodzący z różnorodnych produktów, bo różne rodzaje błonnika mają różne właściwości zdrowotne. Należy spożywać oba główne rodzaje błonnika:

- **Błonnik nierozpuszczalny**. To błonnik nadający roślinom ich strukturę, który nie rozpuszcza się w wodzie. Jego źródłem są zarodki pszenne, warzywa i pełne ziarna. Ten rodzaj błonnika wchłania wodę i ułatwia przesuwanie się treści pokarmowej w jelitach.
- **Błonnik rozpuszczalny**. Ten rodzaj błonnika w połączeniu z wodą tworzy żel. Jego źródła to płatki owsiane, jęczmień i fasola (a także pektyna i guma guar, dwa rodzaje błonnika często dodawane do żywności, o czym można się przekonać, czytając etykiety). Błonnik rozpuszczalny obniża cholesterol zwłaszcza u osób, u których jest on wysoki. Może też pomóc w ustabilizowaniu poziomu glukozy we krwi, a więc przekąska bogata w błonnik przed treningiem będzie świetnym pomysłem (pod warunkiem, że nie wywoła wzdęć). Wśród wzmacniających przekąsek dobrych przed treningiem można wymienić płatki owsiane, fasolę i strączki, na przykład w postaci zupy z soczewicy, pasty z fasoli czy hummusu (jeśli twój żołądek dobrze na nie reaguje).

Możesz zwiększyć spożycie błonnika do zalecanych 28 gramów na każde 2000 kilokalorii, stosując się do poniższych zasad:

- Staraj się jeść owoce lub warzywa do każdego posiłku.
- Wybieraj płatki bogate w błonnik (co najmniej pięć gramów na porcję) lub mieszaj płatki o niskiej zawartości błonnika z tymi, które zawierają go dużo. Do płatków dodawaj owoce.
- Kupuj pieczywo, płatki i krakersy w 100 procentach pełnoziarniste.
- Wybieraj brązowy ryż, pełne ziarna pszenicy i inne pełne ziarna.
- Dodawaj zarodki pszenne, siemię lniane, orzechy lub sezam do jogurtu, płatków i wypieków.
- Jedz więcej fasoli – w leczo, sałatkach, z ryżem, w postaci hummusu i w zupie.
- Jako przekąskę wybierz popcorn (robiony w domu na oleju rzepakowym) lub suszone owoce i orzechy.
- Czytaj etykiety na opakowaniach. W niektórych produktach dodatek błonnika może zaskakiwać, na przykład w sokach lub jogurcie.

Informacje z tabeli 2.4 pomogą ci wybierać produkty najbogatsze w błonnik.

Mity na temat błonnika

To nieprawda – pomimo częstego przekonania – że błonnik przyspiesza proces przemieszczania się treści w układzie trawiennym. Może zwiększać ilość wydalanej treści i wizyt w toalecie, ale zwykle nie skraca czasu trawienia. Czas ten różni się dla każdej

TABELA 2.4. Błonnik w pożywieniu

Płatki	Błonnik (g)	Zboża	Błonnik (g)
Owsianka instant, porcja 47 g	6,7	Ryż brązowy gotowany, szklanka	4,9
Zdrowy błonnik, ½ miseczki	4,6	Bulgur gotowany, szklanka	3,8
Frutina, ½ miseczki	3,5	Popcorn, 3 szklanki	3,6
Musli Lo, ½ miseczki	3,3	Krakersy pełnoziarniste, 8 szt.	3
Cheerios, ½ miseczki	2,2	Chleb graham, 1 kromka	1,9
Fitness z czekoladą, ½ miseczki	1,8	Makaron spaghetti, szklanka	1,5
Granola orzechowa, ½ miseczki	1,8	Biały ryż gotowany, szklanka	0,8
Warzywa	**Błonnik (g)**	**Owoce**	**Błonnik (g)**
Brukselka, miseczka 200 g	10,2	Jabłko średnie	4,3
Ziemniak, 1 duży w mundurku	5,6	Śliwki suszone, 5 szt.	3,5
Szpinak, szklanka	5,1	Pomarańcz średnia	3
Groszek, ½ szklanki	4,2	Gruszka średnia	2,7
Kukurydza, ½ szklanki	3,3	Banan średni	2
Marchew, 1 średnia	1,6	Rodzynki, garść	2
Sałata, 10 liści	1	Kiwi średnie	1,6
Warzywa strączkowe	**Błonnik (g)**	**Orzechy i nasiona**	**Błonnik (g)**
Soja, ½ szklanki	5,4	Migdały, garść	3,9
Fasolka z puszki, ½ szklanki	4,2	Siemię lniane, 1 łyżeczka	1,4
Soczewica gotowana, ½ szklanki	3,4	Masło orzechowe, 2 łyżeczki	1,4
Cieciorka z puszki, ½ szklanki	3,4	Nerkowce, garść	1,2

Dane z etykiet na produktach oraz J. Pennington, 2004, *Bowes & Church's Food Values on Portions Commonly Used.*

osoby, ale średnio wynosi od dwóch do czterech dni. Mogą na niego wpływać stres, aktywność fizyczna oraz dieta. Jako osoba aktywna możesz określić, które produkty bogate w błonnik najlepiej działają na twój organizm. Jeśli same ćwiczenia mocno stymulują pracę jelit, być może musisz ograniczyć spożycie błonnika.

NA ZDROWIE

Bez względu na to, czy chcesz zmniejszyć ryzyko zachorowania na raka, choroby układu krążenia, nadciśnienie czy cukrzycę, specjaliści od żywienia zgadzają się co do tego, że najlepsza dieta to dieta bogata w owoce i warzywa, produkty pełnoziarniste i niskotłuszczowy nabiał. Powinna się w niej znaleźć umiarkowana ilość chudego białka (o niskiej zawartości tłuszczów nasyconych) i niewielka ilość sodu (mniej produktów przetworzonych). Dlatego pomyśl dwa razy, zanim zaczniesz sobie kopać grób nożem i widelcem. Pamiętaj o podstawowych zasadach:

- Zjadaj odpowiednie, nie za duże ilości chudego mięsa (patrz rozdział 7).
- Do każdego posiłku zaplanuj jeden lub dwa owoce albo warzywa. Do śniadania łatwo włączyć sok pomarańczowy i banana, na lunch marchewki i jabłko, a na obiad podwójną porcję mieszanki warzyw.
- Zwiększ ilość dobrego tłuszczu (nie przekraczając odpowiedniej dla ciebie ilości kalorii), wybierając oliwę i olej rzepakowy oraz margarynę z dodatkiem któregoś z nich. Jedz więcej orzechów i masła orzechowego.

Łącząc najlepsze wybory z piramidy żywienia z programem regularnych ćwiczeń, inwestujesz w swój obecny i przyszły dobrostan. To prawda, że geny odgrywają sporą rolę w zapadalności na choroby układu krążenia, raka, nadciśnienie i osteoporozę, ale możesz przechylić szalę na swoją korzyść dzięki mądremu odżywianiu. Niech jedzenie cię uzdrowi.

Znaczenie warzyw i owoców

Bez względu na to, czy twoja dieta ma cię uchronić przed rakiem, chorobami układu krążenia, cukrzycą, otyłością, nadciśnieniem czy jakimkolwiek innym problemem, najważniejszy przekaz każdej organizacji promującej zdrowie jest taki sam: jedz więcej warzyw i owoców. Pomimo to aż 90 procent mieszkańców USA nie spożywa zalecanej ilości tych zdrowych produktów.

Najlepiej byłoby włączyć solidną porcję owoców lub warzyw do każdego posiłku i każdej przekąski. Oto kilka sposobów, jak przemycić więcej bogatych w węglowodany produktów, które odżywiają mięśnie i pomagają chronić zdrowie:

- Na śniadanie przygotuj owocowy koktajl: zmiksuj sok pomarańczowy, banana i mrożone truskawki lub maliny.
- Do omleta dodaj pokrojone w kostkę paprykę, pomidora, pieczarki.
- Słodkie naleśniki udekoruj jagodami lub plasterkami banana i polej musem jabłkowym.
- Nie masz świeżych owoców do płatków śniadaniowych? Dodaj brzoskwinie z puszki, rodzynki lub owoce mrożone.
- Warzywa, które zostały z obiadu, możesz dodać do jutrzejszej sałatki lub zupy.
- Trzymaj pod ręką rodzynki, mieszanki suszonych owoców i orzechów, sorbet w 100 procentach z naturalnego soku, pomidorki koktajlowe, minimarchewki i seler naciowy.
- Dodaj tartą marchew do zapiekanki, gulaszu, lasagne, klopsów lub zupy.

Więcej pomysłów i przepisów na dania z warzyw i owoców znajdziesz w części IV i dziale z przepisami w dodatku A.

ROZDZIAŁ 3

Śniadanie – podstawa dobrej diety sportowej

Tak jak samochód działa najlepiej z pełnym bakiem, tak twój organizm pracuje lepiej, kiedy zapewniasz mu od rana odpowiednią dawkę energii. Jednak mnóstwo osób zmusza się do całodziennej aktywności na pustym baku. Kończy się to brakiem energii, niekontrolowanymi napadami głodu, obżeraniem się słodyczami i niezdrowymi przekąskami i często niechcianym przyrostem wagi. Nie mam żadnych wątpliwości: śniadanie to najważniejszy posiłek w ciągu dnia. Wcinamy!

KONIEC Z POMIJANIEM ŚNIADANIA

Ze wszystkich możliwych błędów żywieniowych pominięcie śniadania jest zdecydowanie największym. Boleśnie przekonała się o tym Raiya, miłośniczka porannych ćwiczeń na siłowni. Po godzinnej sesji na rowerku stacjonarnym poczuła się słabo – i obudziła się na podłodze, otoczona wianuszkiem przerażonych bywalców siłowni. Zemdlała, bo jej mózgowi zabrakło składników odżywczych.

Brak śniadania przeszkadza w treningu i pozostawia cię bez energii na resztę dnia, podczas gdy wysokoenergetyczne śniadanie nastawia organizm na pełen energii dzień. Niestety, wiele aktywnych osób nie je śniadań, tłumacząc się najczęściej tak:

„Rano nie czuję głodu".

„Nie mam czasu".

„Śniadania mi nie smakują".

„Jestem na diecie".

„Kiedy zjem śniadanie, przez resztę dnia czuję większy głód".

To tylko wymówki. Bez śniadania już przed południem nie potrafisz się porządnie skoncentrować, pracujesz lub uczysz się mniej efektywnie, czujesz się poirytowany i rozdrażniony, nie masz siły na trening. Jeśli masz dzieci, będą brały z ciebie przykład i też zaczną unikać śniadań, a skutkiem będzie podjadanie przekąsek, brak nawyków żywieniowych, zła dieta – co z kolei będzie miało wpływ na ich (i twoją) wagę i poziom energii (Affenito, 2007). Na każdą wymówkę przypada co najmniej jeden dobry argument za tym, by zjeść porządne śniadanie. Czytaj dalej!

Nie masz rano apetytu?

Jeśli nie masz ochoty na śniadanie, to najpewniej pochłonąłeś za dużo kalorii na kolację. Często pomagam osobom, które zjadają obfitą kolację o 21:00, połykają paczkę chipsów przy wieczornym oglądaniu telewizji lub raczą się przed pójściem do łóżka kubełkiem lodów w nagrodę za pracowity dzień. Takie rzeczy niewątpliwie mają wpływ na poranny apetyt. Nieszczęśliwie dla twojego zdrowia wieczorne podjadanie kosztem pożywnego śniadania równa się niewłaściwa dieta dla sportowca.

Mark, 35-letni programista i biegacz, nie czuł rano głodu z innego powodu: zabijał apetyt porannym treningiem. Głód wracał jednak około godziny dziesiątej. Mark próbował wytrzymywać do lunchu, ale na trzy z pięciu dni pracy kończyło się to wycieczką do automatu ze słodyczami. Poradziłam mu, żeby trzymał w pracy śniadaniowe przekąski – batoniki energetyczne, mieszankę bakalii lub owsiankę błyskawiczną – produkty, które łatwo się nie psują i mogą stanowić pożywne śniadanie niewymagające wielkich przygotowań.

Pożywne śniadanie łączące węglowodany z dodatkiem białka – płatki z mlekiem, granola z jogurtem, tost z masłem orzechowym – niezwłocznie uzupełnia zapasy glikogenu i pomaga zregenerować i odżywić mięśnie, przygotowując je do kolejnego wysiłku. To bardzo ważne dla osób, które trenują rano. Im wcześniej je zjesz, tym szybciej się zregenerujesz. Więcej informacji na temat uzupełniania zapasów energii po wysiłku znajdziesz w rozdziale 10.

Regenerujące śniadanie jest szczególnie ważne w przypadku, gdy trenujesz dwa razy w ciągu dnia. Często rozmawiam z triatlonistami, którzy mówią, że nie czują się głodni po pierwszym treningu, na przykład po porannym biegu. Następnie zjadają niewystarczający lunch, bo boją się, że zbyt obfity posiłek będzie miał negatywny wpływ na popołudniowy trening. W efekcie ledwo dają radę przezeń przebrnąć. W takiej sytuacji radzę zjadać śniadanie lub lunch około godziny 10:00 lub 11:00. Będziesz mieć wystarczająco dużo czasu, żeby strawić jedzenie i odżywić mięśnie przed popołudniowym treningiem. Orzeźwiające napoje: sok, mleko czekoladowe, koktajl owocowy, pomogą nabrać sił i ugaszą pragnienie. Przekonasz się, że zyskasz więcej energii i lepiej ci się będzie trenowało.

Masz czas, żeby zjeść śniadanie

„Naprawdę nie mam czasu na śniadanie. Wstaję o 5:30, idę na lodowisko, jeżdżę przez godzinę, a przed 7:45 pędzę już do szkoły". Naturalnie, plan dnia tego hokeisty nie pozwalał na rozsiadanie się przy relaksującym śniadaniu. A przecież potrzebował energii na cały dzień spędzony w szkole.

Uzmysłowiłam mu, że śniadanie nie musi być gotowanym posiłkiem zjadanym przy kuchennym stole. Może to być odżywcza przekąska spożywana w drodze do szkoły. Poradziłam mu, żeby planował i przygotowywał sobie wieczorem śniadanie na wynos. Jeśli miał czas na treningi, to miał też czas na prawidłowe odżywianie się.

Nick szybko przekonał się, że przygotowywanie torby śniadaniowej było warte wysiłku. Dwie kanapki z masłem orzechowym, banan i butelka soku zaspokajały jego wilczy apetyt, dzięki czemu mógł się bardziej skupić podczas zajęć. Nie liczył już minut do przerwy śniadaniowej, nasłuchując burczenia w brzuchu. Był w stanie skoncentrować się na nauce i nawet poprawił oceny.

Maria, pielęgniarka trenująca do swojego pierwszego maratonu, miała taką samą wymówkę – nie jadała śniadań z powodu braku czasu. Wstawała o 6:00, a o 6:45 była już w szpitalu. Nie chciała jeść śniadania tak wcześnie, twierdząc, że jej żołądek jeszcze wtedy śpi. Ale zanim doczekała do przerwy o 10:00, stawała się głodna, nie mogła się skupić na pracy i z niepohamowanym apetytem rzucała się na pączki lub ciastka wystawione w pokoju pielęgniarek.

Zaleciałam jej, żeby zjadała coś pożywnego między 7:00 a 9:00 i w ten sposób powstrzymywała głód, który przeszkadzał jej w pracy. Robiła to na przykład tak:

- Przynosiła do pracy kanapkę, żeby zjeść ją w ciągu czterech godzin od przebudzenia.
- Kupowała w bufecie grahamkę, jogurt i sok pomarańczowy.
- Wcześniej wychodziła na przerwę i zjadała śniadanie na ciepło w bufecie.
- Trzymała w szufladzie awaryjne przekąski: batonik pełnoziarnisty, krakersy, orzeszki, bakalie.

Maria szybko stała się zwolenniczką śniadań, bo dzięki odpowiedniej dawce energii czuła się znacznie lepiej.

Jeśli brakuje ci pomysłów, poniższe wskazówki mogą ci pomóc wyrobić sobie nawyk jedzenia śniadania:

- Jogurt – trzymaj zapas w lodówce. Dodawaj do niego chrupiącą granolę.
- Banan – wybierz dużego banana i popij go szklanką mleka.
- Koktajl – zmiksuj sok, owoce i jogurt lub mleko w proszku (ewentualnie odżywkę białkową).
- Rodzynki i orzechy – małe opakowanie z taką mieszanką można łatwo wsunąć do kieszeni.
- Pełnoziarnista bułka – posmaruj ją masłem orzechowym i popij szklanką mleka.
- Krakersy grahamki – to wyborny dodatek do latte na bazie chudego mleka.
- Chlebek pita – można go nadziać niskotłuszczowym serem, twarogiem, hummusem, plastrami indyka lub innymi dodatkami.

ŚNIADANIE I ODCHUDZANIE SIĘ

Każdy, kto próbuje zrzucić parę kilogramów, wie, że odchudzanie należy zacząć od rezygnacji ze śniadania, prawda? Nieprawda! Omijanie śniadania, by zmniejszyć liczbę kalorii, to krok do porażki w odchudzaniu. Badania potwierdzają, że osoby odchudzające się, które nie jedzą śniadań, z czasem ponownie przybierają na wadze (Neumark-Sztainer i inni, 2006). Jeśli kusi cię, by zrezygnować ze śniadania, pamiętaj, że podczas tego posiłku nie tyjesz. Tyjesz natomiast, gdy z powodu braku śniadania dopadnie cię głód i będziesz go zaspokajać pod wieczór. Jeśli chcesz koniecznie zrezygnować z jakiegoś posiłku, niech to będzie kolacja, a nie śniadanie. Twoim celem powinno być dostarczenie organizmowi paliwa na cały dzień i ograniczenie podjadania na noc.

Ankieta przeprowadzona wśród niemal 3000 osób będących na diecie, którym udało się zrzucić ponad 14 kilogramów i utrzymać ten wynik przez co najmniej rok, wykazuje, że 78 procent ankietowanych zjadało śniadanie codziennie, a 88 procent pięć lub więcej razy w tygodniu. Zaledwie cztery procent nie jadało śniadań w ogóle. Osoby spożywające śniadania wykazywały nieco większą aktywność w ciągu dnia. Te wyniki pokazują, że śniadanie jest ważnym elementem skutecznego programu odchudzającego (Wyatt i inni, 2002). Inne badanie wykazało, że osoby jedzące śniadania są mniej podatne na nagłe ataki głodu zaspokajane przekąskami i spożywają ogólnie mniej kalorii (Schlundt i inni, 1992). Nie ma to jak śniadanko!

Nieustannie doradzam osobom, które próbują zrzucić parę kilogramów, żeby lepiej odżywiały się w ciągu dnia i ograniczyły jedzenie wieczorem. Zawsze, tak jak Pat, mama i gospodyni domowa, patrzą na mnie z przerażeniem. Pat mówiła: „Jeśli zjem śniadanie, szybciej zrobię się głodna i w rezultacie zacznę jeść więcej". Na śniadanie zjadała zaledwie pół bułeczki, co wystarczyło, żeby pobudzić soki trawienne, ale nie zaspokajało apetytu. Kiedy wreszcie zaczęła zjadać na śniadanie 500 kilokalorii, czuła się dobrze i przestała miewać ataki głodu po południu. Choć na początku nie wierzyła, że opisane poniżej śniadania pomogą jej stracić na wadze, przekonała się, że to działa:

Śniadanie w biegu	**Kalorie**
Dwie małe grahamki (120 g)	300
Jogurt waniliowy	200
W sumie	**500**
Nietypowe śniadanie	
2 kawałki pizzy	500
W sumie	**500**
Śniadanie biurowe	
Owsianka błyskawiczna, 2 saszetki	250
Rodzynki (40 g)	130
Mleko w proszku, ½ szklanki	120
W sumie	**500**

Jeśli pilnujesz wagi, a z jakiegoś powodu zdarzy ci się rano zjeść za dużo – powiedzmy na śniadaniu biznesowym z mnóstwem croissantów i ciastek – nie rozciągaj przejadania się na resztę dnia. Uznaj po prostu, że zjadłeś już część kalorii (lub wszystkie) składających się na lunch. W południe wsłuchaj się w swoje ciało, które najpewniej będzie ciągle najedzone, i zauważ, że wcale nie musisz zjadać pełnego posiłku na lunch. Nie ulegnij pokusie, żeby objadać się przez cały dzień pod pretekstem, że przecież zawaliłeś śniadanie, więc możesz przełożyć dietę na jutro!

ŚNIADANIE MISTRZÓW

Pacjenci często pytają, co najlepiej jeść na śniadanie. Odpowiedź brzmi – każdą kombinację pełnowartościowych produktów z trzech grup żywieniowych. Polecam płatki śniadaniowe, bo to prosty sposób na spożycie pełnych zbóż, chudego mleka i owoców, a także inne korzyści. Zjadając miseczkę pełnoziarnistych płatków z owocami, dostarczasz organizmowi połowę zalecanej dawki owoców i produktów pełnoziarnistych, zanim jeszcze wyskoczysz z piżamy!

Dlaczego płatki zbożowe są takie dobre?

Uwielbiam płatki, bo są:

- **Szybkie i proste**. W każdym wieku, bez względu na umiejętności kulinarne, każdy potrafi zalać płatki mlekiem – bez gotowania, bez bałaganu.
- **Wygodne**. Możesz trzymać płatki w kuchennej szafce, torbie gimnastycznej lub szufladzie biurka. Torebka suchych płatków będzie lepsza niż nic.
- **Bogate w węglowodany**. Mięśnie czerpią energię z węglowodanów. Płatki, banan i sok to doskonała kombinacja węglowodanów; plus mleko jako dodatek proteinowy.
- **Bogate w błonnik**. Wybierając owsiankę lub inne płatki zbożowe, zmniejszasz ryzyko wystąpienia zaparć, które niewątpliwie mogą odebrać przyjemność z ćwiczeń. Produkty te mają też ochronny wpływ na zdrowie.
- **Bogate w żelazo**. Wybierając płatki zawierające żelazo, możesz łatwo zwiększyć jego spożycie i zmniejszyć ryzyko anemii. Popij płatki sokiem pomarańczowym lub dodaj inny produkt bogaty w witaminę C, aby wspomóc wchłanianie żelaza.
- **Bogate w wapń**. Płatki śniadaniowe to bogate źródło wapnia, jeśli zjadamy je z chudym mlekiem lub jogurtem albo mlekiem sojowym wzbogaconym w wapń. Wapń pomaga utrzymywać mocne kości i chroni przed osteoporozą.
- **Ubogie w tłuszcze nasycone i cholesterol**. Płatki zbożowe są zdrowsze dla serca niż inne typowe śniadania, takie jak tost z masłem, bułka z kremowym serkiem czy jajecznica na boczku.
- **Różnorodne**. Aby uniknąć nudy jedzenia zawsze tych samych płatków, staraj się mieszać różne rodzaje i smaki. Zwykle, ku uciesze znajomych, trzymam w szafce od dziesięciu do 18 różnych rodzajów płatków. Poza tym dodaję do nich różne dodatki, na przykład banany, rodzynki, suszone jagody, płatki migdałowe, cynamon, gałkę muszkatołową, syrop klonowy lub zapach waniliowy.

- **Pomocne w kontroli wagi.** Ankieta przeprowadzona wśród 17 881 lekarzy wykazała, że ci z nich, którzy przez osiem lat jadali na śniadanie najczęściej płatki zbożowe, byli szczuplejsi od tych, którzy jedli mniej płatków (Bazzano i inni, 2005). W kolejnym badaniu przeprowadzonym wśród 4218 kobiet wykazano, że panie, które zjadają na śniadanie płatki, są o 30 procent mniej zagrożone nadwagą niż te, które opuszczają śniadanie lub zjadają na nie coś innego (Song i inni, 2005). Czy oznacza to, że płatki zbożowe pomagają w kontroli wagi? Trudno powiedzieć. Ważne jednak, że razem z nimi dostarczamy organizmowi mleko i wapń, a według niektórych badań wapń pomaga utrzymywać prawidłową wagę ciała (Zemel i inni, 2004).

Garść płatków dla zdrowia

Każde płatki zbożowe możemy uznać za mistrzowskie śniadanie, zwłaszcza jeśli są pełnoziarniste, czyli bogate w błonnik, obniżające ciśnienie krwi i ryzyko zawału serca. Jednakże niektóre płatki zawierają znacznie więcej składników odżywczych niż inne. Oto pięć wskazówek, które pomogą ci dokonywać mądrych wyborów w sklepowej alejce z płatkami śniadaniowymi.

1. **Wybieraj płatki wzbogacone w żelazo.** Dieta bogata w żelazo jest niezwykle istotna dla osób aktywnych, ponieważ pomaga transportować tlen z płuc do mięśni. Jeśli nabawisz się anemii (czyli niedoboru żelaza we krwi), będziesz szybko się męczyć w trakcie ćwiczeń. Płatki śniadaniowe bogate w żelazo to łatwy sposób na zwiększenie spożycia tego pierwiastka, zwłaszcza jeśli jesz mało czerwonego mięsa (które jest najlepszym źródłem żelaza w diecie).

   Informacja o zawartości żelaza w płatkach znajduje się w tabeli wartości odżywczych na opakowaniu. Wybieraj marki, które w jednej porcji zaspokajają co najmniej 25 procent dziennego zapotrzebowania na żelazo. W tabeli 3.1 znajdują się informacje na temat zawartości żelaza w różnych markach płatków śniadaniowych.

   Jeśli najchętniej wybierasz marki organiczne i bez dodatków, musisz pamiętać, że brak dodatków oznacza także, że płatki nie są wzbogacone żelazem. Jeśli chcesz, możesz mieszać płatki naturalne z wzbogaconymi w żelazo (na przykład granolę z Cheerios), możesz też wybierać produkty bogate w żelazo na inne posiłki lub łykać suplement z żelazem.

   Żelazo z płatków dość słabo się wchłania, ale możesz to poprawić, wypijając na śniadanie sok pomarańczowy lub zjadając owoc bogaty w witaminę C (pomarańczę, grejpfruta, melona, truskawki).
2. **Wybieraj płatki wzbogacone w kwas foliowy.** Niewielkie ilości witaminy B zwanej kwasem foliowym znajdują się w zbożach, jednak więcej (100 do

TABELA 3.1. Wartości odżywcze popularnych płatków śniadaniowych

Płatki (porcja 30 g)	Kcal	Cukier (g)	Tłuszcz (g)	Błonnik (g)	Sód (mg)	Żelazo (% dziennej dawki)
Chocapic	116	9	1	2	54	3,7
Cini Minis	126	7	1	2	127	2
Cookie Crisp	116	7	1	2	92	3
Corn Flakes	116	9	1	2	54	3,7
Coś na ząb naturalne	217	8	8	5	77	
Crunchy naturalne z owsa	226	9	7	3	50	2
Crunchy z orzechami	131	6	6	3	28	
Fitella Musli kokosowe	234	8	10	4	70	
Fitness Chocolate	118	6	2	2	111	4
Fitness Yoghurt	118	7	2	2	115	3,7
Jaśki mleczne	141	8	5	1	Śl	
Kangus	112	8	1	3	0	
Mlekołaki muszelki choco	117	8	1	2	35	1
Musli błonnikowe z kokosem	196	4	5	8	96	2
Musli Lo bez dodatku cukru	107	3	1	3		1
Musli owocowe	111	6	2	3		
Naturalnie na śniadanie	129	8	1	3	0	
Zdrowy błonnik	98	1	1	5	Śl	

* Śl – śladowa ilość. Informacje z etykiet na opakowaniach produktów.
Dane z etykiet na opakowaniach produktów.

400 mikrogramów, 25 do 100 procent dziennego zapotrzebowania) znajdziemy w produktach wzbogaconych takich jak płatki śniadaniowe. Kwas foliowy zmniejsza ryzyko wystąpienia wad płodu w okresie prenatalnym. Uważano również, że zmniejsza ryzyko wystąpienia chorób serca, jednak wyniki badań z wykorzystaniem tej witaminy tego nie potwierdzają (Lichtenstein i inni, 2006).

3. **Wybieraj płatki z otrębami bogatymi w błonnik.** Najlepszy wybór to płatki, które zawierają przynajmniej cztery gramy błonnika na 30 gramów płatków. Błonnik przeciwdziała zaparciom. Badania wykazują, że dodatkowo chroni przed chorobami serca i pomaga zaspokajać głód, ułatwiając kontrolę wagi.

   Płatki z otrębami mogą dostarczyć znacznie więcej błonnika niż większość owoców i warzyw. Wśród płatków bogatych w błonnik można wymienić Zdrowy błonnik, Musli błonnikowe, Coś na ząb, Fitness płatki pełnoziarniste, Sonatina płatki pełnoziarniste oraz inne z napisem „błonnik" lub „otręby" na opakowaniu (patrz tabela 3.1). Możesz też zwiększyć zawartość błonnika dowolnych płatków, posypując je tymi z dodatkiem błonnika.

4. **Wybieraj płatki pełnoziarniste.** Przez „płatki pełnoziarniste" rozumiem takie, które nie mają cukru na początku listy składników (na początku są te składniki, których jest najwięcej). Czytając ją, dowiesz się, ile cukru jest w wybranych płatkach. Pomnóż po prostu ilość gramów cukru (na liście składników odżywczych pod węglowodanami) przez cztery kilokalorie, a otrzymasz liczbę kilokalorii w jednej porcji. Na przykład płatki Lion z karmelem i czekoladą zawiera cukier, zagęszczone słodzone mleko, syrop glukozowy, pastę karmelową i syrop cukru karmelizowanego. Porcja tych płatków zawiera dziewięć gramów cukru (9 gramów cukru x 4 kilokalorie/gram = 36 kilokalorii) na każde 120 kilokalorii. Oznacza to, że prawie 30 procent kalorii w każdej porcji pochodzi z dodanego do płatków cukru.

   Niektóre płatki dla dzieci składają się z cukru aż w 45 procentach, są więc bardziej odpowiednie na deser niż na śniadanie. Co prawda cukier stanowi pożywkę dla mięśni i wbrew rozsiewanym plotkom nie jest trucizną, ale mocno słodzone płatki w większym stopniu pobudzają apetyt na słodycze niż chronią zdrowie.

   Stewardessa Maya, miłośniczka ćwiczeń fizycznych, unikała wszelkich płatków, które miały cukier, nawet jeśli było go bardzo mało. Ograniczyła się wyłącznie do niesłodzonej pszenicy dmuchanej i płatków kukurydzianych, pozbawiając się różnorodności i w znacznej mierze przyjemności. Tymczasem cukier to po prostu węglowodany, które nie zatruwają mięśni, lecz je odżywiają.

   Niewielka ilość w lekko słodzonych płatkach śniadaniowych była niczym w porównaniu z ilością cukru, jaką Maya zjadała w serkach homogenizowanych, jogurtach owocowych i żelkach. Poleciłam jej, żeby przy wyborze płatków kierowała się bardziej zawartością błonnika i pełnych ziaren niż cukru, bo korzyści wynikające z jedzenia płatków śniadaniowych znacznie przeważają tych kilka pustych kalorii ukrytych w niewielkim dodatku cukru. Dziesięć procent kalorii dziennie może pochodzić z cukru. Dlatego trzy gramy cukru (12 kilokalorii) w porcji płatków Lo orkiszowych z jagodami spokojnie mieszczą się w przewidzianym dla niej limicie 240 kilokalorii z cukru dziennie. Posłuchała i zaczęła wprowadzać do diety inne marki płatków, zwłaszcza tych bogatych w prozdrowotny błonnik i żelazo.

5. **Wybieraj płatki o niskiej zawartości tłuszczu.** Zamiast przejmować się ilością cukru w płatkach, warto zwrócić większą uwagę na zawartość tłuszczu. Tłuszcz stanowi większe zagrożenie dla zdrowia, bo prowadzi do wzrostu

JAK CZYTAĆ ETYKIETY NA PŁATKACH ŚNIADANIOWYCH

Jeżeli twoje płatki nie spełniają poniższych kryteriów, łącz je z innymi o lepszych parametrach odżywczych.

WARTOŚĆ ODŻYWCZA

Porcja 30 g
Liczba porcji w opakowaniu: około 12

Ilość w porcji		
Kcal 110	Kcal z tłuszczu 5	
		% GDA*
Tłuszcz	0,5 g	1%
	w tym kwasy nasycone 0 g	0%
	w tym tłuszcze trans 0 g	
Cholesterol 0 mg		0%
Sód 210 mg		9%
Węglowodany		23 g
w tym błonnik 5 g		0%
w tym cukry 2 g		
Białko 3 g		

Witamina A	25%	Witamina C	15%
Wapń	0%	Żelazo	50%
Witamina D	10%	Tiamina	25%
Ryboflawina	25%	Niacyna	25%
Witamina B_6	25%	Kwas foliowy	25%
Witamina B_{12}	25%	Fosfor	15%
Magnez	10%	Cynk	25%
Miedź	8%		

** Zalecane dzienne spożycie (GDA) przy diecie 2000 kcal.*

SKŁADNIKI: kukurydza, mąka owsiana i pszenna, zarodki pszenne, syrop glukozowo-fruktozowy, kwas askorbinowy, żelazo, cynk, witamina E, witamina A, kwas foliowy, witamina B_{12}, witamina D

3 gramy lub mniej tłuszczu w porcji → Tłuszcz

mniej niż 250 miligramów sodu na porcję → Sód

5 gramów lub więcej błonnika w porcji → w tym błonnik

8 gramów lub mniej cukru w porcji → w tym cukry

minimum 25% zalecanego dziennego spożycia żelaza → Żelazo

cukier nie jest jednym z pierwszych składników → SKŁADNIKI

wzbogacone w żelazo → żelazo

wagi, chorób układu krążenia oraz raka. Jeżeli płatki o wysokiej zawartości tłuszczu należą do twoich ulubionych, stosuj je raczej jako posypkę na inne płatki – te o niskiej zawartości tłuszczu.

JEŚLI NIE PŁATKI, TO CO?

Płatki to zdecydowanie śniadanie mistrzów, ale niejedyne możliwe. Dla tych, którzy nie lubią płatków, istnieją inne propozycje zapewniające paliwo na cały aktywny dzień. W części IV znajdziesz przepisy na pełnoziarniste, bogate w węglowodany pieczywo i muffiny, które można zjadać ze szklanką mleka i owocami lub sokiem.

Biznesmen Dimitri nie zwykł jadać śniadania, a chciał zrzucić dziesięć kilogramów, które przybrał od czasów studenckich, kiedy to regularnie grywał w piłkę nożną. Postanowił, że będzie zjadał kolację na śniadanie. Uwielbiał raczyć się kurczakiem z ziemniakami, więc zamiast ograniczać porcję późnym popołudniem, zaczął zjadać pełną kolację na śniadanie, a wieczorem decydował się na płatki. Bez problemu zrzucił nadmiar kilogramów. Co prawda wielu z nas nie ma ochoty lub możliwości, by przygotowywać sobie wieczorem pełnodaniowe śniadanie, ale ważne jest to, że jakiekolwiek śniadanie będzie lepsze niż jego brak, większe jest lepsze niż małe, a pożywne śniadanie zawierające pełnowartościowe produkty jest optymalne dla zdrowia i formy fizycznej.

Śniadanie zabieganych

Jeśli musisz zjeść śniadanie poza domem, pamiętaj, aby wybierać mądrze.

- Zamiast tłustego boczku, kiełbasy, croissantów czy ciastek wybierz jajka, pieczywo lub naleśniki. Inne opcje to naleśniki, bułka (z dżemem), niskotłuszczowy muffin lub jogurt z granolą i owocami.
- W kawiarni może być trudno znaleźć świeże owoce, dlatego zabierz z domu jabłko lub pomarańczę. Ewentualnie wypij świeżo wyciskany sok przed wyjściem z domu.
- Zamiast kawy ze śmietanką zamów latte z chudym mlekiem, by dostarczyć organizmowi białko i wapń.
- Znajdź sklep, w którym możesz kupić świeże grahamki, owoce, sok i jogurty.
- Oprzyj się śniadaniowym pokusom (czyli pączkom, drożdżówkom, croissantom) i zabierz do biura płatki śniadaniowe. W drodze do pracy kup mleko, banana i ewentualnie kawę. Nocując w hotelu, możesz oszczędzić czas, pieniądze i oprzeć się pokusom, jeśli zabierzesz ze sobą własne płatki

śniadaniowe, suszone owoce, łyżkę oraz mleko (w proszku lub zwykłe). Szklanka może zastąpić miseczkę na płatki.

Nietypowe śniadanie

Jeśli nie jadasz śniadania, bo nie lubisz typowych dań śniadaniowych, po prostu jedz coś innego niż wszyscy. Kto mówi, że to koniecznie muszą być płatki lub tosty? Wszystko, co jesz, możesz równie dobrze zjeść na śniadanie. Osobiście uwielbiam urozmaicić swoje menu, od czasu do czasu zjadając rano resztki wczorajszej pizzy lub chińszczyzny.

Można też wybrać słodkie śniadanie. Jedna z moich pacjentek odkryła, że zjadając na śniadanie rogalika z czekoladą, zaspokajała apetyt na słodycze na resztę dnia. Przestała mieć ochotę na ciasteczka po południu i zamiast nich zjadała miseczkę płatków – o ósmej rano nie była w stanie ich przełknąć.

Rano powinno się zjadać od jednej czwartej do jednej trzeciej dziennej dawki kalorii. Może to być niedojedzony obiad z poprzedniego dnia, pieczony ziemniak z serem, kanapka z masłem orzechowym i miodem, jogurt ze świeżymi owocami i pestkami słonecznika, zupa pomidorowa z pieczywem, a nawet dania typowo świąteczne. Dlaczegóż by nie zjeść na śniadanie tortu pozostałego z urodzin czy świątecznego ciasta? Lepiej zjeść je wcześnie i spalić kalorie niż czekać do wieczora, kiedy będzie cię bardziej kusiło, żeby zjeść za dużo.

PORANNA KAWA

Aromatyczna kawa o poranku ma wielu zwolenników. Na całym świecie ludzie mają zwyczaj wypijać rano filiżankę czegoś, co zawiera kofeinę – czy to włoskie espresso, amerykańska „coffee regular" czy nawet angielska herbatka. Kawa w zdrowej diecie budzi wiele pytań. Oto odpowiedzi na najczęstsze z nich.

Czy kawa jest niezdrowa? Kawa jest niezwykle popularna, co umożliwiło dokładne zbadanie jej wpływu na organizm człowieka. Wśród korzyści z picia kawy należy wymienić mniejsze ryzyko zachorowania na cukrzycę i chorobę Parkinsona. Dotychczas nie wykazano wyraźnej zależności pomiędzy piciem kawy a występowaniem chorób serca, raka czy nadciśnienia. A więc ogólna odpowiedź brzmi: według ekspertów picie kawy w normalnych dawkach nie ma negatywnego wpływu na zdrowie.

Przeciętny Amerykanin spożywa 200 miligramów kofeiny dziennie, co odpowiada jednemu dużemu kubkowi kawy. Wśród dziesięciu procent populacji raczących się dawką 1000 miligramów kofeiny dziennie spożywanej w postaci kawy z cukrem i śmietanką (plus kilka papierosów) rzeczywiście obserwuje się wyższą zapadalność na choroby układu krążenia, co ma związek ze złą dietą i niezdrowym trybem życia.

Poza palaczami kawy powinny unikać osoby z wrzodami żołądka i podatne na inne choroby układu trawienia (kofeina pobudza wydzielanie kwasów żołądkowych i może podrażniać żołądek). Również sportowcy cierpiący na niedobór żelaza powinni unikać kofeiny. W kawie i herbacie znajdują się substancje zmniejszające przyswajalność żelaza (Zijp, Korver i Tijburg, 2000). Jeśli masz anemię i regularnie wypijasz kawę lub herbatę do posiłków lub w ciągu godziny po posiłkach, to pozbawiasz się ważnych składników odżywczych. Popijając hamburgera kawą, możesz zmniejszyć ilość przyswojonego żelaza nawet o 40 procent. Natomiast wypicie kawy na godzinę przed posiłkiem zdaje się nie mieć na to negatywnego wpływu.

Nie tyle kawa, ile nawyki związane z jej piciem są największym problemem:

- Dodawanie do kawy śmietanek zawierających olej kokosowy lub palmowy. Śmietanki zawierają nasycone kwasy tłuszczowe powodujące choroby układu krążenia. Zastąp je mlekiem lub mlekiem w proszku.
- Kawa zamiast pełnowartościowego śniadania. Duża kawa z dodatkiem dwóch śmietanek i dwóch łyżeczek cukru zawiera 70 pustych kilokalorii. Pomnóż to przez trzy, a otrzymasz tyle kilokalorii, ile znajduje się w misce pożywnych płatków. W tabeli 3.2 zestawiono zawartość tłuszczu w popularnych napojach kofeinowych. Wiele osób, które twierdzą, że nie mogą bez kawy funkcjonować, mogłoby spokojnie pić jej znacznie mniej, gdyby zjadały pożywne śniadanie i lunch. Jedzenie jest znacznie lepszym paliwem dla organizmu niż kofeina.
- Picie kawy, żeby się obudzić. Porządny nocny sen byłby zdrowszy. Możesz też spróbować pobudzić się, wypijając szklankę wody z lodem. Niekiedy powodem zmęczenia jest odwodnienie.

Powyższe złe nawyki stanowią większe zagrożenie dla zdrowia niż samo picie kawy. Jeśli niepokoi cię negatywny wpływ kawy na zdrowie, możesz przerzucić się na herbatę. Wielbiciele herbaty rzadziej zapadają na choroby układu krążenia – być może dlatego, że herbata zawiera dużo flawonoidów chroniących przed chorobami serca lub po prostu dlatego, że osoby wybierające herbatę zamiast kawy generalnie mają większą świadomość wpływu diety na zdrowie, mniej palą i jedzą więcej owoców i warzyw (Geleijnse i inni, 2002).

Jakie działanie ma kofeina? Kofeina to łagodna używka pobudzająca centralny układ nerwowy. Pomaga zachować czujność i ułatwia skupienie. Jej działanie pobudzające odczuwamy najsilniej mniej więcej po godzinie od spożycia – słabnie w miarę rozkładania kofeiny przez wątrobę. Jeśli pijasz kawę od czasu do czasu, możesz być bardziej podatny na jej działanie niż ktoś, kto pije kawę codziennie i ma przez to wyższą tolerancję kofeiny.

Mała filiżanka kawy daje przyjemne uczucie większej koncentracji i poprawia humor, jednak efekt może być odwrotny po spożyciu nadmiernej ilości: pojawiają się sensacje żołądkowe, zgaga i niepokój. Wypijając więcej niż litr kawy czy dwa litry herbaty dziennie, zdecydowanie przekraczasz granice umiarkowanego spożycia.

Czy od kawy można się uzależnić? Kawa to napój znany od wieków, wiemy więc, że nie wywołuje skutków typowych dla środków uzależniających (konieczność zwiększania dawek, zachowania aspołeczne, poważny problem z zaprzestaniem spożywania). Jeśli regularnie pijasz kawę i zdecydujesz się usunąć ten napój

TABELA 3.2. Ostrożnie! W tej kawie są kalorie!

Uważaj na liczbę kalorii w popularnych napojach dostępnych w sieciowych kawiarniach. Badanie na grupie 41 studentek wypijających jedną kawę na wynos dziennie wykazało, że spożywały one około 200 kilokalorii oraz 32 gramy cukru więcej niż osoby niepijące kawy (Shields, Corrales i Metallinos-Katsaras, 2004). Duża kawa z wieloma dodatkami smakowymi może zawierać połowę zalecanej dziennej dawki tłuszczu (dla osoby zjadającej 2000 kilokalorii dziennie optymalna ilość tłuszczu to 55–65 g). Zastąpienie pełnego mleka lub śmietanki mlekiem chudym pozwoli uniknąć wielu kalorii.

Napój	Kcal	Tłuszcz (g)
Espresso 120 ml	8	0
Americano z pełnym mlekiem i cukrem M	90	1,7
Iced Cappuccino z chudym mlekiem M	125	1,5
Caffe Latte z chudym mlekiem M	148	1,8
Mango Delight M	210	1,8
Caffe Latte z pełnym mlekiem M	231	11,5
Caramel Macchiato z pełnym mlekiem M	385	11,7
Gorąca czekolada z pełnym mlekiem M	408	22,1
Chai Tiger M	416	17,2
Kahlua Caramocha z pełnym mlekiem M	532	19,4
Cappuccino z chudym mlekiem Tall	64	0,1
Latte z chudym mlekiem Tall	102	0,2
Latte z pełnym mlekiem Tall	176	9,2
Frappuccino Tall	184	2,4
Frappuccino Venti	278	3,6
Java Chip Frappuccino z bitą śmietaną Grande	456	18

Dane pochodzą ze stron www.costacoffee.pl oraz www.starbucks.pl.

z jadłospisu, nie rób tego z dnia na dzień – lepiej stopniowo zmniejszać dawkę przyjmowanej kofeiny. Mogą pojawić się bóle głowy, zmęczenie czy senność, lecz ostrożnie wybieraj środki przeciwbólowe. Leki zawierające kofeinę, na przykład Excedrin, mogą zniweczyć twoje wysiłki.

Przerzucenie się na herbatę to prosty sposób na zmniejszenie spożycia kofeiny (dodatkowo zwiększasz spożycie napoju, który ma potencjalnie dobry wpływ na zdrowie, zmniejsza ryzyko chorób serca i raka). Możesz też pić mniej kawy, wybierając zamiast niej następujące napoje niezawierające kofeiny: kawę bezkofeinową, herbatę bezkofeinową, herbaty ziołowe, gorącą wodę z cytryną, bulion o niskiej zawartości soli, kakao rozpuszczalne, inne napoje na bazie ciepłego mleka, grzany cydr, ciepły sok jabłkowy lub porzeczkowy. Bez wątpienia najlepszą alternatywą dla pobudzającej filiżanki kawy jest gimnastyka. Szybki spacer na świeżym powietrzu przyniesie dużo lepszy efekt niż jakikolwiek napój.

Ile kofeiny zawiera espresso? Espresso ma średnio dwa razy więcej kofeiny niż zwykła kawa (40 miligramów w porcji w porównaniu z 20 miligramami, choć w ofercie niektórych sieciowych kawiarni jest nawet espresso o zawartości 65 miligramów kofeiny w filiżance kawy). Ponieważ jednak porcja espresso jest bardzo mała, spożywasz mniej kofeiny niż w zwykłej kawie: w jednej filiżance espresso wypijasz 40 miligramów kofeiny, a w kubku zwykłej kawy o pojemności 240 mililitrów – 135 miligramów.

Ile kofeiny znajduje się w coli i pepsi? W puszce coli znajduje się około 30 miligramów kofeiny. To znacznie mniej niż w kubku kawy. W rzeczywistości kopniak energii z napojów orzeźwiających bierze się z cukru, nie z kofeiny.

Czy kobiety powinny zwracać szczególną uwagę na spożycie kofeiny? Kobiety ciężarne powinny ograniczyć spożycie kofeiny do poniżej 300 miligramów dziennie (to mniej niż 450 mililitrów kawy). Kofeina przenika do łożyska i spożywana w nadmiarze może prowadzić do przedwczesnego porodu. Ostrożność powinny zachować także kobiety karmiące. Kofeina przenika do mleka, może działać na niemowlę pobudzająco i zaburzać jego sen. Również panie próbujące zajść w ciążę muszą uważać, choć do potwierdzenia wpływu kofeiny na płodność potrzebne są jeszcze dodatkowe badania. Osoby, które obawiają się osteoporozy, mogły słyszeć, że kofeina zmniejsza gęstość kości. Aby codziennie zapewnić sobie odpowiednią dawkę nabiału (720 mililitrów mleka), dodawaj do kawy więcej mleka lub spróbuj się przekonać do latte.

Czy kawa pomaga wytrzeźwieć po nadmiernym spożyciu alkoholu? Nie. Kawa trochę cię pobudzi, ale nadal będziesz pijany. Kawa nie skraca czasu, jakiego potrzebuje wątroba, by oczyścić organizm z alkoholu. Wraz z nią dostarczasz organizmowi również wodę, co może zmniejszyć efekt odwodnienia.

Czy kawa liczy się do dziennego spożycia płynów? Tak. Liczą się wszystkie napoje: czysta woda, soki, zupy, arbuz, a nawet kawa. Informacja o tym, że kawa odwadnia organizm, nie została potwierdzona naukowo (Armstrong, 2002). Owszem, kawa może działać moczopędnie, ale tylko w ciągu dwóch godzin od spożycia, a nie przez całą dobę. Nawet sportowcy trenujący w upale mogą się cieszyć filiżanką kawy i nie martwić się o odwodnienie.

ROZDZIAŁ 4

Lunch i obiad – w domu i w biegu

Jeśli pamiętasz czasy, kiedy jadało się trzy porządne posiłki dziennie, pamiętasz też, że zdrowe odżywianie nie było wówczas aż takim wyzwaniem jak dziś. Niestety dla naszego zdrowia dzisiejszy styl życia rzadko uwzględnia śniadanie, ledwo znajdując chwilę na szybki obiad i kolację. Dla wielu aktywnych osób odprężający lunch czy obiad – pieczołowicie przygotowany, atrakcyjnie podany i zjedzony w towarzystwie rodziny lub znajomych – jest rzadkością.

Moi pacjenci są zwykle niezadowoleni z tego, ile czasu mogą poświęcać na posiłki. Jednak przy szybkim tempie życia, wysokim poziomie stresu i mnóstwie obowiązków dobrze zbilansowane posiłki dostarczają energii do lepszego radzenia sobie ze stresem i pozwalają unikać przemęczenia. W tym rozdziale dowiesz się, jak planować posiłki, by zadbać o zdrowie i znaleźć czas na pracę, treningi i obowiązki rodzinne.

DRUGIE ŚNIADANIE

Dla osób aktywnych, które powinny nieustannie dostarczać organizmowi energii do treningów i uzupełniać ją po treningach, lunch to drugi najważniejszy posiłek w ciągu dnia. Śniadanie pozostaje numerem jeden. Lunch pozwala odbudować zapasy energii po porannej lub południowej aktywności oraz dostarcza paliwa tym, którzy planują trening po południu. Zakładając, że osoba aktywna odczuwa głód mniej więcej co cztery godziny (jeśli nie częściej), to jeśli zjadasz śniadanie o godzinie 7:00 lub 8:00, na kolejny posiłek jesteś gotowy już około 11:00, 12:00.

Ale jeżeli zjesz za mało na śniadanie (a to często się zdarza), zgłodniejesz już przed dziesiątą i przez to zaburzysz harmonogram posiłków na resztę dnia.

Jeśli głód pojawia się na długo przed południem, masz do wyboru – zjadać większe śniadanie, zjeść poranną przekąskę pomiędzy śniadaniem a lunchem (a dokładnie – drugą część swojego zbyt małego śniadania) lub podzielić lunch na dwa posiłki i jeden zjadać około 10:00, drugi o 14:00.

Pomysł z jedzeniem lunchu dwa razy może wydać się dziwny, przecież większość z nas w ogóle nie znajduje czasu na jedzenie w ciągu dnia. Ale dlaczego nie spróbować? Oczywiście najlepiej jeść wtedy, kiedy organizm się tego domaga, a nie według zegara. Głód to znak, że organizmowi zaczyna brakować paliwa. Jeśli zjesz małe śniadanie lub zaliczysz intensywniejszy poranny trening, twój żołądek będzie gotowy na lunch numer 1 już o dziesiątej, a na lunch numer 2 około 14:00. Sama tak robię i dzięki temu jestem pełna energii przez cały dzień, a kiedy wracam do domu, mogę z przyjemnością zjeść obiad, bo nie rzucam się na jedzenie jak wygłodniałe zwierzę.

Planując posiłki na cały dzień, powinno się w miarę równo rozkładać ilość kalorii. Każdy posiłek osoby aktywnej (śniadanie, lunch numer 1, lunch numer 2, obiad/kolacja), która je co cztery godziny, powinien zawierać około 25 procent dziennej dawki kalorii. Dzięki równomiernemu rozplanowaniu posiłków i ilości kalorii po południu nie dopadnie cię chęć na coś słodkiego i unikniesz wieczornego podjadania. Porządny lunch (albo dwa) to gwarancja energii przez resztę dnia.

Pomimo tak istotnej roli drugiego śniadania zwykle niełatwo je zaplanować. Jeśli chcesz wziąć posiłek z domu, to co najlepiej zabrać? Jak wybrać zdrowy lunch poza domem? Co najlepiej wybrać, gdy się jest na diecie? Oto garść cennych wskazówek, które ułatwią ci dokonywanie lunchowych wyborów.

Lunch domowej roboty

Gdy zabierasz do pracy lunch przygotowany w domu, prędzej czy później dopadnie cię rutyna. Większość osób przygotowuje codziennie to samo: kanapkę z indykiem, sałatkę albo bułkę. Jeśli czujesz, że w tej sferze wieje nudą, skorzystaj z podanych sugestii:

- Staraj się zjadać na lunch co najmniej 500 kilokalorii (nawet jeśli chcesz się odchudzić) z trzech grup żywieniowych. Oznacza to, że masz zjadać bułkę, jogurt i banana lub sałatkę, indyka i pitę. Sama bułka lub sama sałatka to zdecydowanie za mało paliwa.
- Nie zapominaj o maśle orzechowym. To idealne pożywienie dla sportowców – nawet jeśli starają się schudnąć; jest pożywne i dostarcza energii na całe popołudnie. Owszem, kanapka z masłem orzechowym ma o 200 kilokalorii

więcej niż kanapka z indykiem, ale jest na tyle sycąca, że ustrzeże cię przed podjadaniem ciastek lub innych podobnych przekąsek po południu.

- Możesz zabrać to, co zostało z wczorajszego obiadu i odgrzać w mikrofalówce. To znacznie lepszy wybór niż zupki instant lub mrożone dania, na które nie warto wydawać pieniędzy.

Jeśli masz w pracy kawiarenkę lub wychodzisz na lunch biznesowy, wykorzystaj okazję i zjedz porządny obiad. Dzięki temu:

- będziesz miał energię na sesję treningową po pracy,
- nie musisz przygotowywać obiadu po powrocie do domu, zamiast tego możesz zjeść po prostu miskę płatków lub kanapkę,
- eliminujesz napady głodu, jakie mogą się pojawić, gdy zjesz za lekki lunch. W końcu i tak zjesz te kalorie, więc dlaczego nie zrobić tego wcześniej?

Lunch dla osób odchudzających się

Większość osób uważa, że jedzenie tuczy, i stara się omijać posiłki. Jedna z moich pacjentek mówiła: „Jem bardzo lekki lunch. Jestem gruba, dlatego staram się ograniczyć go do minimum, żeby schudnąć". To, niestety, bardzo częste podejście. Przekonałam ją, żeby jadła przynajmniej więcej dietetycznych rzeczy, żeby pobudzić metabolizm i zapewnić sobie energię na trening. Kiedy tylko zaczęła zjadać lunch składający się z kanapki z indykiem, jogurtu i pomarańczy, przekonała się, jak wiele korzyści przynosi taki posiłek. Stała się bardziej efektywna w pracy, nie czuła się już tak potwornie głodna po południu, przez co nie rzucała się do lodówki zaraz po powrocie do domu i łatwiej pozbywała się zbędnych kilogramów. Lunch naprawdę działa!

Supersałatki

Sałatki to popularny lunch i prosty sposób na zwiększenie spożycia warzyw. Wystarczy jedna duża miska, żeby zjeść pięć zalecanych porcji – jeśli nie więcej. Trzeba tylko uważać, jaką sałatkę wybierasz.

Jeśli próbujesz się odchudzić i wydaje ci się, że sałatka na lunch wystarczy, pomyśl jeszcze raz. Skromna sałatka dostarcza niewielu kalorii. Ryzykujesz, że po południu nie wytrzymasz i skusisz się na wycieczkę do automatu z przekąskami. Uważam, że osoby odchudzające się powinny zjeść sałatkę na kolację, a na lunch wybrać pełnowartościowy posiłek. Jeśli lubisz nakładać sobie kopiastą porcję w barze sałatkowym, również uważaj. Porcja sałatki z baru sałatkowego może spokojnie zawierać nawet 1000 kilokalorii, w tym aż 45 procent z tłuszczu – to zdecydowanie nie jest dietetyczny posiłek.

Wysokoenergetyczna sałatka jako podstawa lunchu lub obiadu musi zawierać wystarczającą ilość węglowodanów, żeby była sycąca, ale niewiele tłuszczu ze względu na jego kaloryczność. Oto pięć wskazówek, które pomogą ci wyciągnąć z sałatki jak najwięcej:

Wskazówka numer 1: Wzbogać sałatkę w węglowodany, dodając do niej:

- warzywa bogate w węglowodany, takie jak kukurydza, groszek, buraki, marchew;
- warzywa strączkowe, takie jak cieciorka, fasola, soczewica;
- gotowany ryż, makaron lub ziemniaki;
- cząstki pomarańczy, jabłka, rodzynki, plasterki banana, maliny lub truskawki;
- grzanki (uważaj jednak, by nie były bardzo tłuste);
- grubą kromkę pełnoziarnistego pieczywa oraz szklankę mleka do popicia.

Wskazówka numer 2: Wybieraj warzywa o intensywnych kolorach, takie jak pomidory, zielona papryka, marchew oraz ciemnozielona sałata; zawierają więcej składników odżywczych niż blade sałaty, ogórki, cebula, seler czy rzodkiewki. Na przykład sałatka ze szpinaku ma siedem razy więcej witaminy C niż sałatka przyrządzona na bazie sałaty lodowej, a sałatka z sałaty rzymskiej będzie miała dwa razy więcej witaminy C. Poza tym kolorowe warzywa dostarczają antyoksydantów

i fitoskładników chroniących zdrowie. Pomimo bladego koloru dobrym źródłem witaminy C jest kalafior (70 miligramów w małej miseczce surowego warzywa), który zawiera też składniki chroniące przed rakiem, podobnie jak inne warzywa z rodziny kapustnych. W tabeli 4.1 znajdziesz ranking warzyw sałatkowych.

Wskazówka numer 3: Nie żałuj sobie warzyw bogatych w potas. Potas chroni przed nadciśnieniem, a tracimy go wraz z potem. Powinno się zjadać co najmniej 4700 miligramów potasu dziennie, co nie stanowi problemu dla osób lubiących sałatki. Najwięcej potasu zawierają: sałata rzymska, brokuły, pomidory oraz marchew (patrz tabela 1.1 na str. 23).

Wskazówka numer 4: Wzbogacaj sałatki w białko, dodając do nich niskotłuszczowy serek wiejski, kawałki tuńczyka, łososia z puszki, plastry indyka, kurczaka

TABELA 4.1. Ranking warzyw

Amerykańskie Centrum Nauki w Interesie Publicznym (Center for Science in the Public Interest) opracowało ranking warzyw pod kątem ich wartości odżywczej i zawartości błonnika. Im więcej punktów, tym lepszym źródłem składników odżywczych jest dane warzywo.

Warzywo	Przyznane punkty*
Szpinak surowy, miseczka	287
Papryka czerwona surowa, ½ średniej	261
Marchew surowa, średnia	204
Sałata rzymska, miseczka	174
Brokuły surowe, ½ miseczki	160
Kapusta surowa, ½ miseczki	135
Sałata masłowa, miseczka	134
Papryka zielona surowa, ½ średniej	109
Groszek zielony mrożony, ½ miseczki	104
Awokado, pół, odmiana Hass	82
Pomidor surowy, pół	78
Kukurydza, ½ miseczki	67
Fasolka szparagowa gotowana, ½ miseczki	65
Kalafior surowy, ½ miseczki	62
Sałata lodowa, miseczka	45
Buraczki, ½ miseczki	33
Pieczarki duszone, ½ miseczki	33
Ogórek zielony, ½ miseczki	14
Kiełki lucerny surowe, ½ miseczki	7

*Na podstawie zawartości 6 składników odżywczych i błonnika.

Kilka słów o sosach sałatkowych

Kilka niewinnych łyżek dressingu może przemienić potencjalnie niegroźną sałatkę w tłusty koszmar. W przypadku dużej porcji sałaty taki sos może dostarczyć od 800 do 1000 kilokalorii. Nawet niewielka sałatka stanowiąca dodatek do obiadu może zawierać 400 kilokalorii z tłuszczu. Kalorie te zaspokajają apetyt, ale do tego odkładają się w talii i nie dostarczają mięśniom energii z węglowodanów. Doradzam pacjentom, by nauczyli się czytać etykiety i odmierzali ilość sosu dodawanego do sałatek - często są zdziwieni tym, czego się dowiadują.

Dressing, 2 łyżki stołowe	Kcal	Tłuszcz (g)
Oliwa z oliwek, bez dodatków	240	26
Majonez sałatkowy Winiary	132	14
Sos vinegret McDonald's	96	10
Dressing tysiąca wysp Kuhne	54	5
Sos czosnkowy Develey	51	4
Dressing jogurtowy Develey	43	4
Krem z octu balsamicznego Monini	32	0
Włoski dressing sałatkowy Kuhne	12	1
Hellmann's vinaigrette bez tłuszczu	10	0
Ocet, bez dodatków	5	0
Zioła, szczypta	5	0

Według etykiet na produktach.

Aby obniżyć ilość tłuszczu i kalorii, rozcieńczaj sos octem, sokiem z cytryny, wodą albo mlekiem lub wybieraj te o obniżonej zawartości tłuszczu. Używaj bardzo mało rozcieńczonego sosu - zyskasz mnóstwo smaku, nie dodając zbyt wielu kalorii. Zachęcam też do odkrywania różnych smaków, takich jak ocet balsamiczny, który jest jednym z moich ulubionych dodatków.

Gdy jesz w restauracji, poproś, aby sos do sałatki podano oddzielnie, żebyś miał kontrolę nad tym, ile go dodajesz. Możesz skropić sałatkę sosem lub maczać w nim każdy kęs. I pamiętaj: nawet sosy beztłuszczowe zawierają kalorie i należy z nimi uważać. Zastępując wysokokaloryczny sos dodatkową porcją węglowodanów (na przykład bułką lub pieczonym ziemniakiem), zapewnisz sobie więcej energii do ćwiczeń.

lub innego chudego mięsa. Roślinne źródła białka to kostki tofu, cieciorka, fasolka, orzechy włoskie, pestki słonecznika, migdały i orzeszki ziemne. Bardzo często wegetarianie zjadają same warzywa, ignorując zapotrzebowanie na białko co może prowadzić do anemii, podatności na kontuzje oraz przeziębienia.

Wskazówka numer 5: Nie zapominaj o wapniu. Wzbogacisz sałatkę w wapń (oraz białko), dorzucając tartą mozzarellę o obniżonej zawartości tłuszczu, kawałki tofu, sos na bazie jogurtu doprawiony oregano, bazylią czy innymi włoskimi ziołami, ewentualnie łyżkę serka wiejskiego (to akurat lepsze źródło białka niż wapnia). Do sałatki wypijaj mleko lub zjedz jogurt na deser. Nie samą sałatą człowiek żyje!

OBIAD W DOMU I NA MIEŚCIE

Obiad stanowi zwykle największy posiłek i jest nagrodą po kolejnym stresującym dniu. Zachęcam do umieszczenia obiadu na końcu listy posiłkowych priorytetów i skupiania się bardziej na śniadaniu i lunchu. Dzięki temu będziesz mieć więcej energii, by stawić czoło codziennym stresom, zaliczysz udany trening i oprzesz się pokusie zjedzenia czegoś kalorycznego wieczorem. Oczywiście możesz czerpać przyjemność z popołudniowego posiłku – ale nie powinna to być wielka uczta zakończona niezliczoną ilością deserów i przekąsek.

Ludzie aktywni najczęściej zjadają ogromny obiad, bo jedzą za mało w pierwszej połowie dnia. Brzmi znajomo? Spróbuj przeorganizować swój plan odżywiania, kładąc większy nacisk na śniadanie i lunch, które mogą dostarczyć ci energii na cały pracowity dzień. Wieczorny posiłek powinien odbudowywać zapasy energii, ale nie może być większy niż śniadanie lub lunch.

Jedna z moich pacjentek przedszkolanka Gretchen zwierzyła mi się: „Opychałam się wieczorem w nagrodę za przetrwanie kolejnego nerwowego dnia. Wracałam do domu zmęczona i zestresowana, objadałam się i czułam się okropnie. Teraz jadam śniadanie niczym królowa, lunch niczym księżna, a kolację jak biedak. Odkryłam, że w ten sposób mam o wiele więcej energii dla dzieci w ciągu dnia i dla mojej rodziny pod wieczór. Dzięki lżejszej kolacji lepiej sypiam i ogólnie lepiej się czuję".

Domowy obiad

Przyrządzając obiad w domu, trzeba go zaplanować tak, żeby połączyć różne składniki odżywcze – w czym pomogą ci poniższe wskazówki. To nie wymaga wysiłku, gotowanie jest ograniczone do minimum. Więcej sugestii znajdziesz w części IV zawierającej sprawdzone przepisy kulinarne.

Wskazówka numer 1: Nie wracaj do domu wygłodniały. Jednym z warunków udanego posiłku po skończonej pracy jest zjedzenie sycącego lunchu i obiadu lub przekąski po południu. Moja pacjentka Irina, zapracowany makler giełdowy, postanowiła wypróbować moje rady i zaczęła jeść obfity lunch plus przekąskę przed zajęciami z kick-boxingu o 17:30. Już po jednym dniu się przekonała, że taki sposób odżywiania zastąpił jej standardową kolację – miseczkę lodów o 19:00 – miską sałaty. Porządny lunch przekłada się na mniejsze zmęczenie po południu, lepszą jakość popołudniowych treningów, więcej energii i chęci na przygotowanie odżywczej kolacji oraz lepsze radzenie sobie ze stresem.

Wskazówka numer 2: Zarezerwuj czas na zakupy. Dobre odżywianie zaczyna się w sklepie spożywczym. Wypełniając szafki i półki kuchenne zdrową żywnością, zwiększasz swoje szanse na pełnowartościowe obiady. 24-letnia asystentka stomatologiczna Kirsten zostawiała większość swojego budżetu w restauracjach, bo w domu czekała na nią pusta lodówka. Lubiła gotować, ale rzadko to robiła, ponieważ nie poświęcała czasu na zakupy. Dodatkowo zniechęcało ją to, że mięso i warzywa często psuły się, zanim zdecydowała się coś z nich ugotować.

Poradziłam Kirsten, żeby wyznaczała sobie czas na wizyty w sklepie. Dzięki temu mogła zapełnić lodówkę pakowanymi osobno piersiami kurczaka, porcjami chudego mięsa, burgerami z indyka i mrożonymi warzywami – zwłaszcza bogatymi w witaminę C brokułami, szpinakiem i dynią. Mrożenie w bardzo niewielkim stopniu obniża wartość odżywczą produktów, a mrożonki są łatwiejsze i szybsze do przygotowania niż produkty świeże. Mrożone brokuły mają o wiele więcej wartości odżywczej niż uwiędnięte różyczki trzymane przez pięć dni w lodówce. Kiedy Kirsten nauczyła się gromadzić zapasy, odkryła, że lubi wracać do domu na obiad.

Zawsze mam w domu zapas produktów, które nie psują się łatwo. Kiedy zdarzy się, że po powrocie do domu zastaję pustą lodówkę, mogę dzięki nim szybko przygotować coś na ciepło lub na zimno. To między innymi takie dania:

- pełnoziarniste krakersy z masłem orzechowym i mlekiem,
- zupa z soczewicy z dodatkiem brokułów, resztek makaronu i łyżką jogurtu,
- pasta z fasoli z sosem salsa i serem zawinięta w tortillę i podgrzana w mikrofalówce,
- kanapka z tuńczykiem i zupa pomidorowa,
- owsianka na chudym mleku, z bananem i migdałami.

Standardowo trzymam w kuchni następujące produkty:

- szafki: spaghetti, ryż, ziemniaki, pataty, krakersy pszenne, chrupki ryżowe, kasza pęczak, płatki śniadaniowe, płatki owsiane, migdały, banany, brzoskwinie z puszki,
- lodówka: chudy ser, tarta mozzarella, chudy serek wiejski, chudy jogurt, chude mleko, jajka, pomarańcze, sok wielowarzywny, małe marchewki, sok pomarańczowy, tortilla,

- zamrażalnik: chleb pełnoziarnisty, grahamki, chleb wielozbożowy, truskawki, jagody, dynia, szpinak, brokuły, piersi z kurczaka, mięso mielone z indyka, chude hamburgery.

Przygotowując posiłki z tych produktów, wybieram rzeczy z pięciu grup żywieniowych, pamiętając, by podstawą każdego posiłku były węglowodany. Oto kilka pomysłów na posiłki 650 kilokalorii składające się w 60 procentach z węglowodanów, zbilansowane i bez gotowania. Podane tu porcje są odpowiednie dla aktywnej kobiety, która potrzebuje od 1800 do 2000 kilokalorii dziennie. Głodny facet będzie chciał trochę więcej.

Grupa produktów	Menu 1: krakersy z tuńczykiem	Menu 2: kanapka z masłem orzechowym i rodzynkami
1. Zboża	8 krakersów pełnoziarnistych	2 kromki pieczywa wielozbożowego
2. Białko	½ puszki tuńczyka + 1 łyżka majonezu light	2 łyżki masła orzechowego
3. Owoce		Garść rodzynek
4. Warzywa	350 ml soku wielowarzywnego	10 minimarchewek
5. Nabiał	Kubek jogurtu owocowego	Szklanka chudego mleka
Grupa produktów	**Menu 3: pizza**	**Menu 4: burrito**
1. Zboża	2 bułki poznańskie	2 tortille
2. Białko	(ser)	Wegetariańska pasta z fasoli
3. Owoce	Szklanka soku pomarańczowego	Brzoskwinie z puszki
4. Warzywa	¾ szklanki sosu do spaghetti	Sos salsa
5. Nabiał	½ szklanki tartego sera mozzarella	Kubek chudego serka wiejskiego

Wskazówka numer 3: Sam makaron to za mało. Dla osób aktywnych makaron w każdej postaci (spaghetti, rurki, świderki) stanowi prosty do przygotowania posiłek. Bogaty w węglowodany dostarcza mięśniom mnóstwo paliwa, ale jest marginalnym źródłem witamin i minerałów (które są niezbędne do osiągania dobrych wyników). Makaron pełnoziarnisty zawiera nieco więcej składników odżywczych, ale i tak jest przede wszystkim źródłem węglowodanów, a nie witamin. Nawet ze szpinakiem i pomidorami zdaje się być przereklamowany – zwykle takie danie zawiera bardzo niewielką ilość warzyw. Makaron może być niezwykle odżywczym posiłkiem spożywany ze znaczną ilością któregoś z poniższych produktów:

- sosem pomidorowym (ze świeżych pomidorów lub gotowym),
- sosem ze szpinaku i czosnku,
- warzywami (brokułami, szpinakiem lub zieloną papryką),

- fasolką z puszki, serkiem wiejskim lub tuńczykiem, które dostarczają białka (i nie trzeba gotować!).

Wskazówka numer 4: Urządź kuchenny maraton. Lauren, 53-letnia nauczycielka liceum, lubiła gotować w weekendy, bo miała na to czas. W każdą niedzielę przygotowywała ogromną porcję jakiegoś dania, które czekało na nią po powrocie z pracy i treningu. Wygoda była dla niej ważniejsza od różnorodności, dlatego przez tydzień jadła na obiad na przykład ryż z fasolką, w następnym tygodniu lasagne, zupę z groszku itd. Kiedy nie miała już ochoty na kolejną powtórkę, gotowała coś innego, a resztki chowała w zamrażalniku.

Obiad na mieście

Niektórzy jadają w restauracjach, bo nie mają w domu nic do jedzenia lub nie cierpią gotować. Inni lubią spotykać się w knajpach ze znajomymi. Jeszcze inni lądują w restauracjach na spotkaniach biznesowych. Bez względu na powód na każdą aktywną osobę jadającą głównie na mieście czyha wiele pokus. Niestety, większość z nas wybiera coś szybkiego, na co akurat ma ochotę, zwłaszcza gdy jesteśmy zmęczeni, głodni, zestresowani lub brakuje nam towarzystwa do posiłku. Oto kilka porad dotyczących jedzenia na mieście.

Zdrowo i niskotłuszczowo

Najważniejsza sprawa to wybór restauracji. Najlepiej bywać w lokalach, które mają w ofercie bogate w węglowodany posiłki dla sportowców. Jeśli chcesz naładować się energią, nie wybieraj restauracji specjalizującej się w schabowych. Zanim wybierzesz stolik, przejrzyj menu i sprawdź, czy podają makarony, pieczone ziemniaki, pieczywo pełnoziarniste, soki oraz inne potrawy, których podstawę stanowią węglowodany. Staraj się unikać miejsc, w których wszystko jest smażone. Sprawdź, czy będą mogli spełnić twoje wymagania – jeśli nie ma możliwości wymieniania niektórych produktów na inne, to nie jest lokal dla ciebie.

Kiedy znajdziesz już odpowiednie miejsce, mądrze wybieraj jedzenie. Należy zamawiać potrawy gotowane, pieczone, grillowane lub gotowane na parze – i trzymać się z dala od smażonego. Drób i ryby to generalnie lepszy wybór niż bogate w tłuszcz żeberka, sery, kiełbasy czy schabowe. Przeglądając menu, szukaj następujących pozycji:

- **Przekąski**. Sok pomidorowy, sok owocowy, koktajl krewetkowy, sałatka owocowa lub krakersy to doskonałe propozycje na przekąskę.
- **Pieczywo**. Świetne są bułki lub chleb bez masła – zwłaszcza pełnoziarniste. Jeśli do dania dodawane jest pieczywo z masłem (jak w przypadku grzanek

czosnkowych), poproś o dodatkowe pieczywo bez dodatków, a grzanek zjedz tylko trochę.

- **Zupy**. Zupy na bazie bulionu (jarzynowa, rosół, czy chińska) oraz minestrone, zupa z groszku, fasoli czy soczewicy to dobre źródło węglowodanów i zdrowszy wybór niż ciężkie zupy na bazie śmietany. Poza tym są dobrym źródłem płynów.
- **Sałatki**. Wybieraj warzywa, ale nie przesadzaj z dodatkiem sera, boczku, parmezanu, oliwek oraz innych tłustych dodatków. Zawsze proś o oddzielnie podany sos, żebyś mógł kontrolować, ile dolewasz go do sałaty. Nie bój się cieciorki i grillowanych grzanek.
- **Owoce morza i drób**. Kurczak lub ryba powinny być gotowane w wodzie lub na parze, pieczone, krótko podsmażone lub grillowane. Wielu kucharzy dodaje do pieczonej ryby dużo masła, dlatego warto poprosić, żeby została przygotowana bez niego. Jeśli ryba jest duszona, poproś, by użyto niewiele oleju lub oliwy, a do gotowego dania nie dodawano masła.
- **Wołowina**. Są restauracje, które szczycą się ogromnymi porcjami wołowiny (nawet ponad 300 gramów). Jeśli zamówisz taką porcję, podziel mięso na pół. Poproś, by jedną część ci zapakowano, podziel się z osobą, która ci towarzyszy, lub po prostu zostaw. Usuń widoczny tłuszcz, zamów sos w oddzielnym naczyniu – polej nim mięso oszczędnie lub wcale. Mięso powinno być dodatkiem do dania, a nie jego głównym składnikiem. Twoje mięśnie będą lepiej pracować, jeśli dwie trzecie talerza wypełnisz bogatymi w węglowodany ziemniakami, warzywami i pieczywem.
- **Ziemniaki**. Możesz zamówić dodatkowe ziemniaki, niech stanowią podstawę twojego posiłku. Pieczone to doskonałe źródło węglowodanów, chyba że szef kuchni doda do nich obfitą porcję masła lub śmietany. Proś, żeby ewentualne dodatki podawano oddzielnie, abyś mógł kontrolować ich ilość. A jeszcze lepiej wymień tłuste kalorie na więcej węglowodanów. Jeśli lubisz purée, poproś, żeby przygotowano je tylko z dodatkiem mleka. To świetny sposób na wzbogacenie smaku ziemniaka.
- **Makaron**. Nie żałuj sobie! Wybieraj makarony z sosem pomidorowym (więcej węglowodanów) zamiast sosów na bazie tłustych serów, oliwy i śmietany. Uwaga na pełną sera lasagne, tortellini czy cannelloni. Takie dania mogą zawierać mnóstwo tłuszczu.
- **Ryż**. W restauracjach chińskich zamiast spring rollsów czy innych smażonych przystawek wybierz lepiej dużą miskę gotowanego na parze ryżu, który jest świetnym źródłem węglowodanów.
- **Warzywa**. Zamawiaj warzywa bez dodatku tłuszczu i z sosem (holenderskim, maślano-cytrynowym) podawanym oddzielnie.

- **Dania chińskie**. Najlepszy wybór to gotowany na parze ryż z podsmażanym w woku kurczakiem z warzywami lub wołowiną z brokułami. Możesz poprosić o dodatkową porcję warzyw lub o to, by przygotowano potrawę na mniejszej ilości tłuszczu. Uważaj na potrawy w części samoobsługowej – czasem dodaje się do nich olej, żeby się mniej kleiły.
- **Desery**. W twojej sportowej diecie mogą znaleźć się sorbety, niskotłuszczowe lody, ciasto biszkoptowe, sałatka owocowa lub świeże owoce – często można je dostać, nawet jeśli nie ma ich w menu. Jeśli nie możesz się oprzeć dekadenckiemu deserowi, pamiętaj, żeby zjeść go po spożyciu odpowiedniej ilości węglowodanów, czyli nie ograniczaj porcji obiadu tylko po to, żeby zmieścić duży tłusty deser.

Jeśli danie, które otrzymasz, odbiega od ideału, postaraj się choć trochę uratować sytuację. Możesz na przykład zdjąć sos majonezowy z ziemniaka, odcedzić sałatkę z nadmiaru sosu, zeskrobać tłusty sos lub masło z mięsa. Jeśli główne danie nie obfituje w węglowodany, możesz nadrobić to wysokowęglowodanową przekąską po obiedzie, na przykład batonikiem figowym, grahamką, preclem, chrupkami, bananem, ciemnymi krakersami, suszonym ananasem, rodzynkami oraz sokiem. Noś takie awaryjne przekąski ze sobą. Nie zapominaj jednak, że jako gość masz prawo wymagać. Restauracja ma obowiązek podać ci zdrowe, niskotłuszczowe potrawy, które będą wspomagać twoją formę. Na zdrowie!

Fast food

Jadanie w lokalach typu fast food to jak wizyta w krainie tłuszczu. Oto prosty sposób na dietetyczną katastrofę i nafaszerowanie się tłuszczami nasyconymi i kaloriami ubogimi w węglowodany, błonnik, owoce i warzywa. Od czasu do czasu hamburger z frytkami oczywiście nie zaszkodzi, ale jeśli takie jedzenie stanowi znaczną część twojej diety, musisz zbilansować je pełnowartościowymi, niskokalorycznymi posiłkami. Szczęśliwie dla naszego zdrowia większość dzisiejszych fastfoodowych restauracji ma w ofercie zdrowsze, bogate w węglowodany i ubogie w tłuszcz potrawy. Tabela 4.2 zawiera informację na temat kalorii i zawartości tłuszczu w popularnych daniach fast food.

Mądrego odżywiania na mieście powinni się nauczyć zwłaszcza ci, którzy podróżują. Niewielki budżet nie jest przeszkodą. Jeśli jesteś sportowcem, ważysz 68 kilogramów i potrzebujesz od 2700 do 3000 kilokalorii dziennie, możesz myśleć, że najtańszym sposobem na zaspokojenie głodu jest wybieranie tłustych posiłków. To zły pomysł. Takie jedzenie nie tylko zapycha tętnice i negatywnie wpływa na twoją linię, ale też nie zapewni odpowiednich zapasów energii twoim mięśniom. O wiele lepiej zabierać wysokowęglowodanowe przekąski ze sobą. Dobra będzie grahamka, krakersy pełnoziarniste, batonik figowy, płatki śniadaniowe i suszone owoce.

Te pomysły pomogą ci poruszać się po świecie fast foodu bez szkody dla zdrowia.

- Jakkolwiek by patrzeć, hamburgery i frytki to pokarmy o wysokiej zawartości tłuszczu. Lepiej wybrać się do restauracji, która serwuje nie tylko burgery. W menu szukaj kanapek z grillowanym kurczakiem lub wołowiną oraz zup (na bazie bulionu lub warzyw strączkowych). Możesz wybrać również grillowaną lub pieczoną pierś z kurczaka z ziemniakami, ryżem, warzywami oraz sałatkę z fasolką, cieciorką i pieczywem.
- Zamawiając hamburgera, poproś o dodatkową bułkę. Wyciśnij tłuszcz z mięsa w pierwszą bułkę, a następnie zamień ją na bułkę bez tłuszczu. Możesz zwiększyć spożycie węglowodanów, wypijając sok, koktajl owocowy lub na bazie chudego mleka. Zabierz z domu dodatkowe węglowodany w postaci suszonych owoców lub batonika figowego.
- Uwaga na kanapki z kurczakiem polane sosem majonezowym, które mogą mieć tyle samo tłuszczu, ile kanapki ze smażonym kurczakiem w panierce. Proś o dodanie tylko niewielkiej ilości sosu lub usuń go.
- Zawsze lepiej wybierać potrawy z kurczakiem grillowanym lub pieczonym niż smażonym. Jeśli jednak zdecydujesz się na smażonego kurczaka, wybieraj duże kawałki, zdejmij panierkę i zjedz samo mięso. Zamów dodatkowe węglowodany: pieczywo, kolbę kukurydzy oraz warzywa.
- Choć pieczony kurczak jest zdrowszy od smażonego, nie zapominaj, że pieczona skórka ma bardzo dużo tłuszczu. Usuwając skórę oraz skrzydełko z kurczaka z KFC, usuwasz 13 gramów tłuszczu i 115 kilokalorii. Dodatki w zestawach zwykle toną w maśle, choć oczywiście takie warzywa będą lepsze niż żadne. Pytaj o możliwość zamówienia warzyw gotowanych na parze bez dodatku tłuszczu.
- W barach sałatkowych nie żałuj sobie kolorowych warzyw i pożywnego pieczywa, uważaj jednak na dressingi light. Pamiętaj też, że sałatka Cezar nie jest spełnieniem marzeń osoby, która dba o dietę. Porcja takiej sałatki z kurczakiem i dressingiem może mieć nawet ponad 800 kilokalorii. Lepiej byłoby zjeść piersi kurczaka z pieczywem, warzywami gotowanymi na parze i kukurydzą – to o 225 kilokalorii i 46 gramów tłuszczu mniej.
- Oprzyj się pokusie, nie zamawiaj pieczonych ziemniaków pływających w tłustym dressingu. Lepiej zamówić o jednego ziemniaka więcej bez dodatków oraz brokuły w sosie serowym (14 gramów tłuszczu). W ten sposób otrzymujesz pożywny, bogaty w węglowodany posiłek zawierający 800 kilokalorii, z czego tylko 15 procent pochodzi z tłuszczu. Aby uzupełnić białko, wypij szklankę chudego mleka.

TABELA 4.2. Ilość kalorii i tłuszczu w potrawach fast food

Pozycja w menu	Kcal	Tłuszcz (g)	Pozycja w menu	Kcal	Tłuszcz (g)
McDonald's (www.mcdonalds.pl)					
Hamburger	255	9	Sos light	50	2
Big Mac	509	26	Frytki małe	250	13
WieśMac	575	37	Ciastko jabłkowe	245	13
McChicken	420	18	Musli & Jogurt	290	11
Cheeseburger	300	13	McMuffin jajko	300	14
Kurczak McNuggets 6 szt.	250	15	McCroissant	290	16
Sos słodko-kwaśny	50	0	McTost szynka i ser	265	10
Filet-o-Fish	345	15	Sok pomarańczowy	100	0
Sałatka bez sosu	13	0	Coca-cola średnia	170	0
Sałatka kurczak grillowany	210	8	Shake czekoladowo-wiśniowy	305	5
Burger King (www.burgerking.com.pl)					
Whopper	617	34	Whopper Bacon & Cheese	733	43
Big King	503	31	Long Chicken	580	30
Cheeseburger	293	13	Chicken Burger	360	20
Whopper Junior	347	18	Sałatka Grilled Chicken	151	4
Hamburger	252	10	Angry Wrap	528	36
Angry Whopper	836	50	Smoothie Mango	219	1
Sałatka Big Garden	26	5	Onion Rings 6 szt.	185	9
Tele Pizza (www.telepizza.pl)					
Pizza margherita 1 kawałek	186	5	Minicalzzone bekon 4 szt.	486	22
Pizza pepperoni	214	7	Makaron carbonara	753	52
Pizza uśmiech Boryny	322	6	Sałatka z kurczakiem	505	26
KFC (www.kfc.pl)					
Nóżka kurczaka Kentucky	170	10	Sałatka Caesar (bez sosu)	292	14
Pierś kurczaka Kentucky	236	11	Sałatka Grecka (bez sosu)	133	9
Udko kurczaka Kentucky	301	20	Sos vinegrette	58	2
Skrzydełko kurczaka Kentucky	185	11	Sos Ceasar	169	16
Kanapka Longer	306	10	Kukurydza	318	9
Dip BBQ	26	0,1	Frytki małe	179	8
Subway (www.subway.pl)					
Klasyczny z tuńczykiem	357	12	Niskotłuszczowa wegetariańska	231	3
Klasyczny Subway Club	306	4	Niskotłuszczowa indyk i szynka	295	4
Sandwich kurczak teriyaki	392	5	Niskotłuszczowa wołowina	300	4
Sandwich pierś z kurczaka	304	4	Kurczak fajita	327	7

- Możesz zamawiać pizzę na grubym cieście – lepiej żeby było więcej ciasta niż sera. Więcej ciasta to więcej węglowodanów. Kawałek pizzy z Pizzy Hut na grubym cieście ma o dziesięć gramów więcej węglowodanów niż taka sama pizza na cienkim cieście. Z dodatków śmiało wybieraj warzywa (paprykę, pieczarki, cebulę), uważaj natomiast na kiełbasę i mieloną wołowinę. Nie wstydź się wytrzeć serwetką nadmiaru tłuszczu z pizzy.
- Znajdź kafejkę sprzedającą kanapki z pieczywem pełnoziarnistym. Duża kanapka z bagietki (najlepiej pełnoziarnistej) zawiera o wiele więcej węglowodanów niż pół małej pity. Zastąp majonez lekkim sosem sałatkowym (jeśli jest dostępny), musztardą lub ketchupem. Najmniej tłuszczu mają kanapki z indykiem, szynką i grillowaną wołowiną.
- Sycącym, bogatym w węglowodany i niskotłuszczowym posiłkiem może być także zupa fasolowa z pieczywem. Dobrym wyborem może być również chilli con carne – pod warunkiem, że nie jest pokryte warstewką tłuszczu. Duża porcja chilli plus osiem krakersów daje w sumie 400 kilokalorii, z czego tylko 20 procent (dziewięć gramów) pochodzi z tłuszczu.

Sportowa dieta bogata w węglowodany nie wyklucza jedzenia typu fast food. Oto kilka innych przykładów z książki *Dining Lean. How to Eat Healthy When You're Not at Home* autorstwa Joanne Lichten:

Śniadanie

- Jajka, białka jaj lub omlet z owocami i pieczywo żytnie z dżemem
- Płatki śniadaniowe lub owsianka na chudym mleku, sok lub świeże owoce i pieczywo z masłem
- Muffin z jajkiem (McDonald's) lub kanapka z jajkiem z innej sieci
- Pełnoziarnista bułka z lekkim kremowym serkiem i latte (z mlekiem niskotłuszczowym)

Lunch

- Kanapka z kurczakiem, sałatka z marchewki z rodzynkami, sałatka owocowa
- Bułka z grillowanym kurczakiem, jabłko
- Miseczka chińskiej zupy miso lub bulion drobiowy z jajkiem i dziesięć kawałków sushi z sosem sojowym, chrzanem wasabi i imbirem
- Dwa kawałki pizzy z serem, cebulą, papryką, pieczarkami, szynką i ananasem
- Kanapka Subway 30 centymetrów z warzywami, indykiem, szynką lub wołowiną

- Sałatka z grillowanym kurczakiem (sos oddzielnie) i bułka
- Burger warzywny na bułce (z musztardą, keczupem, sałatą, pomidorem, cebulą)
- Ćwiartka pieczonego kurczaka (bez skóry i skrzydełka), fasolka szparagowa, warzywa gotowane na parze, młode ziemniaczki
- Kanapka z kurczakiem KFC (bez dressingu), kolba kukurydzy (mała), fasolka w sosie barbecue
- Pieczony ziemniak z małą porcją chilli

Obiad

- Grillowana pierś z kurczaka, befsztyk z polędwicy, polędwiczka wieprzowa lub ryba z gotowanym ziemniakiem (lub ryżem), warzywa gotowane na parze (bez dodatku masła), pieczywo
- Tortilla z kurczakiem
- Ćwiartka pieczonego kurczaka (bez skóry), purée ziemniaczane, fasolka szparagowa
- Makaron z warzywami lub sosem pomidorowym, paluszek chlebowy z niewielką ilością masła
- Tilapia pieczona w folii, ryż, warzywa, bułeczki
- Bar sałatkowy: warzywa gotowane, cieciorka, fasolka, lekki dressing plus zupa gotowana na bulionie i pieczywo
- Kurczak z warzywami duszony w woku (na niewielkiej ilości tłuszczu), brązowy ryż gotowany na parze
- Makaron z sosem bolognese plus sałatka (z sosem oddzielnie)
- Meksykańska fajita z kurczakiem, tortilla, sałata, sos salsa plus zupa meksykańska z fasolą i ryżem

Za zgodą autorki *Dining Lean. How to Eat Healthy When You're Not At Home* (2007), dyplomowanej dietetyk Joanne „Dr Jo" Lichten. www.drjo.com.

ROZDZIAŁ 5

Przekąski i napady głodu

Dawno, dawno temu ludzie jadali trzy pełne posiłki dziennie; rzadko zdarzało im się podjadać między nimi. Dziś bezustannie rozglądamy się za szybkimi źródłami energii, a wraz z przekąskami zjadamy średnio od 20 do 50 procent wszystkich kalorii spożywanych w ciągu dnia. Jeśli lubisz przekąski, zachęcam do przedefiniowania ich na zwykłe posiłki, bo dzięki temu mniej chętnie będziesz wybierać ciastka, chipsy, napoje gazowane czy inne wysokokaloryczne produkty. Doradzając moim pacjentom, staram się zwykle wyeliminować słowo „przekąska" z naszego menu. Zamiast o lunchu i popołudniowej przekąsce radzę im myśleć o dwóch lunchach albo o drugim śniadaniu i lunchu. Dzięki temu po południu wybierają produkty pełnowartościowe (na przykład zupę jarzynową), a nie na przykład słodycze.

MĄDRE PODJADANIE

Wielu moich pacjentów uważa, że przekąski są złe, bo kojarzą im się z lukrowanymi pączkami, ciastkami, batonikami, słodzonymi napojami oraz innym byle jakim jedzeniem, które nie dostarcza wszystkich składników odżywczych koniecznych do zachowania dobrej formy. Jeżeli twoje przekąski tak właśnie wyglądają, pamiętaj, że aby osiągać dobre wyniki w sporcie, twój organizm potrzebuje kalorii, witamin, minerałów i białka z pełnowartościowych pokarmów. Jeśli chcesz cieszyć się udanym treningiem i dobrym zdrowiem oraz mieć mnóstwo energii, musisz dostarczać mu porządnych kalorii. Możesz tego dokonać, myśląc o popołudniowym posiłku jako o drugim lunchu, a nie o przekąsce.

Niektórzy starają się w ogóle nie podjadać między posiłkami, bo wierzą, że to zły i tuczący zwyczaj. Tak naprawdę przekąski są bardzo ważne. Pamiętaj, że osoby aktywne odczuwają głód maksymalnie co cztery godziny, więc jeśli zjadasz lunch około południa, twój organizm zacznie domagać się jedzenia przed 16:00 (jeśli nie wcześniej). Jeśli planujesz popołudniowy trening, musisz zapewnić sobie jeszcze więcej energii. Przekąski mogą być twoim sprzymierzeńcem i pomagać ci w treningach, dlatego należy je planować jako integralny element sportowej diety.

Szybkie przekąski

Jedząc coś na szybko, w biegu, staraj się wybierać produkty pożywne. Możesz znaleźć coś dobrego wśród najbardziej popularnych produktów, na przykład:

- pełnoziarnista bułka z masłem orzechowym oraz kawa latte bezkofeinowa,
- kawałek pizzy na grubym cieście z dodatkiem słodkiej papryki,
- masło orzechowe, krakersy pełnoziarniste, rodzynki,
- mieszanka płatków granola z orzechami i suszonymi owocami,
- płatki śniadaniowe z jogurtem i truskawkami lub malinami,
- chińskie danie z woka: kurczak z warzywami i ryżem gotowanym na parze,
- owsianka błyskawiczna na chudym mleku z płatkami migdałów.

Zauważ, że każdy z zestawów zawiera produkty z trzech grup żywieniowych. Najlepiej zestawiać ze sobą różnorodne produkty – w ten sposób nawet zabiegane osoby mogą dostarczać organizmowi wiele różnych składników odżywczych koniecznych do zachowania dobrej formy i zdrowia. A oto kolejne pomysły na przekąski w domu i poza domem:

- **Suche płatki**. Zmieszaj swoje ulubione płatki z rodzynkami, innymi suszonymi owocami, cynamonem i orzechami.
- **Owsianka błyskawiczna**. Podgrzej owsiankę w mikrofalówce z dodatkiem mleka zamiast wody, żeby zwiększyć zawartość składników odżywczych. Posyp rodzynkami i siekanymi orzechami.
- **Popcorn**. Spożywaj bez dodatków (w tym soli) lub oprószony przyprawami, takimi jak chilli, czosnek granulowany lub sos sojowy. Jeśli chcesz, możesz spryskać popcorn odtłuszczonym sprayem maślanym, żeby przyprawy lepiej się trzymały.
- **Precle**. Jeśli zależy ci na ograniczeniu spożycia soli, możesz ją zeskrobać lub wybrać precle bez niej.
- **Krakersy**. Wybieraj marki pełnoziarniste i niskotłuszczowe.
- **Muffiny**. Najlepsze będą domowe, przygotowane z dodatkiem oleju rzepakowego. Wypiekane z mąki pełnoziarnistej lub kukurydzianej będą lepsze

niż te z białej mąki pszennej (patrz przepisy w części IV). Kupując muffiny w sklepie, wybieraj te o niskiej zawartości tłuszczu.

- **Grahamki**. Wypiekane z mąki pszennej z całego ziarna dostarczają znacznie więcej składników niż te ze zwykłej mąki pszennej.
- **Owoce**. Wybieraj pomarańcze, banany, jabłka lub inne świeże owoce. W podróż możesz zabrać owoce suszone, czyli skoncentrowaną dawkę węglowodanów. W tabeli 5.1 znajdziesz porównanie najbardziej pożywnych owoców.
- **Koktajle**. Wymieszaj ze sobą: mleko, jogurt lub sok owocowy; świeże lub mrożone owoce; zarodki pszenne lub siemię lniane (patrz informacje i przepisy od str. 313).
- **Świeżo tłoczone soki owocowe**. Możesz spokojnie delektować się tym przysmakiem bez szkody dla zdrowia.
- **Jogurt**. Kupuj jogurt naturalny o obniżonej zawartości tłuszczu i wzbogacaj jego smak wanilią, miodem, cynamonem, bezkofeinową kawą rozpuszczalną, musem jabłkowym, sałatką owocową lub malinami.
- **Batony musli i energetyczne**. Łatwe do przenoszenia i wygodne do spożycia poza domem; warto wrzucić batonik do kieszeni bluzy lub torby treningowej.
- **Orzechy i pestki**. Fistaszki, orzechy włoskie, migdały, pestki słonecznika czy dyni oraz inne bakalie to doskonałe źródło białka, witamin z grupy B, witaminy E i zdrowego tłuszczu.

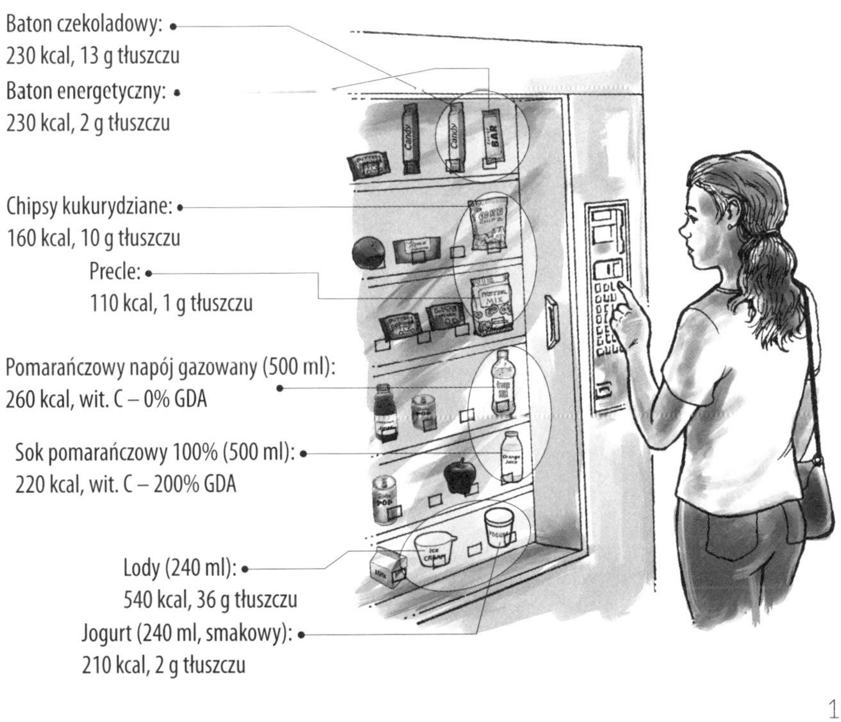

TABELA 5.1. Ranking owoców

Naładowane witaminami i pełne prozdrowotnych składników owoce to pierwszorzędna przekąska sportowa. Aby wybrać jak najlepiej, posłuż się poniższą listą, na której owoce oceniono według zawartości 9 witamin i błonnika. Im więcej punktów, tym bardziej odżywczy owoc.

Owoc	Przyznane punkty
Arbuz około 500 ml	310
Grejpfrut różowy lub czerwony, pół	263
Papaja, pół	223
Kantalupa, ćwiartka	200
Pomarańcza, średnia	186
Truskawki, 1 szklanka	173
Kiwi, 1 szt.	115
Maliny, 1 szklanka	106
Mandarynka, 1 szt.	105
Mango, pół	94
Melon miodowy, ⅛	85
Morele świeże, 2 szt.	78
Banan, 1 szt.	54
Brzoskwinia, 1 duża	47
Gruszka, 1 szt.	44
Jabłko (ze skórką), 1 szt.	43
Rodzynki, ¼ szklanki	24
Gruszka z puszki, 2 kawałki	20
Sok jabłkowy niesłodzony, ½ szklanki	14

Źródło: CSPI 2003, Nutrition Action Health, www.cspinet.org

- **Kanapki**. Nie są zarezerwowane na główne posiłki, świetnie nadają się na przekąskę. Jako dodatek wybieraj masło orzechowe, tuńczyka, hummus, chudą pieczeń lub tuńczyka z majonezem light.
- **Pieczone pataty**. Można przygotować je wcześniej i podgrzewać w mikrofalówce, choć na zimno smakują równie dobrze. Pataty odbudowują zapasy energii po wyczerpującym treningu. Smakują wybornie ze szczyptą gałki muszkatołowej!

Batony energetyczne: drogie, ale wygodne

Batony energetyczne kuszą dziś z półek niemal wszystkich sklepów spożywczych, obiecując niesamowitą poprawę wyników sportowych. Można wydać fortunę na te paczuszki skoncentrowanej energii, wierząc, że zawierają magiczne składniki (co nie jest prawdą). Batony energetyczne nie są konieczne, ale bardzo ułatwiają życie. Mogą stanowić odpowiedź na potrzeby wielu aktywnych osób, które rozglądają się za prostą i dość pożywną przekąską. Oto garść informacji, które pomogą ci zdecydować, jaką część budżetu na jedzenie przeznaczyć na ten popularny i lubiany produkt.

- **Batony są wygodne**. Z łatwością można wsunąć mały, wzbogacony witaminami batonik do kieszeni lub pudełka na lunch. Sprawdzi się w trakcie biegu lub jazdy na rowerze, bo wytrzyma nawet długi bieg czy jazdę, jest dobrym produktem dla tancerzy, którzy chcą dostarczyć mięśniom energii bez budowania masy, oraz dla osób chodzących po górach, które nie chcą wrzucać do plecaka niczego ciężkiego.
- **Batony zapewniają energię przed wysiłkiem**. Uzupełnienie zapasów energii przed wysiłkiem to świetny sposób na zwiększenie wytrzymałości. Producenci batonów energetycznych wykonali kawał dobrej roboty, edukując nas, jak ważne dla sportowych wyników jest odżywienie organizmu na krótko przed wysiłkiem. Zastrzyk energii po zjedzeniu batonika nie tyle jest efektem działania magicznych składników (takich jak chrom czy aminokwasy), ile spożycia 200–300 kilokalorii. To napęd dla organizmu, którego brakowałoby ci, gdybyś nie zjadł nic. Warto zauważyć, że równie efektywnym przedwysiłkowym źródłem energii są batony figowe, krakersy, grahamki, banany oraz niskotłuszczowa granola.
- **Batony dają siłę do długotrwałego wysiłku**. Batony energetyczne to także doskonały sposób na zwiększenie wytrzymałości organizmu podczas długotrwałego wysiłku, na przykład podczas chodzenia po górach czy jazdy na rowerze. Dzięki nim sportowcy nie muszą polegać wyłącznie na tym, co zjedli wcześniej.
- **Większość batonów energetycznych reklamuje się jako produkty łatwostrawne**. Można dyskutować, czy baton faktyczne trawi się lepiej niż zwykłe jedzenie, ponieważ układ trawienny każdego z nas może reagować nieco inaczej. Jak w przypadku wszystkich sportowych przekąsek każdy musi metodą prób i błędów znaleźć te, na które jego organizm reaguje dobrze w trakcie wysiłku.

Nie sięgaj pierwszy raz po baton energetyczny przed ważnym wydarzeniem, takim jak maraton, wyścig kolarski czy mecz, bo może się okazać, że twój żołądek nie będzie z takiej przekąski zadowolony. Sposobem na zwiększenie przyswajalności batonika energetycznego jest popicie go sporą ilością wody. Bez tego może nie spełnić swojej roli. Ze względu na kompaktowość batony energetyczne mają bardzo niską zawartość wody w porównaniu na przykład ze świeżymi owocami.

- **Niektóre batony reklamuje się jako produkty niskowęglowodanowe.** To relikt z czasów, gdy węglowodany uważano za tuczące. Jak już wspomniałam i będę ciągle powtarzać, to nie węglowodany tuczą, ale nadmiar kalorii. Należy jeść produkty zawierające węglowodany, bo to najlepsze źródło energii dla mięśni.
- **Batony energetyczne są drogie.** Dobry baton może kosztować ponad 5 złotych. Bardziej ekonomicznym rozwiązaniem jest kupowanie niskotłuszczowych batoników musli lub śniadaniowych w hipermarkecie (patrz tabela 5.2). Świetnie sprawdzi się też garść zwykłych rodzynek.

TABELA 5.2. Batony energetyczne kontra zwykłe jedzenie

Produkt	Kcal	Węglowodany (g)	Cena
Rodzynki	80 (30 g)	20 (30 g)	około 1 zł/30 g
Banan	25 (30 g)	7 (30 g)	około 0,30 zł/30 g
Baton Maxim Energy Bar	204 (szt.)	40 (szt.)	8 zł/55 g
X-Treme Protein XXL	413 (szt.)	40 (szt.)	15 zł/100 g

Na podstawie tabeli wartości odżywczych na opakowaniach produktów.

ATAKI GŁODU

Przekąski pomagają zaspokoić głód oraz pohamować apetyt na słodycze. Wielu moich pacjentów narzeka, że czują nieodpartą chęć zjedzenia czegoś słodkiego. Wydaje im się, że są beznadziejnie uzależnieni od słodyczy. Moim zdaniem wcale tak nie jest, mogą wykluczyć nawyk podjadania słodyczy. Są po prostu głodni. Kiedy głód staje się silny, odczuwamy chęć zjedzenia czegoś wysokokalorycznego, na przykład ciastka, lodów, czekolady – czyli węglowodanów z tłuszczem (Gilhooly i inni, 2007).

Pomogłam wielu osobom pozbyć się apetytu na słodycze, łatwo i bezboleśnie. To proste: trzeba jeść, zanim głód stanie się zbyt silny. Gdy jesteśmy bardzo głodni, często sięgamy po rzeczy słodkie (i tłuste) i przejadamy się. Samo jabłko nie wystarczy; taki głód zaspokoi tylko porządna porcja szarlotki... najlepiej z lodami.

Jeśli często zajadasz głód słodyczami, uważnie prześledź poniższe historie i naucz się, jak poskromić wewnętrznego ciasteczkowego potwora. Pamiętaj, że to nie przekąski stanowią problem, ale napady niepohamowanego głodu.

Przypadek 1: Atak głodu przed obiadem

„Mam niepohamowany apetyt na słodycze. Udaje mi się go poskromić do chwili powrotu do domu, ale potem rzucam się na ciasteczka z czekoladą. Czuję się bezradny, nie panuję nad tym. Liczę, że uda ci się mnie wyprowadzić na prostą".

David, 47-letni maratończyk, księgowy i ojciec

Takie historie często słyszę od moich pacjentów. David trafił do mnie z poczuciem winy z powodu braku kontroli nad swoim łaknieniem słodyczy. Jego organizm potrzebował około 3000 kilokalorii dziennie, ale on nie jadał śniadań, a na lunch tylko jogurt (ledwie 200 kilokalorii) – mówił, że nie ma czasu na więcej. Nic dziwnego, że przed powrotem do domu robił się szaleńczo głodny – w jego diecie brakowało 2800 kilokalorii! Wówczas dawała o sobie znać natura, która kazała mu zjeść więcej, niż potrzebował, żeby wreszcie zaspokoić głód i zapewnić organizmowi energię.

Zaproponowałam, by David zjadał w ciągu dnia jakieś 1600 kilokalorii w pełnowartościowych posiłkach. Zaczął od śniadań (płatki, mleko, banan, sok i grahamka – 800 kilokalorii) oraz 1000 kilokalorii w prostych przekąskach na lunch i po południu (dwa jogurty, dwa duże banany, dwie szklanki soku). Wystarczył jeden dzień, żeby David przekonał się, że wcale nie jest ciasteczkowym potworem. Wrócił do domu w lepszym nastroju i mógł poświęcić czas rodzinie, zamiast rzucać się na pudełko ciastek. Taka zmiana spowodowała, że spożywał mniej tłuszczu, poprawił jakość swoich posiłków, zrzucił oponkę wokół pasa i obniżył poziom cholesterolu.

Przypadek 2: Przedmenstruacyjne napady głodu

„Raz w miesiącu zaczynam wrzucać w siebie czekoladki – całymi pudełkami. Spokojnie mogę poznać, który to dzień miesiąca tylko po uczuciu niepohamowanego głodu. Przedmiesiączkowy apetyt na czekoladę psuje mi dietę".

Charlene, 20-letnia aktywna studentka

Podobnie jak wiele kobiet, Charlene zauważyła, że jej nawyki żywieniowe zmieniały się w zależności od tego, w której fazie cyklu miesiączkowego była. Tydzień przed miesiączką pojawiały się niepohamowana chęć na słodycze; tydzień po organizm domagał się produktów bogatych w białka lub w ogóle nie odczuwała apetytu. Dzięki badaniom wiemy, że istnieją zależności pomiędzy zmianami hormonalnymi w organizmach kobiet a ich wyborami żywieniowymi. Wysoki poziom estrogenu może mieć wpływ na przedmiesiączkowy głód węglowodanów.

Kolejnym powodem zwiększonego apetytu jest wyższy metabolizm. W okresie przedmenstruacyjnym metabolizm kobiety może ulec zmianie, zwiększając jej zapotrzebowanie o 100 do nawet 500 kilokalorii (Barr, Janelle i Prior, 1995). Może to odpowiadać dodatkowemu posiłkowi. Tymczasem Charlene, jak wiele innych kobiet, czując się wzdęta i gruba z powodu typowego przed miesiączką gromadzenia się wody w organizmie, starała się raczej ograniczyć swoją dietę. Efekt niedostatku kalorii podwajał się, a ona przechodziła wówczas na dietę. Nic dziwnego, że czuła się potwornie głodna i nie mogła się powstrzymać przed podjadaniem słodyczy.

Powiedziałam Charlene, żeby zapomniała o diecie i w tygodniu przed miesiączką, kiedy głód stawał się silniejszy, pozwoliła sobie na dodatkowe 500 kilokalorii dziennie w pożywnych produktach. Zaczęła zjadać dodatkową kromkę pieczywa z dżemem na śniadanie, wypijać gorące kakao do lunchu, a po południu dodała przekąskę z rodzynek. Udało jej się poskromić głód i czuła się mniej poirytowana. Nawet znajomi i rodzina dostrzegli zmianę w jej nastroju. Poza tym straciła zainteresowanie czekoladą i była zachwycona tym, że może przejść przez cykl menstruacyjny bez przybierania na wadze z powodu objadania się nią. Niektóre moje pacjentki wolą dodatkowe, przedmiesiączkowe kalorie w postaci czekoladowych ciastek, jednak zawsze pilnują, by nie przekraczać limitu 500 kilokalorii.

Przypadek 3: Apetyt na czekoladę

„Moim ulubionym jedzeniem jest czekolada. Walczę ze sobą, żeby nie zjadać na drugie śniadanie batonów czekoladowych, nie podjadać M&M's w ciągu dnia i nie zastąpić obiadu porcją lodów czekoladowych".

Jocelyn, 17-letnia zawodniczka szkolnej drużyny koszykarskiej

Niektórzy po prostu uwielbiają słodycze. Nie trzeba ich namawiać do poczęstowania się ciastkiem czy czekoladką – mogą jeść słodycze codziennie, nawet trzy razy dziennie, jeśli nie częściej, zaczynając od pączków z czekoladą na śniadanie, przez ciasteczka na lunch, wieprzowinę w sosie słodko-kwaśnym na obiad, po lody na deser. Oczywiście tak znaczne spożycie cukru wpływa negatywnie na jakość diety, bo cukier nie zawiera witamin ani minerałów.

Jocelyn, zdrowa i aktywna nastolatka, mogłaby spokojnie znaleźć w swojej diecie miejsce na słodycze bez uszczerbku dla zdrowia. Osoby spożywające pełnowartościowe posiłki mogą pozwolić sobie na to, by od sześciu do dziesięciu procent kalorii pochodziło ze słodyczy. Ponieważ Jocelyn powinna spożywać 2800 kilokalorii dziennie, mogłaby zjadać około 280 kilokalorii w postaci cukrów prostych.

Osoby nadużywające słodyczy są bardziej narażone na problemy zdrowotne niż ci, którzy pozwalają sobie na okazjonalne zjedzenie czegoś słodkiego. Zjedzenie kawałka czekolady jako drobna przyjemność po odżywczym posiłku to coś zupełnie innego niż pochłonięcie bombonierki z czekoladkami zamiast obiadu. Czekoladoholicy często rezygnują ze śniadania, bo nie czują się rano głodni po zjedzeniu wieczorem całego opakowania ciastek z czekoladą. O wiele lepiej byłoby zjeść jedno czy dwa ciasteczka na deser i obudzić się rano z apetytem na porządne śniadanie.

W przypadku Jocelyn pociąg do czekolady był wynikiem braku czasu na śniadanie, awersji do szkolnych obiadów oraz łatwego dostępu do automatu ze słodyczami. Poradziłam jej, żeby zjadała śniadanie w drodze do szkoły, dzięki czemu zmniejszyła ilość zjadanej w ciągu dnia czekolady.

Czy czekolada jest zdrowa?

Gorzka czekolada może pomóc w obniżeniu cholesterolu i działać prozdrowotnie, a konkretnie poprawiać stan naczyń krwionośnych i obniżać ciśnienie krwi (Taubert i inni, 2007). Ale tak jak zdrowe odżywianie nie oznacza konieczności stosowania idealnej diety, tak samo nie trzeba koniecznie jeść czekolady, żeby być zdrowym (wbrew temu, co mogą twierdzić producenci czekolady).

Czekoladę wytwarza się z kakao, które jako produkt roślinny zawiera prozdrowotne flawonoidy, które uelastyczniają i rozszerzają naczynia krwionośne, obniżają ciśnienie krwi i zwiększają dopływ krwi do mózgu. Flawonoidy możemy znaleźć także w innych produktach – w zielonej herbacie, czerwonym winie, jabłkach czy cebuli, więc warto pomyśleć dwa razy, zanim zrezygnuje się z jabłka na rzecz czekolady.

Czyste kakao jest gorzkie i trudno je uznać za smaczne, trzeba mnóstwo cukru, by przemienić je w pyszny batonik. Nazywanie tak nafaszerowanego cukrem kakao „zdrowym" jest poważnym naginaniem rzeczywistości. Jeśli jednak musisz zjeść czekoladę, to oczywiście gorzka zawiera więcej flawonoidów niż mleczna.

Producenci czekoladowych łakoci sugerują, że codzienne ich spożywanie jest korzystne dla zdrowia, pomijając informację o zawartości cukru i tłuszczu. Takie słodycze zastępują inne potencjalne przekąski, jak owoce, orzechy lub jogurt, które przyniosłyby zdrowiu o wiele więcej korzyści. Uważam, że lepiej jeść czekoladę dla przyjemności, nie dla zdrowia. Nie ma nic złego w zjedzeniu małego kawałka gorzkiej czekolady po posiłku, kiedy ten mały kawałek zaspokoi ochotę na coś słodkiego – a nawet taka ilość wystarczy, by nieznacznie obniżyć ciśnienie krwi (Taubert i inni, 2007).

ROZDZIAŁ 6

Węglowodany – siła mięśni

Węglowodany to nie tylko bezdyskusyjnie najlepszy sposób odżywiania mięśni. Jedzenie bogatych w węglowodany owoców, warzyw i produktów pełnoziarnistych uzupełnionych produktami białkowymi i zdrowymi tłuszczami jest korzystne dla zdrowia – w każdym wieku i bez względu na kondycję.

Niestety zamieszanie wokół węglowodanów – tego, czym są i ile ich zjadać (i czy w ogóle), nie pomaga w prawidłowym zbilansowaniu diety. Jeden z odwiedzających mnie biegaczy pytał, czy węglowodany są zdrowe, czy szkodliwe; tuczące czy odżywcze; na jaką porcję można sobie pozwolić; czy jeśli się zje bułkę na śniadanie, to można zjeść jeszcze pieczywo do obiadu czy spowoduje to tycie? Jak wiele innych aktywnych osób padł ofiarą mitów i przekłamań na temat roli węglowodanów w diecie sportowca. W tym rozdziale postaram się rozwiać wszelkie wątpliwości i ułatwić ci dokonywanie wyborów najlepszych dla zachowania zdrowia, prawidłowej wagi i osiągania optymalnych wyników.

WĘGLOWODANY PROSTE I ZŁOŻONE

Różne są źródła węglowodanów i różne są ich postaci. Węglowodany dzielimy na proste i złożone. Do węglowodanów prostych zaliczamy monosacharydy i disacharydy (pojedyncze i podwójne molekuły cukru). Glukoza, fruktoza i galaktoza to monosacharydy, czyli najprostsze cukry. Możemy je przedstawić w następujący sposób:

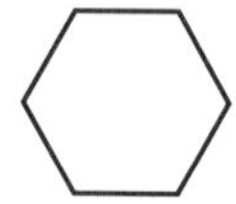

Disacharydy możemy przedstawić tak:

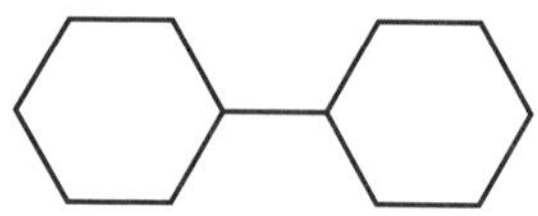

Cztery najpopularniejsze źródła disacharydów to cukier spożywczy (sacharoza), cukier mleczny (laktoza, czyli połączenie glukozy i galaktozy), syrop glukozowo-fruktozowy oraz miód.

Cukier spożywczy, syrop glukozowo-fruktozowy i miód zawierają glukozę i fruktozę, ale w różnych proporcjach. W procesie trawienia cukier spożywczy jest rozkładany do 50 procent glukozy i 50 procent fruktozy. Syrop glukozowo-fruktozowy stosowany w wielu produktach spożywczych jest rozkładany do około 55 procent fruktozy i 45 procent glukozy. Miód zawiera około 31 procent glukozy, 38 procent fruktozy, dziesięć procent innych cukrów, 17 procent wody i cztery procent innych składników. Twój organizm rozbija wszystkie mono- i disacharydy do postaci glukozy, która wędruje do krwi i odżywia mięśnie i mózg.

Owoce i warzywa zawierają różne cukry w różnych proporcjach. Każdy cukier przyswaja się trochę inaczej i w różnym czasie, dlatego uważa się, że podczas wysiłku najlepiej przyswajają się produkty zawierające różne typy cukru. Zanim wybierzesz napój energetyczny, przeczytaj etykietę i sprawdź, czy zawiera więcej niż jeden rodzaj cukru.

Syrop glukozowo-fruktozowy poddano licznym badaniom po tym, gdy zaczęto podejrzewać, że jest jedną z przyczyn epidemii otyłości (Wylie-Rosett, Segal-Isaacson i Segal-Isaacson, 2004). Wytwarzany jest następująco: najpierw skrobię kukurydzianą przetwarza się na syrop kukurydziany, następnie od 42 do 55 procent glukozy w syropie przetwarza się na fruktozę, by był słodszy. Badania na zwierzętach wykazały, że spożywanie fruktozy może prowadzić do przybierania na wadze, bo ma wpływ na poziom insuliny i leptyny, dwóch hormonów odpowiedzialnych za uczucie głodu. Potrzeba więcej badań, by stwierdzić, czy syrop glukozowo-fruktozowy wywołuje otyłość u ludzi. Z niektórych badań wynika, że fruktoza jest trawiona, przyswajana i metabolizowana w inny sposób niż glukoza i że sprzyja produkcji tłuszczu (Bray, Nielsen i Popkin, 2004; Vertanian, Schwartz i Brownell, 2007).

Dopóki nie otrzymamy ostatecznej odpowiedzi, najlepiej unikać napojów i innych produktów słodzonych tym syropem. Najprawdopodobniej to nie sam syrop jest odpowiedzialny za otyłość, ale nadmiar kalorii, jaki idzie w parze z jedzeniem dosładzanych produktów. Z pewnością znajdziesz lepszy sposób na spożycie 150 kilokalorii (co odpowiada dziesięciu łyżeczkom cukru) niż wypijanie ich z puszką gazowanego napoju!

Miód niesłusznie uważa się za produkt zdrowszy niż syrop glukozowo-fruktozowy czy cukier. Jeśli wybierasz miód, bo lubisz jego smak – w porządku. Miód nie jest jednak lepszy pod względem zawartości witamin czy wpływu na sportowe możliwości. Cukier w każdej postaci – miodu, syropu glukozowo-fruktozowego, cukru brązowego, nierafinowanego, syropu klonowego czy galaretki – ma nieznaczną wartość odżywczą, poza tym każdy jest rozkładany do postaci glukozy, zanim zostanie wykorzystany przez organizm.

Kolejnym cukrem spotykanym w wielu spożywczych produktach dla sportowców jest maltodekstryna zbudowana z polimerów glukozy, czyli łańcuchów składających się z około pięciu molekuł glukozy. Napoje energetyczne słodzone polimerami (na przykład Powerade oraz HydraFuel) mogą zapewnić więcej energii dzięki lepszej przyswajalności i są mniej słodkie niż słodzone cukrem.

Węglowodany złożone, takie jak skrobia pochodząca z roślin lub glikogen znajdujący się w wątrobie i mięśniach, powstają przez łączenie się cukrów w długie łańcuchy podobne do naszyjnika z setek pereł. Możemy je przedstawić w taki oto sposób:

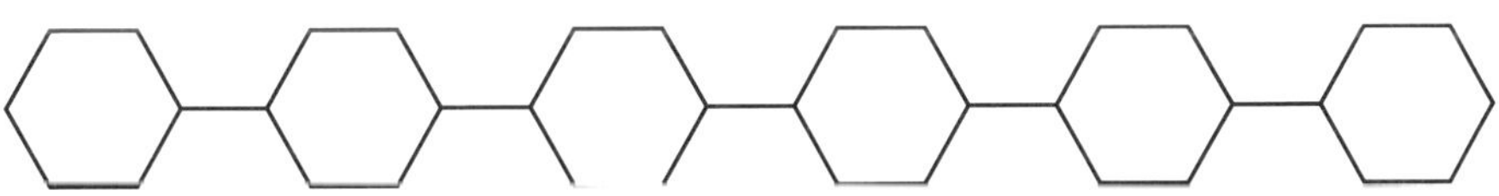

Rośliny gromadzą nadmiar cukru w postaci skrobi. Na przykład młoda kukurydza jest słodka, ale w miarę dojrzewania robi się coraz bardziej mączna, bo cukier zamienia się w skrobię. Odwrotnie niż kukurydza i inne warzywa zachowują się owoce, które w procesie dojrzewania przemieniają skrobię w cukier. Dobrym przykładem jest banan:

- Zielony banan z odrobiną żółtego na skórce zawiera 80 procent skrobi i siedem procent cukru.
- Banan z całkiem żółtą skórką zawiera 25 skrobi i 65 procent cukru.
- Banan z brązowymi plamkami na skórce zawiera pięć procent skrobi i 90 procent cukru.

Skrobia z ziemniaków, ryżu, chleba jest trawiona do postaci glukozy, a następne spalana lub magazynowana do wykorzystania w przyszłości. Ludzie przechowują nadmiar glukozy głównie w postaci glikogenu w mięśniach i wątrobie (nie w postaci tłuszczu). Glikogen jest gotowy do przetworzenia w energię podczas ćwiczeń.

Cukry i skrobia dostarczają mięśniom podobnej energii, ale różnej ilości witamin i minerałów.

- Węglowodany w słodzonych napojach gazowanych dostarczają energię, ale żadnych witamin czy minerałów.
- Węglowodany w napojach energetycznych słodzonych polimerami glukozy dostarczają energię, witamin czy minerałów już nie – chyba że są o nie wzbogacone.
- Węglowodany w owocach, warzywach i zbożach dostarczają energię, witaminy, minerały, błonnik oraz fitoskładniki – wszystko, czego twój organizm potrzebuje, żeby sprawnie funkcjonować.

Czy węglowodany tuczą?

Trenerka Stacey musiała jeść węglowodany, żeby dostarczać mięśniom energii, ale chciała też zachować szczupłą sylwetkę. Podobnie jak wiele trenujących osób dbających o linię, Stacey uważała produkty zawierające węglowodany za tuczące i nie umiała sobie z tym poradzić. „Nie trzymam w domu krakersów, pieczywa ani płatków, bo kiedy są w pobliżu, nie mogę się opanować i zjadam ich za dużo. Chcę trenować, ale chcę też schudnąć, a nie utyć od objadania się węglowodanami!".

Twórcy diet odchudzających przekonują, że węglowodany są tuczące. Nieprawda! Węglowodany nie tuczą. Tuczy nadmiar kalorii, zwłaszcza pochodzących z tłuszczów – masła, którym smarujesz kanapki, oliwy, którą polewasz makaron, majonezu czy serowych sosów. W jednej łyżeczce tłuszczu znajduje się 36 kilokalorii, a w jednej łyżeczce węglowodanów – 16 kilokalorii. Poza tym nadmiar węglowodanów tylko w nieznacznej ilości odkłada się w postaci tłuszczu, bo spala się je, ćwicząc. Twój organizm woli spalać węglowodany, a odkładać tłuszcz, bo na przetworzenie nadmiaru węglowodanów w tłuszcz zużywa 23 procent skonsumowanych kalorii. Z kolei nadmiar spożytego tłuszczu może zostać łatwo zmagazynowany; organizm zużyje zaledwie trzy procent spożytych kalorii, by odłożyć nadmiar tłuszczu z diety w postaci tłuszczu (Sims i Danforth, 1987).

Jeżeli jesteś niereformowalnym łasuchem, będzie lepiej dla twego zdrowia, jeśli zjesz za dużo precelków (węglowodanów) niż fistaszków (tłuszczu). Lepiej odżywisz mięśnie, a następnego dnia będziesz w stanie przetrwać ciężki trening, bo twoje mięśnie będą naładowane węglowodanami. Musisz jednak mieć świadomość, że długotrwałe spożywanie nadmiaru kalorii w postaci węglowodanów w końcu doprowadzi do przybrania na wadze. Po uzupełnieniu zapasów glikogenu organizm zacznie magazynować wszystkie dodatkowe kalorie w postaci tłuszczu (Hill i inni, 1992).

Zamiast unikać pieczywa, bułek czy innych produktów zbożowych, spróbuj przyswoić sobie, że:

- Produkty węglowodanowe są mniej tuczące niż produkty tłuste.
- Węglowodany są konieczne, by zapewnić mięśniom energię.
- Węglowodany spalasz w trakcie intensywnych ćwiczeń.
- Węglowodany to przyjazne paliwo; wrogiem jest nadmiar kalorii z tłuszczu.
- Próbując stracić na wadze, należy dostarczać sobie energii z bogatych w błonnik płatków, pełnoziarnistego pieczywa, ziemniaków oraz innych warzyw bogatych w węglowodany, ale ograniczyć spożycie masła, margaryny i majonezu, które często im towarzyszą.

Węglowodany wolno i szybko przyswajalne

Oprócz tego, że węglowodany klasyfikujemy jako proste i złożone bądź jako cukry lub skrobię, możemy je także podzielić na wolno lub szybko przyswajalne. Podział ten odnosi się do skomplikowanego systemu określanego mianem indeksu glikemicznego (IG od ang. *glycemic index*). Teoretycznie określa on, w jaki sposób 50 gramów (200 kilokalorii) węglowodanów (nie licząc błonnika) z jedzenia wpłynie na poziom cukru we krwi. Na przykład białe pieczywo ma wysoki indeks glikemiczny i uważa się, że wywołuje nagły skok poziomu cukru, natomiast fasola ma niski indeks glikemiczny i powoduje stopniowy wzrost poziomu cukru we krwi. Tabela 6.1 przedstawia indeks glikemiczny i ładunek glikemiczny (wpływ standardowej porcji danego produktu na stężenie glukozy w krwi) potraw popularnych wśród sportowców. W trakcie jednego posiłku można zjeść 200 kilokalorii w makaronie, ale mało prawdopodobne jest jednorazowe spożycie takiej ilości kalorii w waflach ryżowych. Dlatego rzeczywisty ładunek glikemiczny produktu różni się od jego indeksu glikemicznego.

Indeks glikemiczny opracowano po to, by pomóc cukrzykom regulować poziom glukozy we krwi. Jednak osoby chorujące na cukrzycę na ogół jedzą różne produkty razem (na przykład chleb z indykiem i pomidorem), przez co indeks glikemiczny całego dania się zmienia (Franz, 2003). Natomiast sportowcy bardzo często zjadają określone produkty osobno (na przykład banan, bułkę). Naukowcy poszli tym tropem i zaczęli się zastanawiać, czy wolno i szybko przyswajalne węglowodany mogą wpływać na sportową formę, ponieważ w różny sposób wpływają na poziom glukozy we krwi? Czy sportowcy mogliby wykorzystywać ten system do określania, co zjadać przed, w trakcie i po wysiłku?

Teoretycznie produkty o niskim indeksie glikemicznym (jabłka, jogurt, soczewica, fasolka) powodują powolne uwalnianie glukozy do krwiobiegu, a produkty o wysokim indeksie glikemicznym (napoje energetyczne, żelki, grahamka) szybko

TABELA 6.1. Indeks glikemiczny i ładunek glikemiczny popularnych produktów

Produkt	Indeks glikemiczny	Ładunek glikemiczny	Porcja
Coca-cola	63	16	240 ml
Sok jabłkowy	40	12	240 ml
Gatorade	78	12	240 ml
Mleko czekoladowe (1,5%)	41	5	240 ml
Wafle ryżowe	78	17	30 g
Pączek	69	13	50 g
Makaron spaghetti	58	28	175 g
Cheerios	74	15	30 g
Płatki owsiane (ugotowane)	69	16	1 szklanka
Banan (zielonkawy)	42	10	125 g
Pomarańcza	42	5	125 g
Baton Snickers	68	23	60 g
Baton PowerBar (czekoladowy)	56	24	67 g

Źródło: K. Foster-Powell, S.H. Holt, J.C. Brand-Miller, 2002, *International table of glycemic index and glycemic load values: 2002*, „American Journal of Clinical Noutrition" 76(1): 5–56.

podnoszą poziom cukru we krwi. Czy pokarmy o niskim indeksie mogą poprawić formę długodystansowca, dostarczając mu energii w trakcie długotrwałego wysiłku? Czy pokarmy o wysokim indeksie najlepiej spożywać bezpośrednio po wysiłku, żeby szybko uzupełnić zapasy energii i być natychmiast gotowym do kolejnego treningu?

Choć wydaje się to logiczne, moim pacjentom radzę, aby zignorowali cały ten szum. Po prostu jedli owoce, warzywa i zboża i nie zawracali sobie głowy ich indeksem. Zbyt wiele czynników ma na niego wpływ: miejsce uprawy, wielkość zjedzonej porcji, to, czy do jedzenia dodaliśmy tłuszcz, jak zostało przygotowane, a nawet czy spożywamy je na zimno, czy na ciepło. Indeks glikemiczny traci na znaczeniu jeszcze bardziej, gdy uświadomimy sobie, że nie tylko każdy z nas inaczej reaguje na dostarczane węglowodany, ale że nawet u tej samej osoby reakcja glikemiczna może znacznie się wahać nawet w ciągu jednego dnia (Vega-Lopez i inni, 2007). Pamiętajmy też, że wytrenowane mięśnie mogą łatwo pobierać węglowodany z krwiobiegu, dlatego u sportowców wydzielanie insuliny jest niższe niż u osób o słabej kondycji. Oznacza to, że u większości trenujących osób nie ma takich wahań poziomu cukru we krwi jak u nieuprawiających sportu. Sportowcy rzadko chorują na cukrzycę typu 2 – trening to doskonały sposób na regulowanie poziomu cukru we krwi.

Biorąc to wszystko pod uwagę, jako sportowiec nie masz powodu, by przejmować się indeksem glikemicznym potraw, bo nie wiesz nawet, jak dokładnie reaguje na nie twój organizm. Poza tym badania na razie nie wykazały wyraźnych zależności pomiędzy indeksem pożywienia a wynikami sportowymi (Burke, Collier i Hargreaves, 1998). Potwierdzają natomiast, że najlepszym sposobem na zwiększenie wytrzymałości jest spożywanie węglowodanów przed i w trakcie wysiłku – co jest wypróbowanym i lekkostrawnym rozwiązaniem. Nie musisz łykać białej fasoli o niskim indeksie glikemicznym, żeby zapewnić organizmowi stały dopływ energii – to może tylko niepotrzebnie obciążyć żołądek. Aby mieć siłę na intensywny trening, po prostu zjedz posiłek lub przekąskę przed wysiłkiem, a po godzinie zjedz kolejne 200 do 250 kilokalorii w postaci węglowodanów (i tak po każdej kolejnej godzinie wysiłku; patrz rozdziały 9 i 10, w których znajdziesz więcej informacji o odżywianiu przed i w trakcie wysiłku).

Jeśli ciężko trenujesz lub bierzesz udział w zawodach, cztery do sześciu godzin po wysiłku zjedz produkty o wysokim indeksie glikemicznym, żeby się zregenerować. Takie potrawy dostarczają organizmowi glukozy i odbudowują zapasy glikogenu szybciej niż produkty o niskim indeksie glikemicznym. Jednak testy 24-godzinne wykazały, że dieta o niskim IG może poskutkować lepszą wydolnością następnego dnia (109 kontra 99 minut biegu do momentu całkowitego wyczerpania) (Stevenson, Williams i Biscoe, 2005; Stevenson i inni, 2005). Może usprawniać proces odbudowywania zapasów wewnątrzmięśniowej tkanki tłuszczowej oraz wykorzystywanie tłuszczu jako pożywki dla mięśni zamiast glikogenu, którego zapasy są ograniczone.

Podsumowując: jeżeli musisz zebrać siły pomiędzy jednym intensywnym treningiem a drugim, spożyj odpowiednią ilość lekkostrawnych węglowodanów – minimum jeden gram węglowodanów na kilogram masy ciała lub około 300 kilokalorii (dla osoby ważącej 68 kilogramów) co dwie godziny przez cztery do sześciu godzin – oraz zbilansowany zestaw zdrowych tłuszczów i białka, aby w pełni się zregenerować, a nie tylko odbudować zapas glikogenu. (Więcej o regeneracji w rozdziale 10).

Insulina a odkładanie się tkanki tłuszczowej

A co z popularnym przekonaniem, że produkty o wysokim indeksie glikemicznym są tuczące, ponieważ wywołują nagły skok poziomu glukozy we krwi, pobudzają organizm do wydzielania większej ilości insuliny i przez to (rzekomo) zachęcają organizm do gromadzenia tłuszczu? To nie takie proste. Tuczy nadmiar kalorii, nie nadmiar insuliny. Insulina może stymulować apetyt i odkładanie się tłuszczu i stąd wzięła się zła reputacja węglowodanów o wysokim IG.

Potrzeba więcej badań, by stwierdzić, czy osoby w dobrej kondycji szybciej schudną dzięki diecie opartej na produktach z niskim IG. Wyniki podobnych badań wśród osób otyłych nie są jednoznaczne. W jednej grupie (ludzie w wieku

18–35 lat, z wysokim poziomem insuliny) dieta oparta na niskim IG, zmniejszająca jej wydzielanie, przyczyniła się do zrzucenia około sześciu kilogramów w ciągu 18 miesięcy. To więcej niż w grupie porównawczej, w której stosowano dietę niskotłuszczową o wyższym IG – tam utrata wagi wyniosła jeden kilogram (Ebbeling i inni, 2007). Jednak w innym, trwającym rok badaniu osób otyłych w wieku około 35 lat w grupie stosującej dietę o niskim IG nie odnotowano różnic w zgubionych kilogramach, odczuciu głodu czy sytości w porównaniu z grupą jedzącą produkty o wysokim IG (Das i inni, 2007). Więc jaka jest prawda? Czytaj dalej.

Skoki (i spadki) poziomu glukozy

Niektórzy sportowcy twierdzą, że są wrażliwi na cukier – po jego spożyciu czują nagły skok energii, po którym następuje jej spadek. Jeśli brzmi to znajomo, spróbuj łączyć węglowodany z białkami i tłuszczem, na przykład chleb z masłem orzechowym lub jabłko z niskotłuszczowym serem. W ten sposób zmieniasz indeks glikemiczny spożywanych węglowodanów. Eksperymentuj z różnymi przekąskami, a może się okazać na przykład, że trenuje ci się lepiej po zjedzeniu jogurtu (200 kilokalorii z niskim IG) niż żelków (200 kilokalorii z wysokim IG). Słuchaj swojego ciała i wybieraj produkty, które pozwalają ci uzyskiwać jak najlepsze wyniki. Wypróbuj różne pokarmy przed, w trakcie i po wysiłku, aby stwierdzić, które najbardziej ci smakują, najlepiej się trawią i wspomagają formę; wyobraź sobie, że

Czy białe pieczywo to trucizna?

Białe pieczywo nie dostarcza tylu dobrodziejstw co pieczywo pełnoziarniste czy żytnie. Nie jest jednak trucizną ani nawet złym jedzeniem. Może być częścią pożywnej diety. Jak napisałam w rozdziale 1, co najmniej połowa produktów zbożowych w diecie powinna zawierać pełne ziarna. Jeśli więc zjadasz owsiankę na śniadanie i brązowy ryż na obiad, na lunch możesz sobie pozwolić na kanapki z białej bułki (lub pszennej pity czy tortilli), jeśli tylko masz ochotę.

Pogląd, że białe pieczywo jest niezdrowe, wziął się po części stąd, że jest to produkt o wysokim indeksie glikemicznym. Oznacza to, że 200 kilokalorii w postaci węglowodanów z białego pieczywa – jeśli jest to pieczywo bez masła czy innych dodatków, które wpływają na efekt glikemiczny – szybko się trawi i powoduje wyższy wzrost stężenia glukozy i ilości wydzielanej insuliny niż taka sama ilość pieczywa pełnoziarnistego, bogatego w błonnik.

Pamiętaj, jeśli masz dobrą kondycję, twoje mięśnie łatwo odkładają cukry z pieczywa jako glikogen, przy znacznie mniejszej ilości insuliny niż u osób nieaktywnych. Dlatego ludzie aktywni lepiej radzą sobie z pokarmami o wysokim IG, jak białe pieczywo, i nie muszą się tak przejmować ich efektem glikemicznym.

testujesz jedzenie dla sportowców pod kątem dostarczanej energii. Jeśli niczego nie możesz zjeść w trakcie długotrwałego wysiłku – na przykład jesteś pływakiem lub masz wrażliwy żołądek i wolisz ograniczyć się w czasie ćwiczeń do popijania wody – możesz zjeść przed wysiłkiem przekąskę o niskim IG (jogurt lub bułka z masłem orzechowym) – będzie źródłem energii dla lepszej wytrzymałości.

Jeżeli podczas wysiłku możesz odżywiać mięśnie napojami energetycznymi, żelami, owocami lub węglowodanami w innej formie, wiedz, że ich działanie będzie silniejsze niż jakiegokolwiek produktu o niskim IG zjedzonego przed wysiłkiem (Burke, Collier i Hargreaves, 1998). I pamiętaj, że miska soczewicy o niskim IG może się wydawać świetnym pomysłem w teorii, ale w praktyce może sprawić, że zamiast na walce o wynik będziesz się skupiać na poskramianiu własnego układu trawiennego.

WĘGLOWODANY ŹRÓDŁEM GLIKOGENU

Starasz się trzymać z dala od takich źródeł węglowodanów, jak grahamki, makaron czy pieczywo, bo niesłusznie uważasz, że tuczą? Zastanów się nad tym ponownie. Trenując, potrzebujesz węglowodanów w diecie. Nie są tuczące, są za to niezbędne twoim mięśniom do ukończenia pełnej sesji treningowej.

Około 70-kilogramowy mężczyzna ma w wątrobie, mięśniach i krwi zapas mniej więcej 1800 kilokalorii w postaci węglowodanów, który rozkłada się w następujący sposób:

Glikogen w mięśniach	1400 kcal
Glikogen w wątrobie	320 kcal
Glukoza we krwi	80 kcal
W sumie	**1800 kcal**

Węglowodany zawarte w mięśniach są zużywane podczas ćwiczeń. Węglowodany z wątroby uwalniane są do krwiobiegu i utrzymują w normie poziom glukozy we krwi oraz odżywiają mózg (i mięśnie). Od tych ograniczonych zapasów węglowodanów zależy, jak długo możesz trenować. Gdy zapasy glikogenu się kurczą, dochodzisz do ściany – jesteś wyczerpany i marzysz tylko o tym, by odpocząć. W pewnym badaniu kolarze z wykorzystanym zapasem glikogenu mogli trenować jedynie przez 55 minut (tzn. po tym czasie nie byli w stanie utrzymać określonej prędkości pedałowania na rowerze stacjonarnym), natomiast utrzymywali to tempo dwa razy dłużej – około 120 minut – kiedy byli naładowani węglowodanami (Green i inni, 2007). Jedzenie ma znaczenie!

Poza zapasem około 1800 kilokalorii w postaci węglowodanów przeciętny szczupły mężczyzna o wadze 70 kilogramów ma także zapas od 60 000 do 100 000 kilokalorii w postaci tłuszczu – wystarczający, by przebiec setki kilometrów. Nieszczęśliwie dla długodystansowców tłuszcz nie może być wykorzystywany jako jedyne źródło energii, ponieważ mięśnie potrzebują do prawidłowego funkcjonowania również pewnej ilości węglowodanów. Węglowodany to czynnik ograniczający sportowców długodystansowych.

Podczas mało intensywnego wysiłku takiego jak chodzenie mięśnie spalają głównie tłuszcz jako źródło energii. Podczas wysiłku umiarkowanie intensywnego, takiego jak jogging czy zapasy, tłuszcze dostarczają od 50 do 60 procent energii. W trakcie intensywnego wysiłku, na przykład sprintu czy podczas wyścigu, polegasz głównie na zapasach glikogenu.

Od zmian biochemicznych zachodzących w organizmie podczas treningu zależy, ile glikogenu możesz zgromadzić w mięśniach, a to z kolei wpływa na ich wytrzymałość. Poniższe liczby dowodzą, że dobrze wytrenowane mięśnie potrafią zgromadzić od 20 do 50 procent więcej glikogenu niż mięśnie nietrenowane (Costill i inni, 1981; Sherman i inni, 1981). To dlatego biegacz nowicjusz nie może po prostu naładować się węglowodanami, a potem ukończyć maratonu w czołówce.

Glikogen w mięśniach na 100 gramów mięśni	
Mięśnie nietrenowane	13 g
Mięśnie wytrenowane	32 g
Mięśnie naładowane węglowodanami	35–40 g

Z powodu nieuzasadnionej wiary w to, że węglowodany są tuczące lub że duża ilość białka jest lepsza dla mięśni, wielu sportowców unika węglowodanów. Skutkiem niskowęglowodanowej diety mogą być słabe wyniki w sporcie. Kłóci się ona z zaleceniami większości specjalistów od zdrowego żywienia i sportu, którzy sugerują spożywanie od sześciu do dziesięciu gramów węglowodanów na kilogram masy ciała – od 55 do 65 procent węglowodanów w diecie.

Dobrym przykładem jest hokej, niezwykle wyczerpujący sport, w którym ważne są siła i wytrzymałość mięśni. Podczas gry węglowodany stanowią główne źródło energii; zapas glikogenu w mięśniach zmniejsza się o 38 do 88 procent. Jego zużycie ma bezpośredni wpływ na uczucie zmęczenia mięśni. Analiza ruchów hokeistów z czołowych drużyn wykazała, że zawodnicy stosujący dietę wysokowęglowodanową (60 procent węglowodanów w diecie) przejeżdżali o 30 procent dłuższy dystans i to szybciej niż zawodnicy, którzy spożywali standardową dietę (40 procent węglowodanów). W ostatniej tercji, w której często rozstrzyga się wynik, zawodnicy naładowani węglowodanami przejeżdżali o 11 procent dłuższy dystans niż w pierwszej tercji, natomiast zawodnicy z niskim zapasem glikogenu przejeżdżali o 14 procent krótszy dystans. Badacze doszli do następujących wniosków:

- Niski poziom glikogenu na początku meczu może zmniejszyć wydajność w końcówce.
- Trzy dni przerwy pomiędzy meczami (z czego w dwóch odbywa się trening) plus dieta o niskiej (40 procent) zawartości węglowodanów to za mało, żeby odbudować normalny poziom glikogenu (zawodnicy na diecie bogatej w węglowodany mieli o 45 procent większe zapasy glikogenu).
- Różnice w grze zawodników naładowanych węglowodanami i tych, którzy mieli ich za mało, były najwyraźniej widoczne w ostatniej tercji (Ackermark i inni, 1996).

Za mało czy za dużo?

Trening z niskim zapasem glikogenu w mięśniach i udział w zawodach z dużym – to technika stosowana przez niektórych poważnych sportowców, czasem nieświadomie, kiedy idą na drugi trening bez odpowiedniego posiłku po pierwszym treningu. W pewnym badaniu mięśnie dziesięciu mężczyzn (nieprzyzwyczajonych do treningów) zmuszone do pracy przy niedoborze glikogenu odpowiadały zwiększoną wytrzymałością po odpowiednim odżywieniu (Hansen i inni, 2005). Czy taki sam efekt pojawia się u osób uprawiających sport? Czy przy niedoborze glikogenu można trenować na 100 procent swoich możliwości? Czy nie ucierpią na tym forma i technika? Czy zwiększy się podatność na kontuzje? Czy będziesz w stanie czerpać przyjemność z treningu? Z badań nie wynika jednoznacznie, by uzasadnione było stosowanie tej metody bez zachowania szczególnej ostrożności.

Bez względu na to, czy grasz w hokeja, piłkę nożną, rugby, koszykówkę, czy uprawiasz jakikolwiek inny intensywny sport, pamiętaj, by odżywiać się odpowiedzialnie, stosując węglowodany jako podstawę każdego posiłku, a proteiny jako dodatek.

Spożywanie węglowodanów pozwala odbudować po wysiłku zapasy glikogenu w mięśniach. W badaniu przeprowadzonym przez fizjologa sportu dr. J. Bergstroma i jego współpracowników (Bergstrom i inni, 1967) porównano szybkość uzupełniania zapasów glikogenu u osób, które trenowały do wyczerpania i stosowały różne diety – bogatą w białka, w tłuszcze lub w węglowodany. U osób na diecie wysokobiałkowej i wysokotłuszczowej (przypominającej dietę Atkinsa, z mnóstwem steków, jajek, burgerów, sałatki z tuńczyka, masła orzechowego i sera) niedobór glikogenu utrzymywał się przez pięć dni (patrz rys. 6.1). Osoby na diecie wysokowęglowodanowej całkowicie uzupełniły zapasy glikogenu w dwa dni. Wyniki te pokazują, że białko ani tłuszcz nie są magazynowane w mięśniach w postaci glikogenu oraz że węglowodany odgrywają kluczową rolę w odbudowywaniu jego zapasów.

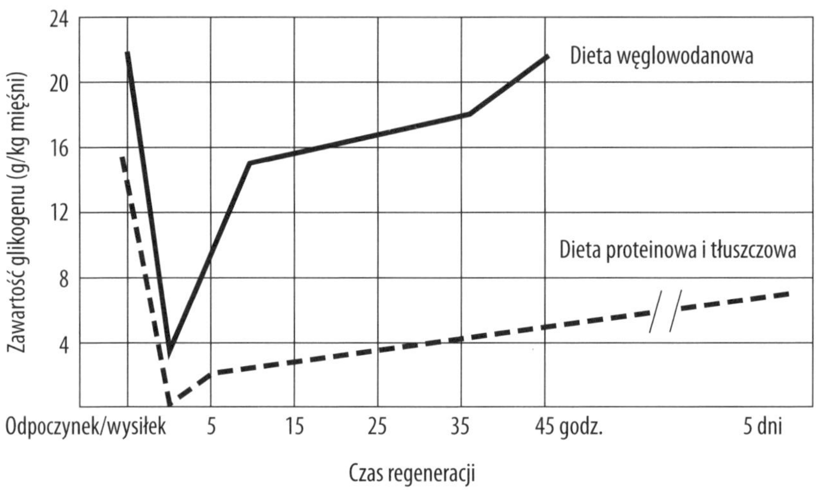

Rysunek 6.1. Dieta bogata w węglowodany odbudowuje zapas glikogenu w mięśniach szybciej niż dieta proteinowa lub tłuszczowa

Źródło: J. Bergstrom i inni, 1967, *Diet, muscle glycogen and physical performance* (Dieta, glikogen w mięśniach a forma fizyczna), Acta Physiologica Scandinavica 71:140.

WĘGLOWODANY A WYTRZYMAŁOŚĆ

Jeżeli przygotowujesz się do startu w zawodach trwających ponad 90 minut – takich jak maraton, triatlon, biegi narciarskie czy wyścig kolarski – musisz nasycić mięśnie węglowodanami. Choć to wydaje się banalnie proste (wystarczy najeść się makaronu, tak?), w rzeczywistości wielu długodystansowców popełnia błędy żywieniowe, które odbijają się negatywnie na ich formie. Przedstawiam mój dziewięciopunktowy plan, który każdy sportowiec może wykorzystać, by optymalnie nasycić mięśnie energią przed wysiłkiem.

1. Codzienna porcja węglowodanów. Twoja codzienna dieta powinna bazować na węglowodanach i być zbilansowana odpowiednią dawką protein i zdrowych tłuszczów. Dzienna dawka około sześć do dziesięciu gramów węglowodanów na każdy kilogram masy ciała chroni przed długotrwałym niedoborem glikogenu i pozwala nie tylko trenować na najwyższym poziomie, ale też rywalizować w najlepszej formie. Podziel zalecaną ilość wę-

glowodanów na trzy porcje dziennie: śniadanie plus przekąska (od 7:00 do 12:00), lunch plus przekąska (od 12:00 do 17:00) oraz obiad plus przekąska (od 17:00 do 22:00).

Twoja waga	Dzienna dawka węglowodanów (g)	Dawka węglowodanów (g)/5 godz.
45 kg	300–500	100–175
57 kg	375–625	125–210
69 kg	450–750	150–250
79 kg	525–875	175–290

Rozumowanie: skoro pewna dawka węglowodanów działa dobrze, to większa dawka zadziała jeszcze lepiej, jest błędne. Jeśli zjesz za dużo, przeciążysz układ trawienny i w efekcie mięśnie nie będą nasycone glikogenem bardziej niż po zjedzeniu odpowiedniej dawki węglowodanów (Rauch i inni, 1995). Jedna z moich pacjentek opowiedziała mi, że dzień przed startem w swoim pierwszym maratonie zjadła bardzo dużo węglowodanów. Rano czuła się pełna i wzdęta – czyli zupełnie nie tak, jak chciałaby się czuć tuż przed startem w zawodach.

2. Ogranicz treningi. Na krótko przed startem zapomnij o ciężkich treningach. Ostatni bardzo intensywny trening zaplanuj na trzy tygodnie przed nim, a minimum dwa tygodnie przed zacznij ograniczać intensywność treningów. Co prawda intensywny wysiłek zwiększa formę, ale jednocześnie zużywa zapasy energii i nadwyręża organizm, potrzeba więc czasu, żeby zaleczyć mikrokontuzje i odbudować zapasy węglowodanów. Część specjalistów sugeruje, by skrócić treningi o 30 procent, a od siódmego do dziesiątego dnia przed startem powinny być krótkie i szybkie, żeby zachować formę (Houmard i inni, 1990).

Prawidłowe ograniczenie treningów wymaga ogromnej dyscypliny i samokontroli. Większość sportowców boi się odpuścić treningi na tak długo. Obawiają się, że ograniczony wysiłek doprowadzi do spadku formy. Niepotrzebnie. Przekonasz się, że twoja forma będzie lepsza – może nawet o dziewięć procent. Na przykład wśród pływaków, którzy ograniczyli treningi przez dwa tygodnie, zauważono poprawę formy (Costill i inni, 1985). Badania dowodzą, że zmniejszenie intensywności treningów przez dziesięć do 13 dni może przynosić lepsze efekty niż przez tydzień (Zarkadas, Carter i Banister, 1994).

Jeśli przed startem w zawodach zmniejszasz ilość i długość treningów, to nie potrzebujesz setek dodatkowych kalorii w postaci węglowodanów. Wystarczy tyle, ile dotychczas (czyli od sześciu do 19 gramów węglowodanów na kilogram masy ciała dziennie). Od 600 do 1000 kilokalorii, które do tej pory spalałeś podczas treningu, zostanie teraz zmagazynowane w mięśniach. Mogą nawet podwoić dotychczasowy zapas glikogenu, co pozwoli ci na większy wysiłek w trzeciej godzinie wyścigu (Rauch i inni, 1995).

Kontroluj wagę, a poznasz, czy masz dość węglowodanów. Zwiększenie wagi ciała o jeden do dwóch kilogramów wskazuje na zatrzymanie większej ilości wody w organizmie. Zmagazynowanie każdych 30 gramów glikogenu wiąże się z zatrzymaniem około 90 mililitrów wody, która dodatkowo zmniejszy efekt odwodnienia w trakcie wysiłku.

3. Jedz wystarczająco dużo białek. Długodystansowcy zużywają pewną część białka jako paliwa, dlatego powinni pilnować, by oprócz dwóch, trzech standardowych porcji nabiału dziennie zjadać dodatkowo dwie małe porcje produktów bogatych w białka. Nawet w wysokowęglanowej diecie powinno się znaleźć od 1,3 do 1,6 grama protein na kilogram masy ciała.
4. Nie przesadzaj z tłuszczem. Aby ograniczyć spożycie tłuszczu do 20–25 procent wszystkich kalorii, wybierz tost z dżemem zamiast z masłem, naleśniki z miodem zamiast z sosem na bazie masła, makaron z sosem pomidorowym zamiast serowym i oliwą. Niewielka ilość tłuszczu jest w porządku, ale nie przesadzaj.

   Aby skomponować dietę zawierającą około 600 gramów węglowodanów dla osoby o wadze 68 kilogramów (2400 kilokalorii w postaci węglowodanów), trzeba wymienić część kalorii z tłuszczu na węglowodany. Na przykład zamiast sosu z masła i śmietany podawanego do pieczonego ziemniaka lepiej zjeść dwa pieczone ziemniaki bez sosu. Zamieniając tłuszcz na węglowodany, trzeba zjadać większe porcje, żeby spożyć taką samą ilość kalorii. 500 gramów makaronu spaghetti staje się po ugotowaniu furą jedzenia, jednak zawiera tylko 1600 kilokalorii. To rozsądna dawka na posiłek przed startem w maratonie, jednak objętość posiłku może być zbyt duża. W tabeli 6.2 znajdziesz przykładowe menu wysokowęglowodanowe.
5. Wybieraj potrawy bogate w błonnik. Produkty bogate w błonnik – płatki z otrębami, pełnoziarniste pieczywo, owsianka, owoce oraz warzywa – usprawniają pracę jelit, dzięki czemu układ trawienny działa płynnie i bez przestojów. Jeśli chcąc naszpikować mięśnie węglowodanami, zaczniesz opychać się białym pieczywem, ryżem i innymi produktami przetworzonymi, narażasz się na zaparcia, zwłaszcza wtedy, gdy zmniejszasz też czas treningów. Są jednak sportowcy, którzy się tym nie przejmują i dzień przed startem wolą stosować dietę o niskiej zawartości błonnika, żeby nie zwiększać treści pokarmowej w jelitach. Jedzą sporo precli, żelatynę, sorbety, białe pieczywo,

Szybki zastrzyk

Są sportowcy, którzy nie chcą ograniczać treningów przez dwa do trzech tygodni przed startem w wyścigu długodystansowym; z niechęcią zgadzają się na raptem jeden dzień odpoczynku. Aby zaspokoić potrzeby tych intensywnie trenujących, specjaliści opracowali poniższy program węglowodanowy (Fairchild i inni, 2002):

1. Dzień przed wyścigiem badani sportowcy intensywnie pedałowali na rowerach stacjonarnych (130 procent VO_2max) przez 2,5 minuty, a przez następne pół minuty aż do całkowitego wyczerpania sił i zapasów glikogenu w mięśniach.
2. Kiedy tylko byli w stanie jeść, rozpoczynali wysokowęglowodanową dietę. Przez cały dzień zjadali 10 gramów węglowodanów na każdy kilogram masy ciała. Oznacza to, że sportowiec ważący 68 kilogramów musiał zjeść około 750 gramów węglowodanów, co odpowiada 3000 kilokalorii. Ze względu na tak dużą ilość węglowodanów na tłuszcze i białka pozostało mało miejsca (zaledwie 10 procent wszystkich spożytych tego dnia kalorii w porównaniu z 45 procentami kalorii z tłuszczu i białka spożywanymi normalnie).
3. Podczas tej diety odpoczywali, dając swoim mięśniom możliwość supernasycenia się mnóstwem węglowodanów. W ten sposób udało się doprowadzić do uzyskania takiego poziomu glikogenu jak u tych, którzy stosowali dietę węglowodanową przez trzy do sześciu dni.

Jeśli powyższy sposób wydaje ci się kuszący, pamiętaj, żeby nie wypróbowywać go tuż przed ważnym wydarzeniem sportowym. Tak drastyczna zmiana w diecie może wywołać problemy trawienne. Poza tym intensywny wysiłek tuż przed wyścigiem może pozbawić cię energii.

makaron, piją soki. Metodą prób i błędów musisz sprawdzić, na co najlepiej reaguje twój organizm. Jeśli obawiasz się biegunki, unikaj produktów bogatych w błonnik przed startem.

6. Ostrożnie planuj posiłki. Królowa maratonu nowojorskiego Grete Waitz powiedziała kiedyś, że w dniu poprzedzającym maraton nigdy nie zjadała dużego obiadu po południu, bo skończyłoby się to problemami żołądkowymi w dniu startu. Zamiast tego zjadała spory lunch. Być może taki system będzie dobry i dla twojego żołądka. Zamiast opychać się górą makaronu w wieczór przed startem, możesz zrobić sobie węglowodanową ucztę na śniadanie lub lunch. Jedzenie będzie mieć wystarczająco dużo czasu, żeby przejść przez układ trawienny – i nie będziesz musiał się rozglądać za przenośną toaletą przy linii startowej. Poza tym będzie ci się

TABELA 6.2. Przykładowe menu

Poniższa dieta wysokowęglowodanowa dostarcza maratończykowi, który waży 68 kilogramów, około 9 gramów węglowodanów na kilogram masy ciała. W menu znajduje się odpowiednia ilość białka (1,8 grama na kilogram) do zachowania masy mięśniowej.

Menu	Kcal	Węglowodany
Śniadanie	**800**	**152**
Płatki owsiane (suche 1 szklanka)	300	55
Mleko 1%, 480 ml	200	25
Rodzynki, ¼ szklanki	130	30
Cukier trzcinowy, 1 i ½ łyżeczki	50	12
Sok jabłkowy, 240 ml	120	30
Lunch	**980**	**155**
Bagietka (krótka)	320	60
Chuda wędlina, 125 g	200	–
Jogurt owocowy, 230 g	240	40
Sok z winogron, 360 ml	220	55
Przekąska	**480**	**103**
Ciastka zbożowe z owocami BelVita (6 szt.)	330	51
Żelki (duże, 15 szt.)	150	38
Obiad	**940**	**188**
Makaron spaghetti ugotowany, 2 szklanki	400	80
Sos spaghetti, 1 szklanka (240 ml)	250	40
Ciabatta, 2 kromki	150	30
Piwo korzenne, 360 ml	140	38
Przekąska	**200**	**48**
Brzoskwinie z puszki w syropie	200	48
Całość	**3400**	**646**

lepiej spało. A jeśli bierzesz udział w wyścigu poza miejscem zamieszkania, w porze lunchu łatwiej znajdziesz wolny stolik w dobrej restauracji niż w porze obiadu.

Jeśli dzień przed startem za bardzo się denerwujesz, żeby dużo jeść, możesz nasycić mięśnie węglowodanami dwa dni wcześniej. Glikogen w nich pozostanie, dopóki nie zużyjesz go podczas wysiłku. W dniu poprzedzającym zawody pogryzaj krakersy, zjedz zupę z makaronem czy inne potrawy dobrze tolerowane przez twój organizm.

Dzień przed startem lepiej zjeść odrobinę za dużo niż za mało, ale nie można przesadzić. Minie trochę czasu, zanim wypracujesz właściwą równowagę. Każdy długi trening przed startem w zawodach długodystansowych to okazja, żeby przekonać się, jakie pokarmy – i w jakiej ilości – powinieneś jeść. Musisz wytrenować swój układ trawienny, podobnie jak serce, płuca i mięśnie. Pamiętaj, żeby wypróbować wybrany przez ciebie sposób na nasycenie organizmu węglowodanami w fazie treningów, żeby w dniu startu obyło się bez przykrych niespodzianek.

7. Pij więcej płynów. Aby mieć pewność, że nie startujesz odwodniony, pij więcej wody i soków. Unikaj nadmiaru wina, piwa czy innych napojów alkoholowych; nie stanowią dobrego źródła węglowodanów i działają odwadniająco. Pij tyle, żeby oddawać sporą ilość moczu co dwie do czterech godzin. Twój mocz powinien mieć kolor jasnożółty, przypominający kolor lemoniady. Nie wlewaj jednak w siebie nadmiernie dużo płynów – kiedy pojawia się dyskomfort, może to oznaczać, że przesadziłeś i musisz uważać, żeby nie doprowadzić do przewodnienia.

Rano w dniu zawodów wypij dwie, trzy szklanki wody, kończąc najpóźniej dwie godziny przed startem (aby organizm miał dużo czasu na pozbycie się jej nadmiaru), a pięć–dziesięć minut przed startem wypij jeszcze jeden,

Węglowodanowy zastrzyk bez makaronu

Nie każdy może jeść makaron, pieczywo i płatki. Mniej więcej jedna na 133 osoby cierpi na celiakię, schorzenie polegające na nietolerancji glutenu, czyli białka występującego w pszenicy, życie, jęczmieniu i czasem w owsie (jeśli zostanie zanieczyszczony glutenem pszenicy w procesie przetwarzania). U osób z celiakią gluten wywołuje stan zapalny w jelitach, co może prowadzić do zaburzenia wchłaniania składników odżywczych, w tym żelaza i wapnia. Nietolerancja glutenu może łatwo doprowadzić do anemii (gdy organizm nie przyswaja żelaza) oraz osteoporozy (gdy nie wchłania się wapń).

Celiakia może być trudna do zdiagnozowania, bo jej objawy mogą się różnić u różnych osób. U niektórych pojawia się biegunka, u innych zaparcia i uczucie wzdęcia. Jeśli zauważasz u siebie problemy trawienne lub inne problemy zdrowotne, takie jak przemęczenie bez widocznej przyczyny, czy nietolerancję laktozy, skonsultuj się z lekarzem.

Znalezienie źródeł energii bez glutenu może być wyzwaniem dla sportowca. Można jednak zapewnić sobie dużą ilość węglowodanów, spożywając ryż, kukurydzę, ziemniaki, słodkie ziemniaki, cieciorkę, banany, owoce, warzywa, soki oraz wiele innych produktów. Aby skomponować odpowiednią dietę bezglutenową, zachęcam do wizyty u dietetyka, polecam też książkę *Gluten-Free Diet: A Comprehensive Resource Guide* (Kompleksowy przewodnik po diecie bezglutenowej) z 2007 roku autorstwa Shelley Case. Więcej polecanych lektur w dodatku A.

dwa kubeczki. W rozdziałach 8 i 10 znajdziesz więcej na temat sposobów odpowiedniego nawadniania.

8. Ostrożnie wybieraj pokarmy. Nie próbuj się szpikować węglowodanami, jedząc same owoce – prawdopodobnie skończy się to biegunką. Nie jedz wyłącznie pieczywa z białej mąki – prawdopodobnie skończy się to zaparciem. Nie eksperymentuj z piwem, bo doprowadzisz do odwodnienia. Nie staraj się za dużo ćwiczyć w ostatniej chwili, bo tylko zmęczysz mięśnie. I nie zepsuj wszystkiego, zjadając coś, do czego twój żołądek nie jest przyzwyczajony. Na krótko przed datą startu należy wprowadzić spore zmiany w treningu, ale zmiany w diecie – ograniczyć.
9. Zjedz śniadanie w dniu startu. Zastrzyk węglowodanów to tylko część planu odżywiania. Zjedzenie odpowiedniego śniadania przed biegiem długodystansowym jest niezwykle ważne – dzięki niemu na trasie nie dopadnie cię głód i utrzymasz właściwy poziom cukru we krwi. Równie istotne jest, by wybierać produkty, które dobrze znasz. Jak już pisałam, musisz to ustalić na długo przed zawodami.

   Nie próbuj żadnych nowych pokarmów. Niewinnie wyglądające naleśniki ze stoiska przed linią startu mogą przejść przez twój organizm jak lawina błotna, tak samo niewypróbowany wcześniej batonik energetyczny. W rozdziałach 8, 9 i 10 znajdziesz więcej o odżywianiu przed startem i podczas biegu. Jedząc mądrze, zapewnisz sobie kilometry dobrego samopoczucia.

BRAK ENERGII DLA MÓZGU

Niedobór glikogenu w wątrobie skutkuje brakiem energii koniecznej do prawidłowego funkcjonowania mózgu. Glikogen z wątroby uwalniany jest do krwiobiegu, żeby utrzymać prawidłowy poziom cukru, który stanowi pożywkę dla mózgu. Gdy jego poziom będzie za niski, to sportowiec, pomimo odpowiedniego zapasu glikogenu w mięśniach, może mieć problemy z koordynacją i koncentracją, zawroty głowy i czuć ogólne osłabienie.

Wiesz już, że mięśnie i mózg potrzebują energii w postaci glukozy. Możesz jednak nie wiedzieć, że w przeciwieństwie do mięśni mózg nie może jej magazynować. Oznacza to, że przed długotrwałym wysiłkiem musisz coś zjeść, by twój mózg funkcjonował prawidłowo. Sportowcy z niskim poziomem cukru we krwi mają słabe wyniki, bo źle odżywiony mózg ogranicza funkcje mięśniowe i zdolności umysłowe. Stają się czepliwi, łatwo się irytują i nie potrafią się cieszyć ze startu.

Gianni, 28-letni biegacz i bankowiec, sumiennie nasycał mięśnie węglowodanami przez trzy dni przed swoim pierwszym maratonem bostońskim. W wieczór

Przyrost mięśni dzięki węglowodanom?

„Wiem, że biegacze powinni jeść dużo węglowodanów, żeby odżywiać mięśnie. Ale co z kulturystami? Jeśli chcę mieć większe mięśnie, to chyba powinienem jeść przede wszystkim dużo białka, prawda?".

Być może tak jak Steve, 34-letni marketingowiec, który podnosi ciężary, żeby zwiększyć masę mięśniową, ty również nie masz pewności, jaka dieta zapewni ci energię, siłę i szczytową formę – węglowodanowa czy białkowa. Oto moje rady:

- Jedz śniadania bogate w węglowodany, czyli raczej wybieraj owsiankę, a nie jajka.
- Komponuj lunch i obiady głównie na bazie pełnoziarnistego pieczywa, ziemniaków, brązowego ryżu, owoców i warzyw. Odżywcze formy węglowodanów powinny zajmować dwie trzecie talerza.
- Jedz ryby, drób, chude mięso, sery o niskiej zawartości tłuszczu oraz inne formy białka jako dodatek do lunchu lub obiadu, a nie jako ich podstawę. Możesz też wybierać bogate w węglowodany roślinne źródła protein, takie jak fasola, ryż, zupa z soczewicy, hummus i inne pełnowartościowe dania wegetariańskie.

Węglowodany są kluczowe zarówno dla biegaczy, jak i kulturystów, bo w przeciwieństwie do białka i tłuszczów zapewniają energię do ćwiczeń, również siłowych. Odpowiednia dawka białka jest równie ważna, ale nie powinna przekraczać jednej trzeciej objętości talerza. Aby zapewnić sobie optymalny trening siłowy, kulturyści potrzebują diety bogatej w węglowodany. Badania wykazują, że trzy serie unoszenia sztangielek (8 do 10 powtórzeń w każdej serii) redukują poziom glikogenu w mięśniach o 30 procent (Martin, Armstrong i Rodriguez, 2005). Kilka dni diety ubogiej w węglowodany i ćwiczenia z dużą ilością powtórzeń wytworzą w mięśniach kulturysty niedobór glikogenu.

go poprzedzający zjadł obiad o 17:00, a o 20:30 położył się do łóżka, żeby się porządnie wyspać. Jednak jak to się często zdarza stresującym się przed startem sportowcom, przez całą noc wiercił się niespokojnie (spalając przy tym sporo kalorii). Następnego ranka nie zjadł śniadania, choć maraton zaczynał się dopiero o 10:30. Do tego czasu zużył już uszczuplone zapasy glikogenu w wątrobie. Po 13 kilometrach wyścigu zaczął tracić motywację, a po 19 kilometrach zrezygnował. Jego mięśnie były dobrze odżywione, ale jego mózgowi brakowało energii, więc zabrakło mu koncentracji, żeby ukończyć maraton.

Gianni mógłby zapobiec takiej sytuacji, gdyby na śniadanie zjadł owsiankę, płatki śniadaniowe lub węglowodany w innej formie i odbudował zapas glikogenu w wątrobie. Sukces sportowca zależy w takim samym stopniu od dobrego odżywienia mięśni jak od dobrego odżywienia mózgu.

REGENERACJA PO TRENINGU

Dla tych, którzy codziennie ciężko trenują, węglowodany są ważne dla utrzymania wysokiego poziomu energii. Jeśli notorycznie brakuje w twojej diecie węglowodanów, będziesz stale czuł zmęczenie w mięśniach. Będziesz dalej trenować, ale nie na 100 procent swoich możliwości.

Rysunek 6.2 przedstawia niedobór glikogenu, który może się pojawić, gdy sportowiec spożywa zbyt mało węglowodanów i pomimo to próbuje codziennie ciężko trenować (Costill i inni, 1971). W pewnym badaniu jego uczestnicy przez trzy kolejne dni przebiegali dystans 16 kilometrów w szybkim tempie cztery–pięć minut na kilometr. W tym czasie w swojej standardowej diecie spożywali od 45 do 50 procent kalorii w postaci węglowodanów (a nie 55–65 procent zalecanych w optymalnej diecie sportowej). W ich mięśniach stopniowo pojawiał się coraz większy deficyt glikogenu. Gdyby zjadali większe porcje węglowodanów (a mniejsze protein i tłuszczu), mieliby go więcej i poprawiliby formę.

Badanie to wykazuje, jak ważna jest nie tylko codzienna dieta bogata w węglowodany, ale również dni przeznaczone na regenerację, w których trenuje się

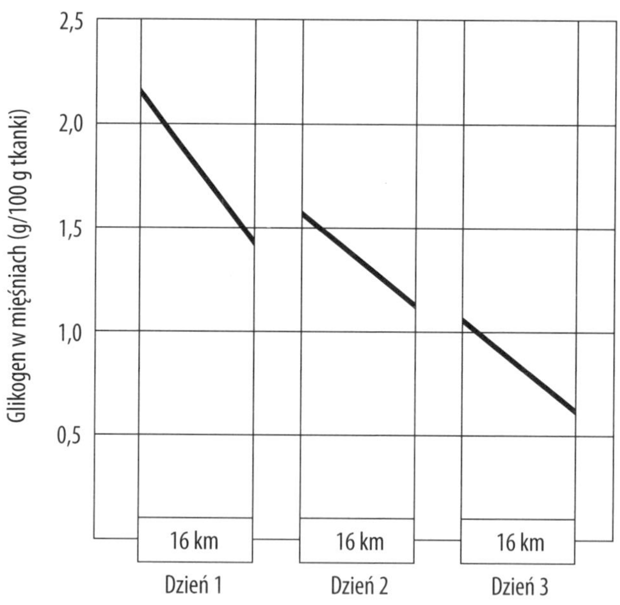

Rysunek 6.2. Tylko właściwa dieta może zapobiec narastającemu efektowi niedoboru glikogenu

Źródło: D.L. Costill i inni, 1971, *Muscle glycogen utilization during prolonged exercise on successive days* (Wykorzystanie glikogenu mięśniowego podczas długotrwałego wysiłku dzień po dniu) „Journal of Applied Physiology" 31(6): 836.

lekko lub odpoczywa. Jeżeli codziennie intensywnie trenujesz, musisz mieć się na baczności; organizm człowieka potrzebuje co najmniej jednego lub dwóch dni, żeby odbudować zapasy po wyczerpującym wysiłku. (W przypadku osób, które podejmują aktywność fizyczną zdecydowanie rzadziej i zużywają mniej glikogenu podczas, powiedzmy, półgodzinnego spaceru lub spokojnego pływania, dni przeznaczone na regenerację nie mają takiego znaczenia).

Marię, 28-letnią pielęgniarkę i entuzjastkę sportu, przekonał eksperyment żywieniowy. Kiedy pojawiła się u mnie po raz pierwszy, nalegała na codzienne treningi, bo chciała dobrze się przygotować do swojego pierwszego maratonu. Zaleciłam, żeby zrobiła sobie jeden lub dwa dni przerwy w tygodniu.

Maria postanowiła podczas niedzielnych biegów sprawdzić, czy odpoczynek i lepsze odżywianie mają wpływ na jej wyniki. Okazało się, że mogła biegać znacznie efektywniej, kiedy robiła sobie przerwę (lub tylko lekki trening) w sobotę, żeby dać odpocząć mięśniom, oraz dzień odpoczynku w poniedziałek, żeby odbudować zapasy. Przestała zmuszać się do codziennych treningów. W zamian zaczęła planować jeden lub dwa dni odpoczynku tygodniowo i skupiać się na jakości treningów zamiast na ich ilości. Poprawiła swoje bieganie i pozytywne nastawienie do sportu. Maraton przebiegła szybciej, niż się spodziewała.

Wielu sportowców boi się zmniejszyć liczbę treningów, obawiając się spadku formy. Jeśli dotyczy to również ciebie, pamiętaj, że odpoczynek nie zmniejszy twoich możliwości, tylko je poprawi. Odpoczywając, nie stracisz kondycji, ale zwiększysz swoją siłę i wytrzymałość dzięki lepiej odżywionym mięśniom. Osoby, które lekceważą regenerację i trenują bez przerwy, narażają się na kontuzje, chroniczny niedobór glikogenu, chroniczne przemęczenie i w efekcie gorsze wyniki. Często szukają pomocy w suplementach witaminowych, specjalistycznym jedzeniu dla sportowców czy innych pigułkach i eliksirach mających poprawiać formę. Tymczasem wystarczyłoby trochę mniej trenować.

W przypadku poważnego przetrenowania konieczne mogą być tygodnie – jeśli nie miesiące – na regenerację. Badanie z udziałem pływaków wykazało, że dwa i pół tygodnia ograniczonych treningów nie wystarczyło, żeby zregenerować się po spustoszeniu wywołanym treningami w trwającym sześć miesięcy sezonie (Hooper i inni, 1995). Nie lekceważ roli odpoczynku w sporcie.

POŻYWIENIE BOGATE W WĘGLOWODANY

Bardzo często spotykam sportowców, którym wydaje się, że ich dieta jest bardzo bogata w węglowodany, podczas gdy wcale tak nie jest. Eric, 33-letni kierownik sklepu i triatlonista, postanowił przed startem w swoim pierwszym triatlonie naszpikować mięśnie węglowodanami. Z powodu braku wiedzy na temat odżywiania zjadł pizzę pepperoni z podwójnym serem. Nie wiedział, że z 1800 kilokalorii w pizzy aż 1200 kilokalorii pochodziło z białka i tłuszczu w podwójnym serze i pepperoni, a zaledwie 35 procent kalorii stanowiły cienkie ciasto i sos pomidorowy, czyli węglowodany (160 gramów). Nic dziwnego, że w trakcie wyścigu czuł się ospały. Wręczyłam Ericowi listę pokarmów z wyszczególnioną zawartością węglowodanów (patrz tabela 6.3), żeby przyczepił ją sobie na lodówce. Dzięki temu nauczył się wybierać produkty bogate w węglowodany.

Dodatkowo wyrobiłam w nim nawyk czytania informacji na opakowaniach. Ty również możesz czytać etykiety, żeby się lepiej odżywiać. Podaje się na nich, ile gramów węglowodanów, białka i tłuszczu (oraz alkoholu, jeśli produkt go zawiera) znajduje się w jednej porcji produktu. Znajdziesz tam także informację o jego kaloryczności.

1 gram węglowodanów = 4 kilokalorie
1 gram białka = 4 kilokalorie
1 gram tłuszczu = 9 kilokalorii
1 gram alkoholu = 7 kilokalorii

Wiedząc to, można z grubsza obliczyć zawartość składników odżywczych w produkcie. Aby sprawdzić, ile kalorii pochodzi z węglowodanów, trzeba pomnożyć liczbę gramów węglowodanów przez cztery. Następnie porównujemy liczbę kalorii z węglowodanów z całkowitą liczbą kalorii w jednej porcji – dowiemy się, jaki procent kalorii pochodzi z węglowodanów. Na przykład pół szklanki lodów waniliowych może zawierać 200 kilokalorii i 20 gramów węglowodanów.

20 gramów węglowodanów x 4 kilokalorie/gram =
80 kilokalorii z węglowodanów
80 kilokalorii z węglowodanów/200 kilokalorii
= 40 procent węglowodanów

Czytając etykiety na opakowaniach, można się dowiedzieć, że lody zawierają mniej węglowodanów niż jogurt. W 100 kilokaloriach lodów waniliowych (mniej więcej dwie łyżki) znajduje się zaledwie dziesięć gramów węglowodanów. Odpowiada to 40 kilokaloriom z węglowodanów, a więc w takiej porcji lodów 40 procent kalorii pochodzi z węglowodanów. Natomiast w 100 kilokaloriach jogurtu z owocami i ziarnami zbóż (cztery łyżki) znajduje się około 16 gramów węglowodanów. To 64 kilokalorie pochodzące z węglowodanów i 88 procent wszystkich kalorii w porcji.

TABELA 6.3. Zawartość węglowodanów w produktach

Produkt	Węglowodany (g)	Kcal	Produkt	Węglowodany (g)	Kcal
OWOCE			**PŁATKI ŚNIADANIOWE**		
Rodzynki ⅓ szklanki	40	150	Granola niskotłuszczowa ½ szklanki	40	190
Banan 1 średni	25	105	Owsianka błyskawiczna 1 szt.	33	160
Morele suszone 10 połówek	20	85	Corn Flakes 1 szklanka	25	112
Jabłko suszone 1 średnie	20	80	Cheerios 1 szklanka	20	100
Gruszka 1 średnia	19	70	**NAPOJE**		
Ananas suszony 5 krążków	16	57	Coca-cola 360 ml	39	155
Pomarańcza 1 średnia	15	65	Nektar brzoskwiniowy 240 ml	35	140
WARZYWA			Sok żurawina-malina 240 ml	35	140
Sos do spaghetti Pudliszki 250 g	23	137	Sok jabłkowy 240 ml	30	120
Fasola biała ½ szklanki	17	98	Sok pomarańczowy 240 ml	25	105
Kukurydza z puszki ½ szklanki	15	70	Mleko czekoladowe 240 ml	25	180
Dynia ½ miseczki	15	60	Gatorade 240 ml	14	50
Groszek zielony ½ miseczki	10	60	Piwo 360 ml	13	145
Marchew 1 średnia	10	40	Mleko 2% 240 ml	12	120
Warzywa na patelnię Nicea 200 g	10	62	**ZBOŻA, MAKARON, SKROBIA**		
Pomidor 1 duży	5	36	Pieczony ziemniak 1 duży	50	220
Fasolka szparagowa ½ miseczki	5	20	Fasolka w pomidorach 1 szklanka	50	260
Brokuły ½ miseczki	5	20	Ryż gotowany 1 szklanka	45	200
Cukinia ½ miseczki	2	10	Soczewica gotowana 1 szklanka	40	230
PIECZYWO			Spaghetti gotowane 1 szklanka	40	200
Bułka paryska 1 szt.	75	100	Noodle pszenne 50 g	25	190
Grahamka 1 szt.	57	270	**SŁODYCZE, PRZEKĄSKI, DESERY**		
Pita 1 szt.	46	240	Muffin z czekoladą 1 szt.	32	274
Tortilla 1 szt. duża	36	220	Jogurt owocowy Danone 175 g	26	150
Kajzerka 1 szt.	35	178	Miód 1 łyżka	15	60
Gofr Dan Cake 1 szt.	22	140	Sos żurawinowy 2 łyżki	14	60
Chleb żytni 1 kromka	15	80	Syrop klonowy 1 łyżka	13	50
Chleb pszenny 1 kromka	14	64	Dżem truskawkowy 1 łyżka	13	50
Krakersy 5 szt.	10	60	Batonik figowy 1 szt.	11	55
Krakersy graham 2 szt.	10	70	Oreo 1 szt.	8	50

Źródło: Etykiety na produktach oraz J. Pennington, 1998, *Bowes & Church's Food Values of Portions Commonly Used.*

W twojej diecie węglowodany powinny stanowić podstawę każdego posiłku – od sześciu do dziesięciu gramów na każdy kilogram masy ciała w przypadku długodystansowców oraz 1–1,5 grama na każdy kilogram masy ciała w przypadku osób trenujących na siłowni (American College of Sports Medicine, Amercian Dietetic Association, Dieticians of Canada, 2000). Na przykład sportowiec uprawiający dyscypliny wytrzymałościowe ważący 73 kilogramy powinien spożywać od 480 do 800 gramów dziennie (około 60 procent z 3200–5300 kilokalorii dziennie). (Zauważ, że ten sposób szacowania zapotrzebowania na węglowodany sprawdza się najlepiej w przypadku aktywnych sportowców, potrzebujących dużo energii, a nie osób prowadzących siedzący tryb życia). Liczenie gramów węglowodanów nie powinno stać się twoją obsesją, ale warto częściej wybierać skrobię i zboża, a rzadziej tłuste potrawy i smarowidła. Zamiast słodkiej babeczki lepiej zjeść grahamkę, granolę zastąpić musli, a śmietanowy sos do makaronu sosem pomidorowym.

Zdobywanie wiedzy o tym, jak komponować sportową dietę, jest ważne. W internecie można znaleźć różne kalkulatory zawartości węglowodanów w jedzeniu – to łatwiejszy sposób niż śledzenie informacji na etykietach produktów. Wielu moich pacjentów z niedowierzaniem zauważa, jak łatwo tłuszcz potrafi wkradać się do diety. Na przykład Pedro, prowadzący zdrowy tryb życia bywalec siłowni, zdecydowanie zbyt często pozwalał sobie na podjadanie orzeszków, migdałów i pestek słonecznika, które stanowiły jego ulubioną przekąskę. Wymieniając część z nich na chipsy z chleba pita, rodzynki, suszone morele i banany, bez trudu zwiększył spożycie węglowodanów. Stwierdził: „Od kiedy wprowadziłem tę zmianę, znacznie lepiej mi się ćwiczy. Moje mięśnie są mocniejsze i więcej wytrzymuję. Czuję się świetnie. Cieszę się, że tak łatwo udało mi się rozwiązać problem przemęczenia". Szybko przekonał się, że dzięki lepszym treningom może łatwiej pokonywać rywali.

ROZDZIAŁ 7

Białko – przyrost i naprawa mięśni

Potrawy bogate w białka kojarzą się z muskularnymi sportowcami. Dlaczego? Bo zupełnie niesłusznie zakłada się, że dużo białka to duże mięśnie. Prawda jest taka, że to podnoszenie dużych ciężarów, pompki i inne formy ćwiczeń siłowych powodują przyrost masy i siły mięśni, a nie nadmiar białka. Kiedy spożywamy więcej protein, niż potrzebujemy, nasz organizm zaczyna po prostu wykorzystywać więcej białka jako źródło energii (Bolster i inni, 2005).

Jaka dieta jest najlepsza do budowania masy mięśniowej? W tej materii panuje spore zamieszanie. Podnosisz ciężary na siłowni – słyszysz, że jeśli chcesz mieć mocne mięśnie, musisz jeść mnóstwo piersi z kurczaka, białek i koktajli proteinowych. Przejdziesz do strefy cardio, a tam ci powiedzą, że podstawą diety powinny być bogate w węglowodany makarony, płatki i zboża. Gdzie leży prawda?

Bogate w węglowodany zboża, owoce i warzywa to w istocie najlepsza podstawa każdego programu treningowego. Nawet kulturyści potrzebują węglowodanów, bo to one gromadzą się w mięśniach i są przetwarzane na energię. Nie można dźwigać ciężarów i spodziewać się wiele po sesji treningowej, kiedy w mięśniach brakuje glikogenu. Diety oparte na białku i ubogie w węglowodany dostarczają za mało energii, żeby maksymalnie wykorzystać swój potencjał podczas ćwiczeń i optymalnie zwiększać masę mięśniową.

Najlepsza sportowa dieta zawiera odpowiednią, ale nie nadmierną ilość białka niezbędnego do przyrostu i odbudowy tkanki mięśniowej, włosów i paznokci, produkcji hormonów, wzmacniania odporności i produkcji czerwonych krwinek. Większość osób spożywających średnią dawkę protein dziennie i tak dostarcza organizmowi więcej białka, niż potrzeba. Nadmiar białka jest spalany lub – w ostateczności – odkładany w postaci glikogenu lub tłuszczu. Nasz organizm nie magazynuje nadmiaru białka w postaci mięśni, białka czy aminokwasów, dlatego każdego dnia należy dostarczyć mu odpowiednią jego dawkę. Jest to szczególnie ważne dla osób odchudzających się, ponieważ gdy zabraknie kalorii z węglowodanów, to białko jest przetwarzane w energię.

Pod względem spożycia białka sportowców można podzielić na dwie kategorie. Do pierwszej należą zjadający go za dużo: kulturyści, sztangiści i futboliści, którzy zawsze chcieliby mieć większe mięśnie. Druga kategoria to ci, którzy zjadają za mało białka: biegacze, tancerze oraz wszyscy dbający o linię sportowcy, którzy boją się nadmiaru kalorii i chętnie zamieniają mięso na sałatki i warzywa. W każdej z tych grup pojawiają się problemy z formą z powodu zachwiania równowagi w diecie.

Josh, hokeista drużyny uniwersyteckiej, zwolennik diety białkowej, po każdym treningu zjadał duży batonik proteinowy i wypijał proteinowy shake. Jedna taka przekąska zaspokajała ponad połowę jego dziennego zapotrzebowania na białka. Jako sportowiec Josh ma nieco większe zapotrzebowanie na białko niż osoba mało aktywna, ale zdecydowanie przesadzał, spożywając w każdym posiłku wielkie porcje kurczaka i ryby, pomijając już potreningową przekąskę.

Paulo, maratończyk wegetarianin, który przez siedem dni w tygodniu zajadał się makaronem z sosem pomidorowym, całkowicie bagatelizował zapotrzebowanie na białko. Mówił: „Większość ludzi zjada za dużo białka, ja na pewno też". Stronił nie tylko od produktów pochodzenia zwierzęcego – zjadał też niewiele białka pochodzenia roślinnego. Spokorniał dopiero wtedy, gdy okazało się, że jego organizmowi brakuje nie tylko białka, ale również żelaza (do produkcji czerwonych krwinek), cynku (odpowiedzialnego za gojenie i odporność), wapnia (dla mocnych kości) oraz kilku innych składników odżywczych. Nic więc dziwnego, że dopadła go anemia, męczyły nieustające przeziębienia i miał słabe wyniki pomimo regularnych treningów.

ILE BIAŁKA?

Badania muszą potwierdzić dokładne zapotrzebowanie na białka osób uprawiających sport, ponieważ potrzeby mogą być różne. Najwięcej białka potrzebują:

- Sportowcy uprawiający sporty wytrzymałościowe i osoby intensywnie trenujące. Około pięć procent energii podczas długotrwałego wysiłku może pochodzić z białka, zwłaszcza gdy skończą się zapasy glikogenu w mięśniach, a poziom glukozy jest niski.
- Osoby odchudzające się, które spożywają niewielką liczbę kalorii. Zamiast do budowy i regeneracji mięśni białko zostaje przetworzone na energię.

- Nastoletni sportowcy, którzy nadal rosną. Do prawidłowego rozwoju mięśni białko jest niezbędne.
- Osoby nieaktywne, które dopiero zaczynają trenować. Potrzebują więcej białka do budowy tkanki mięśniowej.

Naukowcy doszli do wniosku, że sportowcy potrzebują nieco więcej białka niż inni – do naprawy mikrouszkodzeń mięśni, do których dochodzi podczas ćwiczeń, do produkowania energii (w bardzo niewielkiej ilości) podczas wysiłku oraz do budowy tkanki mięśniowej.

Generalnie sens ustalania dokładnego zapotrzebowania na białka jest kwestią dyskusyjną, bo i tak wielu sportowców spożywa więcej białka, niż potrzebują. Ktoś, kto waży 68 kilogramów, trenuje rekreacyjnie i spala 3000 kilokalorii, może zjadać od 300 do 450 kilokalorii w postaci białka, czyli od 75 do 112 gramów. Odpowiada to 1–1,5 grama białka na każdy kilogram masy ciała, czyli więcej niż zalecana dzienna dawka 0,8 grama na kilogram.

Tabela 7.1 zawiera zalecenia dotyczące spożycia białka dla różnych osób. Dawki te zawierają pewien margines bezpieczeństwa i nie są dawkami minimalnymi. Jeśli ważysz za dużo, kieruj się zapotrzebowaniem na białko dla osób o twojej upragnionej wadze.

Wbrew panującemu przekonaniu, że skoro niewielka ilość białka jest dobra dla organizmu, to większa jego ilość będzie jeszcze lepsza, do tej pory nie ma naukowych dowodów na to, by spożywanie więcej niż dwóch gramów białka na kilogram masy ciała przynosiło jakiekolwiek korzyści (Lemon, 1995). Nie udowodniono też, by przyjmowanie suplementów proteinowych jako dodatek do diety (mniej więcej jeden gram białka na kilogram masy ciała) miało wpływ na zwiększenie siły i rozmiaru mięśni (Godard, Williamson i Trappe, 2002). Nie przejmuj się, pod jaką postacią przyjmujesz białka: serwatka w proszku, kurczak, białka jaj i mleko czekoladowe – białko w każdej postaci potrafi budować mięśnie. Zaletą tych w naturalnej postaci (w przeciwieństwie do suplementów) jest to, że zawierają nie do końca poznane składniki bioaktywne, które mogą mieć wpływ na przyrost masy mięśniowej.

Kulturyści nie zawdzięczają swojego wyglądu białkom, które często stanowi podstawę ich diety, ale intensywnemu treningowi. Wybierają białko nie tylko dlatego, że odbudowuje i chroni mięśnie, ale i dlatego, że zapobiega uczuciu głodu przy ograniczaniu kalorii – chude białko trudniej przedawkować.

Twoje zapotrzebowanie na białko

Wystarczą dwa kroki, aby sprawdzić, czy obecna dieta zaspokaja twoje zapotrzebowanie na białko. Najpierw, korzystając z tabeli 7.1, ustal, do której kategorii

TABELA 7.1. Zalecane spożycie białka

Osoba/styl życia	Liczba gramów białka na kg masy ciała
Dorosły, siedzący tryb życia	0,8
Dorosły, trening rekreacyjny	1–1,5
Dorosły, sporty wytrzymałościowe	1,2–1,4
Nastoletni sportowiec	1,5–2
Dorosły, trening na wzrost masy mięśniowej	1,5–1,7
Sportowiec, ograniczone spożycie kalorii	1,8–2
Szacowane maksymalne zapotrzebowanie dla dorosłych	2
Średnie spożycie białka wśród sportowców trenujących sporty wytrzymałościowe	
Mężczyźni	1,1–2
Kobiety	1,1–1,8

Źródła: American College of Sports Medicine, American Dietetic Association, Dietiticians of Canada. *Nutrition and Athletic Performance*. „Medicine and Science in Sports and Exercise" 32 (12): 2130-2145, 2000; R. Maughan i L. Burke *Sports Nutrition Blackwell Publishing*, 2002; Institute of Medicine Dietary Reference Intakes for Energy, *Carbohydrate, Fiber, Fat, Fatty Acids, Cholesterol, Protein and Amino Acids. Food and Nutrition Board*, Washington, DC: National Academy Press, 2002.

należysz. Jeśli na przykład ważysz 70 kilogramów i startujesz w wyścigach kolarskich, to należysz do kategorii „Dorosły, sporty wytrzymałościowe". Potrzebujesz wtedy od 85 do 100 gramów białka dziennie:

70 kilogramów x 1,2 grama/kilogram = 84 gramy białka
70 kilogramów x 1,4 grama/kilogram = 98 gramów białka

Teraz wypisz na kartce wszystkie produkty zawierające białko, jakie spożywasz w ciągu doby. Informację o zawartości białka znajdziesz na opakowaniach lub w tabeli 7.2. Do analizy swojej diety możesz wykorzystać również programy dostępne online. Zwróć uwagę, że aby otrzymać odpowiednik ilości białka pochodzenia zwierzęcego z roślin, trzeba zjeść znacznie więcej kalorii. Owoce i warzywa inne niż fasola zawierają nieznaczne ilości białka – mogą dostarczyć od pięciu do dziesięciu gramów dziennie w zależności od tego, ile ich zjesz. Masło, margaryna, oliwa, cukier, napoje gazowane, alkohol oraz kawa nie zawierają białka, a większość słodkich deserów bardzo niewiele.

Łatwy sposób na odpowiednią, ale nie za dużą codzienną dawkę protein jest taki: wypijaj dziennie 480 mililitrów mleka lub jogurtu i zjadaj w dwóch posiłkach małe porcje produktów wysokobiałkowych. Taka ilość, łącznie z niewielką ilością białka występującego w zbożach i warzywach, zaspokoi twoje dzienne zapotrzebowanie. Oto przykładowa porcja protein na jeden dzień dla aktywnej osoby dorosłej

TABELA 7.2. Zawartość białka w produktach

Produkty pochodzenia zwierzęcego	Liczba gramów białka w standardowej porcji	Liczba gramów białka na 100 kcal
Białko jaja kurzego rozmiar L	3,8/1 jajko	23/7 jajek
Jajko rozmiar L	7/1 jajko	9/1⅓ jajka
Ser gouda	6/25 g	7,5/30 g
Mleko 2%	8/240 ml	7/200 ml
Jogurt	11/szklanka	8/175 g
Serek wiejski	22/200 g (opakowanie)	11/½ opakowania
Łosoś	25/125 g (gotowany)	10/50 g
Hamburger	12/106 g (grilowany)	4,8/45 g
Schab pieczony	17/55 g (plaster)	10/40 g
Pierś z kurczaka pieczona	30/125 g	18/60 g
Tuńczyk w sosie własnym	26/130 g	25/125 g
Produkty pochodzenia roślinnego	**Liczba gramów białka w standardowej porcji**	**Liczba gramów białka na 100 kcal**
Migdały	5/12 szt.	3,6/9 szt.
Masło orzechowe	4,5/1 łyżka	4,5/1 łyżka
Fasola biała	6/½ miseczki	6/½ miseczki
Hummus	6/½ miseczki	2,4/3 łyżeczki
Pasta z fasoli	7/½ miseczki	7/½ miseczki
Zupa z soczewicy	11/315 ml	6,5/175 ml
Tofu, twarde	11/110 g	12/125 g
Fasolka w pomidorach	14/miseczka	7/½ miseczki
Burger sojowy	13/75 g	13/75 g

Informacje z etykiet na opakowaniach oraz J. Pennington, 1998, *Bowes & Church's Food Values of Portions Commonly Used*.

(ważącej 68 kilogramów). Oczywiście oprócz tego trzeba spożyć odpowiednią dawkę innych produktów, żeby zaspokoić potrzeby kaloryczne i żywieniowe – a w nich również jest trochę białka.

- Śniadanie – szklanka mleka z płatkami.
- Lunch – kanapka z tuńczykiem, wołowiną lub indykiem, szklanka jogurtu.
- Obiad – 125 g mięsa lub odpowiednik w postaci soczewicy lub fasoli.

Rosnący nastolatek lub początkujący kulturysta mogą wypić dodatkowo dwie szklanki mleka.

Jeśli uważasz, że potrzebujesz suplementów zwiększających „przyswajalność białka" i „biodostępność wapnia", zastanów się. Proteiny wytworzone w laboratorium nie dają więcej korzyści niż występujące w naturze. Jeśli jesteś zdrowy, twój układ trawienny pracuje prawidłowo, nie musisz się martwić o przyswajalność białka. Przyswajalność i biodostępność są ważne w krajach rozwijających się, gdzie spożycie białka i kalorii jest zbyt małe i liczy się każdy aminokwas – jednak nie w krajach rozwiniętych, gdzie większym problemem jest nadmierne spożycie białka i kalorii. (Odpowiednia liczba kalorii jest konieczna, by organizm nie przetworzył białka na energię).

Pamiętaj, że codziennie potrzebujesz pewnej dawki białka. Niektórzy jedzą produkty białkowe tylko raz lub dwa razy w tygodniu, a w pozostałe dni bazują na sałatach i makaronie. Nie jest to najlepsza dieta treningowa.

Nadmiar protein

Wbrew powszechnemu mniemaniu nadmiar białka w organizmie może negatywnie wpływać na zdrowie i formę fizyczną. Jasper, początkujący kulturysta, faszerował się kurczakiem i wołowiną, a unikał makaronu i ziemniaków. Łatwo się męczył i zapytał mnie, czy jego wysokobiałkowa dieta może być tego przyczyną. Oto co mu odpowiedziałam:

- Wypełniając żołądek zbyt dużą dawką białka, nie dostarczasz mięśniom paliwa, czyli węglowodanów.
- W procesie rozkładu białka powstaje mocznik – produkt uboczny wydalany wraz z moczem. Każdy, kto spożywa nadmiar protein, powinien pić więcej płynów. Częste wizyty w toalecie mogą być uciążliwe w czasie treningu czy rywalizacji.
- Dieta oparta na białku pochodzenia zwierzęcego wywołuje spustoszenie w twoim portfelu i w środowisku naturalnym. Oszczędzisz pieniądze – i środowisko – jeśli ograniczysz porcje wołowiny, jagnięciny, wieprzowiny i innego mięsa. Za to możesz kupić więcej roślin bogatych w białko (fasoli, soczewicy, soi), zbóż, owoców i warzyw, w tym ziemniaków.
- Dieta zawierająca dużo białka zwierzęcego najczęściej obfituje również w tłuszcz (obecny w soczystych stekach, jajecznicy na boczku, pizzy pepperoni itd.). Ze względu na zdrowie twojego serca oraz twoją sportową formę powinieneś zmniejszyć spożycie tłuszczów nasyconych występujących w mięsie. Dzięki temu zapewnisz sobie również ochronę przed niektórymi rodzajami raka.

Zachęciłam Jaspera, by na obiad zjadał porcję mięsa wielkości jednej trzeciej talerza, a resztę wypełnił ziemniakami, warzywami i pełnoziarnistym pieczywem. W ciągu dwóch dni zauważył poprawę – miał więcej energii. Potem śniadanie składające się z omleta z czterech jaj z serem i szynką zamienił na płatki z bananem, a na lunch zaczął zjadać makaron z dodatkami zamiast burgerów. Stopniowo przeszedł na mistrzowską dietę. „Niesamowite, jakie znaczenie ma to, co jesz" – mówi teraz. Wprowadzenie sporej dawki produktów bogatych w węglowodany zdecydowanie pozwoliło mu o wiele lepiej trenować.

Niedobór protein

Studentka Christina powiedziała mi: „Rzadko jem mięso, zwykle tylko wtedy, kiedy jadę na obiad do rodziców. Lubię je, ale jest drogie i najczęściej się psuje, zanim wezmę się za zrobienie z niego obiadu". Jadła głównie makaron i nie miała pewności, czy zjadała wystarczająco dużo białka.

Jeśli nie jesteś wegetarianinem, powinieneś zjadać małą porcję chudego czerwonego mięsa dwa do czterech razy w tygodniu i w ten sposób poprawić jakość swojej sportowej diety. Oto kilka rad:

- Kupuj chude wędliny z wołowiny lub indyka albo kurczaka z rożna.
- Gdy kupujesz mięso, wybieraj wołowinę, wieprzowinę i jagnięcinę bez tłuszczu (żeby zmniejszyć spożycie tłuszczów nasyconych). Unikaj kawałków przerośniętych liniami tłuszczyku. Przed duszeniem lub smażeniem usuń z mięsa warstwę tłuszczu.
- Pozbądź się części tłuszczu ze spaghetti. Po przesmażeniu mięsa mielonego przerzuć je na durszlak, opłucz gorącą wodą i tak przygotowane dodaj do sosu.
- Zamawiając hamburgera w restauracji, poproś o dodatkową bułkę. Odsącz tłuszcz z hamburgera w jedną bułkę. Zjedz hamburgera z drugą, nieotłuszczoną bułką, a tę, w którą odsączyłeś tłuszcz – wyrzuć.
- Jedz mięso jako dodatek do posiłków. Dodaj trochę siekanego mięsa do sosu do makaronu, poddus mały kawałek z hojną porcją warzyw, zjedz michę ryżu z jednym kawałkiem chudego schabu, przygotuj ziemniaczano-warzywny gulasz z dodatkiem chudej jagnięciny, kup pieczeń wołową i zjedz plasterek z grubą kromką chleba.

PROTEINY A WEGETARIANIZM

Wiele aktywnych osób nie je białka pochodzenia zwierzęcego. Niektórzy rezygnują tylko z czerwonego mięsa, inni nie jedzą również drobiu, ryb, jajek i nabiału. Uważają, że białko pochodzenia zwierzęcego jest ciężkostrawne, niezdrowe, pozyskiwanie go jest nieetyczne lub szkodliwe dla środowiska. Bez względu na powód rezygnacji z mięsa ludzie często zapominają, że i tak potrzebują odpowiedniej porcji białka. A dobrze zbilansowana dieta wegetariańska może być doskonałą inwestycją w zdrowie.

Sztuka skomponowania zbilansowanej diety bezmięsnej polega na tym, by zastępować mięso warzywami strączkowymi. Eliminując mięso, trzeba włączyć do diety źródło białka roślinnego. Sportowiec może łatwo zaspokoić swoje potrzeby żywieniowe, spożywając codziennie fasolę, cieciorkę, masło orzechowe, tofu, orzechy oraz inne produkty bogate w białko roślinne. Zdarzają się jednak osoby, które rezygnują z mięsa, ale odżywiają się prawie wyłącznie węglowodanami i ignorują zapotrzebowanie na proteiny.

Peter, ważący 68 kilogramów biegacz, to typowy przykład sportowca z niedoborem białka w diecie. Spożywał zaledwie 0,7 grama białka na każdy kilogram masy ciała, czyli połowę dawki zalecanej dla sportowców. Typowe dzienne menu Petera wyglądało mniej więcej tak:

Posiłek	Białko (g)*	Kcal
Śniadanie		
2 grahamki	4	400
2 szklanki soku pomarańczowego	2	220
Lunch		
2 duże banany	3	300
napój z owoców tropikalnych (360 ml)	–	240
2 grahamki	4	400
Obiad		
duża miska gotowanego makaronu	20	660
szklanka sosu pomidorowego	2	100
słodzona herbata mrożona (480 ml)	–	200
Przekąska		
miseczka suszonych owoców	5	480
W sumie	**40**	**3000**

*Zalecane dzienne spożycie białka: 90 do 135 g (w zależności od liczby spożywanych kalorii).

Aby zwiększyć spożycie białka, wystarczyło posmarować grahamkę masłem orzechowym, zastąpić napój owocowy jogurtem, dodać tofu lub fasolkę do spaghetti i dosypać trochę orzechów do suszonych owoców. To bardzo proste. Wystarczyło, by Peter zastanowił się nad tym, co je. Mógłby oczywiście wprowadzić do diety koktajle i batony proteinowe, jednak prawdziwe jedzenie zapewnia bardziej kompletny zestaw składników odżywczych i prozdrowotnych łącznie z tymi, których jeszcze w pełni nie poznaliśmy.

Problem zaniku miesiączki u wegetarianek

Kobiety uprawiające różne dyscypliny sportu często decydują się na dietę bezmięsną. Choć uważają, że są wegetariankami, wiele z nich tak naprawdę po prostu ogranicza się do niejedzenia mięsa. Jedzą zbyt dużo owoców, sałatek, a czasem też słodyczy, ale za mało warzyw strączkowych, tofu, jogurtu lub innych roślinnych źródeł białka. W efekcie pojawia się jego niedobór, który w połączeniu z ogólnie niskokaloryczną dietą prowadzi do problemów ze zdrowiem, w tym do zaniku regularnych miesiączek.

Niektóre aktywne sportowo kobiety obsesyjnie próbują się odchudzać, stosując bardzo niskokaloryczną i ubogą w białko dietę „wegetariańską". Tak drastycznie okrojony sposób odżywiania się może prowadzić do zaniku menstruacji. Badania sugerują, że takie sportsmenki są od dwóch do czterech razy bardziej narażone na złamania kości niż kobiety, które miesiączkują regularnie (Clark, Nelson i Evans, 1988; Nattiv, 2000; ACSM, 2007). Właściwie zbilansowana dieta o odpowiedniej podaży kalorii może pomóc przywrócić miesiączki, dostarcza białka do budowy i ochrony tkanki mięśniowej i wspomaga zdrowie. (Więcej o zaniku miesiączki w rozdziale 16).

Jessica, obecnie zdrowa gimnastyczka, swego czasu zjadała na śniadanie melona, na lunch sałatkę, a na obiad warzywa gotowane na parze z brązowym ryżem. Raz czy dwa razy w tygodniu dorzucała do sałatki kilka ziaren fasoli lub posypywała warzywa serem wegańskim. Uważała, że stosuje świetną wegetariańską dietę, podczas gdy brakowało w niej kilku składników odżywczych. Miała chudziutkie ramiona i nogi (pomimo programu treningowego), a miesiączki zanikły – znak, że coś niedobrego działo się w jej organizmie.

Jessica musiała zrozumieć, że w odpowiednio zbilansowanej diecie sportowca musi znajdować się właściwa porcja białka – małe porcje chudej wołowiny, wieprzowiny czy jagnięciny lub hojne porcje tofu, fasoli i orzechów. W produktach roślinnych białka jest mniej niż w mięsie, dlatego trzeba zjadać ich więcej. Czerwone mięso jest także źródłem dwóch ważnych minerałów – żelaza i cynku.

Zapotrzebowanie na cynk i żelazo

Żelazo jest niezbędnym składnikiem hemoglobiny, czyli białka, które transportuje tlen z płuc do pracujących mięśni. Jego niedobór sprawia, że łatwo się męczymy. Zalecane spożycie żelaza w przypadku mężczyzn wynosi osiem miligramów, w przypadku kobiet przed menopauzą – 18 miligramów, a kobiet po menopauzie – osiem miligramów. To wysokie dawki, bo organizm wchłania tylko niewielką ilość żelaza. W tabeli 7.3 znajdziesz zawartość żelaza w wybranych produktach.

Najlepszym jego źródłem są produkty pochodzenia zwierzęcego, w tym ryby; żelazo z produktów roślinnych wchłania się w znacznie mniejszym stopniu.

Z powodu niedoboru żelaza anemia grozi najbardziej następującym sportowcom:

- Sportsmenkom, które tracą żelazo podczas menstruacji.
- Wegetarianom, którzy nie jedzą płatków śniadaniowych wzbogaconych w żelazo.
- Maratończykom – ich czerwone krwinki mogą ulegać uszkodzeniu podczas treningu.
- Uprawiającym sporty wytrzymałościowe i długodystansowcom, którzy z potem tracą znaczne ilości minerałów.
- Sportowcom nastoletnim, zwłaszcza dziewczętom – którzy szybko rosną.

Nawet nieznaczny niedobór żelaza może negatywnie wpływać na wydolność, dlatego należy jeść produkty bogate w żelazo codziennie. Poza łykaniem tabletek multiwitaminowych z żelazem jest jeszcze kilka sposobów na zwiększenie jego spożycia:

- Jeżeli jesz mięso, niech to będą chude kawałki wołowiny, jagnięciny, wieprzowiny lub ciemne mięso drobiowe bez skóry, trzy, cztery razy w tygodniu.
- Wybieraj pieczywo wzbogacone w żelazo (informację znajdziesz na etykiecie). Dodatek żelaza zastępuje pewną ilość tego minerału utraconą w procesie przetwarzania zbóż. Razem z produktami zawierającymi żelazo zjadaj produkty bogate w witaminę C (na przykład płatki śniadaniowe i sok pomarańczowy, kanapkę z pomidorem), bo wspomaga wchłanianie żelaza. Uwaga: organiczne czy stuprocentowe naturalne płatki śniadaniowe nie są wzbogacane w żelazo ani cynk. Możesz łączyć je z płatkami wzbogaconymi w te składniki.
- Używaj do przygotowywania posiłków żeliwnych naczyń zamiast tych ze stali nierdzewnej. Zawartość żelaza w sosie spaghetti gotowanym w żeliwnym rondlu przez trzy godziny może zwiększyć się z trzech do 88 miligramów na 120 mililitrów.
- Nie pij kawy lub herbaty do każdego posiłku, zwłaszcza jeśli masz tendencję do anemii. Substancje zawarte w tych napojach mogą obniżać przyswajalność żelaza. Lepiej wypić kawę lub herbatę godzinę przed posiłkiem niż po posiłku.
- Jeżeli jesz mięso, staraj się łączyć gorzej przyswajalne roślinne źródła żelaza (to tzw. żelazo niehemowe) ze źródłami pochodzenia zwierzęcego (czyli z tzw. żelazem hemowym), które przyswajane jest w około 40 procentach. Jedz brokuły z wołowiną, szpinak z kurczakiem, chilli warzywne z chudym burgerem, zupę z soczewicy z indykiem itp.

Aby stwierdzić, czy przyczyną przemęczenia jest niedobór żelaza, trzeba zbadać poziom hemoglobiny i hematokrytu we krwi (standardowe badanie w kierunku anemii), a także poziom ferrytyny w surowicy. Ferrytyna reguluje i utrzymuje prawidłowe stężenie żelaza w organizmie, które wynosi 20 mikrogramów na decylitr lub więcej. Niski poziom żelaza może oznaczać początki anemii, co z kolei może mieć wpływ na twoją formę (Burke, 2007). W przypadku stwierdzenia anemii trzeba się ratować suplementami z żelazem, zwykle w postaci siarczanu żelaza lub glukonianu żelazawego. Suplementacja może potrwać nawet do czterech miesięcy.

Nie należy jednak przyjmować suplementów żelaza na własną rękę, ponieważ jego nadmiar może prowadzić do niewydolności serca. Mniej więcej jedna na 250 osób ma genetyczną predyspozycję do nadmiernego wchłaniania żelaza z pożywienia. Ryzyko to dotyczy zwłaszcza mężczyzn i kobiet po menopauzie, których zapotrzebowanie na żelazo jest stosunkowo niewielkie. Najlepszym sposobem na stwierdzenie nadmiaru żelaza w organizmie jest zbadanie ferrytyny w surowicy. Poziom 200 mikrogramów lub wyższy oznacza zagrożenie dla zdrowia.

Oprócz żelaza organizm potrzebuje także cynku, który wchodzi w skład ponad 100 enzymów niezbędnych do tego, by funkcjonował prawidłowo. Cynk pomaga na przykład usuwać dwutlenek węgla z mięśni podczas wysiłku i wspomaga procesy gojenia. Cynk ze źródeł pochodzenia zwierzęcego wchłania się lepiej niż ten z roślin, dlatego sportowcy wegetarianie są narażeni na jego niedobór.

Optymalna dzienna dawka cynku wynosi osiem miligramów dla kobiet i 11 miligramów dla mężczyzn (w tabeli 7.3 znajdziesz zawartość cynku w wybranych produktach). Podobnie jak w przypadku żelaza to dawka wysoka i może być trudno ją zaspokoić. Jest to jednak szczególnie ważne w przypadku sportowców, którzy tracą mnóstwo mikroelementów wraz z potem.

Zbilansowana dieta wegetariańska

Nie ma wątpliwości, że dieta oparta na pokarmach roślinnych może być dobra dla zdrowia. Jest bogata w błonnik, dostarcza mniej tłuszczów nasyconych i cholesterolu, a więcej fitoskładników – aktywnych substancji prozdrowotnych. Fitoskładniki występują licznie nie tylko w warzywach i owocach, ale też w bogatych w białko produktach często goszczących na stołach wegetarian, takich jak orzechy, rośliny strączkowe, fasola i groch.

Niektórzy wegetarianie zastępują mięsne źródła białka serami. Zajadają się omletami z serem, lasagne z serem, sałatkami obficie posypanymi tartym serem, zapiekankami z serem. Nie wiedzą jednak, że ser zawiera znacznie więcej tłuszczów nasyconych niż chude mięso i że zjedzenie kanapki z serem jest mniej zdrowe

TABELA 7.3. Żelazo i cynk w żywności

Produkt	Żelazo (mg)	Cynk (mg)
Źródła zwierzęce*		
Krab królewski 125 g	1	9
Wołowina (z goleni tylnej) 125 g	3	6
Kurczak (udko) 125 g	1,5	1,6
Jajko (1 duże)	1	0,5
Łupacz 125 g	1	0,5
Ostrygi surowe średnie, 6 szt.	15	50(!)
Schab 125 g	1	3
Krewetki duże 12 szt.	2	1
Miecznik 125 g	1	2
Tuńczyk z puszki 90 g	1	1
Indyk (pierś) 125 g	1,8	1,7
Owoce i soki		
Morele suszone 5 szt.	2	0,5
Daktyle suszone 10 szt.	1	0,2
Sok z suszonych śliwek 240 ml	3	0,5
Rodzynki ⅓ szklanki	1	0,1
Warzywa**		
Brokuł ½ miseczki	0,5	0,3
Groszek ½ miseczki	1	1
Pasta z fasoli 1 miseczka	4	3
Szpinak gotowany ½ miseczki	3	1
Soja		
Burger sojowy wegański	1	13
Edamame (młode strączki soi) ½ miseczki	1,7	1
Ziarno soi ¼ szklanki (ugotowane)	3,4	1,3
Tofu twarde 90 g	2,5	1,5
Nabiał		
Ser gouda 30 g	0,2	1
Mleko 0% 240 ml	0,1	1
Zboża		
Płatki owsiane 30 g	1,3	1,3
Pieczywo pełnoziarniste Wasa 1 kromka	0,2	0,2
Płatki Nestle Fitness 30 g	4,2	1,2
Płatki Kellogg's Raisin Bran 30 g	4,5	1,5
Inne		
Melasa 1 łyżka	3,5	0,2

* Żelazo i cynk ze źródeł zwierzęcych wchłaniają się najlepiej (z wyjątkiem żelaza z jaj).

** Żelazo i cynk z warzyw wchłaniają się słabo.

Źródło: tabele żywieniowe na opakowaniach oraz J. Pennington, 1998, *Bowes & Churches Food Values of Portions Commonly Used.*

niż kanapki z chudą wołowiną bez majonezu. Jak już wspominałam, małe porcje chudego mięsa jako dodatek do posiłku bogatego w węglowodany nie są wcale grzechem przeciw zdrowiu, jak się często sądzi.

Tofu oraz inne produkty sojowe, jak burgery czy mleko sojowe, to doskonały dodatek do bezmięsnej diety. To źródła wysokiej jakości białka. Trzeba jednak pamiętać, że hamburger sojowy zawiera mniej białka niż wołowy.

Jeżeli wyeliminowałeś mięso ze swojej diety lub planujesz to zrobić, dokonałeś zmiany potencjalnie dobrej dla zdrowia. Sztuka polega na tym, by wybrać zbilansowaną dietę wegetariańską, która dostarczać będzie wystarczająco dużo białka. Może się to okazać łatwiejsze dla mężczyzny, który spożywa 3000 kilokalorii lub więcej dziennie niż dla kobiety, która zjada połowę tego.

Lisa, wegetarianka spędzająca godzinę dziennie na siłowni, sądziła, że spożywała wystarczającą ilość białka, zjadając łyżkę masła orzechowego (zaledwie cztery gramy białka) z kromką pełnoziarnistego tostu na śniadanie, kilka łyżek hummusu (sześć gramów białka) z wrapem na lunch oraz ćwierć kostki tofu (dziewięć gramów białka) na obiad. Spożywane w ten sposób 19 gramów białka to daleko za mało w stosunku do potrzebnych jej od 50 do 70 gramów. Nic dziwnego, że jej mięśnie nie wyglądały tak, jak chciała, pomimo treningów.

Gdy Lisa dowiedziała się, że w jej diecie jest za mało białka, zaczęła zastępować ubogie w białko wrapy, makaron i owoce orzechami i fasolą. W ten sposób zwiększyła spożycie białka koniecznego do budowy mięśni. Poprawiły się treningi i samopoczucie. Dało się też zauważyć olbrzymią zmianę w jakości cery – dotąd zszarzała i pokryta przebarwieniami stała się promienna.

Mleko, inne produkty nabiałowe, ryby, drób, mięso i zwierzęce źródła białka zawierają wszystkie aminokwasy egzogenne i nazywane są czasem białkiem pełnowartościowym. Białko pochodzące z soi, w tym z tofu, tempeh i mleka sojowego, to również białko pełnowartościowe. Ryż, fasola, makaron, soczewica, orzechy, owoce, warzywa i inne pokarmy roślinne zawierają białka niepełnowartościowe ze względu na niski poziom niektórych aminokwasów egzogennych. Wegetarianie powinni wiedzieć, jak łączyć białka niepełnowartościowe, by stały się pełnowartościowe. Ci, którzy piją mleko i jego przetwory, mogą zrobić to łatwo, dodając do każdego posiłku nabiał – na przykład mleko do owsianki oraz niskotłuszczowy tarty ser do fasolki.

Weganie (czyli osoby, które z diety wegetariańskiej eliminują dodatkowo nabiał, jajka i wszelkie białka pochodzenia zwierzęcego) muszą wybierać uzupełniające źródła białka roślinnego, bogate w konkretny aminokwas. Kluczem jest oczywiście spożywanie urozmaiconej gamy produktów, tak by organizm dostawał różne aminokwasy. Podane kombinacje dobrze się sprawdzają i mogą stanowić posiłki na dowolną porę dnia:

- **Zboża i warzywa strączkowe lub fasola**: ryż z fasolką, pieczywo i zupa grochowa, tofu z brązowym ryżem, chlebek kukurydziany i chilli z białą fasolą.
- **Warzywa strączkowe plus nasiona**: cieciorka z pastą sezamową tahini (takie połączenie można znaleźć w hummusie), tofu z nasionami sezamu.

Nieweganie mogą do każdego posiłku dodać nabiał, by zwiększyć jego wartość proteinową: płatki z mlekiem, makaron z serem, chleb z serem.

Trzymając się tych wskazówek, sportowcy wegetarianie mogą spożywać wystarczającą ilość białka każdego dnia. Zauważ też, że wegetarianom mimo to może brakować żelaza i cynku, które występują przede wszystkim w mięsie i produktach pochodzenia zwierzęcego. Weganie muszą pamiętać o odpowiedniej ilości ryboflawiny, wapnia, witaminy B_{12} i witaminy D – w suplementach lub precyzyjnie skomponowanej diecie.

ODŻYWKI, KOKTAJLE I BATONY BIAŁKOWE

Kulturyści zapominają czasem, że pożywienie może dostarczyć wszystkich białek i aminokwasów niezbędnych do budowy mięśni. Dają się przekonać reklamom w magazynach kulturystycznych i zaczynają wierzyć, że suplementy proteinowe są niezbędne. Na siłowni słyszą rozmowy na temat produktów o intrygujących nazwach, takich jak „Russian Bear" czy „Muscle Milk". Zafiksowani na punk-

Białka i aminokwasy

Zapotrzebowanie na białka to tak naprawdę zapotrzebowanie na aminokwasy. Wszystkie białka składają się z aminokwasów, które organizm wykorzystuje do budowy tkanek – dlatego nazywane są czasem „cegiełkami". Istnieje 21 podstawowych aminokwasów, a każde białko w organizmie składa się z kombinacji części z nich. Organizm ludzki potrafi samodzielnie wytwarzać niektóre aminokwasy, ale osiem z nich (dziewięć w przypadku dzieci) nazywanych jest aminokwasami egzogennymi i muszą pochodzić z pożywienia.

Przyjmowanie dodatkowych aminokwasów, na przykład dużych dawek ornityny lub argininy, nie sprawi, że będziesz mieć większe czy silniejsze mięśnie. Jak dotąd nie ma naukowych dowodów na to, by którykolwiek pojedynczy aminokwas zwiększał ilość tkanki mięśniowej. Do budowy nowych mięśni organizm potrzebuje wszystkich aminokwasów egzogennych. Naturalne pokarmy dostarczają wszystkich aminokwasów w odpowiednich proporcjach, lepiej smakują i kosztują mniej niż suplementy. Zwykłe jedzenie w połączeniu z regularnym treningiem pomoże ci zrealizować sportowe założenia.

cie białka kulturyści, którzy przychodzą do mnie po poradę, często taszczą torby treningowe wypchane różnymi proszkami i miksturami. Zastanawiają się, czy te suplementy są lepsze niż białko w zwykłym jedzeniu, czy są warte swojej ceny i czy działają. Są wśród nich zdeklarowani zwolennicy takich produktów, są też osoby nastawione bardziej sceptycznie.

Przyrost tkanki mięśniowej jest zależny od ilości ćwiczeń i dodatkowych kalorii, a nie suplementów. Zawarte w nich białka czy aminokwasy nie są bardziej skuteczne niż białko w normalnym pożywieniu. Jeśli usiłujesz zwiększyć masę mięśniową, zmienić swój wygląd i poprawić siłę, w rozdziale 14 znajdziesz przepis na to, jak zrobić to w zdrowy sposób. Tu omawiam rolę białka w procesie tworzenia się tkanki mięśniowej. Pamiętaj o następujących sprawach:

- Trening, a nie dodatkowe białko, jest kluczem do przyrostu tkanki mięśniowej. Aby zwiększyć masę mięśniową o pół kilograma tygodniowo, potrzebujesz zaledwie 14 gramów dodatkowego białka dziennie – czyli niewiele ponad 56 gramów mięsa (Benardot, 1992). Zjadając przed treningiem niewielką ilość białka (mleko z płatkami, jogurt z granolą, pół kanapki z indykiem), możesz zoptymalizować proces budowy tkanki mięśniowej (Rasmussen, 2000).
- Uważaj na nadmiar tłuszczu. Jeżeli zjadasz dużo bogatych w białko posiłków, takich jak omlety z serem, kurczak z rożna czy kotlety, być może spożywasz przy okazji za dużo tłuszczów nasyconych, które gromadzić się będą w organizmie w postaci tłuszczu, a nie wielkich bicepsów.
- Drogie suplementy na przyrost masy nie stanowią rozwiązania. Często jest w nich mniej białka niż w zwykłym jedzeniu, a kosztują dwa lub nawet cztery razy więcej (patrz tabela poniżej). Poza tym prawdziwe jedzenie dostarcza ci zbilansowany zestaw witamin, minerałów i innych składników odżywczych, których często brakuje w produktach specjalistycznych.

Źródło białka	Cena	Białko (g)	Koszt/g białka
Baton VPX Zero Impact	10 zł	30	0,33 zł
Baton Grenade FlapJacks	7 zł	15	0,46 zł
Baton FA Nutrition ProCore Protein	7,90 zł	24, 5	0,32 zł
Tuńczyk w puszce 160 g	10, 79 zł	38	0,28 zł
Mleko 0,5% 250 ml	0,69 zł	8 g	0,08 zł
Mleko 0,5% 500 ml	1,39 zł	16 g	0,08 zł
Mleko 0,5% 1 litr	2,79 zł	32	0,08 zł
Masło orzechowe 2 łyżki stołowe (40 g)	1 zł	11,6	0,08 zł

Niewielu sportowców musi wydawać pieniądze na suplementy proteinowe. Nawet wegetarianie mogą czerpać wystarczająco dużo białka z pożywienia. Czasem jednak, zwłaszcza w przypadku sportowców licealistów i studentów, triatlonistów i innych osób trenujących więcej niż jedną dyscyplinę, zapotrzebowanie na kalorie może być tak duże, że nie wystarczy czasu ani apetytu, by zjeść wystarczającą ilość składników odżywczych. Zdarza się też, że suplement jest po prostu wygodniejszy. Generalnie jednak zalecam stosowanie komercyjnych suplementów proteinowych tylko w kilku wypadkach, na przykład u pacjentów z niedożywieniem, chorujących na AIDS lub raka.

Suplementy proteinowe pomagają także tym, którzy chorują na anoreksję, a uważają się za wegetarian (w tym wypadku to politycznie poprawna nazwa na wyeliminowanie z diety kolejnego źródła kalorii). Tak naprawdę są osobami, które nie jedzą mięsa i panicznie boją się przytyć. Pomagałam na przykład studentce, która nie jadła produktów zwierzęcych, a do tego nie lubiła tofu ani fasoli. Beztłuszczowe suplementy białkowe były w jej przypadku jedynym akceptowalnym źródłem białka. Jej całkowitym przeciwieństwem był ważący 73 kilogramy proteinowy fanatyk, który zjadał na śniadanie omlet z sześciu jaj, dwie puszki tuńczyka na lunch, dwie piersi kurczaka na obiad i wypijał litr chudego mleka dziennie, spożywając w ten sposób ponad 190 gramów pełnowartościowego białka. Zastanawiało go, ile przekąsek w postaci shake'ów i batonów białkowych powinien zjadać pomiędzy posiłkami. W rzeczywistości potrzebował więcej węglowodanów dostarczających energię dla mięśni, a nie białka.

PYTANIA KULTURYSTÓW

Przez lata kulturyści karmili się dietą składającą się z białek jaj, piersi z kurczaka, puszkowanego tuńczyka i shake'ów proteinowych. Kiedyś brakowało odpowiednich naukowych badań, które dostarczyłyby argumentów przeciwko tak rygorystycznym zasadom żywienia. Dziś jednak fizjolodzy sportu intensywnie szukają najlepszych sposobów na przyrost masy mięśniowej – oczywiście bez użycia sterydów. Skupiają się zwłaszcza na znaczeniu synchronizacji posiłków – czyli na relacji pomiędzy tym, co i kiedy jemy z treningiem siłowym. Zamiast skupiać się na spożywaniu ogromnych ilości białka, radzę zwrócić większą uwagę na to, kiedy je spożywasz. Zjadanie niewielkich ilości białka we właściwym czasie przynosi rezultaty.

Jeśli trenujesz siłowo i spożywasz właściwą ilość kalorii, w zupełności wystarczy od 1,6 do 1,8 grama białka na kilogram masy ciała. Nie stanowi to problemu, zważywszy, że większość sportowców zjada więcej białka, niż jest zalecane. Wyjątek mogą stanowić jedynie osoby, które ograniczają spożycie kalorii, bo chcą stracić na wadze. Szczegółowe informacje na temat odżywiania dla osób trenujących w celu zwiększenia masy mięśniowej znaleźć można w książce *Nutrient Timing* napisanej przez fizjologów sportu Johna Ivy'ego i Roberta Portmana.

Co należy zjeść przed treningiem siłowym? Zjadając przed treningiem węglowodany, dostarczysz sobie energii na intensywniejszy trening (korzyści przyniesie zjedzenie czegoś nawet pięć–dziesięć minut przed rozpoczęciem ćwiczeń). Spożywając niewielką ilość białka razem z węglowodanami, zaczniesz trawić białko do postaci aminokwasów, które są wykorzystywane przez mięśnie podczas i po wysiłku. Dobrą przekąską przedtreningową jest jogurt z owocami, niskotłuszczowe mleko czekoladowe, owsianka z mlekiem, jajko sadzone na toście, baton energetyczny popity mlekiem sojowym.

Podobno należy coś zjeść zaraz po zakończeniu treningu, ale wtedy nie czuję głodu. Dlaczego jest to takie ważne? Podczas ciężkiego treningu na siłowni tkanka mięśniowa ulega uszkodzeniom: zmniejszyły się zapasy glikogenu (węglowodanów), wysoki jest poziom kortyzolu oraz innych hormonów powodujących uwalnianie aminokwasów, mikrouszkodzenia powstałe w trakcie treningu powodują stan zapalny, ograniczony zostaje poziom glutaminy wspomagającej układ odpornościowy. Jeżeli po treningu wypijesz tylko trochę wody i pobiegniesz do pracy, przegapisz 45-minutowe okienko, podczas którego masz szansę optymalnie odżywić, naprawić i budować mięśnie. Możesz to zrobić, zjadając posiłek łączący białko i węglowodany tak szybko po treningu, jak jesteś w stanie.

Znajomy, który interesuje się kulturystyką, mówi, że powinienem zjadać białko co trzy, cztery godziny. Czy to prawda? To prawda, jeśli chcesz maksymalnie wykorzystać treningi. Rozłożenie spożycia białka równomiernie w ciągu dnia przyczynia się do optymalnego przyrostu tkanki mięśniowej, tak samo jak spożywanie go przed i po treningu. Gdy poziom aminokwasów we krwi jest wyższy niż normalnie, mięśnie wykorzystują więcej cegiełek, a to wspomaga ich rozrost. Dlatego zjadanie kilku posiłków zawierających białko jest lepsze niż jednego dużego obiadu pod koniec dnia. Nie bądź jednak nadgorliwy. Miałam niejednego klienta, który nastawiał sobie budzik, by w nocy co trzy godziny wypijać napój proteinowy. Organizm ma zapas aminokwasów, z którego może czerpać, więc takie ekstremalne kroki są całkowicie niepotrzebne.

Dlaczego suplementy białkowe są tak popularne? Czy są lepsze niż prawdziwe jedzenie? W dzisiejszym społeczeństwie kochającym fast food zdrowy sposób (bez cholesterolu czy tłuszczu) na dostarczenie białka w sposób szybki i bezmyślny to właśnie suplementy. Do tego z etykiety na opakowaniu możemy się dowiedzieć, ile dokładnie białka spożywamy w każdej porcji. Jednak suplementy nie są pełnowartościowym pożywieniem, brakuje im pełnego zestawu prozdrowotnych składników znajdujących się w naturalnych pokarmach. Jeśli musisz, wykorzystuj je jako dodatek do zdrowego odżywiania, a nie jako zastępstwo.

Skąd ostatnio ten bum na białko serwatkowe? Serwatka stanowi 20 procent białka w mleku. Pozostałe 80 procent to kazeina. Swego czasu serwatki po prostu się pozbywano, jednak dziś serwatkę w proszku wykorzystuje się do produkcji różnych suplementów białkowych.

Serwatka jest trawiona i wchłaniana do krwiobiegu szybciej niż inne formy białka takie jak kazeina. Zarówno serwatka, jak i kazeina stanowią bogate źródło aminokwasów o rozgałęzionych łańcuchach (BCAA): leucyny, izoleucyny oraz waliny. BCAA nie muszą być rozkładane w wątrobie i trafiają bezpośrednio do mięśni. Dlatego serwatka to dobre źródło składników chroniących mięśnie w trakcie wysiłku i przyczyniających się do ich przyrostu po wysiłku.

Czy to znaczy, że każdy, kto chce budować mięśnie, powinien czym prędzej kupić serwatkę w proszku? Nie. Kazeina stanowi trwalsze źródło aminokwasów, a to także jest istotne w procesie budowy mięśni (Tipton i inni, 2004). Poza tym serwatka w proszku może być droga. 20 gramów białka w niecałym 0,5 litrze chudego mleka wzbogaconego dostarcza 1,9 grama leucyny za mniej niż 1,40 złotych, natomiast porcja (28 gramów) odżywki Met-Rx Supreme Whey zawiera dwa gramy leucyny, a jej koszt to około dwa złote.

Świetną alternatywą jest mleko i mleko w proszku, które dostarczają białka w naturalnej postaci, a potencjalnie także składników bioaktywnych wspomagających przyrost mięśni. Mleko zapewnia szybką i długotrwałą aktywność białka w organizmie. Pamiętajmy też, że serwatka zwykle nie zawiera węglowodanów potrzebnych dla siły mięśni. Wykazano, że mleko czekoladowe stanowi skuteczną odżywkę regenerującą (Karp i inni, 2006).

Jeśli ćwiczysz dla przyjemności, nie ma powodu zawracać sobie głowy rodzajami białka w każdym posiłku. Ludzie w każdym wieku i o różnej sprawności od wieków budują mięśnie dzięki standardowej żywności. Jeśli jesteś aspirującym czempionem i przywiązujesz wagę do każdego najmniejszego szczegółu, możesz wypróbować suplementy białkowe i sprawdzić, czy przyniosą jakieś efekty. Kwestia długotrwałości takiej „kuracji" pozostaje otwarta. Wiadomo też, że maksymalna wielkość mięśni jest uzależniona od predyspozycji genetycznych.

ROZDZIAŁ 8

Uzupełnij to, co wypocisz

W trakcie intensywnego treningu organizm może wytwarzać 20 razy więcej ciepła niż podczas spoczynku. Wytraca je razem z potem, który wyparowuje i w ten sposób chłodzi powierzchnię skóry, co z kolei powoduje ochładzanie krwi, a ta chłodzi narządy wewnętrzne. Gdybyśmy się nie pocili, ugotowalibyśmy się na śmierć. Temperatura ciała wyższa niż 41 stopni Celsjusza powoduje uszkodzenie komórek, przy 42 stopniach białko w nich zawarte zaczyna się ścinać (jak białko jaj podczas gotowania), a komórki obumierają. To bardzo ważny powód nieprzekraczania granic własnych możliwości podczas upałów.

Niektórzy pocą się bardzo obficie. Na przykład James musiał kłaść ręcznik na siodełku rowerka treningowego, żeby zbierał pot lejący się z niego ciurkiem. Oczywiście była to pewna niedogodność, lecz tłumaczyłam mu, że pocenie się jest dobre – to sposób, w jaki organizm radzi sobie z nadmiarem ciepła i utrzymuje stałą temperaturę (około 37 stopni Celsjusza).

Jak w przypadku wielu mężczyzn organizm Jamesa wytwarzał więcej ciepła, niż potrzebował do skutecznego chłodzenia. Duże krople potu spływały po skórze, co zmniejszało efekt chłodzenia. Kobiety zazwyczaj pocą się bardziej efektywnie. Ale i panie, i panowie muszą starannie uzupełniać ubytki płynu w organizmie.

James nie był pewien, ile powinien pić, żeby uzupełnić poziom płynów. Poradziłam, by to sprawdził, ważąc się nago bezpośrednio przed i po godzinnym treningu. Okazało się, że podczas godzinnego treningu traci na wadze prawie dwa kilogramy. Na każdy wypocony kilogram powinien wypić w trakcie ćwiczeń od 400 do 480 mililitrów. Musiał przyzwyczaić żołądek do przyjmowania takiej ilości płynu. Poradziłam również, by się przekonał, w ilu łykach wypija 480 mililitrów wody.

Kiedy już to wiedział, mógł wdrożyć swój program picia podczas treningów, by zminimalizować utratę płynów i minerałów. James zaczął wypijać 480 mililitrów (16 łyków) wody co 15 minut; zaspokajał pragnienie i pił ponad dwa razy więcej niż dotychczas. Wymagało to nieco wysiłku – musiał przygotować sobie odpowiednią ilość płynu (schłodzonego, o odpowiadającym mu smaku), nastawiać alarm, który co kwadrans przypominał mu o piciu. Ale opłaciło się – po takich treningach James czuł się znacznie lepiej.

Pragnienie, definiowane jako świadomość potrzeby spożycia wody czy innych płynów, kontroluje ich spożycie. Pojawia się, gdy poziom stężenia elektrolitów we krwi jest nietypowo wysoki. Kiedy się pocimy, tracimy znaczną ilość wody we krwi. Krew staje się bardziej skoncentrowana, a poziom na przykład sodu nieprawidłowo wysoki. Mechanizm pragnienia się uaktywnia. Aby je zaspokoić, trzeba uzupełnić zapas wody i przywrócić normalne stężenie elektrolitów we krwi.

Niestety, sportowcy nie do końca mogą polegać na tym mechanizmie. Można go przytłumić wysiłkiem fizycznym, można go też przezwyciężyć. Dlatego należy planować spożywanie płynów, zanim poczujemy pragnienie. Gdy już się pojawi, to sygnał, że organizm stracił mniej więcej jeden procent swojej wagi, co odpowiada utracie 720 mililitrów potu u osoby, która waży 68 kilogramów. Utrata tego jednego procenta oznacza, że serce musi uderzać od trzech do pięciu razy częściej na minutę (Casa i inni, 2000). Utrata dwóch procent płynów jest już definiowana jako odwodnienie, a trzech procent w znacznym stopniu pogarsza wydolność organizmu (Coyle i Mountain, 1992). Pamiętaj, że twój organizm będzie dawał ci sygnał do uzupełnienia zaledwie dwóch trzecich tego, co wypocisz. Aby zachować margines bezpieczeństwa, wypijaj nieco więcej, niż potrzebujesz, by zaspokoić pragnienie. Jednak nie przesadzaj – przestań pić, gdy zaczniesz odczuwać dyskomfort w żołądku.

U dzieci mechanizm pojawiania się pragnienia nie jest jeszcze w pełni rozwinięty. Pod koniec upalnego dnia często stają się rozdrażnione, co może częściowo być wynikiem odwodnienia. Jeśli planujesz spędzić z dziećmi dzień w miejscu, gdzie nie ma łatwego dostępu do napojów, na przykład na plaży, zabierz ze sobą przenośną lodówkę z zapasem lemoniady, soku i wody i zaplanuj częste przerwy na picie, żeby wszystkim zapewnić lepszą zabawę.

Również osoby starsze mniej intensywnie odczuwają pragnienie. 24-godzinne badania na grupie zdrowych, aktywnych mężczyzn w wieku od 67 do 75 lat wykazały, że odczuwali mniejsze pragnienie i wypijali mniej wody pomimo jej niedoboru w organizmie niż mężczyźni 20–30-latkowie, u których odnotowano spadek poziomu wody w organizmie na porównywalnym poziomie (Phillips i inni, 1984). W innym badaniu poziom wody w organizmach zaawansowanych wiekowo wspinaczy górskich wciąż spadał podczas dziesięciodniowej intensywnej wyprawy, podczas gdy młodsi uczestnicy eksperymentu utrzymywali odpowiedni poziom nawodnienia (Ainslie i inni, 2002). Seniorzy uprawiający każdą dyscyplinę sportu powinni zwracać szczególną uwagę na ilość spożywanych płynów.

KRÓTKA LEKCJA NAWADNIANIA

Oto kilka kluczowych wytycznych American College of Sports Medicine dotyczących spożywania płynów w trakcie wysiłku, które pomogą ci zrozumieć, jak ważną rolę odgrywa w diecie sportowca równowaga wodno-elektrolitowa.

Płyny i elektrolity – zapotrzebowanie

Zapotrzebowanie na płyny jest sprawą bardzo indywidualną, dlatego trudno stworzyć zalecenia idealne dla wszystkich. Ilość wytwarzanego potu waha się od 480 mililitrów do dwóch litrów na godzinę i zależy od uprawianej dyscypliny sportu, wagi, intensywności treningu, ubrania, pogody (temperatury), tego, czy jesteśmy przyzwyczajeni do wysiłku w upale, oraz naszej kondycji. 50-kilogramowy biegacz podczas spokojnego biegu może wypacać 480 mililitrów potu na godzinę, a biegacz ważący 91 kilogramów podczas szybkiego biegu może tracić dwa litry płynów na godzinę. Pocimy się nawet podczas szybkiego pływania – prawie 480 mililitrów potu podczas godziny treningu. Futboliści w pełnych strojach mogą wypocić w upalny dzień nawet osiem litrów płynu.

Na co dzień najprostszym sposobem oceniania stopnia nawodnienia organizmu jest obserwacja koloru i ilości wydalanego moczu. Ciemny i skąpy oznacza, że jest nasycony produktami ubocznymi przemiany materii i że należy pić więcej płynów lub spożywać więcej pokarmów o wysokiej zawartości wody, na przykład gotowanej owsianki, jogurtów, owoców. (Większość osób czerpie od 20 do 30 procent płynów z jedzenia; są też takie, które całe zapotrzebowanie na wodę zaspokajają jedzeniem). Gdy mocz ma kolor bladosłomkowy, poziom wody w organizmie jest w normie. Mocz może być ciemny również wtedy, gdy przyjmuje się suplementy witaminowe – w takim wypadku lepszym wskaźnikiem poziomu nawodnienia będzie jego ilość. Poza obserwowaniem moczu i spadku wagi ciała należy też zwracać uwagę na to, jak się czujemy. Jeżeli jesteś wiecznie przemęczony, boli cię głowa lub czujesz się ospały, być może jesteś chronicznie odwodniony. Jest to prawdopodobne zwłaszcza w upalnym sezonie letnim. Odwodnienie może się stopniowo nasilać.

W pocie znajdują się cząsteczki zawierające ładunek elektryczny – to one utrzymują w równowadze wodę wewnątrz i na zewnątrz komórek. Ilość elektrolitów,

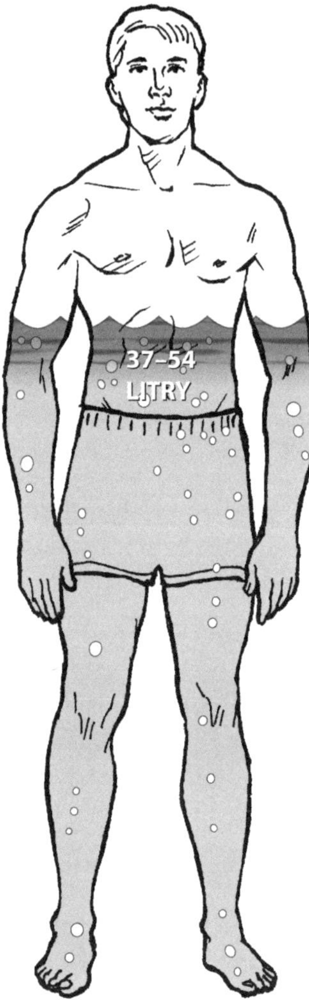

WODA W TWOIM ORGANIZMIE...

Woda...

- ...we krwi transportuje glukozę, tlen i tłuszcze do pracujących mięśni, usuwa uboczne produkty przemiany materii takie jak dwutlenek węgla i kwas mlekowy;
- ...w moczu eliminuje produkty przemiany materii. Im ciemniejszy mocz, tym więcej zanieczyszczeń;
- ...w pocie pomaga chłodzić skórę. Podczas ćwiczeń woda pochłania z mięśni ciepło, usuwa je wraz z potem i reguluje temperaturę ciała;
- ...w ślinie i sokach trawiennych pomaga trawić pokarm;
- ...w całym organizmie nawilża stawy oraz amortyzuje tkanki miękkie i organy wewnętrzne.

masa ciała: 68 kilogramów

jaką tracisz wraz z potem, zależy od tego, jak bardzo się pocisz, od uwarunkowań genetycznych, diety i aklimatyzacji (przyzwyczajenia do treningu w określonych warunkach). Oto, jakie elektrolity tracimy wraz z potem.

Elektrolit	Średnia ilość/1 l potu	Porównanie zawartości w produktach
Sód	800 mg (zakres: 200–1600)	1 l Gatorade = 440 mg sodu
Potas	200 mg (zakres: 120–600)	1 średni banan = 450 mg potasu
Wapń	20 mg (zakres: 6–40)	230 g jogurtu = 300 mg wapnia
Magnez	10 mg (zakres: 2–18)	2 łyżki masła orzechowego = 50 mg

Uważa się, że skurcze mięśni są związane z odwodnieniem, deficytem elektrolitów i przemęczeniem mięśni. Jeśli pocisz się obficie i cierpisz z powodu skurczów mięśni, postaraj się wypijać podczas ćwiczeń dużo płynów zawierających sód. Jeśli twoja dieta zawiera sporo soli, bez trudu uzupełnisz zapasy sodu, jedząc coś po treningu. Przy znacznym ubytku wody z organizmu spożywanie większej ilości soli może być sprytnym sposobem na usprawnienie regeneracji, zatrzymanie płynów w organizmie i stymulację mechanizmu pragnienia.

Odwodnienie i forma sportowa

Odwodnienie wywołuje stres w organizmie: wzrasta temperatura ciała, serce bije szybciej, mięśnie spalają więcej glikogenu, mózg ma coraz większy problem z koncentracją, a ćwiczenia wydają się trudniejsze. Niektórzy sportowcy lepiej znoszą odwodnienie niż inni, jednak generalnie rzecz biorąc, im większe odwodnienie, tym trudniejszy wydaje się wysiłek.

Przy treningu fitness (umiarkowanie intensywnym, 30–60 minut trzy, cztery razy w tygodniu) można łatwo utrzymywać prawidłową równowagę wodno-elektrolitową, spożywając normalne posiłki i wypijając normalną ilość płynów. Sportowcy, którzy niemal codziennie ciężko trenują, mogą być nieustannie odwodnieni, jeśli każdego dnia nie odbudują optymalnego zapasu wody w organizmie. Futbolista grający w pełnym stroju może wypocić znacznie więcej, niż mógłby sobie wyobrazić. Ustal, ile dokładnie tracisz wody podczas wysiłku, a nie będziesz musiał zgadywać.

Aby stwierdzić, czy wypijasz odpowiednio dużo, żeby odbudować zapas płynów i utrzymywać równowagę wodno-elektrolitową przy codziennym intensywnym wysiłku, codziennie rano waż się nago, po opróżnieniu pęcherza i jelit. Waga powinna być zawsze taka sama, chyba że:

- ograniczasz spożycie kalorii, bo się odchudzasz,
- zjadłeś poprzedniego dnia po południu lub wieczorem posiłek o wysokiej zawartości sodu (na przykład danie chińskie), który zatrzymuje wodę w organizmie,
- jesteś przed menstruacją – wtedy twój organizm gromadzi od jednego do dwóch kilogramów wody.

Większość osób, które tracą wraz z potem więcej niż dwa procent wagi ciała, odczuwa pogorszenie zarówno zdolności umysłowych, jak i sprawności fizycznej, zwłaszcza przy upalnej pogodzie, podczas gdy przy niskiej temperaturze i nawet trzyprocentowym odwodnieniu znacznie rzadziej pojawia się pogorszenie formy. W zimie biegacze odczuwają mniejszy wpływ odwodnienia na formę niż podczas takich samych treningów w gorące, letnie dni. Odwodnienie wynoszące od trzech do pięciu procent masy ciała zdaje się nie mieć wpływu na siłę mięśni ani na krótkie, intensywne zrywy wysiłku beztlenowego, jednak utrata wraz z potem od dziewięciu do 12 procent masy ciała może prowadzić do śmierci. Skurcze, nudności, wymioty, bóle i zawroty głowy, dezorientacja, osłabienie, pogorszenie formy, niezdolność do koncentracji i poirytowanie – to sygnały ostrzegawcze świadczące o przegrzaniu.

Spożywanie płynów przed wysiłkiem

Przed wysiłkiem płyny pije się po to, by doprowadzić organizm do stanu równowagi wodno-elektrolitowej. Do odbudowania właściwego poziomu nawodnienia możesz potrzebować od ośmiu do 12 godzin. Na tym etapie minimum cztery godziny przed wysiłkiem należy pić od pięciu do siedmiu mililitrów płynów na kilogram masy ciała. Dla kogoś, kto waży 68 kilogramów, oznacza to od 300 do 400 mililitrów. Nawadniając organizm na kilka godzin przed wysiłkiem, masz czas na pozbycie się ewentualnego nadmiaru wody.

Kiedy wypijasz napój zawierający sód (385 do 960 miligramów sodu na 100 mililitrów), zjedz kilka słonych przekąsek albo solony posiłek, sód będzie stymulował pragnienie. Poza tym pomaga zatrzymywać wodę w organizmie na dłużej. Pamiętaj, że organizm może przechowywać tylko określoną ilość wody – jej nadmiar spowoduje tylko, że będziesz musiał co chwilę biegać do toalety. Przewodnienie prowadzi do rozrzedzenia stężenia sodu we krwi – jeśli dodatkowo zaczniesz pić mnóstwo wody podczas wysiłku, ryzykujesz pojawienie się hiponatremii (patrz str. 159).

Nie musisz się bać odwodnienia, jeśli przed wysiłkiem lubisz wypić coś z kofeiną, by wspomóc wydolność. Kofeina w umiarkowanej dawce (około 200 miligramów) nie spowoduje częstszego oddawania moczu. Możesz spokojnie delektować się filiżanką kawy.

Spożywanie płynów w trakcie wysiłku

W trakcie ćwiczeń pije się po to, by zapobiec nadmiernej utracie wody, czyli większej niż dwa procent wagi ciała. Jeśli twój trening jest tak intensywny, że może doprowadzić do odwodnienia, powinieneś coś w jego trakcie popijać. Gdy trening trawa dłużej niż trzy godziny, koniecznie należy sprawdzić ilość wydalanego potu, żeby uniknąć spadku formy spowodowanego spożywaniem niedostatecznej ilości wody. Niewielu sportowców sprawdza wskaźnik pocenia – w takim wypadku trzeba przede wszystkim pić tyle, by całkowicie zaspokajać pragnienie.

Co pić podczas wysiłku? Zaleca się, by taki napój zawierał trochę sodu stymulującego pragnienie, trochę potasu, by uzupełniać poziom elektrolitów, oraz trochę węglowodanów (cukru) dostarczających energię. A dokładniej powinien zawierać 110–170 miligramów sodu na 230 mililitrów (20 do 30 milirównoważników sodu na litr), 20–50 miligramów potasu na 230 mililitrów (dwa do pięciu milirównoważników na litr) oraz około 12–24 gramy węglowodanów na 230 mililitrów (5–10-procentowy roztwór cukru) (ACSM, 2007). Powyższe składniki można spożyć ze zwykłym jedzeniem, takim jak precle i banany, lub żywnością dla sportowców (patrz rozdział 11). Takie rozwiązanie może się okazać wygodniejsze zwłaszcza dla biegaczy, triatlonistów i długodystansowców.

Przy intensywnym treningu trwającym ponad godzinę (lub dłuższym o umiarkowanej intensywności) spożywanie od 120 do 240 kilokalorii na godzinę w postaci węglowodanów (30–60 gramów) popijanych wodą wpłynie korzystnie na formę. Węglowodany pozwalają utrzymywać normalny poziom glukozy we krwi, możesz więc cieszyć się stałym poziomem energii. Napoje izotoniczne to łatwy sposób na dostarczenie węglowodanów razem z wodą. Na przykład 480 mililitrów napoju Gatorade dostarcza 25 gramów węglowodanów i 100 kilokalorii, 480 mililitrów napoju Powerade 35 gramów węglowodanów i 140 kilokalorii. Systematycznie wprowadzaj zwyczaj picia odpowiedniej dla ciebie ilości płynów w trakcie treningów, żeby przyzwyczaić żołądek i uniknąć dyskomfortu podczas rywalizacji.

Spożywanie płynów po wysiłku

Po wysiłku musisz uzupełnić poziom utraconych płynów i elektrolitów. Szybkość i intensywność nawadniania zależy od tego, jak szybko musisz być gotowy do kolejnej sesji oraz jak znaczny jest ubytek elektrolitów. Większości aktywnych osób do odbudowania zapasów wystarczą standardowe posiłki (zawierające sód) i czysta woda. W przypadku znacznego odwodnienia i kolejnego startu już po 12 godzinach program nawadniania musi być bardziej intensywny, trzeba też zwiększyć ilość soli w pożywieniu, jeśli ubytek sodu wraz z potem był znaczny.

Wypicie o połowę więcej płynu, niż utraciłeś wraz z potem, pomoże w szybkiej i pełnej regeneracji. (Nadwyżka ma uzupełnić to, co wydalamy w postaci moczu). Zatrzymywaniu wody w organizmie sprzyja popijanie niewielkich ilości w krótkich odstępach czasu – jest to lepszy sposób niż wypicie dużej ilości płynu za jednym zamachem. Jeśli odwodnisz się podczas bardzo długiego i bardzo ciężkiego wysiłku, powinieneś pić często przez kolejną dobę lub dwie. Organizm może potrzebować od 24 do 48 godzin, by uzupełnić zapasy wody.

Przy odwodnieniu przekraczającym siedem procent (spowodowanym intensywnym poceniem się, biegunką lub wymiotami) konieczne jest podawanie

Czego szukać w napojach sportowych

Specjalistyczne napoje dla sportowców walczą o miejsce na sklepowych półkach. Przy tak szerokim wyborze możesz się zastanawiać, na co zwracać uwagę przy zakupie. Oto kilka rad:

Podstawy

- Dobry smak. Jeśli napój ci smakuje, będziesz go chętnie pić i unikniesz odwodnienia.
- Węglowodany. Szukaj napojów zawierających od 50 do 70 kilokalorii w postaci węglowodanów (13 do 18 gramów węglowodanów na 240 mililitrów). Zbyt duża ilość węglowodanów spowolni ich wchłanianie; zbyt mała nie dostarczy ci wystarczająco dużo energii. W przypadku długiego, ciężkiego i intensywnego wysiłku, jak wyścig kolarski czy maraton, lepiej mogą się wchłaniać węglowodany z różnorodnych źródeł (glukoza, fruktoza i sacharoza albo suszone owoce, grahamki i żelki), zapewniając ci lepsze źródło energii.
- Sód. Jest ważny, aby zachować równowagę wodno-elektrolitową. Stymuluje uczucie pragnienia i ułatwia zatrzymywanie płynów w organizmie. Przy znacznym ubytku wody wraz z potem napoje izotoniczne mogą pomóc częściowo odbudować zapasy sodu.

Dyskusyjne dodatki

- Witaminy. Przyswajalność witamin z napojów izotonicznych nie jest na tyle szybka, by mogła mieć znaczenie dla jakości treningu.
- Żeń-szeń, guarana i inne zioła. Niewiele danych potwierdza ich skuteczność, zresztą jest ich za mało, by mogły na cokolwiek wpłynąć.
- Kofeina. Ze względu na indywidualne reakcje kofeina może wspomagać sportową formę, ale może też wywoływać niepożądane efekty, jak roztrzęsienie czy zdenerwowanie.
- Białko. Dodatek białka może mieć wpływ na smak (niestety negatywny) i spowalniać przemieszczanie się pokarmu w jelitach. Trzeba więcej badań, by stwierdzić, czy dodatek protein w napoju sportowym zapewnia jakiekolwiek korzyści podczas ćwiczeń (Saunders, Kane i Todd, 2004). Pozytywnym efektem zaobserwowanym po wysiłku jest mniejsza bolesność mięśni. Jeżeli nie chcesz spożywać białka podczas ćwiczeń, taki sam efekt można uzyskać, zjadając proteiny przed wysiłkiem (powiedzmy owsiankę z chudym mlekiem).

Lepiej unikać

- Nasycenia dwutlenkiem węgla. Bąbelki mogą powodować wzdęcia i przyspieszać uczucie wypełnienia żołądka.
- Plastikowych butelek. Te niepoddawane recyklingowi zanieczyszczają środowisko. Może warto pomyśleć o bidonie?

płynów dożylnie pod okiem pielęgniarki. Najlepszym sposobem na uniknięcie przymusowej wizyty w namiocie medycznym jest wcześniejsze sprawdzenie, ile płynu tracisz wraz z potem, i dostosowanie do tego ilości spożywanej wody.

HIPONATREMIA

Nie ma powodu, by nadmiernie nawadniać się przed wysiłkiem – organizm potrafi przyswoić tylko ograniczoną ilość płynu. Nerki regulują równowagę wodną w organizmie, dostosowując ilość wydalanego moczu – od minimum około jednej łyżki stołowej do maksimum około jednego litra na godzinę. Jeśli wypijesz za dużo, prawdopodobnie będziesz musiał udać się do toalety w trakcie treningu, co może być problematyczne. Zaprzestanie picia na dwie godziny lub dłużej przed wysiłkiem – to rozsądna decyzja. W ten sposób dajesz nerkom czas na przetworzenie i pozbycie się nadmiaru wody. Następnie należy napić się pięć do 15 minut bezpośrednio przed treningiem.

Zwykle wypijanie nadmiernej ilości wody wiąże się jedynie z koniecznością częstego odwiedzania toalety. Czasami jednak zaburza równowagę wodno-elektrolitową i prowadzi do obniżenia poziomu sodu w organizmie. Hiponatremia to stan, w którym poziom ten jest nienormalnie niski. W przypadku wysiłku trwającego krócej niż cztery godziny hiponatremia jest najczęściej efektem wypicia zbyt dużej ilości wody przed, w trakcie, a nawet po wysiłku; gdy wysiłek trwa dłużej niż cztery godziny, ma najczęściej związek z ekstremalnym ubytkiem sodu, do czego dochodzi zwykle podczas upałów. Wysiłek i wysoka temperatura sprawiają, że nerki produkują mniej moczu i organizm nie będzie w stanie wyprodukować go tyle, by wydalić nadmiar wody.

Zaburzenie równowagi wodno-elektrolitowej wywołanej ekstremalną utratą sodu grozi przede wszystkim maratończykom, triatlonistom, biegaczom ultra oraz „weekendowym wojownikom", którzy tracą więcej sodu niż ich wysportowani koledzy, gdyż często piją dużo wody przed wysiłkiem i w jego trakcie. W rezultacie ich nerki nie nadążają z produkcją moczu, woda zaczyna się kumulować w organizmie i jej poziom staje się nieodpowiednio wysoki w stosunku do poziomu sodu. Czysta woda coraz bardziej rozrzedza stężenie elektrolitów i tylko pogarsza sprawę.

Dlatego przy długotrwałym wysiłku dobrze jest uzupełniać zapasy sodu nie tylko napojami izotonicznymi – zresztą zwykle zawierają go zbyt mało, by odbudować równowagę zaburzoną dużą utratą potu. Wybieraj napoje przeznaczone dla wytrzymałościowców i słone przekąski (na przykład precle, oliwki, pikle), solone potrawy i zupy, a nawet sól w tabletkach. (Zwróć uwagę, że w niektórych tabletkach, na przykład Endurolytes, zawartość sodu wynosi tylko 100 miligramów na kapsułkę).

Docelowo należy spożywać od 250 do 500 miligramów sodu na godzinę – jest to ilość odpowiadająca na przykład od 0,6 do 1,2 litra napoju Gatorade. Większość uprawiających sport spożywa w codziennej diecie zbyt dużo soli, dlatego napoje dla sportowców należy pić przed i w trakcie wysiłku trwającego ponad godzinę, a nie jako standardowy dodatek do posiłków. Pamiętaj też, że im więcej trenujesz w upale, tym bardziej twój organizm przyzwyczaja się do zatrzymywania sodu i innych elektrolitów, dzięki czemu tracisz ich mniej niż osoby nieprzyzwyczajone do upałów (patrz tabela 8.1).

Jak widać, osoby o słabej kondycji, nieprzyzwyczajone do wysiłku, w upale wypocą dwa razy więcej sodu niż osoby o dobrej kondycji, które często trenują w upale. Jednak nawet wytrenowani powinni strzec się nadmiernej utraty sodu, jeżeli ich organizm nie nawykł do podejmowania wysiłku w wysokiej temperaturze – co może mieć miejsce, jeżeli mieszka się na półkuli północnej i planuje się start w maratonie na południu.

Oznaki hiponatremii to uczucie zmęczenia, opuchlizna, nudności, bóle głowy. Każdy z tych symptomów może się znacznie nasilać. Dłonie i stopy mogą puchnąć, może się pojawić nieadekwatnie duże zmęczenie, dezorientacja (z powodu gromadzącej się w mózgu wody), spadek koordynacji, świszczący oddech (z powodu wody pojawiającej się w płucach). Zbyt niski poziom sodu we krwi może prowadzić do utraty przytomności, śpiączki, a nawet śmierci. Aby ustrzec się przed hiponatremią, ci, którzy zamierzają podjąć w upale znaczny wysiłek trwający ponad cztery godziny, powinni:

- Unikać NADMIERNEGO picia przed wysiłkiem.
- Zjeść solony posiłek i napoje (zupy, precle, soloną owsiankę) 90 minut przed wysiłkiem. Dawka sodu pomoże zatrzymać wodę w organizmie, a dzięki zapasowi wody będziesz w stanie ćwiczyć dłużej i czerpać z tego więcej przyjemności (Sims i inni, 2007).
- Podczas wysiłku trwającego ponad cztery godziny w upale pić napoje dla sportowców zawierające więcej sodu niż zwykłe napoje izotoniczne.

TABELA 8.1. Zawartość elektrolitów w pocie osób wytrenowanych i niewytrenowanych

Elektrolit	Osoba niewytrenowana niezaaklimatyzowana	Osoba wytrenowana niezaaklimatyzowana	Osoba wytrenowana zaaklimatyzowana
Sód	3,5 g/l	2,6 g/l	1,8 g/l
Potas	0,2 g/l	0,15 g/l	0,1 g/l
Magnez	0,1 g/l	0,1 g/l	0,1 g/l
Chlorek	1,4 g/l	1,1 g/l	0,9 g/l

Za zgodą T. Noakes, 2003, *Lore of Running*, 214.

- Podczas zawodów wytrzymałościowych spożywać słone przekąski (dobrze tolerowane przez żołądek), na przykład soki wielowarzywne, rosół, pikle, paluszki serowe.
- Przestać pić wodę w trakcie wysiłku, jeśli pojawia się uczucie przesycenia w żołądku – co może się zdarzyć, kiedy wypija się więcej niż litr wody na godzinę przez dłuższy czas.

WYBIERAMY NAPÓJ DLA SPORTOWCÓW

Wielu sportowców zastanawia się, czym najlepiej gasić pragnienie. Przy tak różnorodnej gamie dostępnych produktów decyzja nie jest łatwa. Oprócz wody mamy do wyboru mnóstwo napojów przeznaczonych specjalnie dla sportowców, napoje orzeźwiające (słodzone lub dietetyczne), stuprocentowe soki owocowe, napoje owocowe, mleko (czekoladowe, chude, pełne), piwo, wino… listę można ciągnąć jeszcze długo. Jako dietetyk sportowy otrzymuję mnóstwo pytań o najlepszy (i najgorszy) napój. Oto moje rady.

Sok pomarańczowy. Wielu sportowców zastanawia się, czy powinni zrezygnować z soku pomarańczowego, bo zawiera sporo tuczących węglowodanów i cukru. Moja odpowiedź brzmi: nie. Na początek – węglowodany nie tuczą i stanowią ważny składnik paliwa dla naszych mięśni (patrz rozdział 6). Apeluję, by nie wykluczać ze śniadania soku pomarańczowego (zresztą zwykle tylko po to, by zastąpić go dużą kawą z cukrem i podwójną śmietanką). Oczywiście zjedzenie całej pomarańczy jest jeszcze lepsze niż sok, ale z drugiej strony – lepiej wypić sok, niż całkowicie zrezygnować z tego owocu. Sok pomarańczowy to potężna dawka witaminy C, potasu, kwasu foliowego oraz innych składników chroniących zdrowie. Trzeba tylko uwzględnić kalorie zawarte w soku w całodziennej dawce kalorii.

Napoje gazowane. Niektórzy lubią po ciężkim treningu wypić puszkę coli czy pepsi, ale obawiają się, czy nie wpłynie to niekorzystnie na regenerację i ogólnie na zdrowie. Wielu podoba się połączenie cukru, kofeiny i wody, bo działa ożywczo, gasi pragnienie i zaspokaja apetyt. Co prawda sok dostarczyłby więcej witamin i mikroelementów, ale dietetycy zgadzają się, że dziesięć procent kalorii może pochodzić z rafinowanego cukru. Nie ma więc powodu obawiać się 200 czy 300 kilokalorii z cukru dziennie – co odpowiada jednej czy dwóm puszkom napoju gazowanego.

Kwestia wyboru pomiędzy napojami o dużej zawartości syropu glukozowo-fruktozowego a ich wersją dietetyczną jest sprawą indywidualną. Osobiście i tak wybrałabym wodę. Zwykłe napoje zawierają mnóstwo kalorii, które nie mają żadnych wartości odżywczych, a dietetyczne – sztuczne substancje słodzące. Sztuczne słodziki posądzane były nawet o powodowanie raka, jednak zależności takiej nie potwierdzają badania naukowe (Gallus i inni, 2007; Lim i inni, 2006).

Pomijając cukier, napoje gazowane takie jak cola zawierają kwas fosforowy, który może źle wpływać na kości, jeśli nie przyjmuje się odpowiedniej ilości wapnia. Kofeina zawarta w takich napojach również może wypłukiwać wapń z organizmu. Problem powstaje wtedy, gdy cola zastępuje w naszej diecie inne napoje, w tym mleko, które mogą stanowić potencjalne źródło wapnia. Jeśli lubisz napoje gazowane, staraj się traktować je jako okazjonalne przekąski, a posiłki popijaj mlekiem (zwykłym lub sojowym) (Tucker i inni, 2006).

Wielu sportowców zastanawia się też, czy napoje gazowane tuczą. Z niektórych badań wynika, że ci, którzy je piją, zwykle ważą więcej niż ci, którzy ich unikają. Może to mieć związek z tym, że kalorie w napoju nie zaspokajają apetytu tak dobrze, jak pokarmy stałe, więc osoby pijące napoje gazowane spożywają w ciągu dnia więcej kalorii. Inne badania wykazały, że napoje takie mogą wzmagać apetyt. A jeśli pochłaniasz więcej kalorii, niż spalasz, przybierasz na wadze (Drewnowski i Bellisle, 2007; Vertanian, Schwartz i Brownell, 2007).

Jako sportowiec możesz spokojnie wypijać puszkę napoju gazowanego dziennie bez przybierania na wadze, jeśli tylko uwzględniasz zwarte w niej kalorie w swoim dietetycznym limicie. (Resztę codziennej diety powinny stanowić produkty pełnowartościowe). Zwróć również uwagę na napoje izotoniczne. Wielu spragnionych sportowców nie myśli o tym, że wypijając prawie litr takiego napoju po treningu (albo podczas obiadu), dostarczają sobie 200–300 kilokalorii – nie można ich ignorować.

Woda. Do wyboru mamy dziś już nie tylko butelkowaną wodę źródlaną, ale wody przeznaczone dla sportowców, smakowe, wzbogacone witaminami, ziołami i źródłami energii. Nie każda woda butelkowana pochodzi z górskiego źródełka, nawet jeśli sugeruje to zdjęcie na etykiecie. Czasem może to być po prostu woda miejska, co potwierdza tylko jej wysoką jakość – zresztą monitorowaną przez odpowiednie służby. Woda ta często zawiera fluor, który pomaga chronić szkliwo zębów przed próchnicą – oraz inne minerały.

Jeśli nie jesteś przekonany do jakości wody z kranu, możesz zaopatrzyć się w filtr i napełniać bidon oczyszczoną wodą. Możesz też kupować ją w plastikowych butelkach. Pamiętaj jednak, że co roku wykorzystuje się do produkcji takich opakowań miliony ton plastiku, a większość zużytych butelek kończy swój żywot na wysypisku – i nie są to odpady przyjazne dla środowiska.

Wody witaminizowane to nowa popularna kategoria produktów, ciesząca się zainteresowaniem osób, które wierzą, że witaminy zapewniają energię. (To nieprawda. Źródłem energii są węglowodany). Niektóre z takich napojów mogą faktycznie być źródłem energii – w ponadpółlitrowej butelce wody witaminizowanej może być 125 kilokalorii. To wystarczy, by przyczynić się do niechcianego wzrostu wagi.

Istnieje niewielka szansa na to, by woda witaminizowana poprawiła twoje zdrowie. Oczywiście nie zaszkodzi ci – ewentualnie twojemu portfelowi – ale zawartość witamin jest w niej zbyt mała, by mieć realny wpływ na zdrowie. Nawet woda z wysoką zawartością witamin pozbawiona jest fitoskładników i innych składników odżywczych znajdujących się w prawdziwym jedzeniu. Lepiej wybrać naturalną „wodę witaminową", czyli sok pomarańczowy lub z innych owoców.

Napoje energetyczne. Źródłem energii są kalorie, a napoje energetyczne, takie jak Red Bull czy Rockstar, zwykle zawierają sporo kalorii pochodzących z cukru – puszka Red Bulla 250 mililitrów 110 kilokalorii, a puszka Rockstar 500 mililitrów – 280 kilokalorii. Napoje te zawierają też kofeinę, czyli składnik o działaniu ergogenicznym (patrz rozdział 11). Puszka Red Bulla zawiera 80 miligramów kofeiny, mniej więcej tyle co 230 mililitrów kawy (około 100 miligramów kofeiny). Nadal nie do końca znane jest działanie innych składników, takich jak tauryna, żeń-szeń i yerba mate.

Jeśli bierzesz udział w zawodach, lepszym sposobem unikania konieczności natychmiastowego dostarczenia organizmowi energii są odpowiednie posiłki i przekąski. Pamiętaj – żaden specjalistyczny napój nie zrekompensuje niedoskonałej diety sportowca.

Kalorie w płynie

Uważaj na kalorie spożywane razem z napojami, bo bardzo szybko się sumują. Oto ile kalorii czyha na ciebie w popularnych napojach.

Napój	Kcal	Napój	Kcal
Woda	0	Sok pomarańczowy, 240 ml	110
Napój gazowany dietetyczny	0	Sok jabłkowy, 240 ml	110
Kawa i herbata czarna	0	Mleko 2%, 240 ml	120
Herbata z dwoma łyżeczkami cukru	40	Gatorade, 480 ml	124
Woda smakowa Żywiec, 250 ml	62	Glacéau VitaminWater, 600 ml	125
Kawa, 2 śmietanki i 2 łyżeczki cukru	70	Napój gazowany, 360 ml	145
Mleko 0%, 240 ml	75	Mleko pełne, 240 ml	150
Piwo bezalkoholowe, 330 ml	98	Piwo, 330 ml	195
Lipton Ice Tea, puszka	100	Slimfast, 330 ml	220
Starbucks Latte z chudym mlekiem, 360 ml	102	Starbucks Vanilla Frappuccino, 480 ml	360
Wino czerwone wytrawne, 150 ml	102	Mleko czekoladowe Nesquick, 480 ml	400

Wątpliwości dotyczące napojów energetycznych często biorą się z tego, że zarówno sportowcy, jak i inne osoby często spożywają je w połączeniu z alkoholem. Kofeina maskuje nieco efekt działania alkoholu, można więc nie być świadomym, jak bardzo jest się nietrzeźwym. Niektórzy mogą więc zlekceważyć swój stan i usiąść za kierownicą.

Zielona herbata. Wielu sportowców, z którymi rozmawiam, chce wiedzieć, czy zielona herbata wspomaga zdrowie. Zieloną herbatę wytwarza się ze świeżych liści herbacianych i w porównaniu z herbatą czarną czy półfermentowaną herbatą ulung ma wyższe stężenie składników, które mogą mieć działanie prozdrowotne. Przeprowadzono już wiele badań – i laboratoryjnych, i na zwierzętach, dotyczących działania zielonej herbaty, jednak póki co nie ma jeszcze wystarczających dowodów na to, że chroni przed rakiem.

Wiadomo, że osoby gustujące w herbacie są generalnie zdrowsze od tych, które piją dużo kawy, nieznane są również negatywne skutki picia herbaty (z wyjątkiem osób nadwrażliwych na kofeinę). Trzeba jednak zachować zdrowy rozsądek. Miałam pacjenta, który zaczął wypijać znaczne ilości butelkowanej zielonej herbaty, dostarczając sobie 75 kilokalorii w każdej szklance.

Od jakiegoś czasu sprzedawane są również produkty z zieloną herbatą, które mają działać odchudzająco. Raczej nie rozwiążą one twoich problemów z nadmiarem kilogramów. Jakiś czas temu koncern Coca Cola wprowadził na rynek amerykański napój Enviga. Wypicie trzech puszek dziennie tego napoju miało pomóc spalić od 60 do 100 kilokalorii. Taką codzienną dawkę kalorii z łatwością można zredukować, wypijając mniej napojów energetycznych lub zjadając o jedno ciastko mniej. Zresztą firma otrzymała w końcu sądowy nakaz umieszczenia na opakowaniach napoju informacji o tym, że jedynie odpowiednia dieta i aktywność fizyczna mogą przyczynić się do spadku wagi. Nie zmienia to jednak faktu, że zdesperowane osoby chwytają się każdej możliwości. Inni napój, Celsius, reklamowany jako spalający kalorie dzięki ekstraktom z zielonej herbaty, co roku przynosi producentowi niebotyczne zyski.

SPORT I ALKOHOL

Alkohol zdaje się często towarzyszyć sportowcom. Po wspólnym treningu organizuje się wyjścia do pubu, zwycięstwa świętuje się szampanem, zdarza się też, że pragnienie zaspokaja się zimnym piwem. Mogłoby się wydawać, że negatywny wpływ alkoholu na możliwości sportowe odstręcza od niego zawodników, ale tak nie jest. Nawet ci, którzy regularnie biegają, potrafią pić więcej alkoholu niż ich znajomi prowadzący siedzący tryb życia.

Jeśli zdarza ci się włączać alkohol do diety regeneracyjnej, pamiętaj o tym że:

- Alkohol jest depresantem. Wydłuża czas reakcji, negatywnie wpływa na koordynację wzrokowo-ruchową, precyzję ruchów oraz poczucie równowagi. Poza tłumieniem bólu nie przynosi sportowcom żadnych korzyści. Nie można być jednocześnie szybkim i podchmielonym.
- Wieczorne wyjście zakrapiane alkoholem, którego efektem jest mniejsza ilość snu, będzie mieć oczywisty wpływ na trening zaplanowany na następny dzień. Alkohole zawierające produkty uboczne procesu fermentacji – czerwone wino, koniak, whiskey – powodują większego kaca niż inne napoje alkoholowe. Najlepszym lekarstwem na kaca jest przede wszystkim unikanie picia w nadmiarze.
- Alkohol jest kiepskim źródłem węglowodanów. Puszka piwa zawiera zaledwie 14 gramów węglowodanów w porównaniu z 40 gramami w puszce napoju gazowanego. Choć piwo może dać uczucie sytości, nie zapewni energii twoim mięśniom – chyba że zjesz do tego precle, pizzę na grubym cieście lub inne wysokowęglowodanowe przekąski.
- Alkohol wchłania się bezpośrednio z żołądka do krwiobiegu, jest więc obecny we krwi już po pięciu minutach od spożycia. Spożycie alkoholu na pusty żołądek po ciężkim treningu wywoła silne odurzenie. Lepiej rozkoszować się naturalnym dobrym nastrojem pojawiającym się po sportowym wysiłku, niż przymulić się potreningowym piwkiem.
- Osoby spożywające piwo po treningu potrafią wypić go więcej niż wody czy innych napojów. Jednak alkohol w nim zawarty ma działanie moczopędne – im więcej pijesz, tym więcej płynów tracisz. Proces ten przeszkadza w regeneracji i źle wpływa na kolejny trening. Jedno z badań wykazało, że sportowcy spożywający piwo o standardowej zawartości alkoholu wydalali o około 480 mililitrów więcej moczu w ciągu czterech godzin niż sportowcy, którzy pili piwo o niskiej zawartości alkoholu (dwa procent) lub bezalkoholowe (Sherriffs i Maughan, 1997).
- Wątroba rozkłada alkohol w stałym tempie – około 120 mililitrów wina lub jedna puszka piwa na godzinę. Procesu tego nie przyspiesza ani wysiłek fizyczny, ani kawa.
- Sauna i alkohol to kiepski pomysł. Im wyższa temperatura ciała, tym silniejsze uczucie upojenia. Alkohol utrudnia organizmowi kontrolowanie wewnętrznej temperatury ciała. Sesja w saunie może więc tylko pogorszyć skutki spożycia alkoholu.
- Alkohol i sporty zimowe to niebezpieczne połączenie. Nie pij w czasie jazdy na nartach. Jeśli upierasz się przy piciu, staraj się pić go wymiennie z innymi napojami, żeby uzupełniać zapasy płynów i węglowodanów.

- Kalorie zawarte w alkoholu mogą tuczyć. Osoby wypijające umiarkowane ilości alkoholu często spożywają za dużo kalorii, bo alkohol pobudza apetyt. Nadmiar kalorii odkładany jest w postaci tłuszczu najczęściej w okolicy brzucha – i pojawia się znienawidzona oponka. Jeśli chcesz utrzymać szczupłą sylwetkę, raczenie się napojami alkoholowymi nie pomoże w tym.
- Jeśli nie chcesz rezygnować z alkoholu, pij z umiarem. Umiar oznacza w tym wypadku dwa drinki dziennie dla mężczyzny i jeden dla kobiety. Na każdego drinka wypijaj dodatkowo przynajmniej jedną szklankę wody.
- Jeśli nie umiesz poprzestać na jednym drinku – nie pij wcale. Miej świadomość tego, w jakim stopniu panujesz nad spożyciem alkoholu i czy nie przekraczasz granic zachowania akceptowanego społecznie oraz zagrażającego zdrowiu.
- Jeśli uważasz, że alkohol poprawia twoje relacje z innymi, przemyśl to. Ankieta wśród studentów amerykańskich zadowolonych ze swojego życia towarzyskiego wykazała, że 22 procent z nich nie pije alkoholu w ogóle, 68 procent określa się jako pijący umiarkowanie, a 59 nigdy się nie upija (Wagner, Keathley i Bass, 2007).

Pamiętaj – umiar w piciu alkoholu jest lepszy niż borykanie się z kacem. A kiedy wybierasz się na zakrapianą imprezę i nie chcesz rezygnować z picia, zjedz porządny posiłek i wypij więcej wody, żeby zminimalizować skutki picia. Pij powoli, nie mieszaj różnych alkoholi i znajdź sobie kierowcę.

Jeżeli nie weźmiesz sobie tych porad do serca, prędzej czy później dopadnie cię kac: ból głowy, zawroty głowy, drażliwość, uczucie niepokoju, nadwrażliwość na światło i hałasy, problemy ze snem i koncentracją, mdłości, wymioty. Objawy te ustępują zwykle w ciągu 12 godzin (czasem utrzymują się dłużej), jednak niektórzy próbują przyspieszyć powrót do formy.

Wśród najpopularniejszych metod na kaca zaleca się picie napojów zawierających sód (bezalkoholowych). Sód pomaga zatrzymać wodę w organizmie. Możesz na przykład wypić rosół, napój Gatorade (z dodatkiem Alka Seltzer lub nie), roztwór Pedialyte, inne napoje albo wodę za każdym razem, gdy przebudzisz się w nocy. Nie bierz paracetamolu, bo takie połączenie może uszkadzać wątrobę.

CZĘŚĆ II

Jedzenie a wyniki w sporcie

ROZDZIAŁ 9

Odżywianie przed wysiłkiem

Zawsze mnie zadziwia, jak mało ludzie jedzą przed i w trakcie wysiłku sportowego. Na przykład podczas czterogodzinnej (96 kilometrów) grupowej jazdy na rowerze zauważyłam osoby, które zamiast jeść po to, żeby dojechać do mety, jechały do mety po to, żeby coś zjeść. Ślinka im ciekła, gdy opowiadali, co zjedzą, kiedy zejdą z roweru. Jedna z kobiet po dwóch godzinach jazdy zaczęła narzekać, że jest wycieńczona – po czym dodała, że poza kilkoma butelkami napoju energetycznego właściwie niczego nie zjadła w trasie. Wolała poczekać na ucztę po wysiłku. Uważała, że wycieńczenie jest wynikiem niedostatecznego wytrenowania (a nie braku paliwa w organizmie). Jeszcze inni pod koniec jazdy narzekali na uczucie totalnego odwodnienia.

Tym, a także innym sportowcom mogę powiedzieć tylko jedno – tak jak napełniasz bak swojego samochodu przed przejażdżką, tak przed wysiłkiem powinieneś dostarczyć energii swojemu organizmowi. Posiłek lub przekąska zapewni ci energię i pełni cztery istotne funkcje:

1. Pomaga zapobiegać hipoglikemii (zbyt niskiemu poziomowi cukru we krwi) i jej objawom, czyli zawrotom głowy, nadmiernemu zmęczeniu, zaburzeniom widzenia i niezdecydowaniu – które mogłyby źle wpływać na formę sportowca.
2. Uspokaja żołądek, pochłania część kwasów żołądkowych i zapobiega uczuciu głodu.
3. Odżywia mięśnie i mózg – węglowodany zjadane na długo przed wysiłkiem gromadzą się w mięśniach jako glikogen, te spożywane bezpośrednio przed wysiłkiem przedostają się do krwiobiegu i odżywiają mózg.

4. Zapewnia ci spokój wynikający ze świadomości, że twoje ciało jest dobrze odżywione i gotowe do wysiłku.

Mimo to wiele osób trenuje z pustym bakiem, ponieważ wierzy, że pozwoli im to spalić więcej tłuszczu. Ale przekonanie, że im więcej tłuszczu spalisz, tym więcej tłuszczu pozbędziesz się z organizmu, jest błędne – aby schudnąć, trzeba wytworzyć w organizmie niedobór kalorii pod koniec dnia. To, czy spalasz węglowodany, czy tłuszcz, ma drugorzędne znaczenie. Prawda jest taka, że dzięki posiłkowi przed treningiem będziesz w stanie ćwiczyć bardziej intensywnie i spalisz więcej kalorii. Taki trening może przynieść efekt w postaci deficytu kalorii. W rozdziale 15 znajdziesz więcej o sposobach na walkę z nadwagą.

Wiele osób obawia się także, że zjedzenie czegoś przed wysiłkiem wywoła problemy żołądkowe, a nawet biegunkę i w efekcie zaszkodzi treningowi. Oczywiście zjedzenie nieodpowiednich pokarmów w nadmiarze może wywołać kłopoty (omawiam tę kwestię w dalszej części rozdziału), ale trenowanie bez zapasu energii również skończy się źle. Zwłaszcza ci, którzy trenują przed śniadaniem, powinni zapewnić mięśniom odpowiednie odżywienie.

SŁUCHAJ SWOJEGO ŻOŁĄDKA

Dobrze dobrany posiłek przed wysiłkiem zwiększa wytrzymałość, siłę i radość z treningu. Jednak obawa przed biegunką może przemienić myśl o zjedzeniu naleśników w paniczny lęk. Problemy żołądkowe pojawiają się u od 30 do 50 procent sportowców uprawiających sporty wytrzymałościowe: narzekają na zgagę, wymioty, wzdęcia, uczucie zalegania jedzenia w żołądku, ból brzucha, a także gazy, skurcze jelit, parcie na stolec, luźne stolce i biegunkę.

W 2004 roku 362 uczestników triathlonu Ironman na Hawajach trafiło do namiotu medycznego – z tego 63 procent zgłaszało co najmniej jeden problem żołądkowy (około 14 procent wszystkich uczestników). Zawodnicy najczęściej skarżyli się na mdłości oraz wymioty, biegunkę i skurcze żołądka, przy czym częstotliwość występowania tych objawów nie miała związku z wynikiem na mecie ani płcią zawodników (Sallis, Longacre i Morris, 2007).

Każdy z nas ma indywidualne preferencje i awersje żywieniowe, nie istnieje więc jeden magiczny posiłek, który zapewni każdemu doskonałą formę. Zaawansowany biegacz Frank nie je niczego przez cztery godziny treningu lub wyścigu – w przeciwnym razie dokuczają mu silne skurcze żołądka. Kristin, stałej bywalczyni klubu sportowego, trenuje się najlepiej, jeśli godzinę przed porannym treningiem zje suchą grahamkę; mówi, że pieczywo uspokaja jej żołądek. Sara, licealistka i gimnastyczka, zjada banana przed każdą sesją treningową, ale nie je niczego przed zawodami. Za bardzo się denerwuje, żeby utrzymać jedzenie w żołądku. Zamiast tego je trochę więcej dzień przed startem.

Wybór tego, co jeść przed wysiłkiem, zależy od osobistych preferencji i uprawianej dyscypliny – nie ma jednego wyboru dla wszystkich. Każdy sportowiec musi metodą prób i błędów odkryć, co wpływa na jego organizm korzystnie, a co nie. Niektórzy mogą zjeść praktycznie wszystko, inni tolerują tylko wybrane produkty, a jeszcze inni nie chcą przed wysiłkiem spożywać niczego.

Biegacze zwykle częściej doświadczają problemów żołądkowych niż osoby, których trening czy rywalizacja nie narażają żołądka na ciągłe podskakiwanie. Samo bieganie stanowi więc element ryzyka – jedzenie spożyte za krótko przed wysiłkiem może przeszkadzać podczas intensywnego ruchu. Z tego powodu Walter, 21-letni student i sportowiec, dobiera posiłki odpowiednio do dyscypliny uprawianej w danym dniu. „Kiedy jeżdżę na rowerze, pozwalam sobie na sycący posiłek, a podczas treningu podjadam przekąski lub nawet robię przerwę na jogurt. Kiedy mam biegać, muszę unikać jedzenia na trzy godziny przed treningiem, bo inaczej dostanę biegunki. To jeden z powodów, dla których wolę rower od biegania".

Musisz wytrenować swój układ trawienny tak, by tolerował pożywienie dostarczane organizmowi przed wysiłkiem. Możesz zacząć od krakersa lub niewielkiej ilości napoju energetycznego. Stopniowo zwiększaj dawkę aż w ciągu godziny przed wysiłkiem będziesz w stanie spożyć około 200–300 kilokalorii. Pamiętaj przy tym o czynnikach sprzyjających pojawianiu się problemów żołądkowych.

- **Dyscyplina sportu**. Rowerzyści, pływacy, narciarze i inne osoby trenujące we w miarę stabilnej pozycji rzadziej mają problemy żołądkowe niż te, których trening wiąże się z gwałtownymi ruchami takimi jak podskakiwanie.
- **Doświadczenie treningowe**. Ci, którzy dopiero zaczynają trenować, zgłaszają więcej problemów żołądkowych niż osoby przyzwyczajone do treningu, które lepiej tolerują wysiłek. Jeśli dopiero zaczynasz przygodę ze sportem i twój żołądek źle to znosi, staraj się stopniowo zwiększać intensywność treningów, by organizm mógł się przyzwyczaić do zmian.
- **Wiek**. Problemy żołądkowe występują częściej u młodych sportowców – mogą być mniej wytrenowani, mniej wiedzieć o odżywianiu przed startem czy treningiem. Weterani natomiast mieli sporo czasu, żeby uczyć się na własnych błędach żywieniowych.
- **Płeć**. Kobiety częściej zgłaszają problemy żołądkowe niż mężczyźni, zwłaszcza w okresie menstruacji. Zmiany hormonalne zachodzące w tym okresie mogą wpływać na rozluźnienie jelit.
- **Stres i emocje**. Zestresowani sportowcy częściej mają wrażenie, że jedzenie zalega im w żołądku, że mają balon w brzuchu.

- **Intensywność wysiłku**. W trakcie lekkiego czy nawet umiarkowanego wysiłku organizm może jednocześnie trawić jedzenie i trenować. Jednak przy intensywnym wysiłku przepływ krwi z żołądka do pracujących mięśni może być odpowiedzialny za nieprawidłowości w trawieniu.
- **Jedzenie przed wysiłkiem**. Spożycie zbyt dużej ilości białka i tłuszczu (na przykład jajek na boczku lub tłustego hamburgera) krótko przed wysiłkiem może powodować problemy trawienne. Najbezpieczniejsze są sprawdzone produkty niskotłuszczowe o dużej zawartości węglowodanów (na przykład owsianka czy banany), do których przyzwyczajony jest twój organizm.
- **Błonnik**. Dieta zbyt bogata w błonnik potęguje problemy żołądkowe. Jeśli zjadasz sporo otrębów czy bogatych w błonnik batonów energetycznych, spróbuj je ograniczyć na tydzień i zobacz, czy problemy nie znikną.
- **Kofeina**. Niektórzy chcą poprawić wydolność, wypijając większą niż zwykle porcję kawy, jednak kończy się to nieprzyjemnym uczuciem w żołądku, biegunką i w efekcie gorszym wynikiem.
- **Żele i skoncentrowane roztwory cukru**. Wysoko skoncentrowane roztwory cukru spożywane w trakcie wysiłku mogą powodować kłopoty. Nie należy mylić wysokowęglowodanowych napojów regeneracyjnych (około 200 kilokalorii na 240 mililitrów) z niskowęglowodanowymi napojami uzupełniającymi zapasy wody w organizmie.
- **Poziom nawodnienia**. Odwodnienie zwiększa ryzyko problemów trawiennych. Wypróbuj różne napoje podczas treningu (240 mililitrów co 15–20 minut ciężkiego treningu), żeby zobaczyć, jak organizm reaguje na wodę, napoje dla sportowców, rozcieńczony sok i inne napoje, które zamierzasz spożywać w trakcie rywalizacji.
- **Zmiany hormonalne**. Procesy trawienne są kontrolowane przez hormony, a wysiłek powoduje zmiany w ich poziomie. U osoby, która właśnie ukończyła maraton, poziom hormonów odpowiedzialnych za procesy trawienne może być od dwóch do pięciu razy wyższy niż wtedy, gdy już odpocznie. Zmiany mogą powodować szybsze przemieszczanie się pokarmu przez układ trawienny, co tłumaczy, dlaczego u niektórych problemy trawienne pojawiają się bez względu na to, co zjedzą.

ENERGIA NA PORANNY TRENING

Omijanie śniadania to częsta praktyka wśród osób trenujących wcześnie rano. Jeżeli wyskakujesz rano z łóżka i bez zjedzenia wskakujesz do basenu, idziesz na zajęcia spinningu lub zaczynasz biegać, twój organizm może pracować na samych oparach.

Prawdopodobnie będzie ci się trenowało lepiej, jeśli zjesz coś przed treningiem. W nocy spada poziom wytwarzanego przez wątrobę glikogenu, czyli źródła węglowodanów, które utrzymuje normalny poziom cukru we krwi. Rozpoczynając trening z niskim poziomem cukru, zmęczysz się szybciej. Ile powinno się zjeść? Tu nie ma reguły: dla jednych będzie to kilka krakersów, dla innych kromka chleba, szklanka soku, miska płatków albo pełne śniadanie. Obfity posiłek poprzedniego wieczora sprawia, że rano zmniejsza się ochota na jedzenie. Jeżeli jednak nie jadłeś nic od 18:00, musisz podnieść poziom cukru we krwi. U większości dobre wyniki daje spożycie jednego grama węglowodanów (cztery kilokalorie) na kilogram masy ciała godzinę przed umiarkowanym wysiłkiem lub czterech gramów węglowodanów (16 kilokalorii) na kilogram masy ciała cztery godziny przed wysiłkiem bardziej intensywnym. Dla sportowca, który waży 68 kilogramów, oznacza to od 75 do 300 gramów (300–1200 kilokalorii) węglowodanów – co odpowiada mi-

ETAPY TRAWIENIA: PRZEMIANA JEDZENIA W ENERGIĘ

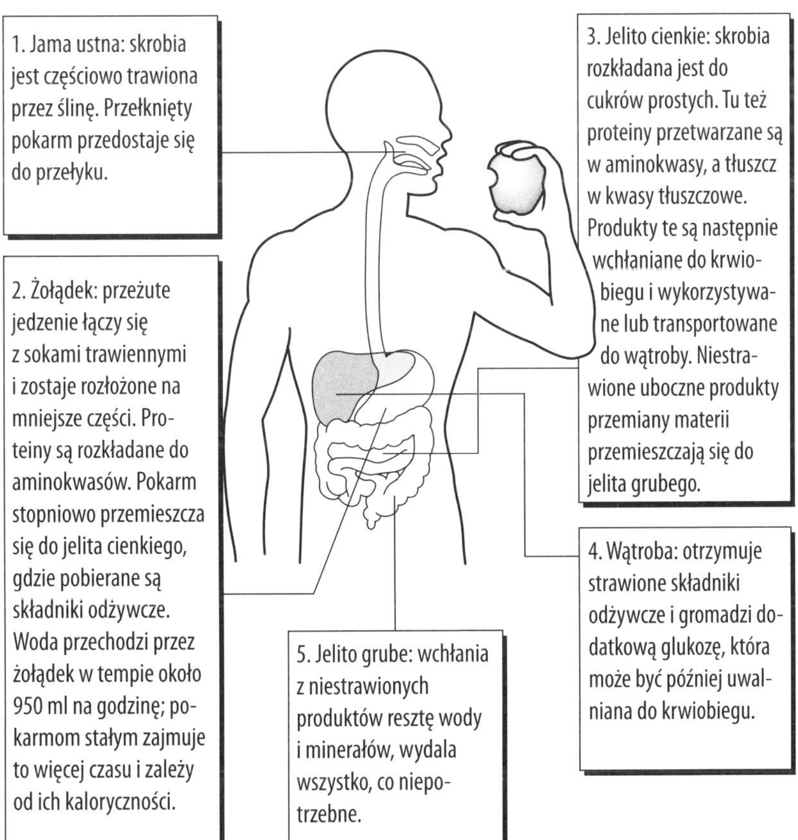

seczce płatków z bananem lub dużej porcji naleśników (ACSM, ADA, Dietitians of Canada, 2000).

Ustalenie odpowiedniej wielkości posiłku przed wysiłkiem jest trudne, bo każdy organizm reaguje po swojemu. Niektórzy sportowcy budzą się specjalnie dwie godziny wcześniej, zjadają śniadanie i kładą się z powrotem do łóżka, żeby je spokojnie strawić. Inni łapią kilka kęsów bułki, banana lub innej lekkostrawnej przekąski tuż przed wyjściem z domu. Są też tacy, którzy mają zwyczaj trenować z pustym żołądkiem. Jeśli należysz do tej ostatniej grupy, oto badanie, które być może zachęci cię do poeksperymentowania ze śniadaniem, tak byś zjadał przynajmniej 100 kilokalorii, zanim rozpoczniesz trening.

Autorzy badania poprosili grupę sportowców o to, by jak najdłużej jechali na rowerze z umiarkowanym wysiłkiem. Uczestnicy eksperymentu, którzy zjedli śniadanie (400 kilokalorii w postaci węglowodanów), byli w stanie pedałować średnio przez 136 minut, natomiast ci, którzy wypili tylko wodę – jedynie przez 109 minut (Schabort i inni, 1999). Wyraźnie widać, że mogli trenować dłużej z pełnym bakiem. Tak samo będzie w twoim przypadku.

Czterysta kilokalorii to średnia miseczka płatków śniadaniowych z mlekiem i bananem. Nie jest to więc fura naleśników. Nie musisz wpychać w siebie ton jedzenia, żeby zaobserwować poprawę. Jedz to, co uważasz za wygodne, i spróbuj samodzielnie określić ilość, która pozwala ci lepiej trenować, ale nie obciąża żołądka.

ENERGIA NA TRENING POPOŁUDNIOWY

Biegacz Juan zastanawiał się, czy gdy zje grahamkę o 15:00, to będzie miał więcej energii na bieg rozpoczynający się o 16:00, czy tylko obciąży żołądek. Wyjaśniłam mu, że wbrew obiegowej opinii pokarm zjedzony przed wysiłkiem zostaje strawiony w trakcie ćwiczeń i przetworzony na energię. Organizm jest w stanie trawić podczas wysiłku pod warunkiem, że jego tempo pozwala trenować przez ponad 30 minut. Rowerzyści, którzy spożywali 300 kilokalorii przed treningiem, spalali te kalorie podczas godzinnego wysiłku o średnim lub wysokim natężeniu (Sherman, Pedan i Wright, 1991).

Gdyby Juan wybrał się na ekstremalnie intensywny sprint na bieżni, prawdopodobieństwo, że jedzenie zalegające w żołądku zacznie mu przeszkadzać, byłoby wyższe. Podczas intensywnego wysiłku do żołądka kierowane jest mniej krwi, a więcej do mięśni. Kiedy więc planujemy ciężki trening o 16:00, musimy około południa zjeść porządny posiłek (już bez przekąski bezpośrednio przed wysiłkiem).

Oto kolejne badania dowodzące, jak ważne jest jedzenie przed treningiem. Grupę rowerzystów podzielono na pół – jedni przed testem wysiłkowym nie zjedli nic, drudzy cztery godziny wcześniej spożyli 1200 kilokalorii w postaci węglowodanów. Okazało się, że ci drudzy przez ostatnie 45 minut testu pedałowali o 15 procent mocniej niż ci na czczo. Biorąc pod uwagę, że w wyścigach kolarskich i wielu innych o zwycięstwie decydują ułamki sekund, to fantastyczna przewaga (Sherman i inni, 1989). Węglowodany dostarczyły im dodatkowego paliwa na koniec próby, kiedy zapasy glikogenu były już niskie.

Choć ten eksperyment dotyczył rowerzystów rzadziej cierpiących z powodu sensacji żołądkowych niż biegacze, którzy dodatkowo obciążają żołądek ciągłym podskakiwaniem, ich wyniki są warte uwagi. Jeśli dotychczas zawsze trenowałeś z pustym żołądkiem, może się okazać, że dzięki dawce energii wytrzymasz więcej i dłużej. Próbuj jeść węglowodanowe przekąski od kilku minut do czterech godzin przed rozpoczęciem treningu. Jeśli planujesz trening w porze lunchu, zjedz płatki na śniadanie, a następnie jogurt około dziesiątej. Jeśli trenujesz po pracy, zjedz porządny lunch, a batonik energetyczny z bezkofeinową latte na podwieczorek.

CO I KIEDY JEŚĆ

Aby ukończyć trening z zapasem energii, trzeba zjeść odpowiednie pokarmy w odpowiednim czasie przed wysiłkiem. Przekąska przedtreningowa powinna składać się głównie z węglowodanów, bo szybko przechodzą przez żołądek i mięśnie szybko mogą z nich czerpać. Spożywaj ograniczone ilości białka i tłuszczu, które dłużej się trawią. Oto kilka przykładów:

Pora Godzina 8:00, wyścig (bieg), zawody pływackie, spinning.

Posiłki Dzień wcześniej zjedz kolację bogatą w węglowodany i wypij dodatkową porcję wody. Nazajutrz, o 6:00–6:30, zjedz lekki posiłek – 200–400 kilokalorii (zjedz tyle, ile dobrze tolerujesz), na przykład jogurt i banan, jeden czy dwa batoniki energetyczne, jeśli chcesz, kawę lub herbatę oraz dodatkową porcję wody. Jedz rzeczy, które dobrze znasz. Jeżeli chcesz zjeść większy posiłek, możesz wstać wcześniej, między 5:00 a 6:00.

Pora Godzina 10:00, wyścig kolarski lub mecz piłkarski.

Posiłki Zjedz kolację bogatą w węglowodany i wypij dodatkową porcję wody dzień wcześniej. Następnego dnia zjedz na śniadanie to, co dobrze toleruje twój żołądek. Śniadanie powinno być około 7:00, by zostały trzy godziny na spokojne jego strawienie. Dzięki temu posiłkowi unikniesz zmęczenia z powodu niskiego poziomu cukru we krwi. Popularne są owsianka, grahamki i jogurt.

Pora Godzina 11:00, wyścig wioślarski wagi lekkiej, zapasy lub inne zawody sportowe wymagające ważenia na godzinę do dwóch przed startem.

Posiłki Sportowcy, którzy się odwodnili podczas przygotowywania do startu, mają po obowiązkowym ważeniu zaledwie kilka godzin, by uzupełnić niedobory i przygotować się do rywalizacji. Muszą uzupełnić zapas wody, węglowodanów i sodu. Dla kogoś, kto waży 68 kilogramów, optymalna dawka to 700 kilokalorii (głównie z węglowodanów), 2200 miligramów sodu i dwa litry wody (Slater i inni, 2007). Spożycie będzie zależało od indywidualnej tolerancji organizmu. Mnóstwo zapaśników wymiotuje na macie, bo wygłodniali rzucili się na jedzenie od razu po ważeniu. Polecam następujące zestawy:

- rosół z makaronem, pieczywo, dużo wody,
- sok warzywny, precle, woda,
- cola, kanapka z szynką i musztardą, woda,
- napój Gatorade Endurance, pieczone frytki.

Pora Godzina 14:00, piłka nożna lub inne gry zespołowe.

Posiłki Popołudniowa gra pozwala zjeść duże, bogate w węglowodany śniadanie i lekki lunch lub treściwy posiłek około 10:00, po którym zostawiamy sobie cztery godziny na trawienie. Jak zawsze dzień wcześniej zjedz bogatą w węglowodany kolację i wypij dodatkową porcję płynów, pij więcej również przed południem w dniu meczu. Popularnością cieszą się tosty francuskie, naleśniki lub owsianka i jajka sadzone na toście.

Pora Godzina 20:00, mecz koszykówki.

Posiłki Do wieczora z łatwością strawisz obfite śniadanie i lunch bogaty w węglowodany. Zaplanuj obiad na 17:00 (pod warunkiem, że twój żołądek dobrze zareaguje) lub lżejszy posiłek między 18:00 a 19:00. Przez cały dzień staraj się pić więcej płynów. Na obiad sprawdzi się makaron z sosem pomidorowym lub kurczak z dużą porcją ryżu lub ziemniaków.

Pora Wydarzenie całodniowe, na przykład wspinaczka, wyścig kolarski na 160 kilometrów, biegi narciarskie.

Posiłki Dwa dni przed startem ogranicz treningi. Dzień przed poświęć na odpoczynek, aby mięśnie mogły uzupełnić zapasy glikogenu. Jedz posiłki bogate w węglowodany na śniadanie, obiad i kolację (w rozdziale 6 możesz przeczytać o ładowaniu węglowodanami). Pij więcej płynów. W dniu wyścigu zjedz śniadanie dobrze tolerowane przez twój żołądek.

Najczęściej wybieranym posiłkiem są w tym wypadku grahamki z masłem orzechowym.

Zaplanuj bogate w węglowodany przekąski, które będziesz spożywał w trakcie wysiłku (batony energetyczne, suszone owoce, napoje sportowe, żele) co 60–90 minut, aby utrzymywać normalny poziom cukru we krwi. Jeśli masz szansę zjeść coś w porze lunchu, możesz wybrać coś większego, ale generalnie staraj się równomiernie rozkładać kalorie na cały dzień. Produkty zawierające tłuszcz, jak masło orzechowe, orzechy czy ser, mogą zapewnić długotrwałą energię – tłuszcz z pożywienia potrzebuje kilku godzin, żeby przekształcić się w paliwo dla organizmu. Pij, zanim poczujesz pragnienie; powinieneś oddać mocz minimum trzy razy w ciągu dnia.

CO JEŚĆ PRZED WYSIŁKIEM

Aby określić, ile możesz zjeść przed treningiem lub startem w wyścigu, wykorzystaj poniższe wskazówki:

- Codziennie jedz posiłki o odpowiednio wysokiej zawartości węglowodanów, aby twoje mięśnie były gotowe do działania. Przekąska spożyta w ciągu godziny poprzedzającej wysiłek zapobiega uczuciu głodu i utrzymuje właściwy poziom cukru we krwi, nie ma natomiast znaczącego wpływu na zapas glikogenu w mięśniach.
- Jeśli zamierzasz ćwiczyć przez mniej niż godzinę, po prostu zjedz coś wypróbowanego, na co dobrze reaguje twój żołądek. Największą popularnością wśród niskotłuszczowych, wysokowęglowodanowych przekąsek wybieranych przed treningiem cieszą się tosty, bułki wielozbożowe, banany, krakersy i batoniki zbożowe.
- Jeśli planujesz ćwiczyć przez ponad godzinę i nie będziesz mógł w tym czasie podjadać, musisz zadbać o dobre odżywianie dzień wcześniej. Przed wysiłkiem zjedz przekąskę zawierającą nieco białka i tłuszczu, aby zapewnić sobie energię na dłużej, na przykład jajka na miękko z grzanką, bułkę z masłem orzechowym lub owsiankę na chudym mleku.
- Wyeliminuj źródła białka obfitujące w tłuszcz, takie jak omlet z serem, hamburgery czy smażony kurczak, bo żołądek potrzebuje więcej czasu, by je strawić. Cheeseburger z frytkami, duży rożek lodowy i talerz pełen naleśników ociekających masłem to potrawy wywołujące podczas wysiłku ospałość, a w innych wypadkach nawet nudności. Jednak małe porcje potraw bogatych w białko o niskiej zawartości tłuszczu (indyk, jajka, chude mleko) dobrze się trawią i zapobiegają uczuciu głodu.

- Uważaj na produkty słodzone – napoje, żelki, żele czy nawet syrop klonowy i napoje energetyczne – w dużych ilościach. Choć większości sportowców dobrze się trenuje po spożyciu cukru, u niektórych może wywołać objawy przypominające hipoglikemię, takie jak zawroty głowy i zmęczenie.
- Daj organizmowi wystarczająco dużo czasu na trawienie. Pamiętaj, że wysokokaloryczne dania potrzebują więcej czasu na opuszczenie żołądka niż obfite, ale lekkie potrawy. Generalna zasada jest taka, że po dużym posiłku należy odpoczywać od trzech do czterech godzin, po mniejszym od dwóch do trzech, po posiłkach płynnych i półpłynnych od jednej do dwóch, a mniej niż godzinę po małej przekąsce.
- Daj organizmowi więcej czasu na trawienie przed intensywnym treningiem niż przed lekkim. W czasie intensywnych ćwiczeń mięśnie potrzebują więcej krwi, więc do żołądka może trafiać jej za mało, by uczestniczyć w procesach trawiennych. Pokarm zalegający w żołądku spowoduje uczucie dyskomfortu podczas ćwiczeń, a w ekstremalnych przypadkach organizm może go zwrócić.
- Jeżeli masz delikatny żołądek, sprawdź, czy nie zareagowałby lepiej na posiłki płynne lub zmiksowane, które szybciej opuszczają żołądek niż pokarmy stałe. Jedno z badań wykazało, że posiłek o wartości 450 kilokalorii składający się ze steku, groszku i pieczywa z masłem pozostawał w żołądku przez sześć godzin, natomiast płynna wersja tego samego posiłku pozostawała w żołądku o dwie godziny krócej (Brouns, Saris i Rehrer, 1987). Zanim zdecydujesz się przejść na płynne posiłki przed startem, czy to domowej roboty, czy też gotowe, takie jak Ensure, sprawdź, czy taka forma jedzenia dobrze wpływa na twój układ trawienny.
- Jeżeli wiesz, że z powodu tremy nie będziesz w stanie niczego zjeść przed startem, szczególnie zadbaj o właściwe odżywienie dzień wcześniej. Zjedz dodatkową przekąskę przed pójściem spać na poczet porannego śniadania. Niektórym sportowcom odpowiada spożywanie czegoś przed wysiłkiem, ale innym nie.
- Jeśli masz jakąś ulubioną przekąskę, koniecznie zabierz ją ze sobą. A jeśli nie masz, możesz zapakować coś sprawdzonego tak na wszelki wypadek. Dzięki temu w razie jakichkolwiek opóźnień – czy to z powodu korków, czy opóźnionego samolotu – będziesz mógł się odpowiednio odżywić. Oto kilka awaryjnych zestawów jedzeniowych dla sportowca:
  - suche płatki lub granola w zamykanych torebkach,
  - krakersy beztłuszczowe, tortille i wrapy,
  - batony typu meal replacement (czyli zastępujące posiłek), batony musli i figowe,

» suszone owoce, orzechy, mieszanki bakalii,
» łatwe do otwarcia puszki tuńczyka,
» masło orzechowe, dżem, miód (najlepiej w jednorazowych porcjach),
» woda, soki, napoje dla sportowców.

Czy cukier krzepi?

Czy cukier spożyty przed wysiłkiem może źle wpłynąć na formę? Większość sportowców nie odczuwa negatywnych skutków zjedzenia sporej dawki cukru przed treningiem (Horowitz i Coyle, 1993). Nawet batonik czekoladowy zjedzony 5 minut przed rozpoczęciem aktywności nie zniszczy twojej formy. Jednak lepszym sposobem zapewnienia energii przed wysiłkiem jest utrzymywanie jej wysokiego poziomu przez cały dzień dzięki odpowiedniej ilości kalorii spożywanych w zdrowych posiłkach na śniadanie i lunch.

Spożycie produktu o wysokiej zawartości cukru 15–45 minut przed wysiłkiem może przynieść efekt negatywny, jeśli jesteś wrażliwy na wahania poziomu cukru we krwi. Skoncentrowana dawka cukru (czy to w formie naturalnego soku owocowego, czy w napoju gazowanym lub żelkach) gwałtownie go podnosi. Jednocześnie trzustka uwalnia dużą dawkę insuliny, która transportuje nadmiar cukru z krwi do mięśni, a ćwiczenia ten proces wspomagają. Dlatego kiedy już zaczniesz ćwiczyć, poziom cukru w twojej krwi może spaść do nienormalnie niskiego poziomu. Generalnie wytrenowany organizm potrafi regulować poziom cukru we krwi dzięki znacznie mniejszej ilości insuliny; dlatego takie osoby nie doświadczają znacznych wahań.

Inaczej było w przypadku Jacksona, nauczyciela, który po zajęciach trenował na rowerze stacjonarnym. Próbował schudnąć, dlatego zjadał małe śniadanie i mały lunch. Kiedy kończył pracę i wybierał się na trening około szesnastej, był bardzo głodny – źródło szybkiej energii znajdował zwykle w puszce słodzonego napoju gazowanego. Po 15 minutach od rozpoczęcia treningu zaczynały się zawroty głowy, roztrzęsienie, brak koordynacji i spadek motywacji do ćwiczeń. Zdarzało się, że musiał robić przerwy na odpoczynek. Nagły spadek poziomu cukru we krwi przeszkadzał mu w wysiłku. Zaleciłam, by zamienił 150 kilokalorii spożywanych w napoju na większy lunch. To wystarczyło. Zaczął zjadać na lunch dodatkową kanapkę (150 kilokalorii), zrezygnował z napoju słodzonego po południu i miał więcej energii.

Bez wątpienia śniadanie i lunch to najlepsze źródła energii. Jeżeli jednak z jakiegoś powodu je ominiesz i czujesz nieodpartą ochotę na zaspokojenie głodu słodyczami przed popołudniowym treningiem, najlepiej zjedz je 10 minut przed rozpoczęciem wysiłku. W ten sposób zmniejszysz ryzyko wystąpienia reakcji hipoglikemicznej, bo w krótkim czasie poziom insuliny nie wzrośnie aż tak znacznie.

- Przed rywalizacją zawsze wybieraj dobrze ci znane jedzenie. Nie próbuj niczego nowego! Nowa potrawa to zawsze ryzyko problemów z żołądkiem: dyskomfortu, zgagi i skurczów, a nawet niezaplanowanych postojów. Zaplanuj kilka treningów o podobnej intensywności i o tej porze co wydarzenie, w którym zamierzasz wystartować, i sprawdź, jak reagujesz na różne produkty (i różne ich ilości). Jedzenie przed startem czegoś, do czego nie jesteś przyzwyczajony, może się skończyć znacznym pogorszeniem formy.
- Pij dużo płynów. Ryzyko, że w trakcie imprezy zagłodzisz się na śmierć, jest niewielkie, ale bardzo łatwo możesz się odwodnić. Zalecam, by dzień przed startem pić trochę więcej niż zwykle, tak aby mocz miał bladożółty kolor. Do dwóch godzin przed startem wypij dwie, trzy szklanki płynu i jeszcze jedną lub dwie pięć–dziesięć minut przed startem.

KOFEINA – STYMULACJA PRZED WYSIŁKIEM

Kofeina to popularny środek pobudzający, pomagający sportowcom trenować ciężej i dłużej. Stymuluje mózg, zapewniając jasność myśli i lepszą koncentrację. Istnieje sporo wiarygodnych badań naukowych na temat wykorzystania kofeiny zarówno w sportach wytrzymałościowych, takich jak biegi na długich dystansach czy kolarstwo, jak i polegających na wysiłku krótkim, ale bardziej intensywnym, na przykład piłce nożnej. Zdecydowana ich większość potwierdza, że kofeina faktycznie zwiększa wydolność (o jakieś 11 procent) i daje poczucie, że wysiłek jest łatwiejszy (o około sześć procent). Ci, którzy trenują sporty wytrzymałościowe, zauważają większą różnicę po spożyciu kofeiny niż osoby, których trening trwa krótko (Doherty i Smith, 2005).

Jeżeli rzadko pijasz kawę, możesz zaobserwować bardzo silne działanie kofeiny, ponieważ nie jesteś przyzwyczajony do jej pobudzającego efektu. Badanie wykazało, że po wypiciu kawy osoby, które do tej pory wcale jej nie piły, wytrzymały osiem i pół minuty dłużej jazdy na rowerze w porównaniu z treningiem, przed którym nie spożyły kofeiny. Sportowcy przyzwyczajeni do kawy ćwiczyli natomiast tylko o cztery minuty dłużej (Bell i McLellan, 2002).

Każdy organizm może reagować inaczej na kofeinę, dlatego nie zakładaj, że na pewno pozwoli ci ona lepiej trenować. Równie dobrze może się skończyć nudnościami, bólem brzucha lub większym pobudzeniem w sytuacji, kiedy i tak jesteś stremowany. I uwaga – choć filiżanka kawy o poranku może pobudzić pracę jelit, wypita przed startem w wyścigu może wywołać problemy żołądkowe. Sprawdź na etapie treningów, czy lepiej służy ci kawa, czy czysta woda.

TABELA 9.1. Źródła kofeiny

Napój	Średnia zawartość kofeiny (mg)
Kawa 480 ml	
Zwykła parzona	265 (200–400)
Starbucks grande	320
Bezkofeinowa	10 (6–24)
Inne napoje	
Starbucks podwójne espresso	150
Espresso (30 ml)	40 (30–90)
Gorące kakao (360 ml)	12
Herbata	
Parzona (480 ml)	105 (80–240)
Starbucks Chai Tea Latte (480 ml)	100
Ice Tea (480 ml)	42
Napoje słodzone (360 ml)	
Mountain Dew, zwykłe lub dietetyczne	71
Pepsi One	54
Coca-cola light	40
Pepsi	38
Pepsi Light	36
Coca-cola	33
Napoje energetyczne	
Red Bull (250 ml)	80
Tiger (240 ml)	80
Suplementy z kofeiną	
ActivLab Ultra Energy 1 kapsułka	100
Activita Power 1 kapsułka	200
Leki	
Vita-Femin 1 tabletka	75
Panadol Extra 1 tabletka	65
Migra Stop 1 tabletka	65
Gripex 1 tabletka	50

Wiele osób pija kawę nie ze względu na zawartość kofeiny, ale dlatego, że ciepły napój pobudza pracę jelit i pomaga je opróżnić przed treningiem. Być może jest to najbardziej uzasadniony powód, by włączyć ten napój do przedwysiłkowej diety. Jeżeli jesteś na tyle zmęczony, by szukać pobudzenia w kawie, to raczej nie powinieneś trenować, tylko porządnie odpocząć.

Ale czy kofeina nie działa odwadniająco? Zdaniem dr. Larry'ego Armstronga, fizjologa sportu z University of Connecticut, kofeina nie przyczynia się do nadmiernego wydalania wody z organizmu i nie szkodzi sportowcom nawet w upale (Armstrong, 2002). Swego czasu amerykańskie wojsko zaczęło się interesować wpływem kofeiny na nawodnienie organizmu żołnierzy narażonych na ekstremalnie wysoką temperaturę. Zbadano wpływ umiarkowanych (około 200 miligramów) i wysokich (około 400 miligramów) dawek kofeiny na poziom nawodnienia żołnierzy, którzy dotychczas spożywali około 175 mililitrów parzonej kawy dziennie (czyli około 100 miligramów kawy). Nie zaobserwowano negatywnego wpływu kofeiny. Ilość oddawanego moczu w badanym czasie (24 godziny) była podobna (Armstrong i inni, 2005). W innym badaniu sprawdzającym wytrzymałość organizmu w wysokiej temperaturze (38 stopni Celsjusza) osoby, które spożyły 225 miligramów kofeiny (co odpowiada 355 mililitrom kawy), trenowały dłużej o 11 minut (86 zamiast 75 minut) w porównaniu z grupą, której nie podano kofeiny (Roti i inni, 2006).

Jedna lub dwie filiżanki kawy przed wysiłkiem mogą poprawić poziom energii, jednak większe spożycie nie ma sensu. Badanie z 1995 roku (Pasman i inni, 1995) wykazało, że dobrze wytrenowani kolaże jechali tak samo dobrze po spożyciu 350 miligramów kofeiny, jak po spożyciu 850 miligramów. Zastanów się więc, zanim wlejesz w siebie drugi kubek kawy. Może się okazać, że dolewka wywoła tylko dyskomfort w żołądku. Małe dawki kofeiny (spożywane w standardowych porcjach kawy) mogą zwiększać wydolność, natomiast wysokie grożą odwrotnym efektem. Dobra dawka to około trzy miligramy kofeiny na kilogram masy ciała (Doherty i Smith, 2005). W przypadku osoby ważącej 68 kilogramów będzie to 225 miligramów kofeiny. Tabela 9.1 pokazuje zawartość kofeiny w popularnych napojach pobudzających.

ROZDZIAŁ 10

Co jeść w trakcie i po wysiłku

Tak jak to, co jesz przed wysiłkiem, w znacznym stopniu wpływa na twój poziom energii, takie samo znaczenie ma to, co zjadasz podczas wysiłku i po nim. Studenci, którzy trenują po zajęciach od 15:30 do 17:00, ludzie biznesu ćwiczący na siłowni między 17:30 a 19:00, maratończycy trenujący po jedną, dwie godziny i wszyscy, którzy trenują standardowo przez ponad godzinę, muszą myśleć o odżywianiu w trakcie wysiłku. Niestety, większość osób tak bardzo spieszy się na trening, że nie zabierają ze sobą jedzenia i napojów, które wspomogłyby ich wysiłki.

Ten rozdział podpowie ci, jak czerpać więcej radości i energii z sesji treningowych trwających ponad 60 minut. Przy krótszych sprawdzą się standardowe zasady zdrowego odżywiania. Lecz kiedy chcemy przekraczać granice własnych możliwości podczas ciężkich treningów, musimy poświęcić więcej uwagi temu, co jemy i pijemy.

JEDZENIE NA DŁUGIE TRENINGI

W czasie przedłużających się treningów, trwających dłużej niż 60 minut, należy zrównoważyć zużycie wody i energii, spożywając odpowiednią ilość płynów uzupełniających to, co tracimy wraz z potem, oraz odpowiednią ilość węglowodanów, aby zapewnić energię i właściwy poziom cukru we krwi. W trakcie długotrwałego wysiłku można znacząco zwiększyć swoją wytrzymałość, spożywając od 100 do 250 kilokalorii (25 do 60 gramów) pochodzących z węglowodanów na godzinę, licząc od drugiej godziny wysiłku (ACSM, ADA, Dietitians of Canada, 2000).

Z badania na grupie kolarzy wynika, że napoje dla sportowców, żele i żelki energetyczne dają podobny efekt (Campbell i inni, 2007).

Różne cukry są transportowane w inny sposób, dlatego najlepiej łączyć pokarmy i napoje, aby uzyskać różnorodność węglowodanów, a tym samym więcej energii do ćwiczeń (Jentjens i inni, 2006). Zamiast samego napoju izotonicznego wybierz napój i banana, kawałek batonika energetycznego i wodę. Specjalistyczne produkty dla sportowców zawierają zwykle tylko jeden lub dwa rodzaje cukru, dlatego lepsze są pokarmy naturalne, które oferują większą różnorodność węglowodanów.

Podczas umiarkowanego lub ciężkiego wysiłku wytrzymałościowego węglowodany dostarczają około 50 procent energii. Początkowo organizm wykorzystuje zapas glikogenu w mięśniach, lecz stopniowo zaczyna czerpać z cukru we krwi. Dzięki węglowodanom spożywanym w trakcie treningu, na przykład cukrowi z napojów energetycznych, mięśnie zyskują dodatkowe źródło energii.

Forma sportowca w znacznej mierze zależy od wytrzymałości psychicznej. Cukier we krwi stanowi pożywkę dla mózgu i pozwala zachować trzeźwość myśli i koncentrację, dlatego trzeba dbać o jego odpowiedni poziom. Pomagają w tym napoje dla sportowców.

Dla organizmu nie ma znaczenia, czy węglowodany dostarczane są w formie płynu, czy pokarmów stałych – obie wersje będą równie efektywne (Mason, NcConell i Hargreaves, 1993). Wbrew powszechnemu mniemaniu nawet cukier może się okazać korzystną przekąską podczas treningu (patrz rozdział 6). Niektórzy

wybierają na przekąski owoce lub soki zawierające naturalne cukry, inni wolą żele i batony energetyczne, a jeszcze inni napoje energetyczne lub cukierki. Musisz sam sprawdzić, co i ile jest dla ciebie najlepsze.

Czy to oznacza, że im więcej zjesz węglowodanów, tym lepiej? Nie, jeśli pokarm, który je zawiera, będzie ci po prostu zalegał w żołądku. W badaniu przeprowadzonym wśród wytrenowanych rowerzystek zawodniczki przez dwie godziny jechały w umiarkowanym tempie, pijąc napój, który dostarczał im 60 gramów (240 kilokalorii) glukozy na godzinę, dzięki czemu uzyskano najwyższy wskaźnik wykorzystania węglowodanów. Kiedy zmieniły napój na płyn zawierający 90 gramów glukozy (360 kilokalorii), ich forma nie poprawiła się ani trochę – prawdopodobnie dlatego, że węglowodany niewchłonięte obciążały układ pokarmowy. Przy niższym spożyciu węglowodanów zaledwie kilka uczestniczek zgłaszało wzdęcia brzucha. Przy spożyciu wyłącznie czystej wody narzekała na to tylko jedna uczestniczka (Wallis i inni, 2007). Być może ten problem byłby mniej dokuczliwy, gdyby kobiety spożyły różne formy węglowodanów.

Pamiętaj, że zbyt duża ilość cukru lub jedzenia może spowolnić proces przemieszczania się płynów z żołądka i uzupełniania zapasów wody utraconej wraz z potem. Dlatego nie zjadaj dużo cukrów, gdy intensywnie trenujesz w wysokiej temperaturze – w takich warunkach szybkie uzupełnianie zapasów wody ma większe znaczenie niż uzupełnianie węglowodanów. W niskiej temperaturze, kiedy ryzyko odwodnienia jest mniejsze, spożyty cukier może dostarczyć tak potrzebnej energii.

Spożywanie od 100 do 250 kilokalorii na godzinę (licząc od drugiej godziny treningu) może oznaczać, że powinieneś zjadać w trakcie wysiłku znacznie więcej, niż jesteś przyzwyczajony, dlatego trzeba wypróbowywać różne napoje i potrawy, aby się przekonać, które działają na twój organizm dobrze, a które źle. Musisz wytrenować swój układ pokarmowy tak samo, jak ćwiczysz serce, płuca i mięśnie. Na przykład początkujący maratończyk Alex na długie bieganie zabierał cukierki, żelki i miętówki czekoladowe, a przy bieżni, na której robił okrążenia, umieszczał lodóweczkę z żelem energetycznym, miniprecelkami, bananem, butelkami z wodą oraz napojem, który miał pić na trasie maratonu. Dzięki przekąskom i napojom utrzymywał odpowiedni poziom energii przez cały trzygodzinny trening i jednocześnie przekonał się, jakie jedzenie najbardziej mu odpowiada w trakcie wysiłku. W dzień maratonu jego znajomi czekali na niego na trasie biegu w wyznaczonych miejscach i dostarczali mu owe wybrane produkty – źródła węglowodanów. Dzięki temu Alex nie zaliczył ściany i osiągnął zadowalający go wynik.

Wszyscy sportowcy biorący udział w zawodach wytrzymałościowych, takich jak maratony, wyścigi kolarskie na dystansie ultra czy triatlon Ironman, muszą z dużym wyprzedzeniem ustalić swój plan żywieniowy i sprawdzić – podczas treningów

– czy wolą napój o smaku cytrynowym czy winogronowym, produkty w formie stałej czy w żelu, batony, rodzynki czy banany.

Kiedy stworzysz listę sprawdzonych produktów, które smakują ci nawet wtedy, gdy jesteś zgrzany i zmęczony, nie będziesz się musiał martwić o to, co jeść (a czego nie jeść) w dniu startu. Aby sporządzić ściśle określony plan odżywiania na zawodach, trzeba wcześniej określić:

- Swoje zapotrzebowanie na płyny. Można to zrobić, ważąc się nago przed i po wysiłku, w różnej temperaturze. Zobaczysz wtedy, ile wody traci organizm podczas godziny treningu.
- Swoje zapotrzebowanie na kalorie. Dzięki współpracy z dietetykiem sportowym lub fizjologiem sportu i informacjom, jak kalkulować zapotrzebowanie na kalorie, możesz określić, ile kalorii na godzinę potrzebujesz.

Podobnie jak Alex, musisz też wymyślić sposób na dostępność tych produktów podczas treningów i zawodów. Jeżeli masz zespół, który ci pomaga, poinstruuj go, co i kiedy ma ci podawać.

DOKUCZLIWE SKURCZE

Skurcze mięśni są często wynikiem odwodnienia. Jeśli raz złapał cię ten koszmarny ból, możesz się obawiać ponownego ataku. Nikt tak do końca nie odkrył, co wywołuje bolesne skurcze mięśni – to pozostaje zagadką. Pojawiają się, gdy mięśnie są zmęczone, mogą więc mieć związek z niewydolnością komórek nerwowych, która prowadzi do braku równowagi między kurczeniem się a rozkurczaniem mięśni, przez co nie mogą się właściwie rozluźnić (Schwellnus i inni, 2002).

Inne sprzyjające im czynniki to utrata płynów, brak odpowiedniej aklimatyzacji oraz zaburzenie równowagi elektrolitowej (Jung i inni, 2005). Zwykle pomagają masaże i rozciąganie. Czasem rozwiązaniem problemu może być lepsze odżywianie. Poniższe wskazówki co prawda nie gwarantują, że skurcze już nigdy cię nie złapią, jednak pomogą wykluczyć możliwe ich przyczyny:

- **Niedobór wody**. Skurcze często towarzyszą odwodnieniu, trzeba więc spożywać odpowiednią ilość wody przed, w trakcie i po wysiłku. Codziennie pij tyle płynów, by twój mocz miał bladosłomkowy kolor. Podczas długiej sesji treningowej sportowiec ważący 68 kilogramów, aby zrealizować zapotrzebowanie organizmu na płyny, powinien pić około 240 mililitrów wody co 15–20 minut. W rozdziale 8 znajdziesz więcej informacji o nawadnianiu.
- **Niedobór wapnia**. Wapń odgrywa istotną rolę podczas kurczenia się mięśni. Niektóre aktywne osoby przyznają, że dokuczliwe skurcze skończyły

się po zwiększeniu spożycia wapnia. Na przykład pewna tancerka baletowa odkryła, że problem zniknął po wprowadzeniu do diety jogurtu i chudego mleka; z kolei pewien alpinista zaczął przyjmować podczas wspinaczki tabletki zawierające wapń. Niektórzy naukowcy przekonują, co prawda, że zaburzenie równowagi wapniowej raczej nie może być przyczyną skurczów, bo w przypadku niedoboru wapnia w diecie organizm uwalniałby pewną jego ilość z kości, by zapewnić odpowiednią pracę mięśni. Tak czy inaczej, sportowcy, którzy borykają się z tym bolesnym problemem, powinni minimum dwa razy dziennie spożywać nabiał lub inne produkty bogate w wapń (na przykład wzbogacony w wapń sok pomarańczowy lub mleko sojowe).

- **Niedobór potasu**. Zaburzenie równowagi elektrolitowej, na przykład za mała ilość potasu w organizmie, może odegrać pewną rolę w pojawianiu się skurczów. Jednak organizm człowieka ma taki zapas potasu, że nawet maratończyk biegnący w upale nie byłby w stanie go wypocić. Mimo to warto zadbać o utrzymywanie wysokiego poziomu potasu, zjadając codziennie bogate w niego produkty.
- **Niedobór sodu**. Osoby aktywne, które ograniczają spożycie sodu podczas ćwiczeń, ryzykują jego niedobór, a to może powodować skurcz. Dotyczy to zwłaszcza sportowców intensywnie trenujących lub rywalizujących w wysokiej temperaturze przez ponad cztery godziny, na przykład tenisistów, triatlonistów, biegaczy ultra. Ryzyko dodatkowo wzrasta, jeśli w trakcie wysiłku piją wyłącznie czystą wodę, a przed nim nie spożyli przekąski lub napoju zawierającego sód. Dobrą przekąską podczas wysiłku będą solone precle popijane napojem dla sportowców uprawiających sporty wytrzymałościowe.
- **Niedobór magnezu**. Tak jak mięśnie potrzebują wapnia do prawidłowego kurczenia się, tak do prawidłowego rozkurczania potrzebują magnezu. Magnez pomaga pozbyć się problemu nocnych skurczów łydek (Roffe i inni, 2002). Nie jest do końca jasne, czy pomaga także przy skurczach dokuczających w trakcie wysiłku. Wielu osobom nie udaje się zaspokoić dziennego zapotrzebowania na magnez, które wynosi 320 miligramów dla kobiet i 420 miligramów dla mężczyzn. Najbogatsze źródła magnezu to zielone warzywa liściaste, pełne ziarna, orzechy i warzywa strączkowe. Miska szpinaku zawiera 155 miligramów magnezu, szklanka brązowego ryżu – 85 miligramów, pszenny chlebek pita z mąki z pełnego przemiału – 45 miligramów, cztery ciastka zbożowe z suszonymi owocami BelVita – 45 miligramów. Docierają do mnie informacje, że wielu maratończyków chwali działanie tabletek Rolaids (lek na niestrawność) – jedna tabletka zawiera 45 miligramów magnezu i 220 miligramów wapnia.

Podane wskazówki to jedynie sugestie, ale jeśli męczą cię skurcze mięśni, być może warto coś zmienić w swojej diecie. Wprowadzenie większej ilości płynów, niskotłuszczowego nabiału, bogatych w potas owoców i warzyw oraz szczypty soli z pewnością nie zaszkodzi, a być może rozwiąże problem. Polecam również konsultację z fizjoterapeutą lub trenerem na temat prawidłowych technik rozciągania i trenowania.

ODŻYWIANIE PODCZAS ZAWODÓW

Jeśli rywalizujesz w zawodach pływackich, zapaśniczych, tenisowych, piłkarskich czy koszykarskich, to wiesz, jak trudno odpowiednio się odżywiać podczas zawodów trwających długie godziny lub nawet dni. Tymczasem precyzyjny plan żywieniowy może pomóc ci zwyciężyć. Sportowcy, którzy nie przejmują się tym, co jedzą przez cały dzień aktywności, mogą pozbawić się ciężko wypracowanej formy.

Podczas długotrwałego wysiłku sportowego musisz utrzymać prawidłowy poziom nawodnienia i normalny poziom cukru we krwi. Do tego potrzebna ci strategia odżywiania w trakcie pierwszych zawodów i jak najszybszego uzupełniania zapasów przed kolejnym startem. Do planowania menu przyda się znajomość zapotrzebowania twojego organizmu na płyny i kalorie. Zadanie nie będzie trudne, jeśli w torbie treningowej czy lodówce turystycznej będziesz miał sprawdzone pokarmy dla sportowców.

Dzięki dobremu odżywianiu drużyna może zyskać przewagę, ale przekonanie sportowców, by poświęcili czas na prawidłowe odżywianie, bywa czasem wyzwaniem. Pewien trener miał już dosyć tego, że jego drużyna zawsze w wieczór przed zawodami zajadała się tłustą pizzą z kiełbasą pepperoni, popijając ją zimnym piwem. Wiedział, że taki posiłek zapycha żołądek, ale nie dostarcza mięśniom ani odpowiedniej ilości węglowodanów, ani wody. Nic dziwnego, że drużyna miała słaby sezon. Trener podjął zdecydowane kroki:

- Wynajął dietetyka sportowego, który uświadomił zawodnikom, jakie są zalety odpowiedniego spożycia węglowodanów i płynów przed wysiłkiem, dał im wskazówki dotyczące odżywiania przed meczem i wręczył listę produktów wysokowęglowodanowych (patrz rozdział 6, tabela 6.3).
- Polecił wszystkim szkolnym trenerom i instruktorom sportowym, by zachęcali podopiecznych do odpowiedniego odżywiania się. Uniwersytecki klub sportowy w dniu zawodów zapewniał bułki grahamki, banany, soki, precle, jogurty, mleko czekoladowe i inne wysokowęglowodanowe przekąski.
- Gdy jechali na zawody, trener zawczasu wybierał restaurację dla drużyny i określał menu: zupa minestrone, pieczywo pełnoziarniste, spaghetti z so-

sem pomidorowym i pulpecikami, fasolka szparagowa, chude mleko, sok i lody jogurtowe.
- Polecił każdemu zawodnikowi, by do torby treningowej zawsze wkładał zapas ulubionych przekąsek (na przykład napój energetyczny, ciastka owsiane z rodzynkami, mieszankę bakalii, pomarańcze, grahamki, batony energetyczne) i spożywał je przed, w trakcie i pomiędzy sesjami.

Dzięki właściwemu odżywianiu każdy zawodnik tej drużyny poprawił formę, – stali się bardziej wytrzymali i silniejsi. Nie zawsze wygrywali, ale przestali regularnie zbierać baty w ostatnich minutach meczu i lepiej oceniali swoje możliwości.

Pamiętaj – właściwa sportowa dieta naprawdę może poprawić twoje wyniki. Nawet sportowcy, którzy dobrze sobie radzą bez świetnego odżywiania, byliby jeszcze lepsi, gdyby poświęcili uwagę temu, co jedzą. Bądź odpowiedzialny. Planuj swój jadłospis na cały dzień wysiłku i ciesz się wysokim poziomem energii.

PIT-STOP – BEZ ZBĘDNYCH POSTOJÓW

Problemy trawienne, takie jak zaparcia czy biegunka, często dopadają sportowców. Jeśli kiedykolwiek przeżyłeś to podczas treningu lub zawodów, wiesz jaka to męczarnia i jak bardzo może wpływać na formę. Dlatego wielu sportowców robi, co tylko może, żeby ich jelita pracowały bez zakłóceń.

Jeżeli męczą cię problemy trawienne podczas ćwiczeń, spróbuj poeksperymentować z tym, co spożywasz przed treningiem. Oto kilka możliwych rozwiązań:
- Zamiast stałych pokarmów, na przykład bułki pełnoziarnistej, wypij napój energetyczny.
- Ogranicz ilość błonnika w codziennej diecie (na przykład jedz mniej owsianki i pełnych ziaren).
- Ogranicz lub zrezygnuj z ryzykownych produktów, takich jak kawa lub mleko.
- Trenuj rano, kiedy układ pokarmowy nie jest obciążony.
- Zamiast śniadania przed porannym treningiem spróbuj dostarczać organizmowi energię podczas treningu (na przykład w postaci napoju energetycznego).
- Zjedz śniadanie wieczorem, by zapewnić sobie wystarczającą dawkę energii do porannych ćwiczeń. W przypadku dłuższego treningu spożywaj węglowodany i pij wodę podczas wysiłku.
- Zrezygnuj z aspiryny i innych niesteroidowych leków przeciwzapalnych.
- Wypróbuj leki przeciwbiegunkowe wydawane bez recepty.

Osoby z tendencją do zaparć powinny jeść produkty bogate w błonnik, czyli pieczywo i płatki pełnoziarniste oraz mnóstwo owoców i warzyw, pić rano ciepłe napoje, które pobudzają perystaltykę jelit, oraz wypijać codziennie sporą ilość płynów.

Jeśli borykasz się z częstą biegunką, postaraj się zaobserwować, co ją wywołuje – przez kilka tygodni skrupulatnie notuj wszystko, co zjadasz i wypijasz, a także godziny treningu i pory, o jakich pojawia się biegunka. W notatkach nie pomijaj bezcukrowych gum do żucia i cukierków zawierających sorbitol, czyli rodzaj cukru, którego nadmiar może wywoływać problemy trawienne.

Postaraj się także zrezygnować na tydzień z potencjalnie problematycznych produktów, takich jak mleko, brokuły, cebula, kukurydza, fasola, produkty bezcukrowe zawierające sorbitol i inne ciężkostrawne potrawy, i zobacz, czy problem nie zniknie. Następnie po kolei wprowadzaj te produkty do diety i obserwuj reakcję układu trawiennego.

Niektórym nie udaje się znaleźć prostego rozwiązania problemów trawiennych. Czasem powodem są zbyt intensywne treningi lub zbyt duża ich ilość. Nawet proste ćwiczenia mogą pobudzać pracę jelit. Biegacza Petera nękała biegunka, od kiedy zaczął wydłużać pokonywany dystans. Poleciłam mu, żeby na tydzień wrócił do dawnego dystansu, a następnie próbował go wydłużać o trzy kilometry tygodniowo, a nie o sześć do ośmiu kilometrów, a także aby porozmawiał z lekarzem i upewnił się, że nie jest to problem natury medycznej. Rozwiązaniem okazały się mniej intensywne treningi. Próbował biegać za dużo i za szybko. Tak często bywa z niedoświadczonymi sportowcami, których organizmy nie są jeszcze przyzwyczajone do obciążeń intensywnego treningu.

W przypadku długo utrzymujących się problemów z biegunką, podrażnieniem lub skurczami żołądka skonsultuj się z lekarzem. Być może przepisze lekarstwo, które rozwiąże twój problem. Dobrze byłoby też poradzić się dietetyka sportowego, zwłaszcza jeśli wprowadzasz długoterminowe zmiany w sposobie odżywiania. Tak było w przypadku koszykarza Larry'ego, który odkrył, że mleko wywołuje u niego problemy trawienne, i potrzebował pomocy w znalezieniu innych niż nabiał źródeł wapnia, ryboflawiny i białka – czyli głównych składników mleka. Dietetyk sportowy pomógł mu znaleźć zamienniki bez szkody dla jakości odżywiania.

REGENERACJA PO MEGAWYSIŁKU

Kiedy po ciężkim wysiłku czujesz, że twoje mięśnie są zesztywniałe, obolałe i zmęczone, zastanów się, czy nie regenerowałbyś się szybciej, gdybyś lepiej zadbał o odżywianie. Bez wątpienia spożywanie odpowiednich pokarmów i napojów może przyspieszyć regenerację (podobnie jak wykonywanie lekkich ćwiczeń przez 10–20 minut po wysiłku – takie ćwiczenia chłodzą mięśnie i usuwają z nich kwas mlekowy). Wielu moich pacjentów ma pytania dotyczące ich diety regeneracyjnej:

- Piłkarze chcą wiedzieć, co powinni zjadać po porannym treningu, aby przygotować się na popołudniową sesję.
- Kulturyści zastanawiają się, czy po treningu powinni zjadać dodatkową porcję białka, żeby wspomóc naprawę mięśni.
- Zawodnicy trenujący squasha poszukują produktów, które przygotują ich do meczu.
- Pływacy chcą znaleźć dietę, która przeprowadzi ich przez ciężki sezon treningów i zawodów bez pogarszania się formy i uczucia chronicznego zmęczenia.

Stosując rygorystyczny plan treningowy, pamiętaj o tym, że to, co zjadasz przed i po intensywnym treningu lub zawodach, wpływa na szybkość regeneracji. Dla poważnych sportowców pokarmy spożywane po wysiłku są tak samo ważne, jak zjadane przed nim. Należy traktować dietę regeneracyjną jako stały element codziennej diety. Wybierając mądrze pokarmy i napoje spożywane tuż po zakończeniu wysiłku oraz przez resztę dnia, przygotujesz się najlepiej, jak możesz, do kolejnej sesji.

Jeśli ćwiczysz rekreacyjnie trzy, cztery razy w tygodniu, nie musisz specjalnie przejmować się dietą regeneracyjną, bo masz wystarczająco dużo czasu, by odbudować zapasy glikogenu w mięśniach przed kolejną sesją. O diecie regeneracyjnej muszą natomiast myśleć sportowcy startujący w wyścigach czy zawodach, którzy trenują dwa lub więcej razy dziennie, na przykład piłkarze na obozie treningowym, którzy trenują rano i po południu, pływacy biorący udział w kilku wyścigach w ramach jednych zawodów, triatloniści trenujący dwa razy dziennie, instruktorzy fitnessu prowadzący po kilka zajęć dziennie czy koszykarze, którzy muszą przetrwać cały sezon intensywnych treningów i meczów. Aby zregenerować się i odbudować zapasy przed kolejnym wysiłkiem, muszą zwracać szczególną uwagę na to, co jedzą bezpośrednio po pierwszym wysiłku.

Składniki odżywcze w odpowiednim momencie

Gdy ciężko trenujesz, twój organizm rozpoczyna proces spalania mięśni, ale można go zahamować, zjadając coś od razu po wysiłku. W ten sposób wykorzystuje się w pełni 45-minutowe okienko, by optymalnie odżywić i odbudować mięśnie oraz zapewnić ich przyrost. Uzupełnienie zapasów działa w dwójnasób korzystnie:

- Węglowodany stymulują wydzielanie insuliny, czyli hormonu wspomagającego przyrost mięśni i transportującego do nich węglowodany, które odbudowują zapas glikogenu.

- Węglowodany w połączeniu z niewielką ilością białka (około 10–20 gramów) to jeszcze lepsza pożywka dla mięśni, która dodatkowo obniża wydzielanie kortyzolu, hormonu spalającego mięśnie.

Obfita dawka węglowodanów w diecie regeneracyjnej wspomaga odbudowę zapasów glikogenu. Aminokwasy (pochodzące z białka) przyspieszają proces odbudowy i przyrostu mięśni (Ivy, 2001; Ivy i inni, 2002) i zmniejszają ich bolesność (Flakoll i inni, 2004). Spożycie małej porcji białka przed wysiłkiem (na przykład szklanki chudego mleka lub jogurtu) może zoptymalizować regenerację dzięki aminokwasom, które organizm będzie mógł wykorzystać po treningu (Zachweija, 2002).

Nawet jeśli po treningu nie czujesz głodu lub źle tolerujesz jedzenie po wysiłku, pamiętaj – nie musisz zjadać dużo. Już 100 kilokalorii wystarczy, by zauważyć różnicę. Ci spośród 387 żołnierzy przechodzących 54-dniowe szkolenie podstawowe, którzy po treningu spożywali 100 kilokalorii w postaci napoju – osiem gramów węglowodanów (32 kilokalorie), dziesięć gramów białka (40 kilokalorii) i trzy gramy tłuszczu (27 kilokalorii) – zauważyli znaczące korzyści zdrowotne w odróżnieniu od grupy, która spożywała tylko wodę lub taki sam napój, ale bez białka. Żołnierze z pierwszej grupy zgłaszali o 33 procent mniej problemów zdrowotnych – o 28 procent mniej infekcji bakteryjnych lub wirusowych, o 38 procent mniej bólów mięśni lub stawów, zanotowano też aż 83 procent mniej przypadków przemęczenia spowodowanego upałem, bólów mięśni i zakwasów (Flakoll i inni, 2004). Imponujące, zważywszy, że tylko 40 kilokalorii (dziesięć gramów) pochodziło z białka! Taką ilość zawiera około 300 mililitrów mleka, dwa jajka, dwie łyżki masła orzechowego z bananem lub miseczka jogurtu z odrobiną granoli. Przekaz jest jasny – odpowiednie odżywienie we właściwym czasie jest warte zachodu. Zanim popędzisz do swoich kolejnych obowiązków, zatrzymaj się i wypij mleko czekoladowe lub jogurt.

Napoje i pokarmy regeneracyjne

Po ciężkim treningu twoim najważniejszym zadaniem z punktu widzenia dietetyki jest uzupełnienie płynów utraconych wraz z potem, by organizm mógł odzyskać równowagę wodno-elektrolitową. Jak wspomniałam w rozdziale 8, idąc na trening, który wiąże się z ryzykiem nadmiernej utraty wody, musisz znać swój wskaźnik pocenia. Należy pić zgodnie z wcześniej opracowanym planem i nie dopuszczać do utraty wagi większej niż dwa procent (1,3 kilograma dla osoby o wadze 68 kilogramów). W ten sposób możesz uchronić się przed odwodnieniem, choć i tak może być to trudne, gdy intensywnie trenujesz.

Pewien dobrze zbudowany mężczyzna spędził dwie godziny na siłowni, wykonując godzinę ćwiczeń cardio i godzinę treningu siłowego. Nie mógł uwierzyć, gdy odkrył, że podczas takiej porannej sesji stracił aż ponad 3,5 kilograma – czyli pięć procent swojej wagi ciała i odpowiednik czterech litrów potu! (Pół kilograma utracone wraz z potem odpowiada około 500 mililitrów płynu). Zaczął się ważyć i uświadomił sobie, że powinien spożywać więcej płynów. Odtąd pojawiał się na siłowni z czterema litrami wody i pilnował, by co 30 minut wypijać pół litra płynu. Dzięki temu skrócił czas potrzebny na regenerację i czuł się znacznie lepiej przez resztę dnia.

Kolejnym priorytetem jest usprawnienie odbudowywania zapasów glikogenu, zwłaszcza jeśli po jednym ciężkim treningu planujesz podjąć kolejny za cztery do sześciu godzin. Od razu po pierwszym treningu, kiedy tylko jesteś w stanie coś zjeść, zacznij przyjmować pokarmy i napoje bogate w węglowodany; jeśli będzie im towarzyszyć niewielka ilość białka, tym lepiej. Docelowo należy spożywać mniej więcej jeden gram węglowodanów na każdy kilogram masy ciała co 30 minut przez cztery, pięć godzin (Ivy, 2001) lub do zjedzenia pełnowartościowego posiłku. Przyjmijmy, że ważysz 68 kilogramów:

68 kilogramów x 1 gram węglowodanów = 68 gramów węglowodanów

Jeden gram węglowodanów zawiera cztery kilokalorie, musiałbyś więc spożyć około 300 kilokalorii w postaci węglowodanów w pierwszej godzinie po treningu, powiedzmy 15 minut po jego zakończeniu i po kolejnych 15 minutach. Po upływie kolejnych 30 minut powinieneś spożyć kolejną porcję 300 kilokalorii w postaci wysokowęglowodanowych produktów. I tak przez cztery czy pięć godzin. Jeśli trening był na tyle ciężki, że martwisz się ilością zużytego glikogenu, to prawdopodobnie odczuwasz głód, którego nie zaspokoi taka ilość kalorii. Możesz spożyć więcej niż wyliczona tu ilość, jednak dodatkowe węglowodany nie przyspieszą procesu regeneracji. Wybieraj produkty, które ci smakują, dobrze się trawią i po których ogólnie dobrze się czujesz. Twoje dzienne spożycie węglowodanów powinno wynosić około sześć do dziesięciu gramów na kilogram masy ciała (450 do 750 gramów węglowodanów dziennie dla sportowca o wadze 68 kilogramów) lub więcej, jeśli trenujesz bardzo ciężko.

Wzbogacenie węglowodanów w odrobinę białka wspomaga regenerację (Ivy, 2001). Według tego, co można przeczytać na etykietkach produktów dla sportowców, stosunek węglowodanów do białka powinien wynosić 3:1 lub 4:1, ale tak naprawdę nie musisz się przejmować tym wskaźnikiem. Wystarczy, że będziesz jadł przede wszystkim węglowodany z dodatkiem białka.

Jeżeli wysiłek obniża twój apetyt, być może napoje bardziej przypadną ci do gustu niż pokarmy stałe. Śmiało, rozkoszuj się porcją mleka czekoladowego lub koktajlem owocowym. Jeśli jednak czujesz wilczy głód, nie ma nic złego w zjedzeniu chudej wołowiny w bułce, rosołu z makaronem i popiciu tego szklanką soku lub mleka czekoladowego. W tym wypadku wołowina stanowi dodatek do innych produktów bogatych w węglowodany, więc w rezultacie otrzymujesz dietę regeneracyjną obfitującą w węglowodany.

Organizm będzie się domagał posiłków i przekąsek bazujących na węglowodanach – jeśli nie bezpośrednio po wysiłku, to po około godzinie. Czy będą w postaci płynnej czy stałej, nie ma znaczenia – tak samo dobrze odżywią mięśnie. Popularne przekąski węglowodanowe z dodatkiem białka (i odrobiny sodu) to:

- sok wielowarzywny i kanapka z indykiem,
- koktajl owocowy (z jogurtem lub mlekiem) i garść precelków,
- sok jabłkowo-żurawinowy, paluszki serowe, kilka krakersów,
- miska Cheerios z mlekiem i banan.

Czasami wyczerpani treningiem sportowcy marzą tylko o hamburgerze lub steku – po godzinach raczenia się słodkimi napojami i żelami energetycznymi ich organizmy domagają się protein. Jeśli to twój przypadek, śmiało pozwól sobie na stek – z ziemniakami i pieczywem.

Regenerujące elektrolity

Pocąc się, tracimy nie tylko wodę, ale też minerały (elektrolity), takie jak potas i sód, dzięki którym organizm funkcjonuje normalnie. 470 mililitrów potu zawiera około 80–100 miligramów potasu i około 400–700 miligramów sodu. Zakładając, że im intensywniej trenujesz, tym większy głód będziesz odczuwać, standardowe posiłki wystarczą, by organizm otrzymał nawet więcej elektrolitów, niż potrzeba (patrz tabele 10.1 i 10.2). Tabletki z solą lub specjalistyczne suplementy są zbędne. Na przykład maratończyk, który po wyścigu wypija litr soku pomarańczowego, dostarcza organizmowi trzy razy więcej potasu, niż wypocił. Schrupanie torebki precelków z nadwyżką uzupełni utratę sodu.

Osoby aktywne, które trenują więcej niż cztery godziny bez przerwy, oraz sportowcy, którzy nadmiernie się pocą, powinni spożywać dodatkową porcję soli. Jednak niedobór soli to scenariusz mało prawdopodobny w przypadku przeciętnego sportowca, mimo że jest to elektrolit, którego najwięcej się traci. Tak naprawdę podczas wysiłku stężenie sodu we krwi wzrasta, bo tracimy proporcjonalnie więcej wody niż sodu. Dlatego podstawowym zadaniem jest uzupełnienie zapasów wody. Do odbudowania zapasów sodu zupełnie wystarczy dodatek odrobiny soli do posiłku lub słonych produktów, takich jak oliwki, pikle, krakersy czy zupa. Trzeba jednak pamiętać, że najczęściej wybierane składniki diety regeneracyjnej, takie jak jogurt, grahamki, pizza i spaghetti, mogą zawierać więcej sodu, niż się wydaje (patrz tabela 10.2).

TABELA 10.1. Potas w popularnych produktach i napojach regeneracyjnych

Produkt	Potas (mg)
Ziemniak, 1 duży	840
Jogurt chudy, 230 ml	520
Sok pomarańczowy, 240 ml	475
Banan, 1 średni	450
Sok ananasowy, 240 ml	335
Rodzynki, 40 g	300
Piwo, 360 ml	90
Sok jabłkowo-żurawinowy, 240 ml	70
Gatorade, 240 ml	30
Cola, 360 ml	5
Potencjalna utrata podczas 2 godz. treningu	**300**

Informacje z etykiet oraz J. Pennington, 1998, *Bowes & Church's Food Values of Portions Commonly Used.*

TABELA 10.2. Sód w popularnych produktach i napojach regeneracyjnych

Produkt	Sód (mg)
Pół 30-cm pizzy z serem	2200
Barszcz czerwony Krakus, 250 ml	880
Sos do spaghetti Dolmio, 200 ml	640
Sól, mała saszetka	590
Lasagne z mięsem i sosem, porcja 200 g	560
Elektrolity Stoperan, 1 saszetka	520
Paluszki z solą, 20 szt	270
Danie w 5 minut Spaghetti po bolońsku Winiary, 1 opakowanie	222
Płatki Cheerios z miodem, 1 porcja	200
Krakersy sezamowe Party Snack, garść	200
Chipsy ziemniaczane Lay's, 20 szt.	200
Gruba kromka chleba pełnoziarnistego	155
Jogurt owocowy, 240 ml	80–150
Wielozbożowe krakersy Sunbites, 8 szt.	135
Powerade, 250 ml	125
Gatorade, 240 ml	110
Ser camembert lekki President, 1 plasterek	100
Cola, 360 ml	30
Piwo, 360 ml	15
Sok pomarańczowy, 240 ml	9,6
Potencjalna utrata podczas 2 godz. treningu	**1000–2000**

Informacje z etykiet na produktach, 2007.

Jeżeli kusi cię, by uzupełniać zapasy sodu komercyjnymi napojami izotonicznymi, zauważ, że większość z nich wcale nie zawiera dużo sodu. Takie napoje są przeznaczone do spożywania w trakcie intensywnego wysiłku. Są mocno rozrzedzone, dzięki czemu szybciej przechodzą przez żołądek. Z punktu widzenia zawartości elektrolitów, węglowodanów i ogólnie składników odżywczych nie są najlepszym składnikiem diety regeneracyjnej, chyba że wypijesz ich dużo.

Regenerujące działanie witamin

Wiele osób wierzy, że po intensywnym wysiłku do uzupełnienia tego, co wypociliśmy, konieczna jest dodatkowa dawka witamin. Dotychczas przeprowadzone badanie nie potwierdzają prawdziwości takiego przekonania. W trakcie ćwiczeń organizm nie zużywa witamin; są jak świece zapłonowe w samochodzie.

Niektórzy sądzą, że witaminy pomagają naprawiać szkody powstałe w wyniku stresu oksydacyjnego będącego wynikiem wysiłku, który spowalnia proces regeneracji mięśni i zwiększa ryzyko wystąpienia raka, więc łykają antyoksydanty (witaminę C, E, beta-karoten). Badanie na grupie biegaczy ultra, którzy przyjmowali 1500 miligramów witaminy C w tygodniu poprzedzającym wyścig, wykazało, że we krwi mieli wyższy poziom witaminy C niż sportowcy z grupy nieprzyjmującej tej witaminy, jednak nie miało to korzystnego wpływu na poziom dotlenienia organizmu ani na odporność. (Rekomendowana dawka witaminy C to od 75 do 90 miligramów, była to więc ekstremalnie wysoka dawka) (Nieman i inni, 2002).

W innym badaniu, w którym grupa biegaczy przyjmowała 1000 miligramów witaminy C i 1000 IU witaminy E przez cztery tygodnie poprzedzające trudny bieg na 21 kilometrów, wykazano, że wskaźniki uszkodzeń w mięśniach nie obniżyły się (Dawson i inni, 2002). Badanie potwierdza, że ludzki organizm radzi sobie z obciążeniem treningu. Dlatego to codzienne mądre odżywianie zapewnia najlepszą regenerację, nie suplementy. Więcej informacji o witaminach znajdziesz w rozdziale 11.

CZAS POTRZEBNY NA REGENERACJĘ

Choć odpowiednie odżywianie może wspomóc regenerację, nawet osoby aktywne dbające o dietę mogą odczuwać chroniczne przemęczenie. Powodów jest kilka: nadmierny trening, niewystarczająca ilość odpoczynku, zbyt mało snu. Jeśli poza codziennymi obowiązkami długo i ciężko trenujesz, być może nie wystarcza ci czasu na właściwe odżywianie, sen i dbanie o siebie.

Objawy przetrenowania mogą być różne. Wśród symptomów fizycznych są utrata apetytu, utrata wagi (niezamierzona), bezsenność, częste przeziębienia i infekcje dróg oddechowych, bóle mięśni i stawów bez wyraźnego powodu (Sherman i Maglischo, 1991). Objawy psychiczne to irytacja i niepokój, którym może towarzyszyć depresja. O przetrenowaniu może także świadczyć wyjątkowo słaba forma podczas treningów lub zawodów oraz brak postępów mimo skrupulatnej realizacji planu treningowego. Jeżeli obserwujesz u siebie dwa lub więcej z tych objawów, zastanów się, czy twoje treningi nie przynoszą więcej szkody niż pożytku.

Zamiast doprowadzać do chronicznego przemęczenia, trzeba mu zapobiegać. Stosuj dietę, która dostarcza odpowiednią ilość węglowodanów i białka, daj sobie czas na zregenerowanie sił po intensywnych sesjach i tak planuj treningi, żeby się wysypiać. Postaraj się również zmniejszyć poziom stresu w życiu codziennym i ogranicz aktywności, które mogą pozbawiać cię fizycznej i psychicznej energii do ćwiczeń.

Dni przeznaczone na odpoczynek, w których trenujesz mało lub wcale, są ważną częścią programu treningowego. Niektórzy jednak czują się winni, jeśli nie trenują codziennie. Obawiają się, że dzień bez wysiłku spowoduje spadek formy, przyrost wagi i rozleniwienie. Taki scenariusz jest mało prawdopodobny. Odpoczynek ma duży wpływ na utrzymywanie szczytowej formy – wspomaga procesy regeneracyjne, obniża ryzyko kontuzji i stanowi inwestycję w twoją formę w przyszłości. Aby w pełni uzupełnić zapasy glikogenu, mięśnie mogą potrzebować do dwóch dni odpoczynku bez ćwiczeń, i z wysokowęglowodanową dietą. Prawdziwi sportowcy planują dni bez treningu. Osoby trenujące nałogowo przekraczają granice swoich możliwości, często płacąc za to słabszą formą i kontuzjami wynikającymi z przetrenowania. Wielu sportowców trenuje po kilka godzin codziennie, wierząc, że taki rygor pozwoli im robić postępy. Tymczasem taki program treningowy nie prowadzi do poprawy formy. Badania wykazały, że pływacy mieli tak samo dobre wyniki po jednej 1,5-godzinnej sesji treningowej dziennie, jak po dwóch takich sesjach dziennie (Costill i inni, 1991). Trening jakościowy jest lepszy niż trening ilościowy. Zacznij doceniać moc odpoczynku.

ROZDZIAŁ 11

Suplementy, odżywki i żywność funkcjonalna

Dawno, dawno temu sportowcy odżywiali się, bazując na naturalnych produktach: bananach, soku pomarańczowym, jogurcie, makaronach, szpinaku, kurczaku itd. Dziś wielu z nich wypełnia wózki sklepowe funkcjonalnymi batonami, odżywkami i suplementami. Objadają się węglowodanami, proteinami, aminokwasami i witaminami w tabletkach, ale zapomnieli już, jak to jest delektować się smacznym posiłkiem wspólnie z rodziną i znajomymi.

Branża żywności funkcjonalnej i suplementów kwitnie. Firmy walczą między sobą o nisze rynkowe, a reklamy przekonują, że specjalnie zaprojektowana żywność to lepszy sposób na osiągnięcie zdrowia i szczytowej formy. (Śmiem wątpić). Choć bywają sytuacje, w których żywność funkcjonalna ma prawo bytu, powinno się z niej korzystać w sposób przemyślany, we właściwym czasie i z właściwych powodów. Reklamy takich produktów kuszą idealnym składem odżywczym i obiecują lepsze wyniki w sporcie, ale nie można zapominać o jednym: naturalne jedzenie zawiera składniki, które łączą się ze sobą w niezwykle złożony sposób, działając prozdrowotnie na cały organizm.

Żywność jak najbardziej naturalna to bez wątpienia najlepszy sposób na poprawę zdrowia, zapobieganie chorobom, przyspieszenie procesów gojenia, a więc i poprawę formy sportowej. Warzywa, owoce, pełne ziarna, chude mięso, niskotłuszczowy nabiał, orzechy i warzywa strączkowe są niezwykle bogate w kombinacje ważnych witamin, minerałów, błonnika, białka, tłuszczu, węglowodanów, antyoksydantów i fitoskładników, których sportowcy potrzebują codziennie, by pozostać w grze. Rozdział ten pomoże ci się odnaleźć w gąszczu mylących informacji i zrozumieć, w jakich sytuacjach wybór żywności funkcjonalnej, suplementów witaminowych i odżywek ma sens.

SUPLEMENTY WITAMINOWE I MINERAŁY

Czym są witaminy i minerały? Witaminy to katalizatory metaboliczne regulujące reakcje biochemiczne w organizmie; znajdują się w pożywieniu. Minerały to naturalne substancje, które rośliny pochłaniają z gleby. Wbrew temu, co wmawiają nam specjaliści od promowania suplementów, gleba mało żyzna nie rodzi roślin ubogich w minerały.

Ludzki organizm nie potrafi wytwarzać witamin i minerałów, dlatego trzeba dostarczać je w pożywieniu. Stosując różnorodną i pełnowartościową dietę, można przyswajać odpowiednio zrównoważoną ilość witamin i minerałów koniecznych dla najlepszego zdrowia i formy. Jak dotychczas odkryto 14 witamin i 15 minerałów; każde z nich pełni jakieś ważne zadanie. Oto kilka przykładów:

- Wapń odpowiada za zdrową strukturę kości.
- Sód pomaga utrzymywać w równowadze poziom wody.
- Żelazo transportuje tlen do mięśni.
- Tiamina pomaga przetwarzać glukozę w energię.
- Witamina D kontroluje sposób wykorzystywania wapnia przez organizm.
- Witamina A stanowi element pigmentu oka, który pomaga nam widzieć w słabym świetle.

Wielu moich pacjentów przyjmuje suplementy witaminowe. Gdy tego nie robią, mają wyrzuty sumienia. Są przekonani, że osoby aktywne potrzebują więcej witamin i suplementów, żeby utorować sobie drogę do dobrego zdrowia i dobrej formy. Otóż nic podobnego. Potrzebujemy odpowiedniej dawki witamin i minerałów do prawidłowego funkcjonowania, ale jak dotychczas żadne badania nie potwierdziły, by nadmiar witamin i minerałów poprawiał sportowe wyniki. Wbrew wygłaszanym opiniom suplementy witaminowe nie polepszają formy zdrowej, aktywnej osoby, nie zwiększają ani siły, ani wytrzymałości, nie dostarczają energii i nie usprawniają przyrostu mięśni. Poza tym wysiłek fizyczny nie zwiększa znacznie zapotrzebowania na witaminy i minerały. Podczas ćwiczeń organizm nie spala witamin, podobnie jak samochód nie spala świec zapłonowych.

Zdaniem Międzynarodowego Komitetu Olimpijskiego (MKOl, 2004) najlepszy sposób na to, by organizm otrzymał wszystkie niezbędne witaminy, minerały i białka, to spożywanie różnorodnych pokarmów ze wszystkich grup pokarmowych. Co prawda przyjmowanie suplementu multiwitaminowego raczej nikomu

Referencyjna wartość spożycia (DRI)

Aby ułatwić sprawdzenie, czy spożywamy odpowiednią dawkę składników odżywczych, stworzono system oznaczania referencyjnej wartości spożycia. Zalecenia w przypadku witamin i minerałów przekraczają przeciętne zapotrzebowanie większości osób, w tym sportowców. DRI dzieli się na kilka grup:

- Rekomendowana wartość spożycia (ang. *RDA*) to ilość dziennego spożycia zmniejszająca ryzyko wystąpienia chorób przewlekłych.
- Zalecane dzienne spożycie (ZDS) określa standardową ilość zaspokajającą dzienne zapotrzebowanie zdrowego organizmu na dany składnik.
- Maksymalna dzienna dawka (ang. *UL*) to najwyższy poziom danego składnika pokarmowego, jaki można spożyć bez ryzyka dla zdrowia. Po przekroczeniu tej dawki pojawia się potencjalne ryzyko zatrucia.

Zalecane dzienne spożycie stanowi jedną z informacji żywieniowych na opakowaniach produktów spożywczych i ma pomagać nam w szacowaniu pokrycia dziennego zapotrzebowania na poszczególne składniki.

Aby dostarczyć organizmowi zalecaną dawkę większości składników odżywczych (być może z wyjątkiem żelaza), wystarczy 1500 kilokalorii w postaci różnorodnych produktów. Taka ilość nie tylko zapobiega niedoborom, ale też zmniejsza ryzyko chorób przewlekłych, takich jak osteoporoza, rak czy choroby serca.

Składnik odżywczy	ZDS (na opakowaniach)	Rekomendowana dzienna dawka	Maksymalna dzienna dawka
		Kobiety/Mężczyźni	**Kobiety i mężczyźni**
Witamina A (IU/dzień)	5000	2333/3000	10000
Witamina C (mg/dzień)	60	75/90	2000
Witamina D (IU/dzień)	400	(<50 lat) 600/600 (50–70 lat) 600/600 (>70 lat) 800/800	4000
Witamina E (IU/dzień)	30	15/30	1000
Witamina K (ug/dzień)	80	90/120	nie określono
Tiamina (mg/dzień)	1,5	1,1/1,2	nie określono
Ryboflawina (mg/dzień)	1,7	1,1/1,3	nie określono
Niacyna (mg/dzień)	20	14/16	35
Witamina B_6 (mg/dzień)	2	1,3/1,3 (>50 lat) 1,5/1,7	100
Kwas foliowy (ug/dzień)	400	400/400 (kobiety ciężarne) 600	1000
Witamina B_{12} (ug/dzień)	6	2,4/2,4	nie określono
Wapń (mg/dzień)	1000	1000/1000 (>50 lat) 1200/1200	2500
Żelazo (mg/dzień)	18	18/8 (po menopauzie) 8	45*
Cynk (mg/dzień)	15	8/11	40

*Górny limit nie dotyczy osób, które przyjmują suplement żelaza z powodu anemii.

Źródło: Food and Nutrition Board, Institute of Medicine, Dietary Reference Intakes; National Academy Press 2011.

nie zaszkodzi, ale MKOl rekomenduje wstrzemięźliwość w przyjmowaniu wysokich dawek witaminy C, E, beta-karotenu, selenu i manganu, bo mogą negatywnie wpływać na układ odpornościowy.

Zauważ, że im więcej trenujesz, tym więcej jesz. W porównaniu z osobami nieaktywnymi, które na ogół mają mniejszy apetyt, większość sportowców spożywa więcej kalorii, a więc również więcej witamin i minerałów. Niedobory łatwiej mogą wystąpić u osób prowadzących siedzący tryb życia, które niewiele jedzą, na przykład u mało aktywnych osób w podeszłym wieku, niż u ludzi bardzo aktywnych, którzy zwykle zjadają obfite porcje.

Niedobory witamin czy minerałów nie pojawiają się z dnia na dzień, ale powstają przez długie miesiące czy nawet lata, na przykład u chorych na anoreksję lub stosujących nieprawidłową dietę bezmięsną. Organizm przechowuje niektóre witaminy w znacznych ilościach (A, D, E i K – czyli witaminy rozpuszczalne w tłuszczach), a innych nieco mniej (B i C, które rozpuszczają się w wodzie). Większość z nas ma w wątrobie sześciotygodniowy zapas witaminy C. Jeden dzień gorszego odżywiania nie sprawi, że zacznie ci brakować witamin.

Triatlonista Paul słyszał, że ćwiczenia podwyższają poziom szkodliwych wolnych rodników (cząsteczek, które mogą się przyczyniać do zwiększania stresu oksydacyjnego i zachorowania na raka). Poradzono mu, by przyjmował suplementy z antyoksydantami, takimi jak witamina C, E, beta-karoten i selen. Nie zdawał sobie sprawy, że wysokie dawki antyoksydantów mogą przekształcić się w prooksydanty. To kolejny argument za antyoksydantami z naturalnego pożywienia, które zawiera je w odpowiednich proporcjach (a do tego dostarcza też innych niezbędnych składników odżywczych).

Przestroga dla konsumentów

Suplementy witaminowe i ziołowe nie podlegają takiej kontroli i takim samym regulacjom prawnym jak leki (zarówno te wydawane na receptę, jak i bez). Nikt nie kontroluje w pełni ich czystości, siły działania, bezpieczeństwa czy skuteczności, a producenci suplementów mogą je reklamować bez konieczności udowodnienia ich działania. Produkty takie chętnie reklamuje się jako wysoce skuteczne albo w pełni naturalne.

Amerykańska Agencja Żywności i Leków opracowała w 2010 roku przepisy, które mają poprawić jakość suplementów produkowanych w USA. Mają być wolne od zanieczyszczeń (takich jak naturalne toksyny, bakterie, pestycydy, ołów itp. substancje), prawidłowo opisane na etykietach oraz zawierać substancje aktywne w ilości deklarowanej na opakowaniu. Jednak producenci nadal nie mają obowiązku wykazać, że ich produkt jest bezpieczny ani że faktycznie działa.

Jedząc wiele różnych warzyw, owoców, produktów pełnoziarnistych, chude mięso i niskotłuszczowy nabiał, dostarczasz organizmowi witaminy i minerały, których potrzebuje. Poza tym wiele dostępnych dziś produktów (w tym batoniki energetyczne i płatki śniadaniowe) jest wzbogacanych i w efekcie wiele aktywnych osób spożywa znacznie więcej witamin i minerałów niż im się wydaje, co jeszcze bardziej zmniejsza zasadność przyjmowania suplementów. W większości przypadków osoby, które kupują suplementy witaminowe, wcale ich nie potrzebują, bo i tak odżywiają się świadomie i zdrowo.

Suplementy na zdrowie?

Przyjmowanie suplementu multiwitaminowego raczej nie zniszczy ci zdrowia, ale czy może je poprawić, jeśli stosujesz zdrową dietę? Na podstawie uważnie wyselekcjonowanych badań wpływu suplementów witaminowych na raka, choroby układu krążenia, zaćmę oraz związaną z wiekiem degenerację tkanki mięśniowej i nadciśnienie, Amerykański Narodowy Instytut Zdrowia stwierdził, że nie ma wystarczających dowodów na to, by potwierdzić lub zaprzeczyć tezie, jakoby suplementy multiwitaminowe lub z minerałami zapobiegały rakowi oraz chorobom przewlekłym (Huang i inni, 2006; Amerykański Narodowy Instytut Zdrowia, 2007).

Z najnowszych badań klinicznych wynika, że wiele suplementów nie przynosi efektów obiecywanych przez producentów.

- Multiwitaminy – ich przyjmowanie nie wykazuje oczywistych korzyści dla zdrowia.
- Antyoksydanty (witaminy A, E, C i beta-karoten) nie chronią przed chorobami układu krążenia (Marchioli i inni, 2001). Najnowsze badania sugerują wręcz, że wysokie dawki mogą prowadzić do wcześniejszej śmierci (Bjelakovic i inni, 2007).
- Antyoksydanty w wysokich dawkach nie wykazały korzystnego wpływu dla sportowców, a wręcz przeciwnie. Obecnie uważa się, że suplementy witaminowe z wysoką zawartością antyoksydantów nie przynoszą żadnych praktycznych korzyści (Davison, Gleeson i Phillips, 2007).
- Chrom nie pomaga w redukcji tkanki tłuszczowej.
- Witaminy z grupy B nie obniżają ryzyka wystąpienia chorób serca, wylewu ani utraty pamięci.
- Cynk nie chroni przed przeziębieniami.

Łykanie multiwitamin i suplementów z minerałami nie zrekompensuje diety ubogiej w błonnik, obfitującej w tłuszcz, bez różnorodnych wartości odżywczych. Nie może też stanowić wymówki dla zaniedbywania właściwej diety. Informacje zawarte w rozdziale 1 i 2 pomogą ci mądrze wybierać produkty spożywcze, które oferują całe bogactwo potrzebnych ci składników. Jeżeli zdecydujesz się na suplement diety, sprawdź najpierw, czy na przykład twoje płatki śniadaniowe lub inne produkty nie są wzbogacane.

Suplementy w wyjątkowych sytuacjach

Są jednak osoby, dla których łykanie tabletek z zestawem witamin i minerałów może okazać się korzystne. Należą do nich:

- Osoby spożywające ograniczoną liczbę kalorii, odchudzające się, które spożywają mniej niż 1200 kilokalorii dziennie; one mogą nie dostarczać organizmowi wszystkich ważnych składników odżywczych.
- Osoby z alergią pokarmową, które nie mogą jeść pewnych grup produktów, na przykład wielu różnych owoców czy pszenicy, muszą zrekompensować to alternatywnymi źródłami witamin.
- Osoby z nietolerancją laktozy. Niezdolność do trawienia cukru mlecznego występującego w produktach nabiałowych jest częstsza na południu Europy niż na północy, występuje też częściej u osób pochodzenia afrykańskiego i latynoamerykańskiego. Unikanie nabiału może doprowadzić do niedoboru ryboflawiny, witaminy D oraz wapnia.
- Sportowcy trenujący głównie w krytych wnętrzach. Jeśli spędzasz niewiele czasu na słońcu lub zawsze używasz kremów przeciwsłonecznych z filtrem, może ci brakować witaminy D, nazywanej słoneczną witaminą. Jednym z najlepszych jej źródeł w pożywieniu jest mleko wzbogacone w witaminę D. Jeśli nie możesz lub nie chcesz pić mleka, łykaj tabletki z wapniem i witaminą D, zażywaj też regularnie 15-minutowych kąpieli słonecznych bez filtrów przeciwsłonecznych.
- Kobiety planujące ciążę. Aby uchronić dziecko przed pewnymi rodzajami wad wrodzonych, kobiety planujące zajście w ciążę powinny zadbać o dietę bogatą w kwas foliowy i przyjmować suplement z 400 mikrogramami tego składnika.
- Kobiety ciężarne. Kobiety spodziewające się dziecka mają większe zapotrzebowanie na witaminy i żelazo, ale przed przyjęciem suplementu powinny skonsultować to z lekarzem. Więcej o ciężarnych sportsmenkach w rozdziale 12.
- Weganie. Osoby, które nie jedzą żadnych produktów pochodzenia zwierzęcego, mogą cierpieć na niedobór witaminy B_{12}, D oraz ryboflawiny. Również ci, którzy stosują niezbilansowaną dietę wegetariańską, są narażeni na niedobory białka, żelaza i cynku.

- Osoby starsze. Zła dieta to powszechny problem wśród osób w podeszłym wieku, które w ogóle zwykle mało jedzą. Im mniej kalorii, tym wyższe ryzyko, że nie zaspokoi się zapotrzebowania na wszystkie witaminy i minerały.

Jeśli należysz do którejś z tych grup, zastanów się nad przyjmowaniem witamin i minerałów.

Łykać, nie łykać...

Trudno się w tym połapać? Jeśli przyjmujesz już jakieś suplementy, a niewiele wiesz o witaminach i minerałach, skonsultuj się z dietetykiem lub specjalistą od

Witamina D

Gdy promienie słoneczne (promienie ultrafioletowe) padają na skórę, aktywują prekursor witaminy D. Jeśli rzadko wystawiasz się na słońce lub zawsze używasz filtrów ochronnych (które blokują produkcję witaminy D), jej poziom w twoim organizmie może być bardzo niski. Korzystanie z kąpieli słonecznych bez filtrów przeciwsłonecznych przez 15 minut dziennie kilka razy w tygodniu może zwiększyć poziom witaminy D bez zwiększenia ryzyka wystąpienia raka skóry.

Witamina D ułatwia wchłanianie wapnia z jelit; dlatego jest tak ważna dla zdrowia kości. Może mieć także wpływ na zapobieganie i leczenie nadciśnienia, chorób układu krążenia, cukrzycy, raka piersi, prostaty i jelita grubego, fibromialgii, stwardnienia rozsianego i reumatyzmu.

Obecnie zalecana dawka witaminy D wynosi 600 IU dziennie, jednak niektórzy eksperci uważają, że powinna być wyższa i wynosić co najmniej 1000 IU dziennie (Lappe i inni, 2007). Osoba z jasną karnacją może wytworzyć od 20 do 30 tysięcy IU witaminy D przez 30 minut przebywania na słońcu bez filtrów przeciwsłonecznych. Większość tabletek multiwitaminowych zawiera 400 IU, suplementy wapnia od 200 do 400 IU. Czytając etykiety, zwróć uwagę, że witamina D_3 (cholekalcyferol) ma większą wartość niż D_2 (ergokalcyferol). Możesz też zwiększyć spożycie witaminy D w diecie dzięki następującym produktom.

Źródło pokarmowe	Witamina D (IU)	Źródło pokarmowe	Witamina D (IU)
Łosoś różowy w puszce 90 g	500	Wzbogacone mleko sojowe 240 ml	40–120
Tuńczyk (pół puszki) 90 g	200	Wzbogacony jogurt 175–230 g	40–80
Krewetki surowe 125 g	160	Wzbogacone płatki śniadaniowe 30 g	40
Mleko 240 ml	100	Duże jajo kurze	25
Wzbogacony sok pomarańczowy 240 ml	100		

diety dla sportowców. Pomoże ci nie tylko ocenić twoją dietę i określić, których składników w niej brakuje, ale też nauczy cię wybierać pokarmy, które zawierają to, czego potrzebujesz.

A jeśli codziennie łykasz witaminową tabletkę, bo zapewnia ci to spokój i czujesz się zdrowszy, kieruj się poniższymi wskazówkami:

- Wybierz suplement zbliżony zawartością witamin i minerałów do zalecanego dziennego spożycia. Nie oczekuj, że znajdziesz 100 procent potrzebnego wapnia i magnezu na liście składników suplementu, bo są to minerały, których dzienną dawkę trudno byłoby zmieścić w jednej tabletce.
- Nie kupuj suplementów o nadmiernej zawartości witamin i minerałów – zwłaszcza minerałów. Wysokie dawki jednego minerału mogą negatywnie wpływać na przyswajanie innego. Na przykład nadmiar cynku może przeszkadzać w przyswajaniu miedzi.
- Sprawdzaj datę przydatności do spożycia. Przechowuj suplementy w suchym i chłodnym miejscu.
- Nie kieruj się tym, że zawarte w suplemencie witaminy są określone jako „naturalne" – najczęściej i tak jest to kombinacja witamin naturalnych z syntetycznymi. Witamina E pochodzenia naturalnego ma nieco mocniejsze działanie, jednak różnica jest niewielka.
- Nie ma dowodów, by korzystniej na organizm działały suplementy chelatowane, niezawierające cukru lub skrobi ani te najdroższe.
- Wybieraj znane marki – zwiększasz prawdopodobieństwo, że faktycznie kupujesz to, co chciałeś dostać.
- Aby zwiększyć wchłanialność, przyjmuj suplement w trakcie lub po posiłku.

A przede wszystkim – zadbaj o to, co jesz. Już mówiłam i będę powtarzać w nieskończoność – żadna tabletka nie zastąpi zrównoważonej diety. Gdy odżywiasz się mądrze i dobrze, twój organizm otrzymuje wszystkie potrzebne składniki. Prozdrowotne działanie ma całokształt twojej diety, a nie pojedyncze witaminy. Najlepsze, co możesz zrobić, to spożywać witaminy w postaci różnorodnych pokarmów. Oto, jak dostarczyć organizmowi kluczowych antyoksydantów:

- Witaminę C znajdziesz w pomarańczach i innych cytrusach, truskawkach, kiwi, brokułach, papryce, pomidorach i warzywach liściastych.
- Witamina E kryje się w pestkach słonecznika, migdałach, maśle orzechowym, zarodkach pszennych i awokado.
- Źródłem beta-karotenu jest marchewka, pataty, brokuły, pomidory, jarmuż, kantalupa i morele.
- Selen występuje w owocach morza, chudym mięsie, drobiu, pełnych ziarnach zbóż i niskotłuszczowym nabiale.

ODŻYWKI

Pełne ziarna, owoce, warzywa, chude mięso i niskotłuszczowe produkty nabiałowe to nie tylko źródła witamin i minerałów niezbędnych dla zdrowia – także białka do budowy mięśni, węglowodanów zapewniających optymalną formę sportową oraz zdrowego tłuszczu stanowiącego dodatkowe źródło energii. Tymczasem wielu sportowców do diety podchodzi nieodpowiedzialnie i szuka szybkich rozwiązań w suplementach, tabletkach i odżywkach.

Jeden z moich pacjentów, początkujący miotacz bejsbolowy, nie jadł śniadań, nie odżywiał się odpowiednio przed i w trakcie treningu, a wieczorem pochłaniał smażony ryż z sajgonkami z chińskiej restauracji. Przyszedł do mnie z całą listą pytań na temat suplementów wspomagających przyrost mięśni, zwiększających energię, wspomagających odporność, chroniących kości i stawy. Uświadomiłam mu, że żadne proszki czy tabletki nie zrekompensują kiepskiej diety. Rozmawialiśmy o tym, jak bardzo przereklamowana jest większość sportowych wspomagaczy. Niektóre nie przynoszą obiecywanych skutków, inne w ogóle nie ma mają „magicznych" składników (a mało kto czyta etykiety).

W pewnych suplementach mogą się znajdować niewielkie ilości substancji, które w ogóle nie powinny się tam znaleźć. To niezwykle ważne dla zawodowych sportowców, którzy przechodzą czasem testy na obecność niedozwolonych substancji dopingowych. Zdarzało się, że wynik testu był pozytywny po spożyciu suplementu diety (van der Merwe i Grobbelaar, 2005). W części o suplementach w dodatku A znajdziesz listę stron internetowych zawierających więcej szczegółów na ten temat.

Zamieszczam krótkie podsumowanie obecnego stanu wiedzy na temat popularnych suplementów dla sportowców. Przy tak dużej liczbie badań i nowych produktach pojawiających się na rynku praktycznie co tydzień, trzeba również szukać informacji na własną rękę i samodzielne wyciągać wnioski. Najświeższe informacje znajdziesz w części o suplementach w dodatku A. Na cokolwiek się zdecydujesz, pamiętaj, że żaden suplement nie zastąpi zrównoważonej sportowej diety. Poświęcaj swoim posiłkom tyle samo uwagi, ile treningom i obserwuj korzyści wynikające z dobrego odżywiania.

Przyrost tkanki mięśniowej

Do zwiększenia ilości tkanki mięśniowej konieczny jest trening siłowy. Dzięki ciężkiej pracy na siłowni i odpowiednim posiłkom spożywanym we właściwym czasie możesz się cieszyć naturalnym przyrostem muskulatury. Jeżeli jednak decydujesz się na jakąś odżywkę, oto garść informacji o najpopularniejszych składnikach:

Kreatyna. Jako naturalny składnik mięśni kreatyna stanowi ważne źródło energii do sprintów i dziesięciosekundowych intensywnych zrywów, czyli podnoszenia ciężarów, treningu interwałowego z powtarzającymi się zrywami o bardzo wysokiej intensywności oraz sportów drużynowych, w których intensywność wysiłku jest bardzo zmienna, jak piłka nożna, futbol amerykański, koszykówka, a także tenis i squash. W typowej diecie osoby jedzącej mięso znajdują się mniej więcej dwa gramy kreatyny dziennie. W organizmach wegetarian zapasy kreatyny są niższe.

Wielu sportowców stosujących kreatynę zauważa przyrost tkanki mięśniowej być może dlatego, że lepiej regenerują się podczas treningu siłowego, a więc mogą wykonać więcej powtórzeń. Wynik badania z udziałem 31 doświadczonych kulturystów, którzy przyjmowali suplement białkowo-węglowodanowy przed południem, po popołudniowym treningu i przed pójściem spać (w sumie 450 kilokalorii), sugeruje, że w grupie spożywającej mieszankę z kreatyną przyrost tkanki mięśniowej oraz zwiększenie siły były większe niż w grupie stosującej mieszankę bez kreatyny (Cribb, Williams i Hayes, 2007).

Jednak nie wszyscy sportowcy zauważają korzystne działanie kreatyny. Reakcje są różne: od 20 do 30 procent sportowców nie zauważa żadnego wpływu na efekty treningu. W jednym z badań na grupie 21 osób cztery sklasyfikowano jako niewykazujące reakcji na kreatynę (Kilduff i inni, 2002).

Standardowo badanym podaje się trzy gramy kreatyny dziennie, ewentualnie 20 gramów przez trzy do pięciu dni, a następnie trzy gramy dziennie. Kreatyna zatrzymuje wodę w organizmie, więc spożywanie znacznej jej ilości powoduje

przyrost wagi będący wynikiem magazynowania wody. Efekt może więc być odwrotny od zamierzonego, zwłaszcza dla sportowców, dla których waga ciała ma duże znaczenie, na przykład sprinterów.

Wielu ekspertów zgadza się, że kreatynę powinni stosować jedynie bardzo doświadczeni sportowcy. Młode osoby powinny się nauczyć poprawiać swoją formę przez ciężki trening i rozwijanie sportowych umiejętności. Choć kreatyna raczej nie jest szkodliwa dla zdrowia, może wzmagać chęć szukania drogi na skróty do sportowego sukcesu.

DHEA (dehydroepiandrosteron). Jako prekursor testosteronu DHEA hormon ten jest zachwalany jako „fontanna młodości", bo jego ilość w organizmie zmniejsza się z wiekiem. Tymczasem nie ma dowodów na to, by DHEA zwiększał masę mięśniową lub poprawiał kondycję. W 1998 roku przeprowadzono badanie na niewielkiej grupie, które miało sugerować, że DHEA może wpływać na zwiększenie siły mięśni u mężczyzn (ale nie u kobiet) (Morale i inni, 1998). Później jednak okazało się, że to mrzonki: najnowsze dwuletnie badanie nie wykazało żadnego korzystnego wpływu DHEA zarówno u kobiet, jak i mężczyzn po 60 i 70 roku życia (Nair i inni, 2006).

Hormon wzrostu. W dzieciństwie hormon ten reguluje wzrost, a w dorosłym organizmie – metabolizm. Plotka głosi, że spowalnia procesy starzenia. W rzeczywistości jednak przyjmowanie hormonu wzrostu może mieć przykre skutki uboczne: obrzęki, bóle stawów, a u mężczyzn rozrost gruczołów piersiowych (Liu i inni, 2007).

HMB (kwas 3-hydroksy-3-metylomasłowy). HMB jest produktem ubocznym aminokwasu egzogennego leucyny. Badania na szczurach wykazały, że szybko leczy uszkodzenia mięśni, poza tym zwiększa wydolność koni wyścigowych. U pacjentów hospitalizowanych z powodu ciężkich chorób przewlekłych pomaga zapobiegać zanikowi mięśni. W przypadku sportowców HMB ma redukować rozpad białka w mięśniach i wspomagać regenerację.

Do tej pory badania nie dają jednoznacznych wyników, przy czym ewentualne korzyści mogą dotyczyć jedynie niewytrenowanych osób rozpoczynających trening kulturystyczny. W przypadku dobrze wytrenowanych sportowców HMB miał niewielki wpływ na siłę mięśni (Burke, 2007). Niewielkie badanie przeprowadzone w Polsce sugeruje, że działanie HMB jest nieco lepsze w połączeniu z kreatyną. Czekamy na kolejne odkrycia.

Więcej energii

Najlepsze źródło energii to śniadanie, po nim lunch, przekąska przed treningiem oraz odpowiednia dawka płynów. Proszę, weź sobie do serca informacje z rozdziałów od 1 do 6, zanim sięgniesz po któryś z wymienionych specyfików:

Arginina. Aminokwas, który jest prekursorem tlenku azotu omówionego w dalszej części listy.

Kofeina. Znana substancja o działaniu ergogenicznym – zwiększa czujność, skraca czas reakcji i sprawia, że wysiłek wydaje się łatwiejszy. Wielu sportowców serwuje sobie dawkę kofeiny przed, w trakcie lub po treningu. Więcej informacji o kofeinie znajdziesz w rozdziałach 3 i 8.

Koenzym Q10. Enzym produkowany przez organizm, wykorzystywany przez komórki do wytwarzania energii. Najwyższe jego stężenie znajduje się w komórkach mięśni serca. Pacjenci cierpiący na pewne choroby serca mogą mieć niższy poziom koenzymu Q10, a dzięki suplementacji może zwiększyć się ich wydolność. Jednak kilka badań wskazuje na to, że koenzym ten może mieć negatywny wpływ na sportowców i nasilać zjawisko stresu oksydacyjnego.

Żeń-szeń. Szeroko wykorzystywany w kulturze azjatyckiej jako środek pobudzający, kojarzony jest ze wspomaganiem regeneracji i likwidowaniem stresu. W większości badań z udziałem sportowców nie udało się wykazać korzystnego wpływu suplementów z żeń-szeniem. Główny problem to brak regulacji suplementów żeńszeniowych, przez co zawartość żeń-szenia może być bardzo różna.

Glukuronolakton. Ten związek chemiczny to ważny składnik większości tkanek łącznych. Powstaje w wyniku metabolizmu glukozy i zwiększa dobre samopoczucie, zmniejsza senność i poprawia czas reakcji (Teyner i Horne, 2002). Można go znaleźć w niektórych napojach energetycznych (razem z kofeiną i tauryną) w stężeniu od 200 do 2400 miligramów na litr. Znajduje się w winie (20 miligramów na litr) i w bardzo niewielu pokarmach. Nie oznaczono bezpiecznej górnej granicy spożycia.

Guarana. Naturalny stymulant o działaniu podobnym do kofeiny. Promuje się ją jako środek zwiększający energię, poprawiający formę fizyczną i pomagający schudnąć. Jeden gram (1000 miligramów) guarany to równowartość około 40 miligramów kofeiny. Często stanowi składnik napojów energetycznych (Finnegan, 2003).

Tlenek azotu. Rozszerza naczynia krwionośne, przez co uważany jest za środek zwiększający przepływ krwi do mięśni. Ma to korzystne działanie u pacjentów z chorobami układu krwionośnego – w przypadku sportowców musi to jeszcze zostać udowodnione.

Soda oczyszczona. Wiadomo, że działa jak bufor na kwas mlekowy zbierający się we krwi. Spożywanie dużych dawek sody oczyszczonej (spożywczej) może poprawić formę w przypadku ćwiczeń o dużej intensywności wykonywanych przez 60–180 sekund, ale wiadomo również, że może powodować nudności i biegunkę.

Synefryna. Naturalnie pozyskiwana z pomarańczy gorzkiej. Jest stosowana jako środek odchudzający i stymulant. Poza działaniem pobudzającym podnosi ciśnienie krwi i może wywołać udar lub inne problemy z układem sercowo-naczyniowym, zwłaszcza jeśli przyjmuje się ją w połączeniu z napojami zawierającymi kofeinę (Haller, Benovitz i Peyton, 2005).

Tauryna. Jej nazwa pochodzi od greckiego słowa taurus, czyli byk. Wysokie stężenie tego aminokwasu występuje w mózgu, sercu i mięśniach. Uważa się, że w połączeniu z kofeiną tauryna zwiększa koncentrację i poprawia czas reakcji, jednak z badań nie wynika jednoznacznie, czy działanie to jest efektem działania kofeiny, czy tauryny.

Tauryna jest obecna w produktach bogatych w białko, takich jak mięso i owoce morza, ponadto organizm potrafi wytwarzać ją z innych aminokwasów. W typowej diecie dzienne spożycie tauryny jest niższe niż 200 miligramów, nawet u osób jedzących dużo mięsa (Laidlaw, Grosvenor i Kopple, 1990). Puszka Red Bulla zawiera jeden gram (1000 miligramów) tauryny. Bezpieczeństwo wysokich dawek tauryny, czy to samej, czy w połączeniu z kofeiną, nie zostało jeszcze w pełni zbadane.

Poprawa odporności

Niemal wszystkie składniki odżywcze mają wpływ na układ odpornościowy. To jeden z powodów, dla których warto codziennie dobrze się odżywiać. Składniki wspomagające odporność można znaleźć w wielu produktach, m.in. w jabłkach, płatkach owsianych, brokułach, herbacie, przyprawach... listę można ciągnąć jeszcze długo. Przyjmowanie dodatkowych składników jej nie wzmocni. Gdy przestrzegasz rygorystycznego treningu, musisz zapobiegać spadkowi odporności, a to osiągniesz, spożywając węglowodany przed, w trakcie i po wysiłku.

Osoby ze słabą odpornością często niewiele jedzą i mają tendencję do chudnięcia – co częściej zdarza się wśród delikatnych staruszek i osób głodujących niż wśród wytrenowanych sportowców (chyba że ich dieta zawiera skrajnie mało kalorii). Trwają badania nad odżywianiem wspomagającym odporność z myślą o osobach chorych na AIDS, nosicielach wirusa HIV, cierpiących na infekcje itp., nie ma jednak pewności, czy ich wyniki będą miały zastosowanie dla sportowców.

Póki co warto zadbać o swój układ odpornościowy – nie przetrenowywać się, spożywać odpowiednią ilość węglowodanów i wysypiać się. Oto lista kilku produktów stosowanych przez sportowców jako wspomagacze odporności:

Siara krowia (colostrum). Jest to bogata w białko i przeciwciała substancja wydzielana przez gruczoły mleczne krowy przez kilka dni po ocieleniu się. Nieliczne badania wskazują, że może wzmacniać odporność u intensywnie trenujących osób (Shing i inni, 2007). Nie zapobiega jednak spadkowi odporności i przeziębieniom w przypadku tych, którzy ukończyli maraton (Akerstrom i Pedersen, 2007). Konieczne są dalsze badania.

Węglowodany. Spożywanie węglowodanów przed, w trakcie i po wysiłku to dla sportowców najlepszy sposób na wspomaganie odporności. Stałe źródło energii minimalizuje obciążenie, jakiemu poddawany jest organizm podczas ćwiczeń. W rozdziałach 9 i 10 znajdziesz więcej o sposobach odżywiania dla zapewnienia sobie maksimum energii.

Echinacea. Jest to ziołowe lekarstwo mające zapobiegać przeziębieniom i skracać czas ich trwania (Turner i inni, 2005). Badanie na grupie 437 osób, które wystawiono na działanie wirusa powodującego przeziębienie, wykazało, że spożywanie echinacei zarówno przed, jak i po ekspozycji nie ma wpływu ani na zachorowalność, ani na natężenie objawów chorobowych.

Glutamina. Jest aminokwasem i stanowi ważne źródło energii dla komórek układu odpornościowego. Bierze udział w gojeniu się ran, wspiera układ odpornościowy, zwalcza infekcje i łagodzi objawy chorobowe. W sytuacji silnego obciążenia organizmu, takiego jak rak lub operacja, poziom glutaminy obniża się. Suplementy zawierające glutaminę z powodzeniem stosowano u pacjentów z HIV/AIDS i rakiem, ale badania dotyczące korzystnego wpływu przyjmowania glutaminy przez zdrowych sportowców podczas ciężkich treningów nie przynoszą jednoznacznej odpowiedzi. W glutaminę obfituje większość produktów bogatych w białko, w tym wołowina, kurczak, ryba, fasola, serwatka i nabiał.

Witamina C. Jest antyoksydantem, którego znaczne ilości znajdują się w warzywach i owocach. Pobudza układ odpornościowy i redukuje uszkodzenia komórek przez wolne rodniki. Przetrenowanie może obniżać odporność. Jednak przyjmowanie wysokich dawek witaminy C raczej jej nie wzmocni. Wyjątek stanowią sportowcy, którzy gwałtownie zwiększają intensywność treningów (Burke, 2007). Skuteczniejszym rozwiązaniem jest spożywanie węglowodanów w trakcie treningu (Davison i Gleeson, 2005). Jeśli upierasz się przy suplementowaniu witaminy C, dawka 500 miligramów jest więcej niż wystarczająca.

Witamina E. W niewielkich dawkach witamina E odgrywa ważną rolę w utrzymywaniu funkcji odpornościowych. W badaniu na 38 uczestnikach triatlonu Ironman na Hawajach, którym podawano wysokie dawki (800 IU) tego antyoksydantu przez dwa miesiące poprzedzające triatlon, witamina E niespodziewanie zwiększyła podatność na zapalenia (Nieman i inni, 2004). Choć antyoksydanty wykazują działanie ochronne, w tym przypadku więcej nie znaczy lepiej. Tak naprawdę witamina E może stać się potencjalnie groźnym dla zdrowia prooksydantem. Podsumowując – jeśli decydujesz się łykać witaminę E, zachowaj umiar – 500 IU zdecydowanie wystarczy. Prawdopodobnie najlepszym momentem na zażycie suplementu z antyoksydantem jest czas tuż przed wyjątkowo intensywnym treningiem. Więcej o tym w rozdziale 10.

Ochrona kości i stawów

Biegacze, piłkarze i inni sportowcy mocno obciążający organizm często martwią się bólem pojawiającym się w stawach. Czy mogą przyjmować coś w celu wzmocnienia kości i stawów? Oto dwie często stosowane substancje:

Chondroityna. Zatrzymując wodę w chrząstkach, poprawia ich elastyczność. Badanie, w którym 3846 pacjentów z zapaleniem stawów kolanowych poddano 20 próbom, wykazało, że działanie chondroityny było minimalne lub zerowe. Jak dotąd nie ma dowodów na to, by chondroityna chroniła sportowców przed uszkodzeniami chrząstek stawowych. Pomimo to wiele aktywnych osób twierdzi, że im pomaga. Ponieważ, że ryzyko powikłań jest niezwykle niskie, ci, którzy przyjmują chondroitynę, mogą to robić dalej, jeżeli wierzą, że jest skuteczna (Reichenbach i inni, 2007).

Glukozamina. Niezbędna do utrzymania i regeneracji zdrowych chrząstek stawowych. Choć nie udało się jeszcze bezsprzecznie ustalić, czy zapobiega degradacji chrząstek stawowych, badania wykazały, że siarczan glukozaminy (500 miligramów trzy razy dziennie) może redukować bóle o średnim i mocnym nasileniu w zapaleniu stawów (nie działa jednak w przypadku bólu lekkiego). Często przyjmuje się ją razem z chondroityną (Clegg i inni, 2006).

Z 20 przebadanych w 2007 roku suplementów diety dostępnych w USA i reklamowanych jako przynoszące ulgę w zapaleniu stawów aż 40 procent nie zawierało składników aktywnych wymienionych w składzie. W jednym znajdowało się o połowę mniej chondroityny, niż deklarowano na opakowaniu (być może dlatego, że chondroityna jest droga). W niektórych suplementach chondroityny nie było wcale lub była w formie, która nie rozkłada się na tyle szybko, by organizm mógł ją wykorzystać, zanim zostanie wydalona (Consumerlab.com 2007). Na szczęście w 2010 roku wprowadzono nowe przepisy, które mają zapobiegać takim oszustwom.

PRODUKTY DLA SPORTOWCÓW

Przemysł żywności dla sportowców niesamowicie się rozkręcił od czasu wprowadzenia na rynek produktów Gatorade w latach siedemdziesiątych, następnie PowerBar w latach osiemdziesiątych oraz pojawienia się żeli energetycznych takich jak Gu dekadę później. Cała rzesza producentów prześciga się w wymyślaniu produktów zaspokajających absolutnie wszystkie możliwe potrzeby dietetyczne – bezglutenowe, wegańskie, koszerne, bez laktozy, bez fruktozy, co tylko chcecie – na każdym etapie aktywności (przed, w trakcie i po wysiłku).

Jeśli czujesz się zagubiony w gąszczu tych produktów, nie jesteś sam. Zarówno sportowcy, jak i osoby ćwiczące rekreacyjnie wciąż pytają: jaki jest najlepszy baton energetyczny? Żel? Napój? Zastanawiają się, czy spożywają „białko w odpowiedniej proporcji do węglowodanów". Najprostsza odpowiedź jest taka, że trzeba drogą eksperymentów znaleźć produkty, na które najlepiej reaguje twój organizm w czasie treningu – przy czym to, co jest najlepsze dla jednej osoby, u innej może wywołać na przykład nudności.

Najczęściej komercyjne produkty spożywcze przeznaczone dla sportowców nie są konieczne, ale wygodne: poręczne, zawierają informację o zawartości składników odżywczych i są bardziej odżywcze niż sama woda. Jeżeli jednak liczysz się z każdym groszem, pamiętaj, że wypijając codziennie butelkę napoju za 3,50 złotych, w miesiąc wydasz ponad 100 złotych na coś, co w istocie jest wodą z cukrem. Przepis na domowy napój energetyczny (str. 394) pozwoli ci sporo zaoszczędzić!

Bez wątpienia warto niekiedy korzystać z żywności funkcjonalnej, zwłaszcza jeśli rywalizujesz na wysokim poziomie w kolarstwie, maratonach, triatlonach lub bierzesz udział w rajdach przygodowych (tzw. *adventure racing*), intensywnie trenujesz i masz wrażliwy układ pokarmowy. Jednak wszystkie osoby aktywne powinny bazować na codziennej pełnowartościowej diecie, a żywność funkcjonalną traktować jako wsparcie treningu. Innymi słowy, nie wypijaj napoju energetycznego na lunch zamiast soku pomarańczowego ani nie zjadaj żelków energetycznych zamiast owoców jako popołudniową przekąskę. W twoim koszu na śmieci oprócz opakowań po napojach energetycznych powinny się też znaleźć ogryzki po jabłkach i skórki bananów.

Wielu sportowców daje się złapać na hasła reklamowe sugerujące, że dzięki żywności dla sportowców można przejść „na wyższy poziom" sportowej diety. Batony, suplementy i odżywki zdają się cudownym rozwiązaniem, kiedy brakuje czasu, twoja forma spada, jesz nieregularnie i za mało sypiasz. Tymczasem proporcje zwartych tam składników mogą daleko odbiegać od naturalnej równowagi, co może negatywnie wpływać na formę. Wiemy, że sportowcy mogą przyswoić więcej węglowodanów, gdy pochodzą one z różnorodnych źródeł, niż gdy jedynym ich źródłem jest na przykład glukoza w napojach energetycznych (Wallis i inni, 2005; Jentjens i inni, 2006). Wiemy również, że tłuszcz odgrywa istotną rolę w odbudowywaniu zapasów tłuszczu międzymięśniowego naruszonych podczas treningu wytrzymałościowego (van Loon i inni, 2003), tymczasem wiele komercyjnych produktów zawiera tylko węglowodany i białko. Niewykluczone, iż dalsze badania wykażą, że zwykłe jedzenie przynosi takie same efekty jak żywność funkcjonalna – jeśli nie lepsze.

Pomocny w poruszaniu się w dżungli produktów energetycznych może okazać się dodatek C, w którym znajdziesz kompleksową (choć niepełną) ich listę. (Jest to jedynie lista, a nie zachęta do korzystania z tych produktów). Zobaczysz, że producenci starają się zapełnić praktycznie każdą rynkową niszę. Niech cię nie zwiedzie nazwa – czasem tylko ona jest mocną stroną reklamowanego produktu.

ROZDZIAŁ 12

Wiek a potrzeby żywieniowe

Rodzice przyszłego sportowca, nastolatek – członek drużyny szklonej, który chce poprawić swoje wyniki, aktywna kobieta planująca ciążę, doświadczeni biegacze czy członkowie klubu dla aktywnych seniorów – wszyscy mają wiele żywieniowych dylematów. W tym rozdziale odpowiadam na pytania, jakie mogą się pojawić na różnych etapach życia sportowców zawodowych i osób trenujących rekreacyjnie.

CIĄŻA I ODŻYWIANIE

Wiele aktywnych kobiet marzy o tym, by zostać mamą. Są też takie, którym śnią się koszmary o tym, jak ciąża zmieni ich ciała. Panie, które regularnie startują w zawodach, martwią się zwłaszcza, że za dużo przytyją. Nie można jednak zapominać, że ciąża i otyłość bardzo się od siebie różnią! Na standardowy przyrost wagi wynoszący od 11 do 16 kilogramów składa się: waga płodu (3,5 kilograma), łożysko (około jedenego kilograma), płyn owodniowy (około jedenego kilograma), macica (jeden do dwóch kilogramów), tkanka gruczołu piersiowego (0,9–1,3 kilograma), zwiększona ilość osocza we krwi (1,5 kilograma) oraz zapas tkanki tłuszczowej, z którego organizm będzie korzystał podczas karmienia (dwa do czterech kilogramów). Kobiety z niedowagą mogą w trakcie ciąży przybrać na wadze więcej, a te z nadwagą – mniej.

Odżywianie przed ciążą

Gdy planujesz ciążę, nie czekaj do ostatniej chwili, żeby zacząć się odpowiednio odżywiać. Każdego dnia przyszła mama powinna wzmacniać organizm składnikami, które zarówno dziś, jak i w przyszłości zapewnią dobrą kondycję jej i nienarodzonemu dziecku. Dieta ciężarnej sportsmenki powinna być przede wszystkim bogata w foliany (patrz tabela 12.1), czyli witaminę z grupy B, która chroni przed defektami układu nerwowego i innymi nieprawidłowościami rozwojowymi płodu. Foliany to naturalna postać witaminy B_9 występująca w pożywieniu. Kwas foliowy jest formą syntetyczną obecną w suplementach i produktach wzbogacanych. Zalecana dawka wynosi 400 mikrogramów kwasu foliowego dziennie.

Odżywianie w ciąży

Jedne aktywne kobiety ciążę znoszą świetnie, dobrze się odżywiają, regularnie ćwiczą i dziewięć miesięcy mija bez problemów. Inne mogą odczuwać zmęczenie, nudności, bóle pleców czy inne niedogodności. Niektóre tyją bardziej, niż się spodziewały, a inne w normie. Należy słuchać swojego organizmu i zaufać, że regularne posiłki i przekąski pozwolą przybierać optymalnie na wadze, korzystać z komfortowego programu ćwiczeń i urodzić zdrowe dziecko.

Najlepszy sposób na zdrowe odżywianie to korzystanie z zaleceń rozdziału 1 i 2 tej książki plus lektura którejś z dostępnych na rynku książek na temat jedzenia

TABELA 12.1. Źródła folianów i kwasu foliowego

Produkty naturalne	Ilość	Kwas foliowy (ug)
Szpinak duszony	miseczka	260
Soczewica gotowana	½ miseczki	180
Szparagi	6 szt.	130
Awokado	½ średniego	80
Brokuł gotowany	1 miseczka	80
Sałata rzymska, porwana	1 miseczka	80
Cieciorka z puszki	½ miseczki	80
Fasola biała z puszki	½ miseczki	65
Pomarańcza	1 średnia	50
Groszek zielony	2 łyżki	30
Masło orzechowe	2 łyżki	30
Jajo	1 duże	20
Produkty wzbogacane	**Ilość**	**Kwas foliowy (ug)**
PowerBar	1	400
Cheerios	miseczka	200
Owsianka instant	1 saszetka	80

Dane z J. Pennington, 1998, *Bowes&Churches Food Values of Portions Commonly Used* oraz etykiety na opakowaniach produktów.

w ciąży. Taka dieta powinna przede wszystkim dostarczać kwasu foliowego (jego źródła znajdziesz w tabeli 12.1), produkty bogate w wapń, ciemnozielone i kolorowe warzywa, świeże owoce, takie jak pomarańcze i inne cytrusy, pełne ziarna oraz produkty bogate w żelazo i białko. Sportsmenkom, które przed ciążą miały niski poziom żelaza, może grozić anemia. A sama ciąża i tak jest już wystarczająco męcząca!

Mniej więcej dwóm trzecim kobiet zmieniają się w ciąży upodobania kulinarne. Może się pojawić silna awersja do mięsa, warzyw lub kawy. Nawet jeśli nie jesteś w stanie utrzymać w żołądku niczego oprócz kilku krakersów, to i tak twoje dziecko otrzyma wszystkie niezbędne składniki z zapasów w organizmie. Jeżeli z powodu nudności twoja dieta jest mocno okrojona dłużej niż trzy miesiące, możesz rozważyć konsultację z dietetykiem, który znajdzie sposoby na jej zbilansowanie.

Gdy miewasz wyjątkowo silny apetyt na przykład na sól, tłuszcz czy czerwone mięso, być może natura w ten sposób podpowiada ci, jakich składników twój organizm potrzebuje. Folgowanie chęci na konkretne produkty, jeśli tylko napady nie są bardzo nasilone, raczej nie zaszkodzi, dlatego słuchaj swojego ciała i staraj się odpowiadać na jego potrzeby. Apetyt na słodycze zaspokajaj w możliwie najzdrowszy sposób: zamiast lodów wybierz mrożone owoce lub bakalie zamiast cukierków. Może się oczywiście okazać, że nic nie jest w stanie zastąpić prawdziwych słodyczy, dlatego tym bardziej należy rozpocząć zdrowe odżywianie, żeby organizm przetrwał bez szwanku czas porannych nudności i dziwnych zachcianek żywieniowych.

Odżywianie po porodzie

Jeśli jesteś świeżo upieczoną mamą i martwisz się, że nigdy nie zrzucisz kilogramów przybranych w ciąży, bądź cierpliwa – pamiętaj, że po zimie zawsze przychodzi wiosna. W pierwszym roku po porodzie możesz nie być ani tak szczupła, ani tak wysportowana, jak byś chciała. Ciąża trwa dziewięć miesięcy i wiele kobiet potrzebuje kolejnych dziewięciu lub więcej, żeby wrócić do figury sprzed ciąży (patrz rysunek 12.1). Nie jest to czas na diety odchudzające.

Lepiej skupić się na tym, żeby jeść zdrowo i wierzyć, że przyczyni się to w końcu do odzyskania odpowiedniej wagi ciała. W tym często, niestety, przeszkadza to, że macierzyństwo wiąże się z wieloma wyzwaniami. Przy płaczącym dziecku w odstawkę idzie nie tylko życie towarzyskie, ale również wiele zdrowych nawyków żywieniowych. Na jakość diety wpływa zmęczenie, stresujące zmiany w życiu rodzinnym oraz brak energii do robienia zakupów i gotowania. Może brakować wytrwałości, by dbać o redukcję wagi i kontynuować program treningowy.

Stres i frustracja, jakie towarzyszą macierzyństwu, mogą zaburzyć twoje plany dotyczące spadku wagi, a nawet przyczynić się do jej wzrostu. Przebywając cały dzień w domu, z jedzeniem pod ręką, możesz mieć ochotę pocieszać się cukierka-

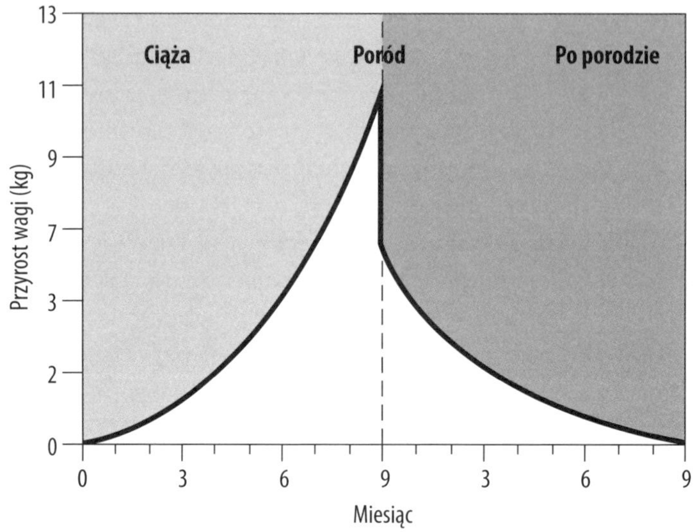

Rysunek 12.1. Kobiety w ciąży przybierają na wadze średnio od 12 do 16 kilogramów i mogą potrzebować kolejnych dziewięciu lub więcej miesięcy, żeby powrócić do wagi sprzed ciąży

mi, ciastkami czy innymi smakołykami. Fizyczne zmęczenie, brak czasu i obowiązki związane z opieką nad dzieckiem mogą udaremnić twój plan ćwiczeń. W takim przypadku zastanów się, czy nie lepiej wynająć opiekunkę, co umożliwi ci podjęcie aktywności fizycznej – dzięki temu poprawi się twoje samopoczucie i wygląd.

Jeżeli boisz się, że nadwaga zostanie ci już na całe życie, przyjrzyj się, jak to wygląda wśród młodych mam. Ankieta przeprowadzona wśród biegaczek, które urodziły dziecko, wykazała, że większość z nich powróciła do biegania pięć tygodni po porodzie, a wagę sprzed ciąży odzyskała po pięciu miesiącach (Lutter i Cushman, 1982). Po urodzeniu dziecka można być szczupłym, co potwierdza przykład wielu mam wokół ciebie. Na początku jednak trzeba pokochać siebie, cieszyć się czasem spędzanym z dzieckiem, być dumnym ze swojego dzieła i nie zmuszać się do drakońskiej diety.

ODŻYWIANIE DLA RODZINY

Wielu moich pacjentów to aktywni i dbający o linię rodzice przerażeni nawykami żywieniowymi swoich dzieci. Należy do nich triatlonistka Janine, matka dwóch córek (11 i 14 lat). „Chciałabym, żeby moje dziewczyny lepiej się odżywiały. Uwielbiają śmieciowe jedzenie, spędzają długie godziny przy komputerze na czatowaniu ze znajomymi, no i ważą więcej, niż powinny. Nasze posiłki zaczynają przeradzać się w trzecią wojnę światową" – skarżyła się. Jej usilne próby przekazania dzieciom wiedzy, jak odżywianie wpływa na zdrowie, były jak rzucanie grochem o ścianę.

Poradziłam jej, żeby zamiast dzielić jedzenie na dobre i złe, nauczyła córki czerpać przyjemność z jedzenia i uświadomiła im, że dzięki niemu organizm może robić różne wspaniałe rzeczy. Jest zupełnie naturalne, że dzieci łakną śmieciowego jedzenia, ale jest też naturalne, że lubią różne zdrowe potrawy. Kluczem jest równowaga, nie zakazy. W przeciwnym razie dziecko będzie się buntować.

Wbrew powszechnemu przekonaniu dzieci (ani ich rodzice) nie muszą stosować idealnej diety, żeby odżywiać się zdrowo. Większość dzieci może zaspokoić swoje potrzeby żywieniowe, spożywając od 1200 do 1500 zróżnicowanych kalorii. Jest więc trochę miejsca na słodycze – w ograniczonej ilości. (Tak naprawdę bardzo aktywne dzieci mogą mieć problem z zaspokojeniem zapotrzebowania na kalorie, jeśli rodzice całkowicie ograniczą im dostęp do łakoci). Jednym ze sposobów na ograniczenie spożycia mniej zdrowych przekąsek jest zadbanie o to, by dziecko zjadało drugie śniadanie po szkole i przed aktywnością fizyczną. W ten sposób krakersy z masłem orzechowym, domowa zapiekanka, płatki z mlekiem, koktajl owocowy lub kanapka zastąpią standardowe przekąski, takie jak batony, ciastka czy chipsy. Zdrowe drugie śniadanie jest szczególnie ważne dla dzieci, które nie zjadają porządnego posiłku w szkole. Wszystkim, którzy chcą położyć kres domowym wojnom przy stole, polecam książkę Ellyn Satter *Secrets of Feeding a Healthy Family*.

Rozwój fizyczny dzieci

Biegacz Paul, ojciec 12-letniej dziewczynki trenującej pływanie, niepokoił się: „Sarah jest pulchna, mimo że dbamy o jej aktywność". Przypomniałam mu, że organizm każdego dziecka jest inny: jedne dzieci są drobne, inne są duże, a jeszcze inne znajdują się gdzieś pomiędzy. To zupełnie normalne. Choć Paul nie był zadowolony z wyglądu swojej córki, ostrzegłam go, żeby oceniał raczej to, czy jest zdrowa, a nie jak wygląda. Przekazywanie dziecku informacji typu: „mogłabyś wyglądać lepiej" może być źródłem problemów w przyszłości. Sarah doskonale zdawała sobie sprawę, że za dużo waży.

Odchudzanie to standard wśród pływaków i osób uprawiających sporty, w których liczy się szczupła sylwetka, takich jak łyżwiarstwo figurowe, taniec, gimnastyka czy biegi, jednak presja, by uzyskać sylwetkę perfekcyjną, może być przyczyną problemów zwłaszcza w przypadku osób o niskiej samoocenie i niskim poczuciu wartości. Bardzo często ludzie odchudzają się nie tylko dlatego, że chcą stracić na wadze, ale dlatego, że czują się niedoskonali. W takim przypadku odchudzanie może przerodzić się w pełnoobjawowe zaburzenie odżywiania.

Jako rodzic Paul musi nauczyć się nie oceniać córki z punktu widzenia jej tuszy i nauczyć ją, by lubiła siebie taką, jaką jest. Poradziłam mu, żeby nigdy nie komentował wyglądu pulchnych dzieci, bo Sarah mogłaby uznać, że musi być chuda, żeby inni ją cenili i kochali. Jest to szczególnie ważne w przypadku dorastających dziewczynek, które borykają się ze zmianami w wyglądzie i jednocześnie starają się być jak najlepsze w uprawianej dyscyplinie. Wówczas próby kontrolowania wagi mogą prowadzić do niezdrowego odchudzania, frustracji, poczucia winy, beznadziei i porażki.

Jak pomóc dziecku z nadwagą

Paul nie miał pojęcia, jak pomóc Sarze schudnąć. Uzmysłowiłam mu, że kwestia wagi dzieci jest złożona, że toczą się na ten temat dyskusje wśród rodziców i pediatrów. Wiemy, że ograniczanie spożycia kalorii u dzieci nie przynosi efektu. Dzieci często zaczynają podjadać po kryjomu i nabierają poczucia winy – podobnie jak dorośli, którzy nie są w stanie utrzymać diety. Jednak w tym wypadku to rodzice stają się strażnikami diety – a to nie jest pożądany układ sił w rodzinie.

Pomimo najlepszych chęci Paula, aby uchronić córkę przed otyłością, przestrzegłam go przed wyznaczaniem córce diety, zakazywaniem jej frytek czy cukierków. Zakazy jedzeniowe nie sprawdzają się zarówno u dorosłych, jak i u dzieci. Gdyby diety odchudzające naprawdę się sprawdzały, większość stosujących je osób byłaby szczupła, a epidemia otyłości nie rozszerzałaby się.

Dieta odchudzająca w przypadku dzieci może przynieść więcej problemów niż korzyści. Niszczy naturalną zdolność dziecka do jedzenia wtedy, gdy czuje głód, i kończenia jedzenia, gdy pojawia się uczucie sytości. Dziecko na diecie zaczyna rekompensować sobie za małą ilość jedzenia, opychając się, kiedy tylko ma okazję. Myśli sobie: „Najem się teraz tortu na zapas, bo po powrocie do domu będę mógł jeść tylko sałatę i chrupki ryżowe". Zasugerowałam, żeby Paul delikatnie podpytał Sarę, czy dobrze się czuje w swoim ciele. Jeśli wyraziłaby niezadowolenie i chęć nauczenia się lepszego odżywiania, mógłby zaaranżować spotkanie z dietetykiem dziecięcym, który specjalizuje się w kontroli wagi u dzieci.

Jeśli i ty jesteś rodzicem pulchnego dziecka, musisz wiedzieć, że dzieci często rosną wszerz, zanim urosną w górę – czyli robią się pulchniejsze, by zaraz potem zrobić się wyższe. Porozmawiaj z pediatrą, aby sprawdzić, czy twoje dziecko faktycznie ma problem z wagą. Możesz też skorzystać z tabeli wzrostu dostępnych w internecie.

Być może słusznie martwisz się zbytnim przybieraniem na wadze swojej pociechy; coraz częściej obserwuje się u dzieci problemy natury medycznej wynikające z cukrzycy, wysokiego poziomu cholesterolu czy nadciśnienia. Może być jednak tak, że twoje obawy odzwierciedlają tylko lęk przed wychowaniem niedoskonałego dziecka. Owszem, chcesz mu oszczędzić przykrości związanych z byciem grubym, ale najpierw zastanów się, czy przypadkiem nie przelewasz na nie własnych obsesji. Jeśli sam bardzo dbasz o linię i o wygląd, dziecko z nadwagą może nie pasować do twojego wyobrażenia wymarzonego potomstwa. Często nadwaga dzieci w rzeczywistości jest problemem rodziców. Być może chcesz, żeby twoje dziecko było idealne.

Upewnij się, że twoje pulchne dziecko czuje się kochane pod każdym względem – a nie oceniane z perspektywy wyglądu. Drobne uwagi typu: „To śliczna sukienka, kochanie, ale wyglądałaby jeszcze lepiej, gdybyś troszeczkę schudła" twoje dziecko może zinterpretować jako sygnał, że nie jest dla ciebie wystarczająco dobre. Jego samoocena dramatycznie spadnie, a to może prowadzić do myślenia, że „im chudsze, tym lepsze". Wówczas mogą pojawić się zaburzenia odżywiania i anoreksja (zobacz rozdział 16).

Co więc można zrobić, żeby pomóc dziecku z nadwagą? Zamiast je krytykować i ograniczać jedzenie, lepiej pomóc mu zrozumieć, jak bardzo korzystna jest aktywność fizyczna. Można więc zachęcać dziecko do tego, by oglądało mniej telewizji, planować wspólne gry i zabawy ruchowe, które sprawią radość całej rodzinie, a nawet zorganizować piesze wycieczki z dzieciakami z sąsiedztwa. Całą rodziną możecie wziąć udział w imprezie biegowej. Jako członek lokalnej społeczności możesz zabierać głos w sprawie tworzenia bezpiecznych ścieżek rowerowych i biegowych, klubów sportowych, które chętnie przyjmują dzieci z nadwagą, czy basenów, na które można wejść w koszulkach i spodenkach, a nie tylko w zawstydzających kostiumach kąpielowych.

Staraj się serwować dzieciom pełnowartościowe i odżywcze posiłki oprócz okazjonalnych mniej zdrowych produktów (jeśli ich całkowicie zakażesz, i tak je kupią). Dbaj o to, by twoje dziecko zjadało śniadanie. Planuj posiłki i przekąski. Poważnie podchodź do obiadu. Musisz planować co, kiedy i gdzie ma jeść. (Nie każ dziecku na siłę kończyć surówki ani nie zabraniaj mu wziąć dokładki). Jeśli będziesz przeszkadzać mu samodzielnie regulować umiejętność zaspokajania głodu, może się z tym borykać przez resztę życia. Uwierz w to, że twoje dziecko wie, kiedy jest głodne i kiedy ma dość – i że potrafi dostarczyć sobie energii na dzień pełen aktywności.

DIETA STARSZYCH SPORTOWCÓW

100 lat temu średnia długość życia wynosiła 42 lata. Dziś większość z nas będzie żyć dwa razy dłużej. Bez wątpienia aktywność jest kluczem do zachowania zdrowia zarówno fizycznego, jak i psychicznego. Z wiekiem przybywa nam nie tylko zmarszczek i siwych włosów, ale też mądrości, poszanowania życia i chęci, by chro-

nić zdrowie. Być może wiesz, że dbanie o kondycję w podeszłym wieku ogranicza stany zapalne, które mogą się przyczyniać do powstawania chorób serca, ale możesz nie wiedzieć, że zmniejsza też ryzyko zachorowania na alzheimera o 50 procent (Etnier i inni, 2007).

Jeśli jesteś doświadczonym sportowcem, który chce pozostać aktywny przez długie lata, możesz się zastanawiać, czy twoje potrzeby żywieniowe różnią się od potrzeb młodszych sportowców. Jak dotąd badania nie wykazały, by różnica była znaczna, starsi muszą jedynie zoptymalizować dietę tak, by mogli z powodzeniem rywalizować z młodszymi. Najważniejsze jest dbanie o to, by posiłki były odżywcze i zawierały produkty chroniące przed chorobami układu krążenia, rakiem, osteoporozą oraz innymi przypadłościami występującymi częściej w podeszłym wieku.

Nie chcesz iść w ślady amerykańskiego bejsbolisty Mickeya Mantle'a, który powiedział kiedyś: „Gdybym wiedział, że będę żył tak długo, lepiej bym o siebie zadbał"? Nigdy nie jest za późno, żeby zacząć dobrze się odżywiać, odpowiednio ćwiczyć i dodać organizmowi witalności. Oto kilka wskazówek dla starszych sportowców (i starzejących się – czyli dla nas wszystkich) ważnych dla opracowania diety odpowiedniej dla każdej dyscypliny – łącznie z tą polegającą na życiu w zdrowiu do końca swoich dni.

Białko. Z wiekiem zapotrzebowanie na białko nieznacznie wzrasta, jednak nie na tyle, by stworzyć oddzielne zalecenia dla sportowców w zaawansowanym wieku. Wystarczy nie unikać wysokobiałkowych produktów. Jedz je minimum w dwóch posiłkach dziennie, aby dostarczyć budulec dla mięśni i chronić je przed uszkodzeniami. W bogatych w białko rybach – zwłaszcza łososiu, tuńczyku i innych tłustych rybach morskich – dodatkowo znajdują się zdrowe tłuszcze chroniące przed chorobami serca, rakiem i reumatoidalnym zapaleniem stawów. Zjadaj 200 gramów ryb tygodniowo (w dwóch porcjach).

Bez względu na wiek, jeżeli chcesz wykonywać jak najwięcej z treningów, staraj się uzupełniać zapasy krótko po wysiłku. Ci z 74-letnich panów uczestniczących w 12-tygodniowym badaniu, którzy spożywali węglowodany i białko od razu po każdej sesji treningowej, odnotowali znacznie większy przyrost tkanki mięśniowej i wzrost siły mięśni niż grupa kontrolna, która zaczynała odbudowywać zapasy dopiero po dwóch godzinach od zakończenia treningu (Esmarck i inni, 2001).

Tłuszcz. Zdrowe tłuszcze roślinne i te pochodzące z ryb mają działanie prozdrowotne i przeciwzapalne. Biorąc pod uwagę, że choroby wieku podeszłego, takie jak choroby układu krążenia czy cukrzyca, są łączone ze stanem zapalnym, spożywanie tłuszczów roślinnych i pochodzących z ryb wydaje się mądrym posunięciem. Więcej informacji o zdrowych tłuszczach znajdziesz w rozdziale 2.

Wapń. Choć twoje kości już nie rosną, nadal żyją i do zachowania zdrowia potrzebują codziennej dawki wapnia oraz ćwiczeń obciążających układ szkieletowy.

Dotyczy to zarówno kobiet, jak i mężczyzn. Spożywając produkty bogate w wapń (w tym soję czy mleko bez laktozy) w każdym posiłku, inwestujesz w mocne kości. Duże znaczenie ma także zachowanie siły mięśni, dlatego przynajmniej dwa razy w tygodniu dobrze jest wykonywać ćwiczenia siłowe.

Błonnik. Odpowiednia dawka błonnika zapewnia regularne wypróżnianie, a co za tym idzie, większy komfort i lepsze zdrowie. Na przykład błonnik zawarty w płatkach owsianych obniża cholesterol i ryzyko chorób serca.

Witaminy. Najlepszym naturalnym źródłem witamin są kolorowe owoce i warzywa – zadbaj o tęczę na talerzu. Dzięki aktywności możesz spożywać więcej kalorii – a więc i więcej produktów bogatych w witaminy. W pełnowartościowym jedzeniu zachodzi efekt synergii, dlatego taka dieta ma znacznie większą moc niż tabletki witaminowe.

Wielu starszych sportowców przyjmuje suplementy z antyoksydantami, takimi jak witamina C i E, ale badania jeszcze nie potwierdziły ich skuteczności. Pamiętaj, że odpowiedzią organizmu na większą ilość ruchu jest również wytwarzanie większej ilości antyoksydantów.

Płyny. Im jesteśmy starsi, tym mechanizm pragnienia staje się mniej wrażliwy. Organizm może potrzebować płynów, choć nie chce ci się pić. Aby uniknąć przewlekłego odwodnienia, staraj się pić tyle, by oddawać mocz co trzy, cztery godziny. W rozdziale 8 znajdziesz więcej informacji na temat właściwego nawadniania.

Podsumowując: jedz mądrze, pij sporo płynów, ćwicz regularnie, wykonuj ćwiczenia siłowe, zjadaj coś po wysiłku i czuj się młodo. Niech pełnowartościowe jedzenie i przyjemna aktywność ruchowa będą twoim zwycięstwem!

KOBIETY, WAGA I MENOPAUZA

Nawet zawodowi sportowcy z wiekiem przybierają nieco na wadze, a zwykli śmiertelnicy – sporo. Kluczem do kontroli wagi jest aktywność fizyczna i spożywanie dobrej jakości kalorii, które stanowią inwestycję w zdrowie. Mimo to wiele kobiet obawia się, że w średnim wieku zaczną tyć. Zapalona tenisistka Mary narzekała: „Nieważne, co robię, i tak ciągle przybieram na wadze". Była zła z powodu zanikającej talii i bała się utraty kontroli nad wagą. Ze strachem pytała, czy kobiety są w pewnym wieku skazane na tycie.

Odpowiedź brzmi – nie. Kobiety w okresie menopauzy nie zawsze tyją. Owszem, panie w wieku 45–50 lat często przybierają na wadze, zwłaszcza w okolicy talii, gdzie odkłada się najwięcej tłuszczu. Jednak te zmiany mają raczej związek z brakiem ruchu i nadmiarem kalorii, a nie obniżeniem poziomu hormonów (Wing i inni, 1991). (Młode sportsmenki, które nie miesiączkują i mają obniżony poziom niektórych hormonów, nie zaczynają tyć). W trzyletnim badaniu na grupie ponad 3000 kobiet (wiek początkowy od 42 do 52 lat) wzrost wagi wynosił średnio 2,1 kilograma. Wystąpił u wszystkich kobiet, bez względu na to, czy przechodziły menopauzę, czy nie (Sternfeld i inni, 2004). Skoro wzrostu wagi nie wywołały zmiany hormonalne związane z menopauzą, to co? Przyjrzyjmy się możliwym winowajcom.

Menopauza zbiega się w czasie z charakterystycznym dla tego wieku spadkiem aktywności. Dzieci zaczynają odchodzić z domu, więc kobieta może nie być już tak zajęta i spędzać więcej czasu przed telewizorem lub przy komputerze. Mniejsza aktywność oznacza, że potrzebujemy mniej kalorii, zmniejsza się również masa mięśniowa. Gdy brakuje regularnych ćwiczeń siłowych, kobiety (mężczyźni również) zaczynają z wiekiem tracić masę mięśniową. Im więcej mięśni, tym szybszy metabolizm, a więc mniej tkanki mięśniowej spala mniej kalorii.

Kolejny częsty problem w tym okresie to zaburzenia snu. Zaczynają się pojawiać nocne poty, a mąż zaczyna niemiłosiernie chrapać. Wiele kobiet odczuwa przez to ciągłe zmęczenie. Wyczerpanie i brak snu może skutecznie zniechęcić do regularnych ćwiczeń, przez co jeszcze bardziej spada metabolizm.

Niedobór snu jest również sam w sobie uznawany za przyczynę tycia. Dorośli, którzy sypiają mniej niż siedem godzin na dobę, ważą zwykle więcej niż ci, którzy się porządnie wysypiają. Niewyspanie sprawia, że obniża się poziom hormonu hamującego apetyt (leptyny), a zwiększa się aktywność hormonu pobudzającego go (greliny) (Taheri i inni, 2004). Możesz mieć kłopoty z odróżnianiem, czy jesteś głodny, czy śpiący. Tak czy inaczej, ciastka i czekolada mogą wydawać się bardzo kuszące.

Menopauza może się także pojawić w czasie, gdy kobieta wspina się na wyżyny swojej kariery zawodowej: zaczynają się obiady biznesowe w dobrych restauracjach, pojawia się więcej okazji do świętowania, wakacje all inclusive. To oznacza więcej kalorii i mniej ruchu. W połowie życia wiele kobiet ma już dosyć diet odchudzających i odmawiania sobie pyszności; mnóstwo z nich odchudza się nieustannie od czasu pokwitania. Na przyjęciach zamiast dotychczasowego „nie, dziękuję" zaczynają coraz częściej mówić – „tak, poproszę".

Najlepszy sposób, by uchronić się przed tyciem, to nierezygnowanie z aktywności. Badania pokazują, że kobiety, które trenują, nie przybierają na wadze i nie tracą z wiekiem talii tak jak ich niećwiczące koleżanki (Sternfeld i inni, 2004). Optymalny program ćwiczeń zawiera zarówno trening aerobowy (poprawiający kondycję), jak i siłowy (poprawiający siłę mięśni i gęstość kości). W książce *Strong Women Stay Slim* Miriam Nelson można znaleźć wiele pomysłów na zdrowy program treningowy dla kobiet.

Wbrew częstemu przekonaniu przyjmowanie hormonów w celu zahamowania objawów towarzyszących menopauzie nie przyczynia się do wzrostu wagi. Terapia hormonalna może raczej zatrzymać proces tycia (DiCarlo i inni, 2004).

Jeśli już przytyłaś, nie przechodź na dietę odchudzającą. Stosując różne takie diety przez 35–40 lat swojego życia, powinnaś się już nauczyć, że się nie sprawdzają. Musisz się raczej nauczyć zdrowo odżywiać. Oznacza to dostarczanie organizmowi wystarczającej ilości energii w każdym posiłku – na śniadanie, lunch i popołudniową przekąskę, aby zaspokoić głód i mieć siłę na ćwiczenia. Następnie trzeba zjeść lekką kolację. Wystarczy stworzyć niewielki deficyt kaloryczny. 100 kilokalorii dziennie mniej (teoretycznie) oznacza, że w ciągu roku zgubisz 4,5 kilograma.

Aby odnaleźć równowagę w odżywianiu, spotkaj się z dietetykiem specjalizującym się w odżywianiu dla sportowców. Pomoże ci opracować indywidualny plan żywieniowy, odpowiedni do twoich potrzeb. Dodatkowo zastanów się, czy naprawdę masz nadwagę. Może wystarczy uznać, że masz teraz trochę więcej kochanego ciała? Być może nie wyglądasz tak świetnie, jak u szczytu swojej sportowej kariery, ale czy nie wyglądasz dobrze? Zachęcam, byś skupiała się na tym, jak być zdrową i sprawną, zamiast odchudzać się za wszelką cenę. Żadna idealna waga nie zastąpi wypracowanej z wiekiem radości życia.

CZĘŚĆ III

Równo-waga, czyli zdrowe podejście do kilogramów

ROZDZIAŁ 13

Za mało, za dużo czy w sam raz?

Natura stworzyła ludzi tak, by mieli trochę tkanki tłuszczowej. Statystycznie 24-letnia kobieta ma około 27 procent tłuszczu, jej rówieśnik około 15 procent. Niektórzy mają więcej tłuszczu niż inni – niechciane oponki wokół talii czy tłuszczyk na udach.

Ludzie uwierzyli, że chudszy znaczy lepszy, tak więc wielu moich pacjentów dąży do uzyskania wymarzonej, pozbawionej tłuszczu sylwetki. Kobiety pragną być smukłe i gibkie. Mężczyźni chcą mieć muskulaturę ładnie zarysowaną pod skórą. Choć szczupłość sprzyja zdrowiu i dobrym wynikom w sporcie, obsesja na punkcie tkanki tłuszczowej wpływa na zdrowie niszcząco. Jeden z moich pacjentów robił codziennie po 1000 brzuszków w nadziei na pozbycie się niechcianego tłuszczu. Inna kobieta spędzała długie godziny na stepperze, żeby zlikwidować tłuszcz na udach. Oboje poprosili, bym zmierzyła ich poziom tkanki tłuszczowej, i oboje byli mocno zdziwieni, że jest znacznie niższy, niż przypuszczali.

Sportowcy występujący w skąpych strojach często uważają, że są za grubi, ale bardzo rzadko – że są za chudzi. Pomiar tkanki tłuszczowej może być pomocny w oszacowaniu, w jakim miejscu na skali szczupłości się znajdujesz. Może to być dobre narzędzie do monitorowania ubytku tkanki tłuszczowej lub przyrostu masy mięśniowej w trakcie wprowadzenia zmian w diecie i nowego programu ćwiczeń. W tym rozdziale porozmawiamy o tkance tłuszczowej i otyłości, różnych metodach pomiaru tkanki tłuszczowej i o tym, dlaczego szczupła sylwetka jest mniej istotna niż dobra forma. Nawet osoby z nadwagą mogą być wysportowane, zdrowe i polubić własne ciało.

PO CO NAM TKANKA TŁUSZCZOWA?

Nadmiar tłuszczu w organizmie to dodatkowy bagaż, który może nas spowolnić, jednak ludzki organizm potrzebuje pewnej ilości tkanki tłuszczowej, by normalnie funkcjonować – stanowi ona istotny element nerwów, rdzenia kręgowego, mózgu i błon komórkowych. Tłuszcz otula nerki i inne organy; podskórna tkanka tłuszczowa zapewnia ochronę przed zimnem. U statystycznego mężczyzny tkanka tłuszczowa konieczna do zachowania funkcji życiowych i reprodukcyjnych stanowi mniej więcej cztery procent wagi ciała (2,7 kilograma tłuszczu u osoby o wadze 68 kilogramów), natomiast u statystycznej kobiety – 12 procent (6,8 kilograma u osoby o wadze 57 kilogramów). Spójrz na tabelę 13.1, która przedstawia poziom zawartości tłuszczu w organizmie.

U kobiet tkanka tłuszczowa odkłada się głównie w okolicy bioder, ud i piersi. Gdy kobieta zachodzi w ciążę, tłuszcz ten jest wykorzystywany do odżywiania dziecka. Jeśli bez efektów walczysz z tłuszczem na udach, być może od początku stoisz na przegranej pozycji. U kobiet aktywność enzymów odpowiedzialnych za magazynowanie tłuszczu na udach i biodrach jest znacznie wyższa niż u mężczyzn, a aktywność enzymów odpowiedzialnych za uwalnianie tego tłuszczu – niska, przez co może być trudno schudnąć w tych partiach ciała. Najłatwiej zmniejszyć ilość tkanki tłuszczowej w tych miejscach w ostatnim trymestrze ciąży i w trakcie karmienia piersią, kiedy aktywność enzymów magazynujących tłuszcz spada, a tych, które go uwalniają – wzrasta. W ten sposób natura dba o prawidłowe odżywienie noworodka.

TKANKA TŁUSZCZOWA A AKTYWNOŚĆ

Krąży mnóstwo mitów na temat wpływu wysiłku fizycznego na kontrolę wagi ciała. Z niektórymi rozprawiam się poniżej.

TABELA 13.1. Ilość tkanki tłuszczowej w organizmie

Poziom tkanki tłuszczowej	Wygląd	Mężczyźni	Kobiety
Bardzo niski	Chudy	7–10	14–17
Niski	Szczupły	10–13	17–20
Przeciętny	Normalny	13–17	20–27
Powyżej normy	Pulchny	17–25	27–31
Bardzo wysoki	Gruby	>25	>31
Niezbędna tkanka tłuszczowa		3–5	11–13

Za pozwoleniem: B. Getchell, 1982, *Being Fit. A Personal Gruide* (New York, NY: John Wiley and Sons, Inc), 90.

Jeśli zaczniesz ćwiczyć – schudniesz.

Fałsz. Aby schudnąć, musisz w ciągu doby stworzyć deficyt kaloryczny, czyli spalić więcej kalorii, niż spożyjesz. Wysiłek może przyczynić się do powstania deficytu, ale jego rola w likwidowaniu tkanki tłuszczowej jest często przeceniana. Ruch przede wszystkim zapobiega tyciu i utrzymuje wagę na pewnym poziomie. Pomaga pozbyć się stresu (więc go nie zajadasz), poprawia samopoczucie, przyspiesza metabolizm i często zwiększa chęć odżywiania się w zdrowy sposób.

Wiele osób traci na wadze po zwiększeniu aktywności fizycznej, bo działają kompleksowo – zwiększają aktywność i zmniejszają ilość spożywanych kalorii. Po dawce ćwiczeń czują się świetnie i nie odczuwają silnej potrzeby wynagrodzenia sobie ciężkiego dnia chipsami.

Mam jednak pacjentów, którzy skarżą się, że nie chudną pomimo codziennych ćwiczeń. Tak dzieje się wtedy, gdy po treningu nagradzamy się smakołykiem, który uzupełnia ilość kalorii, jaką właśnie spaliliśmy. Można na przykład ćwiczyć przez pół godziny, spalając 300 kilokalorii, a następnie „zregenerować się", zjadając te kalorie w niecałe trzy minuty. Poza ekstremalnymi przypadkami apetyt najczęściej rośnie w miarę ćwiczeń – im więcej trenujesz, tym więcej kalorii domaga się twój organizm i w efekcie możesz spożyć dokładnie tyle, ile spaliłeś. Natura doskonale chroni nas przed niedożywieniem, zwłaszcza osoby z niewielkim zapasem tłuszczu (Woo, Garrow i Pi-Sunyer, 1982; Woo i Pi-Sunyer, 1985).

Na redukcję tkanki tłuszczowej wpływa też ilość treningu w porównaniu z całodzienną aktywnością. Niektórzy ćwiczą bardzo ciężko przez jedną lub dwie godziny dziennie, a przez resztę dnia są mało aktywni (Thompson i inni, 1995). Jest to powszechne zarówno wśród osób trenujących rekreacyjnie, jak i poważnych sportowców – wielu z nich utrzymuje stałą wagę pomimo ciężkich treningów.

Jeśli chcesz wspomóc odchudzanie, pomyśl raczej o ćwiczeniach budujących mięśnie. Ćwiczenia aerobowe pozwalają spalać kalorie przede wszystkim podczas treningu, ale już nie po jego zakończeniu. Trening siłowy buduje tkankę mięśniową i w ten sposób poprawia metabolizm na całą dobę. Tkanka mięśniowa aktywnie spala kalorie. Im większą masz masę mięśniową, tym więcej kalorii spalasz.

Aby schudnąć, należy wykonywać ćwiczenia o niewielkiej intensywności, spalające tłuszcz.

Fałsz. Aby schudnąć, musisz wytworzyć w ciągu doby deficyt kaloryczny. Możesz to zrobić, zwiększając dowolną aktywność fizyczną, jedząc mniej lub łącząc te dwa sposoby. Przez cały dzień musisz po prostu spożyć mniej kalorii, niż potrzebujesz. Dzięki temu zaczniesz spalać zapasy tłuszczu.

Niektórzy wierzą, że kluczem do utraty wagi jest wykonywanie ćwiczeń o niewielkiej intensywności, spalających tłuszcz, podczas których wykorzystuje się więcej tłuszczu niż glikogenu. Nieprawda. Badania pokazują, że wytwarzanie energii z tłuszczu podczas ćwiczeń nie ma wpływu na utratę tkanki tłuszczowej (Zelasko, 1995). Ponieważ jednak mało intensywnie możesz ćwiczyć dłużej, spalisz więcej kalorii (na przykład 600 kilokalorii w trakcie 60 minut joggingu i 150 kilokalorii w trakcie dziesięciu minut szybkiego biegania).

Intensywne ćwiczenia mogą się przyczynić do zmniejszenia procentowej ilości tkanki tłuszczowej w organizmie (Yoshioka i inni, 2001). Badanie na grupie 1366 kobiet oraz 1257 mężczyzn wykazało, że ci spośród nich, którzy wykonywali intensywne ćwiczenia, mieli mniej tkanki tłuszczowej niż ci, którzy trenowali z niewielką intensywnością (Tremblay i inni, 1990). Intensywny trening oznacza jednak większe ryzyko kontuzji. Decydując się na taki trening, pamiętaj, żeby trenować mądrze – rozgrzewaj się, rozciągaj i nie przesadzaj. Pamiętaj też, że intensywny wysiłek może nie być aż tak przyjemny i w rezultacie zaczniesz ćwiczyć mniej.

Dzięki aktywności fizycznej mężczyźni chudną łatwiej niż kobiety.

Prawda. Ewolucja dążyła do tego, by kobiety miały zapas tłuszczu i były płodne, a mężczyźni byli szczupłymi myśliwymi. Ponieważ bardzo duża ilość ćwiczeń może być przez organizm zinterpretowana jako głód (z powodu dużego deficytu kalorii), natura robi co może, by chronić zapasy tłuszczu w organizmach kobiet. W pewnym badaniu kobiety i mężczyźni o normalnej wadze wyjściowej prowadzący siedzący tryb życia przez 18 miesięcy uczestniczyli w treningu przygotowującym do maratonu. Mężczyźni spożywali do 500 kilokalorii więcej niż dotychczas, a kobiety zaledwie około 60 kilokalorii więcej mimo zwiększenia aktywności (biegali o 80 kilometrów więcej tygodniowo). Mężczyznom ubyło średnio 2,5 kilograma tłuszczu, a kobietom jeden kilogram (Jansen, Graef i Saris, 1989). Inne badania również wykazały, że w przypadku kobiet o normalnej wadze zwiększona aktywność nie zmniejsza w istotny sposób ilości tłuszczu.

Podczas 16-miesięcznego badania, w trakcie którego mężczyźni i kobiety z nadwagą prowadzący siedzący tryb życia (średnia wieku 22–24 lata) zaczęli ćwiczyć pięć razy w tygodniu, ale nie wprowadzili restrykcji w swojej diecie, mężczyźni stracili średnio 5,4 kilograma, a ilość tkanki tłuszczowej zmniejszyła się u nich z 27 do 22 procent. Spalali więcej kalorii, których nie uzupełniali w diecie. Natomiast u kobiet nie zauważono wyraźnych zmian ani wagi, ani ilości tkanki tłuszczowej (Kirk, Donnelly i Jacobsen, 2002). Przypomina mi się jedna z moich pacjentek, która narzekała: „Biegam od dziesięciu lat, a nie schudłam nawet o kilogram". I nie ona jedna.

Aby zmniejszyć ilość tkanki tłuszczowej w okolicy brzucha i bioder, należy włączyć brzuszki do programu ćwiczeń.

Fałsz. Schudnięcie w wybranych partiach ciała wydaje się lekarstwem na twoje problemy? Prawda jest taka, że nawet ćwiczenia wykonywane z dużym zaangażowaniem nie zredukują objętości komórek tłuszczowych w jednej wybranej partii ciała. Kiedy chudniemy, to na całym ciele, a nie tylko w części, którą najintensywniej ćwiczymy. Co więcej, aby schudnąć, trzeba stworzyć w ciągu doby deficyt kaloryczny. Sam ruch mięśni nie spowoduje spalania tłuszczu. Mężczyzna, który codziennie robił 1000 brzuszków, wyrobił sobie bardzo mocne mięśnie brzucha, ale nie wytworzył deficytu kalorycznego, a przez to nie schudł.

Jeśli z powodu kontuzji nie możesz ćwiczyć przez tydzień, twoje mięśnie zaczną się zamieniać w tkankę tłuszczową.

Fałsz. Mięśnie nie mogą zamienić się w tłuszcz, podobnie jak tłuszcz nie zamieni się w mięśnie. To dwie zupełnie różne tkanki. Widziałeś zapewne warstwę tłuszczu na surowym mięsie. Podobna warstwa znajduje się w ludzkim organizmie – tworzą ją komórki wypełnione tłuszczem, okalające mięśnie. Mięśnie zaś to bogata w białko tkanka, która ma zdolność poruszania się. Kiedy ćwiczymy, budujemy tkankę mięśniową. Kiedy spożywamy mniej kalorii, niż zużywamy, redukujemy warstwę tłuszczu.

Jeśli nie możesz trenować z powodu kontuzji lub choroby, twoje mięśnie mogą zmniejszyć objętość – jak u narciarza Joe, który złamał nogę. Gdy po pięciu tygodniach zdjęli mu gips, był zszokowany tym, jak bardzo zmniejszyły się jego mięśnie. Jednak kiedy Joe wznowił treningi, mięśnie szybko powróciły do dawnych rozmiarów.

Jeśli podczas choroby lub kontuzji za dużo jesz (co często zdarza się wyłączonym z aktywności sportowcom, którzy się nudzą, czują się przybici i liczą na to, że ciasteczka czekoladowe okażą się lekarstwem na wszystko), na pewno przytyjesz. Często mam do czynienia z kontuzjowanymi zawodnikami futbolu amerykańskiego, którzy w trakcie leczenia potrafią przytyć nawet dziewięć kilogramów. Choć potrzebują wówczas mniej kalorii, nadal zjadają porcje drwala. Nadmiar tłuszczu ma większą objętość niż mięśnie, więc zawodnicy stają się ospali i niemrawi.

Uczucie frustracji i zawodu podczas wychodzenia z kontuzji jest czymś normalnym. Rozmawiaj o tym z tymi, którzy mają podobne doświadczenia. Myśl pozytywnie i codziennie wizualizuj sobie, jak przebiega gojenie się kontuzji. Znajdź w tej sytuacji jakieś plusy. Wolne od ćwiczeń może oznaczać, że masz więcej czasu dla znajomych, rodziny i na hobby.

Niektórzy kontuzjowani bardzo szczupli sportowcy mogą powrócić do swojej naturalnej wagi (czyli takiej, jaką by utrzymywali bez rygorystycznych treningów i ścisłej diety). Pewna 13-letnia gimnastyczka uznała, że „robi się gruba" podczas leczenia kontuzji kolana. Tymczasem jej organizm dążył po prostu do uzyskania sylwetki typowej dla jej wieku i zgodnej z jej predyspozycjami genetycznymi.

Cellulitis to specjalny rodzaj tkanki tłuszczowej, która pojawia się, jeśli na przemian tyjemy i chudniemy.

Fałsz. Cellulitis to tłuszcz zlokalizowany w kieszonkach tuż pod powierzchnią skóry, upodobniający ją do skórki pomarańczy. Najczęściej pojawia się na biodrach, udach i pośladkach. Choć o cellulitisie wiele się pisze, w rzeczywistości niewiele o nim wiadomo. Niektórzy lekarze uważają, że grudkowaty wygląd może być wynikiem ograniczonej elastyczności tkanki łącznej oddzielającej komórki tłuszczowe. Kiedy jemy za dużo i nadmiernie wypełniamy komórki tłuszczowe, miejscami tłuszcz może się uwypuklać.

Cellulitis stanowi większy problem u kobiet niż u mężczyzn, ponieważ mają cieńszą skórę, a ich komórki tłuszczowe są większe i bardziej zaokrąglone. Dodatkowo u pań tłuszcz gromadzi się najczęściej na biodrach, udach i pośladkach. U mężczyzn z kolei tłuszcz gromadzi się głównie w okolicy brzucha. Predyspozycje do cellulitisu mogą być genetyczne. Jeśli matka go ma, córka również jest nim zagrożona. Cellulitis często pojawia się w późniejszym wieku, kiedy skóra traci elastyczność i staje się cieńsza.

Jak wypadłeś w tym teście? Jeżeli ćwiczysz głównie po to, żeby schudnąć, zachęcam do oddzielenia ćwiczeń od wagi. Należy ćwiczyć dla zdrowia, kondycji, relaksu i – co najważniejsze – dla przyjemności. Nie polecam ćwiczeń w celu spalania kalorii, bo aktywność stanie się karą za nadmiar tłuszczu w organizmie. Prędzej czy później zrezygnujesz z niej, bo nie będzie ci sprawiać przyjemności.

Znajdź taki program treningowy, który będzie dobrze ci służył, i bądź aktywny codziennie. Oto kilka przykładów aktywności:

- Jim kupił sobie psa i codziennie spaceruje z nim po pięć kilometrów.
- David latem pracuje w ogródku, a zimą spaceruje po lesie.
- Gretchen, zapracowana menadżerka, idzie w porze lunchu na półgodzinny spacer, żeby pozbyć się stresu i uwolnić emocje.
- Sherri jeździ do pracy rowerem.
- Kevin rozpoczął program treningowy przygotowujący do maratonu.

Choć sam trening bez deficytu kalorycznego nie przyczyni się do spadku wagi, wiemy, że aktywność fizyczna wspomaga proces chudnięcia i jest ważnym czynnikiem prozdrowotnym. Osoby, które tygodniowo spalają od 1000 do 2000 kilokalorii, są zwykle szczuplejsze i zdrowsze niż te, które prowadzą siedzący tryb życia. Znajdź program treningowy, który posłuży twojemu zdrowiu.

JAK SIĘ POSTRZEGAMY

Jessica, nastoletnia pływaczka przewrażliwiona na punkcie swojego masywnego wyglądu, często mówiła, że czuje się gruba, z niepokojem czekała na wynik pomiaru tkanki tłuszczowej. „Jessica, tak naprawdę jesteś bardzo szczupła", powiedziałam. „Masz dużo tkanki mięśniowej i mocny typ budowy. Masz bardzo niewiele tłuszczu".

Wygląd zewnętrzny i waga mogą zwodzić sportowców, którzy często porównują się z innymi zawodnikami. Ludzie mają bardzo różne kształty i rozmiary, w większości uwarunkowane genetycznie. Do pewnego stopnia można zmieniać swoją sylwetkę przez utratę tkanki tłuszczowej i przyrost tkanki mięśniowej, ale nie można zmienić się całkowicie. Nawet po zgubieniu nadbagażu może się okazać, że nie wyglądasz tak, jak planowałeś.

Jeśli jesteś kobietą o dużych udach (podobnie jak wszystkie kobiety w twojej rodzinie) lub mężczyzną z niechcianymi boczkami (tak jak inni mężczyźni w rodzinie), musisz być realistą. Dzięki deficytowi kalorycznemu możesz trochę zmniejszyć ilość tłuszczu na udach lub wokół talii, ale jest mało prawdopodobne, by całkowicie zniknął. Zamiast popadać w obsesję na punkcie wad swojego ciała, zachęcam, byś przestał na nich się koncentrować, zauważył swoje zalety, docenił swoje ciało za wszystkie wspaniałe rzeczy, które dla ciebie robi, i skupił się na relacjach, które naprawdę mają znaczenie. Można zmarnować mnóstwo dobrej energii na walkę z niechcianym tłuszczem.

Nasze rozmiary i kształty zależą od warunków genetycznych. Z tych samych powodów jedni mają cienkie włosy, a inni grube. Niektórzy mają oczy niebieskie, inni brązowe. Nikt nie ma wyrzutów sumienia z powodu włosów czy koloru oczu, tymczasem media wprawiają nas wszystkich w poczucie winy z powodu różnic w wadze. W efekcie mnóstwo rozsądnych osób czuje się źle z powodu ciągłych porażek w walce ze swoim ciałem o kształty, do których nie zostało stworzone.

Aby zdać sobie sprawę, jak mało istotny jest rozmiar czy kształt naszego ciała, pomyśl o kimś, kto miał na twoje życie największy wpływ. Czy waga tej osoby ma jakikolwiek wpływ na wasze relacje? Podejrzewam, że nie. Przypuszczam, że jest niewiele osób (jeśli w ogóle) w twoim życiu, z którymi budujesz relacje tylko na podstawie tego, jak wyglądają.

Pamiętaj, że twoja wartość jako partnera, współpracownika czy kochanka nie zależy od wyglądu fizycznego. Piękno bierze się z wewnątrz. Przejmowanie się wyglądem może w rzeczywistości maskować złą samoocenę. Osoby mające obsesję na tym punkcie zwykle mają niskie poczucie wartości. Z jakiegoś powodu wydaje im się, że nie są wystarczająco dobre.

Jakie ciało sobie wyobrażasz?

Zapewne stworzyłeś sobie obraz swojego idealnego wyglądu. Tymczasem niewielu osobom natura dała sylwetkę pasującą do ich wyobrażeń. Większość z nas jest zwykłymi śmiertelnikami, z wałeczkami, tłuszczykiem i odrobiną pulchności. Zwłaszcza kobiety mają naturalnie więcej zaokrągleń i miękkości, które z wiekiem jeszcze bardziej się zaokrąglają i miękną.

Około jedna trzecia mieszkańców USA jest wysoce niezadowolona ze swojego wyglądu, kobiety częściej niż mężczyźni. Panie narzekają najczęściej na uda, brzuch, piersi i pośladki; panowie na brzuch, górne partie ciała i łysinę na głowie. Bywa, że problem jest wydumany (jak w przypadku anorektycznej łyżwiarki, która narzeka na grube uda), a czasem rzeczywiście istnieje i przejawia się od umiarkowanego narzekania na boczki wystające ze spodenek biegowych po obsesję na punkcie pulchnych ud, która prowadzi do nadmiernych treningów i stosowania ścisłej diety.

Nawet szczupli sportowcy, zarówno kobiety, jak i mężczyźni, ulegają tej manii, pomimo że są wysportowani. Wiele osób nie potrafi zaakceptować swojego ciała, a to może prowadzić do rozwoju zaburzeń łaknienia. Twój wygląd zewnętrzny nie powinien mieć dużego wpływu na twoje samopoczucie. W rzeczywistości jednak wiele osób myśli tak:

1. Mam defekt (grube uda), przez który jestem inna niż wszyscy.
2. Inni zauważają tę różnicę.
3. Mój wygląd ma wpływ na to, jak ci ludzie mnie postrzegają – myślą, że jestem odpychająca.
4. Jestem beznadziejna, nie pasuję, nie jestem wystarczająco dobra.

Ten sposób myślenia często spotyka się u młodych tancerek, które zaczynają nabierać kobiecych kształtów, u biegaczy, u osób prowadzących zajęcia sportowe, którym wydaje się, że wszyscy gapią się na ich wałeczki tłuszczu, oraz u wielu ludzi, którzy myślą, że mają niedoskonałe ciała.

Naucz się kochać swoje ciało

Jeżeli jesteś niezadowolony ze swojego wyglądu, możesz dojść do wniosku, że rozwiązaniem jest schudnięcie, siłownia lub tysiące brzuszków. Takie podejście do korygowania swoich wad często się nie sprawdza. To, że nie podoba nam się nasze ciało, najczęściej maskuje niską samoocenę. Biorąc pod uwagę, że twoja samoocena w jakichś 25 procentach zależy od twojego wyglądu, nie poczujesz się ze sobą dobrze, dopóki nie polubisz swojego ciała. Problemy z nadwagą to często problemy z samooceną.

Najlepszym rozwiązaniem problemów z niedoskonałościami własnego ciała jest nauczenie się go kochać. Jak już pisałam, wiele zależy od genów. Możesz w niewielkim stopniu przebudować dom, jaki dała ci natura, ale nie możesz go zbudować od nowa – a przynajmniej nie bez bardzo restrykcyjnej diety i konsekwentnego treningu.

Zaburzone postrzeganie własnego ciała u mężczyzn

Od czasu pojawienia się lalki Barbie kobiety mają coraz większą obsesję na punkcie swojego wyglądu. Dziś również i panowie czują coraz silniejszą presję, by wyglądać szczupło i muskularnie. Zabawki G.I. Joe są jednym z przykładów, dlaczego obsesja ta się rozszerza. Gdyby w 1964 roku figurka G.I. Joe stała się prawdziwym człowiekiem, miałby on 112 centymetrów w klatce piersiowej i 30 centymetrów w bicepsie. Gdyby dzisiejsza figurka powiększyła się do rozmiarów człowieka, miałaby 140 centymetrów w klatce piersiowej i 69 centymetrów w bicepsie. Jej biceps byłby prawie taki sam jak obwód talii.

Nie należy się więc dziwić, że dysmorfofobia – lęk związany z wyimaginowanym defektem wyglądu lub nadmierne przejmowanie się niewielką niedoskonałością swojego ciała – stale się szerzy, i to nie tylko wśród kobiet. Panowie z tym zaburzeniem czują się niepewnie wśród ludzi, wierząc, że wszyscy wokół dostrzegają ich wady i oceniają ich wygląd. Dysmorfia mięśniowa, zaburzenie będące odmianą dysmorfofobii, dotyczy mężczyzn, którzy mają obsesję na punkcie swojej – oczywiście ich zdaniem za małej – masy mięśniowej. Spędzają więc zdecydowanie za dużo czasu na siłowni, przyjmują niebezpieczne sterydy i inne leki, żeby zwiększyć przyrost masy. Jak stwierdził beztrosko pewien pan: dlaczego mam być Clarkiem Kentem, skoro mogę być Supermanem? (Olivardia, 2002).

Jeżeli nie akceptujesz swojego ciała, musisz cofnąć się w czasie i znaleźć moment, gdy po raz pierwszy otrzymałeś informację, że coś jest z twoim ciałem nie tak. Być może któryś z rodziców powiedział kiedyś z czułością, że bardzo dobrze wyglądasz w jakimś stroju, ale wyglądałbyś jeszcze lepiej, gdybyś schudł parę kilogramów. Może rodzeństwo dokuczało ci, że masz grube nogi. Jak pogodzić się ze swoim wyglądem i zacząć się lubić?

- Nie mów źle o swoim ciele (na przykład zamiast „obleśnej galarety na brzuchu" mów o „pełnym brzuszku").
- Znajdź w nim coś, co ci się podoba.
- Pozwalaj sobie na przychylne uwagi na temat części twojego ciała, które wydają ci się atrakcyjne.

Jeśli popadasz w obsesję na punkcie wyglądu, spróbuj żyć w zdrowszy sposób. Deklaracja Niezależności od Światowej Obsesji na punkcie Wagi (ramka 13.1) podpowiada sposoby na akceptowanie swojego ciała takim, jakie jest. Proszę, abyś nie zatrzymywał się na rzeczach negatywnych i spróbował pokochać swoje ciało za wszystkie dobre rzeczy, które możesz dzięki niemu robić. Możesz jeździć na rowerze, podnosić ciężary na siłowni, pływać kajakiem i dobrze się bawić. Gdyby nie twoje ciało, nie mógłbyś czerpać przyjemności, jaką daje uprawianie różnych sportów. Pamiętaj, że zdrowe ciało może występować w różnych rozmiarach i kształtach. Nawet pulchni mogą mieć doskonałą kondycję.

Zamknij oczy i wyobraź sobie, że masz doskonałe ciało. Wyobraź sobie pewność siebie, sposób mówienia i język takiego ciała. Otwórz oczy i zacznij się tak zachowywać. Dzięki takim ćwiczeniom możesz się nauczyć, że wygląd to tylko powierzchowność, a twoja prawdziwa wartość wynika z miłości i troski, jaką obdarzasz rodzinę i przyjaciół. Nauczysz się zbierać w sobie odwagę, by stawiać czoła trudnym sytuacjom. Być może nawet włożysz kostium kąpielowy i poczujesz się w nim dobrze!

NIE BAW SIĘ W KALKULACJE

Niektórzy nadmiernie przywiązują się do tego, co pokazuje ich łazienkowa waga. Jean, zapalona sportsmenka, schowała wagę w bagażniku samochodowym, bo uznała, że psuje jej cały dzień. Maratończyk Paul powiedział mi: „Któregoś dnia rano po prostu się wściekłem. Waga wskazywała, że przybrałem 1,5 kilograma, chociaż przez kilka dni się głodziłem. Ze złością skakałem po niej, aż ją zepsułem. Od tamtej pory więcej się nie ważyłem". Paul może się teraz z tego śmiać, ale tamtego ranka nie było mu do śmiechu.

RAMKA 13.1. Deklaracja Niezależności od Światowej Obsesji na punkcie Wagi

Przyrzekam, że od dzisiaj będę żyć w zgodzie z poniższymi zasadami. Niniejszym deklaruję również wolność i niezależność od nacisków i przymusów świata ogarniętego obsesją odchudzania.

- Akceptuję naturalny rozmiar i kształt mojego ciała.
- Każdego dnia będę korzystać z tego, co moje ciało potrafi dla mnie robić.
- Będę traktować moje ciało z szacunkiem, zapewniać mu odpowiedni odpoczynek, dostarczać różnorodne pokarmy, trenować w umiarkowany sposób i słuchać jego potrzeb.
- Nie poddam się społecznej presji, by oceniać siebie i innych na podstawie cech fizycznych, takich jak waga ciała, jego kształt czy rozmiar. Będę szanować ludzi za głębię charakteru i osiągnięcia.
- Nie będę pozbawiać swojego ciała cennych składników odżywczych, stosując nieodpowiednie diety lub produkty odchudzające.
- Przestanę kategoryzować jedzenie jako dobre lub złe. Nie będę mieć wyrzutów sumienia z powodu zjedzenia czegokolwiek. Będę odżywiać się w zrównoważony sposób, słuchając potrzeb swojego ciała i reagując na nie.
- Nie będę używać jedzenia do maskowania potrzeb emocjonalnych.
- Nie będę rezygnować z aktywności, które sprawiają mi przyjemność (jak pływanie, taniec czy posiłek) tylko dlatego, że nie podoba mi się, jak wyglądam. Uznaję, że mam prawo robić to, na co mam ochotę, bez względu na mój rozmiar czy kształty.
- Wierzę, że moja wartość i to, kim jestem, pochodzi z mojego wnętrza.

Za pozwoleniem National Eating Disorders Association (Amerykańskiego Towarzystwa do walki z Zaburzeniami Łaknienia), www.nationaleatingdisorders.org.

Jeżeli przejmujesz się tym, ile ważysz, nie wchodź na wagę codziennie. Szybko można wpaść w pułapkę myślenia o sobie dobrze, kiedy waga spada, i źle, kiedy waga rośnie. Nonsens. Jesteś tą samą fantastyczną osobą, nieważne, czy ważysz jeden czy dwa kilogramy mniej lub więcej.

Waga mierzy nie tylko tłuszcz, ale również przyrost tkanki mięśniowej, wodę, zwartość żołądka i jelit, kawę wypitą tuż przed ważeniem itd. Często to, co pokazuje, ma się nijak do rzeczywistości. Na przykład rozszerzyłeś program treningowy, zmniejszyłeś ilość jedzenia, zwiększyłeś masę mięśniową i zredukowałeś ilość tkanki tłuszczowej – a waga pokazuje, że ciągle ważysz tyle samo. Będziesz czuć się szczuplejszy, będziesz szczuplej wyglądać, ubrania będą luźniejsze, jednak polegając na tym, co wskazuje waga, nie odczujesz żadnych psychologicznych korzyści.

Niektórzy sportowcy lubią oszukiwać samych siebie. Na przykład biegacze, tenisiści i inni, którzy podczas treningu mocno się pocą, wolą ważyć się po nim. Podczas ćwiczeń mogą tracić nawet 2,5 kilograma – 2,5 kilograma potu, a nie tłuszczu.

Jeśli już koniecznie chcesz się ważyć, rób to z samego rana. Wstań, opróżnij pęcherz i jelita i wejdź na wagę, zanim cokolwiek zjesz lub wypijesz. W ten sposób zważysz tylko swoje ciało, bez dodatków. Ważąc się pod koniec dnia, ważysz także obiad, napoje i zawartość innych pokarmów w jelitach.

Nie zapominaj też, że to, ile ważysz, nie zależy wyłącznie od twojej woli. Podobnie jak wzrost, waga człowieka zależy od jego genów. Przypuszczam, że pogodziłeś się z faktem, że nie możesz zmusić się do urośnięcia o 15 centymetrów, ale kiedy chodzi o wagę, być może oczekujesz, że twoje ciało schudnie więcej, niż może.

Naturalnie, jeśli masz nadwagę, możesz zredukować tkankę tłuszczową do odpowiedniego poziomu. Cotygodniowe ważenie może cię pozytywnie motywować. Jeśli jednak jesteś szczupłym sportowcem, któremu nie udaje się zrzucić dwóch, trzech kilogramów poniżej swojej prawidłowej wagi, może zachwiać się twoje poczucie własnej wartości. Zaczniesz myśleć: „Dlaczego nie udaje mi się coś tak prostego, jak zrzucenie dwóch kilogramów?".

Niektórzy sportowcy muszą utrzymać odpowiednią wagę obowiązującą w ich dyscyplinie. Zapaśnicy, gimnastycy, tancerze baletowi i łyżwiarze figurowi – ich dyscypliny nie uznają wyglądu stworzonego przez naturę. Rodzi to etyczne dylematy. Czy osoby o naturalnie masywnej budowie powinny być dyskryminowane w dyscyplinach takich, jak balet, łyżwiarstwo figurowe, gimnastyka – takich, w których faworyzuje się chudość? Czy powinno się zachęcać wioślarzy do zrzucenia siedmiu kilogramów, aby przeszli do niższej klasy wagowej? Czy przeróżne komitety najważniejsze w tych dyscyplinach mogą zaakceptować, że zdrowie jest ważniejsze niż waga? To trudne pytania.

ILE POWINIENEM WAŻYĆ?

Choć tylko natura wie, jaka waga jest najlepsza dla twojego ciała, poniższe wskazówki podpowiadają, jak określić zakres zdrowej wagi (plus minus dziesięć procent w zależności od grubości kości). Reguła ta nie odnosi się do wszystkich – wyjątkiem będą na przykład umięśnieni kulturyści.

- Kobiety: 45 kilogramów na pierwsze 152 centymetry wzrostu oraz 0,9 kilograma na każdy centymetr wzrostu powyżej.
- Mężczyźni: 48 kilogramów na pierwsze 152 centymetry wzrostu oraz 1,07 kilograma na każdy centymetr wzrostu powyżej.

Na przykład kobieta, która ma 168 centymetrów wzrostu, może ważyć prawidłowo 45 + 14 = 59 kilogramów, przy czym prawidłowy zakres wynosi od 53 do 65 kilogramów. Mężczyzna, który ma 178 centymetrów wzrostu, mógłby ważyć 48 + 27 = 75 kilogramów, przy czym prawidłowy zakres wynosi od 68 do 83 kilogramów.

Sportowcy najczęściej chcą być szczuplejsi niż przeciętne osoby, ale uwaga: jeżeli starasz się bardzo, żeby ważyć znacznie mniej, niż wynika z powyższego wzoru, przemyśl to. Zastanów się nad swoimi predyspozycjami genetycznymi i nie próbuj być dużo chudszym. Chodzi o to, by być zdrowym i wysportowanym, a nie chudym za wszelką cenę.

Osoby ze znaczną nadwagą powinny zacząć od zrzucenia od pięciu do dziesięciu procent aktualnej wagi. Jeżeli ważysz 91 kilogramów, zrzucenie pięciu–dziesięciu kilogramów wystarczy, żeby poprawić zdrowie i znacznie obniżyć ryzyko wystąpienia chorób serca, cukrzycy i nadciśnienia. Być może zechcesz schudnąć więcej ze względów estetycznych, ale musisz pamiętać, że zrzucenie tych kilka pierwszych kilogramów stanowi duże osiągnięcie.

BMI (indeks masy ciała)

Indeks masy ciała (ang. *body mass index*, BMI) to stosunek wagi ciała do wzrostu, który często wykorzystuje się jako narzędzie do określenia stopnia nadwagi (BMI wyższe niż 25) i otyłości (BMI wyższe niż 30). Uznaje się, że ludzie z wysokim BMI mają dużą ilość tkanki tłuszczowej i są zagrożeni chorobami serca, cukrzycą i innymi chorobami. Jednak wskaźnik BMI nie nadaje się dla sportowców, bo dotyczy masy ciała, a nie tkanki tłuszczowej. Rośli zawodnicy futbolu amerykańskiego, kulturyści i inni potężni sportowcy, którzy mają mnóstwo tkanki mięśniowej, łatwo mogą zostać sklasyfikowani jako otyli – co najczęściej jest dalekie od prawdy. Wśród 28 uczelnianych hokeistów wskaźnik BMI wynosił średnio 26 (nadwaga), ale średni poziom tkanki tłuszczowej wynosił zaledwie 13 procent. Wśród 149 zapaśników, koszykarzy, hokeistów i piłkarzy 67 procent miało BMI wskazujące na nadwagę, podczas gdy poziom tkanki tłuszczowej był w normie (Ode i inni, 2007).

W mojej praktyce zawodowej korzystam ze wskaźnika BMI, aby stwierdzić, które osoby są za szczupłe. U osoby o normalnej muskulaturze BMI powinno wynosić 18,5–24,9. Gdy BMI wynosi poniżej 18,5, trzeba rozważyć możliwość anoreksji. Jeśli chcesz stwierdzić, czy nie masz niedowagi, znajdź w internecie kalkulator BMI, który pomoże ci określić ten wskaźnik.

Pomiar tkanki tłuszczowej

Kiedy doradzam sportowcom, którzy mają nieprawidłowe wyobrażenie o tym, ile powinni ważyć, nie polegam wyłącznie na ocenie stosunku wzrostu do wagi, ale mierzę również poziom tkanki tłuszczowej. Taki pomiar pozwala określić prawdziwe proporcje i ilość tkanki mięśniowej, kostnej, tłuszczu zasadniczego (niezbędnego do zachowania funkcji życiowych) oraz nadmiaru tkanki tłuszczowej. Waga podaje nam tylko nieistotną liczbę, bez wskazania, co się na nią składa. Część tych kilogramów to mięśnie, część to niechciany tłuszcz. W większości dyscyplin sportowych ilość tkanki mięśniowej ma bezpośredni wpływ na formę. Tkanka tłuszczowa może stanowić problem, ponieważ nadmiar tłuszczu może sportowca spowalniać.

Biorąc pod uwagę napięcie, jakie wywołuje u sportowców temat wagi ciała, sądzę, że pomiar tkanki tłuszczowej może być swego rodzaju katharsis. Ten wynik ujawnia całą prawdę. Barczysty futbolista może spokornieć, kiedy okaże się, że 20 procent jego masy to tłuszcz. Dbające o wagę gimnastyczki często szokuje informacja, że są znacznie szczuplejsze, niż im się wydawało.

Decydując się na pomiar tkanki tłuszczowej, na pewno chcesz, by zrobił to profesjonalista. Przekłamany wynik może cię tylko zdenerwować. Jeśli po jakimś czasie będziesz chciał się zmierzyć ponownie, zrób to u tego samego specjalisty i tą samą metodą pomiarową, żeby zapewnić sobie porównywalność wyników.

Nie zapominaj, że z pomiarem tkanki tłuszczowej powinna łączyć się rozmowa na temat tego, ile powinieneś ważyć. Jeśli jesteś znacznie szczuplejszy niż pozostali członkowie twojej rodziny i ciągle uważasz, że masz za dużo tkanki tłuszczowej, być może zbliżyłeś się już do granicy. Jedna z moich pacjentek (168 centymetrów wzrostu) schudła 23 kilogramy – z 91 kilogramów zeszła do 68 kilogramów i zbliżała się do wagi, która wydawała się jej najbardziej dla niej odpowiednia, czyli 60 kilogramów. Ponieważ jednak nie mogła zejść poniżej 68 kilogramów bez głodzenia się, zmierzyłam ilość jej tkanki tłuszczowej. Miała 28 procent tłuszczu, co umiejscawiało ją w górnej granicy normy, ale i tak miała go znacznie mniej niż ktokolwiek z rodziny. Poleciłam jej, żeby przede wszystkim pogodziła się ze swoją nową, zdrowszą wagą i przyjęła do wiadomości, że jej ciało już jest szczupłe.

Jeśli chodzi o pomiar tłuszczu, nie ma łatwej, niedrogiej i stuprocentowo pewnej metody. Najbardziej popularne sposoby, takie jak pomiar hydrostatyczny, wykorzystanie wyporu powietrza, kaliper (fałdomierz), impedancja, nie są wolne od ryzyka niedokładności.

Pomiar hydrostatyczny

Tradycyjnie uznawano pomiar hydrostatyczny (należy wypuścić całe powietrze z płuc i zanurzyć się pod wodę) za najdokładniejszą metodę szacowania ilości tkanki tłuszczowej. Wbrew powszechnemu przekonaniu metoda ta nie mierzy ilości tłuszczu w organizmie. Określa natomiast gęstość ciała, dzięki której można wyliczyć procentową zawartość tłuszczu. Podczas kalkulacji mogą wkraść się poważne nieścisłości. Równanie na wyliczenie tłuszczu z gęstości sprawdza się najbardziej dla przeciętnego mężczyzny. Wyklucza to wielu szczupłych biegaczy i umięśnionych kulturystów. W tej metodzie to samo równanie stosuje się dla zawodniczek szkolnej drużyny pływackiej, 50-letnich maratończyków i zawodowych futbolistów.

Gęstość ciała jest różna dla różnych sportowców, poza tym wpływają na nią wiek, płeć i zaplecze genetyczne. Inna będzie u dziecka, a inna u seniora. Anorektyczna baletnica zagrożona osteoporozą, bo jej kości mają bardzo niską gęstość, różni się bardzo od przeciętnie zbudowanego mężczyzny. Jej wynik może być zupełnie nieprawidłowy, chyba że zastosuje się równanie odpowiednie dla niej.

Błędy pomiarowe mogą wynikać także z niedoświadczenia ważonej osoby. Jeśli nigdy wcześniej nie zanurzałeś się w zbiorniku pomiarowym, możesz się denerwować i nie wypuścić całego powietrza z płuc przed zanurzeniem. Wpłynie to na odczyt gęstości. Fizjolodzy szacują, że już pół litra powietrza zatrzymanego w organizmie może wpłynąć na wynik pomiaru ilości tłuszczu aż o trzy do pięciu procent. Na dokładność wpływać mogą też gazy znajdujące się w jelitach oraz źle skalibrowany sprzęt. Przenośne systemy pomiarowe (które pojawiają się na zawodach, piknikach sportowych i wystawach) nie są na ogół tak precyzyjne, jak wagi hydrostatyczne stosowane w laboratoriach.

Bod Pod

Kabina Bod Pod wykorzystuje podobną metodę jak ważenie hydrostatyczne, ale zamiast wyporu wody mierzy się tu wypierane powietrze. Kabina ma ruchome wieko, wewnątrz znajduje się siedzenie. Do pomiaru trzeba się rozebrać (ubranie zajmuje miejsce i wpływa na wynik pomiaru, dlatego trzeba założyć strój ze spandexu i czepek pływacki) i usiąść w kabinie. Technik zamyka wieko i dokonuje pomiaru wypieranego powietrza, aby określić objętość ciała. Z wyniku wylicza się procentową zawartość tłuszczu wychodząc z podobnych założeń jak w ważeniu hydrostatycznym. Oba badania mają podobny poziom dokładności; różnice wynoszą do jedenego procenta (Fields, Goran i McCrory, 2002). Ze względu na szybkość, wygodę i mniejszy stres niż przy ważeniu hydrostatycznym Bod Pod zyskał większą popularność w klubach sportowych, na uczelnianych wydziałach sportowych i badaniach testowych.

Fałdomierz

Pomiar za pomocą fałdomierza, zwanego też kaliperem, jest znacznie mniej kłopotliwy niż inne metody mierzenia poziomu tkanki tłuszczowej. Fałdomierz to duże szczypce, którymi mierzy się grubość warstwy tłuszczu na wybranych partiach ciała. Dla przeciętnego zjadacza chleba fałdomierz to najdokładniejsza i najtańsza metoda mierzenia ilości tkanki tłuszczowej (Peterson i inni, 2007). Pomiaru powinien dokonywać profesjonalista. Osoby aktywne często korzystają z możliwości zmierzenia poziomu tłuszczu na imprezach sportowych, a tam pomiaru mogą dokonywać studenci lub początkujący technik ze źle skalibrowanym przyrządem. Pospieszne zmierzenie pół centymetra powyżej lub poniżej wyznaczonego punktu może dodać nam nawet 5–15 milimetrów tłuszczu. Nawet tak niewielka różnica może w efekcie dać zawyżony wynik.

Ale nawet prawidłowy pomiar może przekładać się na nieprawdziwe informacje o ilości tłuszczu z powodu niewłaściwych założeń przy kalkulacjach. Aby uzyskać maksymalną precyzję, wzory, z których się korzysta, powinny być dostosowane do standardów danej dyscypliny, na przykład biegania, zapasów, kulturystyki czy gimnastyki. Najczęściej jednak używa się tego samego wzoru.

Dokładność pomiaru tkanki tłuszczowej przy użyciu fałdomierza zależy od precyzji technika, dokładności przyrządu oraz zastosowania odpowiednich wzorów obliczeniowych. Różni technicy, różne fałdomierze, różne wzory – oto przepis na bardzo szerokie spektrum wyników.

Fałdomierz najlepiej sprawdza się w mierzeniu zmian zawartości tłuszczu w organizmie. Często co miesiąc mierzę poziom tłuszczu u osób, które znacząco chudną po rozpoczęciu treningu sportowego. Pomiary pomagają monitorować zmiany – można porównać wyniki w milimetrach lub procentową zawartość tłuszczu (po przeliczeniu). Osoby cierpiące na anoreksję mogą dokonywać pomiaru co jakiś czas, żeby przekonać się, że przybywa im tkanki mięśniowej, a nie tłuszczu. Metoda ta nie zapewnia absolutnej precyzji, ale wskazuje trend, zwłaszcza jeśli pomiaru dokonuje zawsze ta sama osoba, tym samym przyrządem, wykorzystując ten sam wzór obliczeniowy.

Analiza impedancji bioelektrycznej

Analiza impedancji bioelektrycznej (ang. *bioelectrical impedance analysis*, BIA) to nieinwazyjna metoda badania diagnostycznego, wykorzystująca zdolność tkanki mięśniowej do przewodnictwa elektrycznego. Ilość wody w organizmie wpływa na opór elektryczny, jaki stawiają tkanki (impedancję). Woda znajduje się jedynie w tkankach bez tłuszczu, dlatego przepływ prądu można przeliczyć na procentową zawartość tłuszczu. Przy właściwym poziomie nawodnienia jest to stosunkowo precyzyjna metoda, jednak w przypadku silnie pocących się sportowców często okazuje się mniej dokładna niż użycie fałdomierza.

Analiza składu ciała metodą impedancji bioelektrycznej to prosta procedura, która trwa zaledwie kilka minut. Urządzenie mieszczące całe ciało (z elektrodami przyczepianymi do nadgarstków i kostek) jest przenośne, proste w użyciu i często widuje się je na imprezach sportowych. Można też spotkać segmentowe analizatory składu ciała, takie jak waga Tanita czy Omron. Ci, którzy decydują się na zakup domowego analizatora, powinni wiedzieć, że pomiary wykonywane na nodze są bardziej precyzyjne od tych na ręku.

Choć jest to popularna metoda, szacowanie za jej pomocą ilości tłuszczu może być problematyczne, zwłaszcza jeśli chodzi o sportowców. Pomiar opiera się na założeniu, że standardowo organizm ludzki składa się w 71 procentach z wody. W przypadku szczupłych sportowców wynik może być zawyżony, a u osób z nadwagą – zaniżony. Dokonując pomiaru po treningu, otrzymasz niższy procent zawartości tłuszczu, niż mierząc się przed wysiłkiem, ponieważ poziom nawodnienia wpływa na odczyt (Demura i inni, 2002). Otrzymasz nieprawidłowy wynik, jeśli jesteś odwodniony (co często zdarza się zapaśnikom i przedstawicielom innych dyscyplin, w których stosuje się klasy wagowe). Nie warto mierzyć się po ciężkim wysiłku ani po spożyciu alkoholu. Jedna z moich pacjentek powiedziała: „Mam od dziewięciu do 14 procent tłuszczu w zależności od tego, kiedy stanę na mojej wadze Tanita".

Inne czynniki, które mogą zaburzać wynik, to: pochodzenie etniczne, obrzęk przedmenstruacyjny, pożywienie w żołądku, naładowanie mięśni węglowodanami (wraz z węglowodanami gromadzimy wodę). Odczyt będzie nieprawidłowy również wtedy, gdy przyjmiesz nieodpowiednią pozycję (na przykład ręce będą dotykać tułowia).

Dzięki rozwojowi nowych metod pomiarowych zwiększa się ich precyzja. Zachęcająco wypadły testy analizatora ręcznego Omron – wykazały dość dokładne wyniki (z granicą błędu 3,5 procent) u 65 procent kobiet i 70 procent badanych mężczyzn (Gibson, Heyward i Mermier, 2000).

Po co to wszystko?

Radzę: do czasu wynalezienia doskonałej metody mierzenia ilości tłuszczu w organizmie traktuj pomiar tkanki tłuszczowej jako narzędzie porównawcze, odzwierciedlające zmiany w twoim ciele, gdy chudniesz, zwiększasz ilość tkanki mięśniowej i modelujesz figurę. Nie oczekuj, że pomiar będzie idealnie wskazywał ilość tłuszczu w twoim ciele. Standardowo granica błędu wynosi trzy procent. Jeśli twój wynik to 15 procent, równie dobrze możesz mieć 12 lub 18 procent tłuszczu. Dochodzi jeszcze błąd biologiczny w granicach kolejnych trzech procent wynikający z indywidualnych różnic w procentowej zawartości poszczególnych tkanek.

Podobnie jak ważenie się na różnych wagach może dawać różne wyniki, tak wyniki pomiaru tkanki tłuszczowej dokonywanego przez różne osoby i różnymi metodami też mogą się różnić. W badaniu grupy 57 studentów zawartość tkanki tłuszczowej u każdego z nich wynosiła od 12,5 do 18,5 procent w zależności od metody pomiarowej. Pokazuje to, jak znaczne różnice mogą wystąpić nawet w warunkach laboratoryjnych (Stout i inni, 1994).

Najlepiej porównywać zmiany w wynikach zachodzące przez jakiś okres. Pomiary u jednego specjalisty mogą wskazywać kierunek, w jakim zmierza twój organizm. Prawdopodobnie jednak i tak nie powiedzą ci nic, czego nie powie ci lustro i stopień dopasowania ubrań.

KILKA SŁÓW MĄDROŚCI

Gorąco namawiam, żeby zamiast powierzać swój los niemiarodajnym liczbom, po prostu słuchać swojego ciała. Każdy z nas ma typową dla siebie wagę. Jednego dnia możesz zjeść trochę za dużo, innego trochę za mało, ale twoja waga pozostanie mniej więcej taka sama. Kiedy zejdziesz poniżej swojej naturalnej wagi, możesz odczuwać dokuczliwy głód, nabawić się obsesji na punkcie jedzenia, czuć chroniczne zmęczenie. Kiedy przekroczysz tę wagę, będziesz ociężały.

Z mojego doświadczenia w pracy ze sportowcami w różnym wieku i o różnej wadze wynika, że prawdopodobnie wiesz, jaka waga jest dla ciebie najbardziej naturalna. Tricia, pływaczka seniorka o wzroście 155 centymetrów, powiedziała mi kiedyś: „Mogę się odchudzić do 50 kilogramów, czyli wagi odpowiedniej dla przeciętnej osoby mojego wzrostu. Ale ta waga się nie utrzymuje. Moje ciało najlepiej się czuje pomiędzy 53–54 kilogramami. To więcej, niż waży większość osób mojego wzrostu, ale taka waga jest normalna dla mnie i dla większości kobiet w mojej rodzinie. Wszyscy jesteśmy przysadziści".

Lata nieudanego odchudzania nauczyły ją, że nigdy nie osiągnie upragnionego ideału. Zaakceptowała swoją budowę, jest aktywna fizycznie i nie przejmuje się kilkoma dodatkowymi kilogramami. W końcu waga nie zależy wyłącznie od naszej woli, a szczęście nie zależy od tego, czy jesteśmy chudzi.

ROZDZIAŁ 14

Więcej mięśni, a nie tłuszczu

Czytając o dietach i produktach dietetycznych, można odnieść wrażenie, że problemy związane z wagą ciała dotyczą jedynie tych, którzy próbują schudnąć. Jest jednak spora grupa – to przede wszystkim nastoletni chłopcy i młodzi mężczyźni, ale również część młodych kobiet – którzy usiłują przybrać na wadze. Z ankiety przeprowadzonej wśród 400 nastoletnich chłopców w wieku od 13 do 18 lat wynikało, że 25 procent z nich próbowało w okresie 12 miesięcy poprzedzających badanie przybrać na wadze (O'Dea i Rawstorne, 2001). Chcieli zwiększyć masę mięśniową, żeby poprawić siłę, wygląd, możliwości sportowe i lepiej wypadać w sportach kontaktowych, takich jak futbol amerykański, piłka nożna, rugby, hokej, boks.

Dla osób próbujących przytyć odżywianie się może być pracą, jedzenie – lekarstwem, a rachunki za nie – studzienką odpływową. Wielu chudych sportowców objada się pączkami, ciastkami, lodami i frytkami smażonymi w głębokim tłuszczu, żeby niedrogo (a przy okazji niezdrowo) dostarczyć organizmowi sporą ilość kalorii. Często sięgają po napoje wysokoenergetyczne, sądząc, że zwykłe jedzenie nie wystarczy. To nieprawda.

Jeśli nie podoba ci się twój kościsty wygląd i bez przerwy jesz w nadziei, że przybędzie ci trochę mięśni, informacje zawarte i w tym rozdziale, i na temat białka w diecie pomogą ci osiągnąć cel w zdrowy sposób.

ZDROWY WZROST WAGI

Teoretycznie, aby przybrać 0,45 kilograma tygodniowo, trzeba spożywać o 500 kilokalorii dziennie więcej niż normalnie – lecz są tacy, którym to nie wystarczy.

W pewnym badaniu 200 więźniów, bez przypadków otyłości w rodzinach, poddano eksperymentowi – chodziło o to, by przez świadome spożywanie nadmiernych ilości pokarmu ich waga wzrosła o 20–25 procent (14–18 kilogramów). Przez ponad pół roku osadzeni mnóstwo jedli i mało ćwiczyli. Jednak tylko 20 z 200 badanych udało się osiągnąć zamierzoną wagę. A z tych 20 zaledwie dwóch utyło łatwo i szybko, przy czym okazało się, że mieli w rodzinie utajone przypadki otyłości lub cukrzycy. Jeden z więźniów przez 30 tygodni próbował przytyć pięć kilogramów (przy wadze 60 kilogramów) – nadaremnie (Sims, 1976).

Także bliźnięta jednojajowe, które przez 100 dni spożywały dodatkową porcję 1000 kilokalorii dziennie, reagowały różnie. Niektóre przytyły o 4,3 kilograma, inne nawet o 13,2. Wyniki były bardzo podobne u każdej pary, co sugeruje, że kwestie te są mocno uzależnione genetycznie (Bouchard, 1990).

Takie rozbieżności stanowią dla badaczy zagadkę. Co dzieje się z nadmiarem kalorii, które nie zamieniły się w tłuszcz? Niektórzy uważają, że organizm dostosowuje metabolizm w taki sposób, by utrzymywać wagę określoną genetycznie (Leibel, Rosenbaum i Hirsch, 1995). Inni przyczyny dopatrują się w zwiększonej dziennej aktywności (Levine, Eberhardt i Jensen, 1999).

Jeśli trudno ci przytyć, przyjrzyj się swojej rodzinie. Jeżeli inni jej członkowie też są szczupli, to prawdopodobnie odziedziczyłeś taką genetyczną predyspozycję. Odpowiednia dieta, trening siłowy może, gdy twój organizm jeszcze dojrzewa, do pewnego stopnia zmienić twój wygląd, ale nie należy oczekiwać cudownej przemiany. Maratończyk Bill Rodgers nigdy nie będzie wyglądał jak kulturysta Charles Atlas bez względu na to, ile by ćwiczył i jadł.

Zauważyłam, że moi pacjenci, którym trudno przybrać na wadze, są wiercipiętami. Bawią się palcami, podczas siedzenia machają nogą, trudno jest im usiedzieć w miejscu. Wykonują wiele nieświadomych ruchów, które powodują spalanie kalorii. Z kolei ci, którzy narzekają, że nie mogą schudnąć, najczęściej siedzą spokojnie. Tym pierwszym mówię, żeby spróbowali się odprężyć. Ciągłe wiercenie się może spalać nawet od 300 do 700 kilokalorii dziennie.

WIĘCEJ BIAŁKA DO BUDOWY MIĘŚNI?

Większość osób, które chcą zwiększyć swoją masę, wierzy, że najlepszym na to sposobem jest trening siłowy (prawda) oraz dieta z bardzo wysoką zawartością białka (fałsz). Choć odpowiednia dawka białka jest konieczna, organizm nie przechowuje jego nadmiaru w postaci muskulatury. Wielki stek nie przemienia się w wielkie bicepsy. Do tego potrzebne są dodatkowe kalorie, które powinny pochodzić przede wszystkim z węglowodanów, a nie nadmiaru białka. Węglowodany dostarczają mięśniom energii, dzięki której możesz wykonywać ćwiczenia powodujące przyrost tkanki mięśniowej. Mięśnie zwiększają swój obwód, kiedy serwujesz im sporą dawkę ćwiczeń oporowych, a nie protein.

Jeśli regularnie zjadasz posiłki większe niż normalne, masz szansę przybrać na wadze. Często doradzam szczuplutkim sportowcom, którzy zarzekają się, że jedzą ogromne porcje. Pływak Peter zapewniał mnie, że je co najmniej dwa razy większe posiłki niż jego znajomi. Ale okazało się, że jadł tylko dwa posiłki dziennie. Ponieważ trenował przed i po szkole, nie miał czasu na porządne śniadanie i obiad. Jadał tylko lunch i kolację. Z pewnością zjadał sporo, ale to ledwie rekompensowało brak śniadania i obiadu.

Odkąd Peter zaczął jadać trzy posiłki dziennie (i przekąskę), przybrał 1,4 kilograma w ciągu trzech tygodni. „Patrzę teraz na jedzenie jak na lek, który pomaga mi przytyć. Planuję posiłki, noszę jedzenie przy sobie, żeby jeść o odpowiednich porach. Nauczyłem się przyczepiać do torby treningowej kartkę z przypomnieniem o śniadaniu, bo zdarzają się dni, kiedy tak się spieszę, że prawie zapominam zapakować je na wynos – dwa batony energetyczne i dwa kartoniki soku na przekąskę w drodze do szkoły. Widzę korzyści – mam więcej energii, czuję mniejszy głód rano i trochę przytyłem".

Keith, członek szkolnej drużyny koszykarskiej (193 centymetry wzrostu), miał inny problem. Kiedy jadł ze znajomymi na mieście, zjadał zawsze dwa razy tyle co oni (duża pizza nie była dla niego problemem) – i bardzo się tego wstydził. Kiedy obliczyłam jego zapotrzebowanie kaloryczne, zaczął rozumieć, dlaczego ciągle był chudy. Tylko po to, by utrzymać wagę, potrzebował około 6000 kilokalorii dziennie. Żeby przytyć, musiał pochłaniać ich jeszcze więcej. Jedna pizza ma 1800 kilokalorii. Bardziej odpowiednie byłyby dla niego dwie takie pizze.

Poradziłam mu, żeby przede wszystkim nie porównywał swoich porcji z porcjami niższych kolegów. Podpowiedziałam, że jeśli ktoś będzie próbował mu dokuczać, może powiedzieć, że jego organizm jest jak limuzyna, która potrzebuje więcej paliwa niż zwykły samochód.

ZWIĘKSZAMY LICZBĘ KALORII

Aby przybrać na wadze, trzeba konsekwentnie zjadać większe porcje niż normalnie – dotyczy to wszystkich trzech posiłków i dwóch przekąsek. Jeśli masz sporo zajęć, najtrudniej będzie znaleźć czas na jedzenie. Jeżeli jadasz głównie poza domem, naucz się zabierać ze sobą zapas przekąsek. Aby spożywać więcej kalorii w ciągu dnia, należy nie robić długich przerw między posiłkami. Planuj z wyprzedzeniem, by zawsze, kiedy możesz coś przekąsić, mieć pod ręką jedzenie. Możesz też zjadać dodatkową przekąskę przed pójściem spać, na przykład kanapkę z masłem orzechowym i szklankę mleka, i wybierać produkty o wyższej wartości kalorycznej.

Wybierając na przykład granolę zamiast dmuchanego ryżu, dostarczasz organizmowi więcej kalorii przy mniejszej objętości posiłku. Keith zaczął uważnie czytać etykiety na produktach: zauważył, że 240 mililitrów soku pomarańczowego ma 110 kilokalorii, a 240 mililitrów soku żurawinowo-jabłkowego ma 160 kilokalorii; puszka fasolki szparagowej to 40 kilokalorii, a puszka kukurydzy – 140 kilokalorii; miska płatków Bran Flakes ma 200 kilokalorii, a miska granoli – aż 780 kilokalorii. Zaczął wybierać produkty bardziej kaloryczne.

Pamiętaj, że tłuszcz jest najbardziej skoncentrowaną formą kalorii. Jedna łyżeczka tłuszczu (masła, oleju, margaryny czy majonezu) zawiera 36 kilokalorii; taka sama ilość węglowodanów lub protein zawiera tylko 16 kilokalorii. Większość produktów bogatych w białko zawiera również tłuszcz (sery, hamburgery, masło orzechowe), co podnosi ich wartość kaloryczną. Niektóre z tych tłuszczów są szkodliwe dla zdrowia, na przykład tłuszcze nasycone w serach, hamburgerach wołowych, maśle i boczku.

Staraj się ograniczać spożycie niezdrowych tłuszczów i skup się na tłuszczach zdrowych, takich jak masło orzechowe, orzechy laskowe, migdały, awokado, oliwa oraz tłuste ryby, na przykład łosoś i tuńczyk. Nie zapominaj o diecie sportowej

WIĘCEJ KALORII!

Dzięki prostym wyborom możesz w jeden dzień dostarczyć organizmowi o 890 kilokalorii więcej!

Kiedy jedzenie jest jak lekarstwo i liczy się każda kaloria, możesz zwiększyć ich spożycie, wybierając pewne produkty zamiast innych. Niewielkie zmiany w diecie mogą przynieść ogromne zmiany twojej wagi.

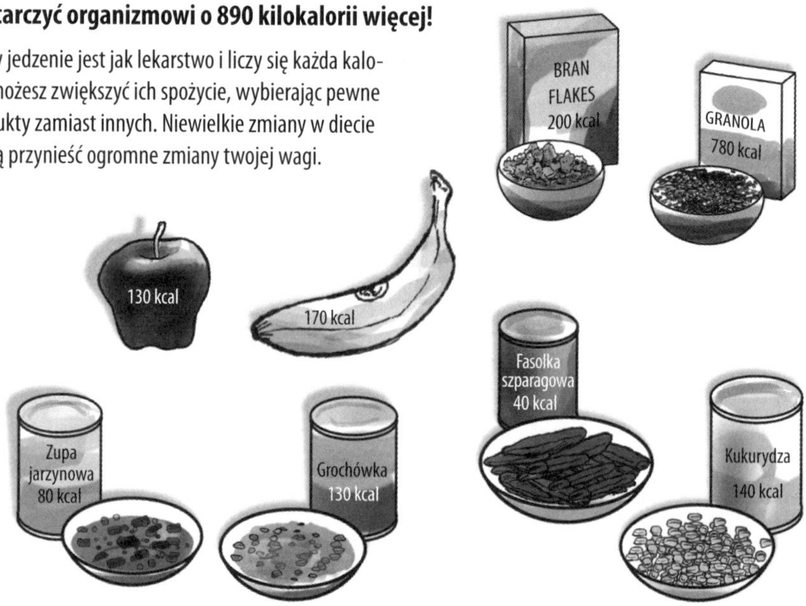

opartej na węglowodanach. Zbyt duża ilość tłustego jedzenia sprawi, że mięśnie będą niedożywione.

Poniższe pokarmy i napoje pomogą ci zwiększyć ilość spożywanych kalorii:

Płatki na zimno. Zamiast lekkich i dmuchanych wybieraj płatki ciężkie i skoncentrowane, takie jak granola czy Bran Flakes. Posypuj je orzechami, pestkami słonecznika, siemieniem lnianym, rodzynkami, bananami i innymi owocami.

Płatki na ciepło. Gotując je na mleku, a nie na wodzie, zwiększysz ich wartość kaloryczną. Jeszcze więcej kalorii uzyskasz, dodając mleko w proszku, masło, masło orzechowe, orzechy laskowe, pestki słonecznika, zarodki pszenne, siemię lniane i suszone owoce.

Soki. Sok jabłkowy, żurawinowy, jabłkowo-żurawinowy, winogronowy, ananasowy oraz większość mieszanek (na przykład mango, pomarańcza, banan) mają więcej kalorii niż sok grejpfrutowy, pomarańczowy czy pomidorowy.

Owoce. Banany, ananas, mango, rodzynki, daktyle, suszone morele i inne suszone owoce zawierają więcej kalorii niż owoce z dużą zawartością wody, takie jak grejpfrut, śliwki czy brzoskwinie. Łącząc świeże owoce z mlekiem, otrzymasz pyszne smoothie.

Mleko. Aby zwiększyć kaloryczność mleka, możesz dodać mleko w proszku (30 gramów na 240 mililitrów mleka). Możesz też wypróbować napoje mleczne w proszku, takie jak Smart Food, Nesquik lub inne rodzaje rozpuszczalnego kakao. Trzymaj dzbanek z takim napojem w lodówce. Możesz dodawać je również do koktajli mlecznych i owocowych. Jest to znacznie tańsze od gotowych dań w proszku, które najczęściej są oparte na sproszkowanym mleku z dodatkiem witamin. Poza tym domowe koktajle będą znacznie smaczniejsze. Szukaj przepisów w rozdziale 24.

Tosty. Smaruj je grubą warstwą masła orzechowego, miękkiej margaryny (najlepiej na bazie oleju rzepakowego), dżemu lub miodu.

Kanapki. Wybieraj ciężkie pieczywo (zamiast nadmuchanych bułek), takie jak chleb żytni, chleb na miodzie, z kiełków pszenicy czy pumpernikiel. Im grubsze kromki, tym lepiej. Posmaruj je umiarkowaną ilością margaryny lub majonezu. Udekoruj tuńczykiem, kurczakiem, hummusem lub innymi dodatkami. Niedrogą bombą kaloryczną jest masło orzechowe oraz dżemy.

Zupy. Gęste zupy z soczewicy, grochu, kaszy jęczmiennej czy minestrone zawierają więcej kalorii niż klarowany rosół, chyba że poda się go z warzywami i mięsem. Aby zupa była bardziej treściwa, możesz dodać do niej mleko skondensowane lub mleko w proszku. Posypuj parmezanem, grzankami lub dekoruj łyżką śmietany. Jeśli ograniczasz spożycie sodu, wystrzegaj się gotowych dań w słoikach.

Mięso. Wołowina, wieprzowina i jagnięcina mają zwykle więcej kalorii niż kurczak lub ryba, ale mają też więcej tłuszczów nasyconych. Nie przesadzaj z ilością czerwonego mięsa i wybieraj chude kawałki. Aby kurczak lub ryba były bardziej kaloryczne, smaż je na oleju rzepakowym w panierce z bułki tartej.

Warzywa strączkowe. Soczewica, grochówka, fasolka po bretońsku, fasolowe burrito i inne potrawy z fasoli są nie tylko kaloryczne, ale także bogate w białka i węglowodany. Hummus (wytwarzany z ciecierzycy) to doskonała przekąska, dip oraz nadzienie do kanapki.

Warzywa. Groszek, kukurydza, marchew, dynia i buraki mają więcej kalorii niż fasolka szparagowa, brokuły, cukinia i inne wodniste warzywa. Dekoruj je masłem, płatkami migdałów i tartym niskotłuszczowym serem. Zamiast na parze przygotowywuj warzywa na patelni.

Sałatki. Niskokaloryczna sałata może stać się całkiem sycącym daniem, gdy dodamy do niej serek wiejski, cieciorkę, pestki słonecznika, różne warzywa, siekane orzechy, rodzynki, suszoną żurawinę, tuńczyka, chude mięso, grzanki oraz hojnie polejemy sosem sałatkowym na bazie zdrowego oleju, najlepiej oliwy lub oleju rzepakowego.

Ziemniaki. Do puré ziemniaczanego dodawaj margarynę i mleko w proszku. Jeśli kusi cię, by dodać sporo masła, lepiej to przemyśl. W ten sposób dodajesz do posiłku tłuszcz nasycony, który źle wpływa na twoje serce. Lepszym wyborem będzie śmietana o obniżonej zawartości tłuszczu lub gotowy sos niskotłuszczowy.

Desery. Wybierając desery o wysokiej wartości odżywczej, możesz jednocześnie delektować się czymś pysznym i odżywiać swoje ciało. Wypróbuj ciasteczka owsiane z rodzynkami, batony figowe, budyń czekoladowy, kruche ciastka z truskawkami, jogurt owocowy, chipsy jabłkowe lub inne desery na bazie owoców. Inne moje sugestie to muffiny jagodowe, chlebek kukurydziany z miodem, chlebek bananowy oraz inne słodkie chlebki i muffiny. Więcej pomysłów w rozdziale 17.

Przekąski. Zamiast o małej przekąsce myśl raczej o drugim lunchu lub drugiej kolacji. Drugi lunch około godziny 15:00 lub druga kolacja o 22:00 to idealny sposób na zwiększenie spożycia kalorii. Zapakuj sobie dodatkową kanapkę. Ugotuj trochę więcej na obiad i odłóż część na wieczór. Jeśli nie czujesz głodu, staraj się myśleć o jedzeniu jak o lekarstwie, które ma ci pomóc przybrać na wadze.

Jeśli nie jesteś w stanie zjeść całego drugiego posiłku, zjedz przynajmniej przekąskę. Może to być: jogurt owocowy, niskotłuszczowy ser i krakersy, fistaszki, pestki słonecznika, migdały, granola, precle, bułka wielozbożowa (z niskotłuszczowym serkiem i dżemem), muffiny z otrębami, pizza, krakersy z masłem orzechowym, milk shake, kakao, koktajl owocowy, banany, suszone owoce, mieszanki bakaliowe, kanapka.

Alkohol. Umiarkowane ilości piwa i wina mogą pobudzać apetyt i zwiększać ilość spożytych kalorii, zwłaszcza gdy spożywane są łącznie z przekąskami, takimi jak orzeszki czy popcorn. Alkohol zawiera niewiele składników odżywczych, dlatego nie zastępuj nim soków, mleka ani innych odżywczych napojów. Nigdy nie spożywaj alkoholu na krótko przed startem. Działa moczopędnie, nie mówiąc już o pogorszeniu refleksu, hipoglikemii i słabszej formie.

Przykładowe menu z tabeli 14.1 zostały opracowane zgodnie z powyższymi zasadami. Zobacz, jak mądrze wybrane składniki mogą połączyć się w obfity, bogaty w węglowodany jadłospis, który pomoże ci przybrać na wadze.

NAPOJE BIAŁKOWE

Napoje białkowe o kuszących nazwach, na przykład Muscle Milk, N-Large, Muscle Juice czy Serious Mass, to produkty wysokokaloryczne (ponad 500 kilokalorii na porcję). Są wygodne, ale nie niezbędne. Znacznie taniej tyle samo kalorii zjemy z kanapką z masłem orzechowym, które zawiera mnóstwo białka, lub pijąc napoje mleczne. Komercyjne suplementy dla sportowców nie dają większych korzyści niż standardowe jedzenie (Godard, Williamson i Trappe, 2002) czy napoje wysokoenergetyczne przygotowywane w domu. Jeżeli jednak brakuje ci czasu lub chęci, by przygotowywać dodatkowe kanapki i koktajle, gotowe napoje białkowe mogą stanowić wygodny sposób na spożycie dodatkowych kalorii.

Napoje różnych marek zawierają różne składniki, jednak we wszystkich znajduje się spora dawka białka do budowy mięśni oraz węglowodanów, które dostarczają energii do ćwiczeń rozwijających mięśnie i wspomagają ich przyrost. Często wzbogacane są w witaminy i minerały – ewentualnie w inne składniki o wątpliwym działaniu. (Pamiętaj, że przemysł produktów spożywczych dla sportowców nie jest pod ścisłą kontrolą). Napoje białkowe są ubogie w tłuszcze (nasycone), co daje im przewagę nad frytkami, cheesburgerami czy lodami.

Przy wyborze napoju białkowego najlepiej kierować się smakiem. Gdy coś ci smakuje, łatwiej będzie ci utrzymać program budowania masy. Każda firma zachwala ten rodzaj białka, którego używa – serwatkę, kazeinę, białko jaj, soję – oraz ten rodzaj węglowodanów, który zawierają jej produkty – glukozę, fruktozę lub maltodekstrynę. Białka i węglowodany przyswajają się w różnym tempie, zapewniając długotrwały efekt uwalniania ich do krwiobiegu – jest to proces podobny do tego, który zachodzi przy standardowym jedzeniu. Jeśli twoje posiłki zawierają zrównoważone ilości białka i węglowodanów, to najpewniej dostarczasz sobie wystarczające ich ilości: od 1,5 do 1,7 grama białka na kilogram masy ciała oraz od sześciu do dziesięciu gramów węglowodanów na kilogram masy ciała. Napoje białkowe stanowią jedynie wygodny sposób na dostarczenie kalorii.

Rodzaj węglowodanów, protein czy napoju białkowego na dłuższą metę nie będzie miał istotnego wpływu na to, czy osiągniesz swoje cele wagowe. Największy

TABELA 14.1. Przykładowe menu dla osób chcących przybrać na wadze

Menu 1	~ Kcal	Menu 2	~ Kcal
	ŚNIADANIE		
sok pomarańczowy 480 ml	200	sok ananasowy 480 ml	280
3 naleśniki	510	miseczka granoli	500
miód 60 ml	200	garść rodzynek	120
1 porcja margaryny	50	chude mleko 480 ml	200
chude mleko 240 ml	100	1 duży banan	130
W sumie	**1060**	**W sumie**	**1230**
	LUNCH		
4 grube kromki chleba	400	chleb pita 18 cm	240
tuńczyk z puszki 175 g	200	pierś z indyka 175 g	300
4 łyżki majonezu light	200	2 łyżki majonezu light	100
miska zupy z soczewicy	250	sok jabłkowy 480 ml	250
2 ciastka owsiane	100	1 średni muffin	300
chude mleko 480 ml	200	kubek jogurtu owocowego	230
W sumie	**1350**	**W sumie**	**1420**
	DRUGI LUNCH		
2 grube kromki chleba	200	2 duże grahamki	450
2 łyżki masła orzechowego	200	chudy ser 90 g	250
3 łyżki dżemu	150	sok żurawinowo-winogronowy 480 ml	350
chude mleko 360 ml	150		
2 łyżki czekolady w proszku	100		
W sumie	**800**	**W sumie**	**1050**
	KOLACJA		
średnia pizza z serem	1400	pierś z kurczaka 170 g	300
lemoniada 480 ml	200	2 duże ziemniaki	400
		2 porcje margaryny	100
		miseczka groszku	100
		2 ciastka	300
		2 łyżki miodu	100
		chude mleko 480 ml	200
W sumie	**1600**	**W sumie**	**1500**
Suma kcal z całego dnia	**4900**	**Suma kcal z całego dnia**	**5200**
60% węglowodanów (745 g)		65% węglowodanów (832 g)	
15% białka (193 g)		15% białka (180 g)	
25% tłuszczu (121 g)		20% tłuszczu (123 g)	

wpływ mają tu predyspozycje genetyczne, intensywność treningów, pory posiłków i możliwość spożywania dodatkowych kalorii przez długi czas.

Jeżeli należysz do sportowej drużyny akademickiej lub uniwersyteckiej, kieruj się zasadami żywienia promowanymi przez twój klub. Podobnie jak NCAA (National Collegiate Athletic Association – Amerykańskie Stowarzyszenie Sportowców Uczelnianych) wierzę, że podstawą optymalnej formy sportowca jest właściwe odżywianie oparte na ustaleniach naukowych, a nie komercyjne suplementy. Wiele pokoleń sportowców budowało mięśnie dzięki ciężkiej pracy i normalnemu jedzeniu. Ty też możesz.

JEDZENIE WE WŁAŚCIWYM CZASIE

Jeśli poważnie traktujesz budowanie masy mięśniowej, musisz jeść odpowiednie posiłki w odpowiednim czasie. Oto, co powinieneś robić:

- Przed treningiem siłowym posil się mieszanką węglowodanów i białka, na przykład płatkami z mlekiem lub jogurtem. Przekąska zostanie przekształcona w gotową do wykorzystania glukozę, która zapewni energię, oraz aminokwasy, które będą chronić twoje mięśnie.
- Zaraz po treningu uzupełnij zapasy białka – w celu wsparcia procesu gojenia i odbudowy mięśni, oraz węglowodanów – uzupełnią zapasy glikogenu.
- Jedz często w ciągu dnia. Zjadaj coś minimum co cztery godziny: śniadanie, lunch, obiad (jeśli trenujesz wczesnym popołudniem, możesz podzielić ten posiłek na przekąskę przed treningiem i po), kolacja, ewentualnie wieczorna przekąska. Równe rozłożenie kalorii zapewnia mięśniom stały dopływ energii w postaci glukozy oraz aminokwasy, które wspomagają przyrost tkanki mięśniowej. Gdy poziom aminokwasów we krwi wzrośnie powyżej normy, do mięśni trafia więcej cegiełek, a to wspomaga proces budowy mięśni. Gdy przez długi czas niczego nie jemy, organizm zaczyna spalać mięśnie; problem ten często dotyczy osób odchudzających się i może zniweczyć twoje wysiłki.

Nie wierzysz, że pory posiłków mają aż takie znaczenie? Trwające dziesięć tygodni badanie przeprowadzone wśród mężczyzn uprawiających rekreacyjnie kulturystykę wykazało, że ci, którzy spożywali około 270 kilokalorii w postaci suplementów węglowodanowo-białkowych tuż przed i zaraz po treningu (który odbywał się w połowie dnia), odnotowali prawie dwa razy większy przyrost masy mięśniowej niż ci, którzy spożywali ten sam suplement rano i wieczorem, czyli na długo przed i długo po treningu. Pod koniec eksperymentu ci pierwsi byli w stanie wycisnąć na ławeczce o 12,2 kilograma więcej niż na początku badania, podczas gdy grupa spożywająca suplement rano i wieczorem o dziewięć kilogramów więcej (Cribb i Hayes, 2006). To, kiedy jemy, zdecydowanie ma znaczenie.

Zjadanie kilku posiłków i przekąsek zawierających proteiny jest znacznie lepsze niż zjedzenie jednego dużego posiłku pod koniec dnia. Prosty sposób na zapewnienie sobie stałego źródła białka wysokiej jakości to picie mleka do posiłków i jedzenie jogurtów jako przekąski. Inne przykłady połączenia węglowodanów z białkiem to mleko czekoladowe, płatki z mlekiem, kanapka z indykiem, koktajl owocowy, jabłko z serem, dietetyczne posiłki w płynie (na przykład Smart Food albo Slim Figura) lub napoje białkowe. Suplement wykorzystany w opisanym badaniu zawierał mniej więcej 32 gramy białka serwatkowego, 34 gramy cukru (glukozy) zapewniającego energię oraz 5,5 grama kreatyny, która ma wspomagać przyrost masy i zwiększać siłę mięśni podczas ćwiczeń siłowych (Cribb i Hayes, 2006).

ZBILANSOWANA DIETA NA MASĘ

Najlepsza i najprostsza dieta na przyrost wagi to ta opisana w rozdziale 1 – tylko w większych ilościach. Sugeruję, byś przez kilka dni zapisywał wszystko, co jesz, żeby przekonać się, kiedy mógłbyś dodać nieco kalorii. Tak zrobił siatkarz Steve. Potem bez większego wysiłku znaleźliśmy kilka sposobów na to, by jadł więcej w pewnych porach dnia. Poniższa tabela pokazuje standardowe menu Steve'a oraz sugestie, jak może zwiększyć spożycie kalorii.

Standardowe menu	Dodatkowe produkty	Dodatkowe kcal
Śniadanie		
1 grahamka	1 grahamka	+230
2 łyżki masła orzechowego	2 łyżki masła orzechowego	+300
240 ml soku pomarańczowego	240 ml soku pomarańczowego	+100
Lunch		
1 kanapka	pół kanapki	+200
240 ml mleka	240 ml mleka	+100
1 ciasteczko	1 ciasteczko	+100
Przekąska		
nic	batonik zbożowy	+200
	sok żurawinowo-jabłkowy	+200
Obiad		
lasagne	jabłko	+100
sałatka		
pieczywo		
mleko		

Dodając co nieco do swoich posiłków, Steve mógł zwiększyć spożycie kalorii nawet o 1500 kilokalorii. To bez wątpienia sporo. Być może nie udawało mu się zjeść więcej każdego dnia, ale przynajmniej wiedział, jak bez większego wysiłku zwiększyć wartość kaloryczną posiłków. Musiał tylko podejść do sprawy poważnie i wykroić trochę więcej czasu na dodatkowe posiłki.

Jeśli masz matematyczny umysł, możesz posłużyć się bardziej złożonym planem: mięśnie nasycają się glikogenem dzięki dawce od sześciu do dziesięciu gramów węglowodanów na kilogram masy ciała, a w warunkach wzrostu organizm wykorzystuje mniej niż dwa gramy białka na kilogram masy ciała, więc przede wszystkim musisz zaspokoić zapotrzebowanie na węglowodany i białko. Następnie możesz dodać zbilansowane kalorie (najlepiej zdrowe) w postaci tłuszczu lub węglowodanów.

Weźmy na przykład Alexa, licealistę należącego do drużyny futbolowej, który chciał przybrać na wadze. Miał 178 centymetrów wzrostu, ważył 64 kilogramy i chciał przytyć 7–9 kilogramów. Wyliczyłam, że do utrzymania obecnej wagi potrzebował 3000 kilokalorii dziennie, i poleciłam, żeby zjadał około 20 procent więcej.

Więcej kalorii. Najpierw obliczyliśmy, co oznaczało 20 procent kalorii więcej w stosunku do jego codziennego menu:

20 procent x 3000 kilokalorii = około 600 kilokalorii więcej
= 3600 kilokalorii w sumie = 4 posiłki po 900 kilokalorii każdy

Węglowodany. Następnie obliczyliśmy jego zapotrzebowanie na węglowodany, planując spożycie 8,8 grama węglowodanów na każdy kilogram masy ciała. Przypomnijmy, że zalecane spożycie węglowodanów wynosi od 6,5 do 10,5 gramów na kilogram masy ciała. Należy więc spożywać od 55 do 65 procent kalorii pochodzących ze zbóż, owoców, warzyw i innych form węglowodanów:

8,8 grama węglowodanów x 64 kilogramy = 563 gramów węglowodanów
563 gramów węglowodanów x 4 kilokalorie
= 2252 kilokalorie z węglowodanów
2252 kilokalorie z węglowodanów / 3600 kilokalorii
= 62 procent kilokalorii z węglowodanów

Tak więc Alex powinien zjadać około 140 gramów węglowodanów w każdym z czterech codziennych posiłków.

Białka. Założeniem było spożywanie od 1,5 do 2 gramów białka na każdy na kilogram masy ciała, co oznaczało około 12–15 procent kilokalorii z chudego mięsa, fasoli, orzechów oraz chudego nabiału.

1,7 grama białka x 64 kilogramy = 109 gramów białka
109 gramów białka x 4 kilokalorie = 436 kilokalorii z białka
436 kilokalorii z białka / 3600 kilokalorii = 12 procent kilokalorii z białka

A zatem Alex potrzebował około 40 gramów białka w trzech posiłkach dziennie (mógł również rozdzielić tę dawkę na cztery posiłki plus przekąski).

Tłuszcz. W zbilansowanej diecie Alexa źródłem zdrowego tłuszczu powinno być masło orzechowe, orzechy, oliwa i olej rzepakowy, dzięki którym można spożyć zalecane 25–30 procent kilokalorii pochodzących z tłuszczu.

26 procent x 3600 kilokalorii = 936 kilokalorii z tłuszczu
936 kilokalorii z tłuszczu / 9 kilokalorii = 104 gramy tłuszczu

Oznacza to, że Alex mógł włączyć do swojej diety około 26 gramów zdrowego tłuszczu w każdym z czterech posiłków dziennie.

Martina, innego z moich pacjentów, nauczyłam czytać informacje na etykietach. Był zaskoczony, że mógł z łatwością dostarczyć organizmowi zalecaną dzienną dawkę białka, zjadając puszkę tuńczyka (175 gramów) na lunch (40 gramów białka), podwójną pierś z kurczaka na obiad (80 gramów białka) i wypijając w ciągu dnia litr chudego mleka (40 gramów białka). Dzięki temu nie czuł się już zmuszony do zjadania na śniadanie omleta z białek i kupowania drogich batonów proteinowych. Zamiast tego zjadał zbilansowane posiłki bazujące na węglowodanach, na przykład pełnoziarnistą bułkę z tuńczykiem i 480 mililitrów chudego mleka czekoladowego na lunch czy kurczaka z dwoma pieczonymi ziemniakami i dużą sałatką na obiad popity jeszcze jedną porcją mleka.

CIERPLIWOŚĆ PRZEDE WSZYSTKIM

Gdy będziesz jadł od 500 do 1000 dodatkowych kilokalorii dziennie, powinieneś zauważyć przyrost wagi. Zadbaj o to, by wykonywać ćwiczenia oporowe (podnoszenie ciężarów, pompki), co wzmocni efekt przyrostu tkanki mięśniowej, a nie odkładania tłuszczu. Poproś trenera ze szkoły, twojego klubu sportowego lub siłowni o opracowanie programu ćwiczeń dopasowanego do twoich potrzeb. Możesz też od czasu do czasu mierzyć ilość tkanki tłuszczowej, aby upewnić się, że zyskujesz przede wszystkim tkankę mięśniową, a nie tłuszczową. Niewytrenowany mężczyzna może z początku zwiększać masę mięśniową o 1,5 kilograma na miesiąc. W przypadku wytrenowanych sportowców przyrost będzie wolniejszy.

Jeśli nie przybierasz na wadze, przyjrzyj się członkom swojej rodziny – być może odziedziczyłeś naturalnie chudą sylwetkę? Jeśli wszyscy są chudzi, zaakceptuj swoją wagę i skup się na poprawie możliwości sportowych. Zamiast tracić energię na zamartwianie się chudością, skoncentruj się na tym, że jesteś lekki, szybki i zwinny. Z pewnością możesz wyprzedzić cięższych zawodników, którym brakuje twojej lekkości.

Pamiętaj też, że większość osób tyje z wiekiem. Jeśli dopiero dojrzewasz lub jesteś ledwo po dwudziestce, być może dopiero nabierzesz masy. Nierzadko zdarza się, że szczupły, wysportowany student tyje po zakończeniu edukacji i podjęciu pracy. Dlatego waham się często przed zachęcaniem pacjentów do jedzenia na siłę. Zakłóca to naturalne mechanizmy regulowania apetytu i prowadzi do utraty naturalnej zdolności kończenia posiłku w momencie uzyskania sytości.

To właśnie spotkało Wesa, 30-letniego fotografa i byłego futbolistę, który z westchnieniem wyznał: „Przez całe liceum byłem chudy. Na studiach trener nalegał, żebym przytył. Jadłem pajdy chleba z masłem, stosy frytek i góry lodów. Bardzo to polubiłem. Jadłem tak nawet po tym, jak osiągnąłem upragnioną wagę. I proszę – oto efekt. Mam 30 kilogramów nadwagi i ciężko mi się chodzi, nie mówiąc już o graniu w futbol. Tęsknię za tym czasem, kiedy byłem szczupły i zwinny".

Dzięki planowi odżywiania bez tłustych przekąsek i słodzonych napojów Wes stracił zbędne kilogramy w ciągu roku. Został trenerem pozaszkolnej drużyny futbolu amerykańskiego. Szczupłym dzieciakom doradzał, żeby były cierpliwe, zdrowo się odżywiały i wyrabiały sobie dobre nawyki żywieniowe na całe życie.

Tobie radzę to samo. Aby przybrać na wadze, musisz zjadać większe porcje zdrowych posiłków i przekąsek, jeść regularnie – bez omijania posiłków – i zachowywać się odpowiedzialnie. Trzeba się postarać, żeby jeść wystarczająco dużo. Trzeba też popracować, wykonując ćwiczenia sprzyjające przyrostowi tkanki mięśniowej.

PYTANIA RODZICÓW CHUDYCH DZIECI

Jeżeli jesteś rodzicem chudziutkiego dziecka, zapewne chcesz pomóc mu przybrać na wadze w zdrowy sposób – bez jedzenia ton lodów, powiększonych zestawów w barach fast food oraz drogich suplementów wątpliwej wartości. Oto odpowiedzi na niektóre z pytań najczęściej zadawanych przez rodziców.

Mój 16-letni syn nalega, żeby kupować mu odżywki i koktajle proteinowe, bo chce mieć więcej mięśni. Czy jest to konieczne? Nie. Najważniejsze, czego potrzebuje twój syn, to dodatkowe kalorie – one pozwolą mu wykonywać ćwiczenia siłowe, które budują mięśnie. Większość tych dodatkowych kalorii powinna pochodzić z węglowodanów (a nie suplementów białkowych), bo to one zapewniają mięśniom energię do ćwiczeń. Polecam zastąpienie wody (spożywanej poza treningami) sokami i chudym mlekiem – to prosty sposób na zwiększenie spożycia kalorii. Pamiętaj, że nawet bez ćwiczeń dodatkowe kalorie powodują niewielki przyrost tkanki mięśniowej. Osoby prowadzące siedzący tryb życia zyskują około 0,5 kilograma tkanki mięśniowej na każde 1,5 kilograma, które utyją.

Mój 12-letni syn jest niższy od większości dziewczyn w jego wieku. Krępuje go to i wypytuje mnie o suplementy białkowe. Czy pomogą mu szybciej urosnąć? Żadna ilość nadmiaru białka nie przyspieszy wzrostu. Chłopcy zwykle rosną szybciej pomiędzy 13 a 14 rokiem życia. Po tym skoku syn będzie miał wystarczająco dużo męskich hormonów, by zwiększać masę mięśniową i zyskać zarost. Skok rozwojowy trwa u chłopców dłużej niż u dziewcząt. Po nim chłopcy rosną jeszcze do około 20 roku życia, ale już wolniej.

Mój 13-letni syn chce dźwigać ciężary, żeby lepiej grać w futbol. Powinien? Odpowiednio nadzorowany program treningu siłowego (bez obciążania niedojrzałych kości i ścięgien) może pomóc mu nabrać sił i uchronić przed kontuzjami. Nie pojawi się jednak znaczny przyrost tkanki mięśniowej, dopóki syn nie będzie miał wystarczająco dużo męskich hormonów sterujących przyrostem mięśni (tych samych, które powodują pojawienie się włosów łonowych). Chłopcy zwykle zauważają przyrost masy mięśniowej po zakończeniu okresu szybkiego wzrostu. Przypominaj synowi, że cierpliwość jest zaletą!

Czy kreatyna to bezpieczny sposób na zwiększenie wagi? Kreatyna to naturalny składnik mięsa i ryb. Jest również dostępna w postaci proszku i tabletek. Mięśnie wykorzystują fosfokreatynę do wytwarzania energii do intensywnej aktywności trwającej od jednej do dziesięciu sekund (na przykład przy podnoszeniu ciężarów, w zapasach, hokeju czy sprincie). U osób, które reagują na suplementy zawierające kreatynę, może ona wspomóc taki krótki, bardzo intensywny wysiłek (Terjung i inni, 2000). Jednak nie na wszystkich kreatyna działa.

Dotychczasowe badania nie wykazały, by kreatyna miała negatywny wpływ na zdrowie, jeśli przyjmuje się ją w zalecanych dawkach. Początkowy przyrost wagi często występujący u osób przyjmujących kreatynę może mieć związek z gromadzeniem wody w organizmie, natomiast na dłuższą metę wzrost wagi może wynikać z przyrostu tkanki mięśniowej. Jak dotąd żadna organizacja medyczna nie zaleciła stosowania kreatyny u osób poniżej 18 roku życia; jej wpływ na rosnący organizm nie został w pełni zbadany.

Mój 14-letni syn nie lubi swojej szczupłej sylwetki. Słyszał, że kreatyna wspomaga przyrost wagi i prosi, żeby mu ją kupić. Co powinienem mu powiedzieć? Twój syn jest teraz w wieku, w którym łatwo ulega się wpływom. Przyjmowanie w tym wieku substancji zwiększających przyrost masy czy poprawiających możliwości sportowe może zachęcić go do przyjmowania innych niebezpiecznych substancji. Poradź mu, żeby starał się osiągać cele własnymi siłami, i przestrzegaj przed podejściem, w którym liczy się wygrana za wszelką cenę. Kreatyna może przynosić korzyści, ale trzeba też jasno powiedzieć, że jej stosowanie przez osoby, które nadal rosną, bywa groźne.

Przypominaj synowi, że do świetnej formy nie ma drogi na skróty. Będzie z siebie dumny, kiedy osiągnie wymarzoną wagę i wygląd dzięki gorliwej pracy i dobremu odżywianiu. Powiedz mu, że uważasz, iż przyjmowanie tej substancji jest złym pomysłem, że jego ciało będzie wyglądało inaczej, kiedy będzie miał 15, 16, 17 czy 18 lat. Może być pewien, że w jego organizmie zajdzie jeszcze wiele korzystnych zmian.

ROZDZIAŁ 15

Schudnij bez głodzenia się

Odchudzanie się to sprawa znacznie bardziej złożona, niż wynikałoby to z prostego zalecenia „jeść mniej i więcej się ruszać". Zarówno zawodowi sportowcy, jak i osoby trenujące rekreacyjnie mogą mieć problem ze zrzuceniem kilku kilogramów lub utrzymaniem wagi. Dlaczego tak trudno schudnąć? Czy organizm przyzwyczaja się do zmniejszonej podaży kalorii? Czy diety odchudzające psują metabolizm? A może po prostu ludziom nie wystarcza silnej woli? Jak na razie wydaje się, że większość faktycznie ma problem z wytrwałością; trudno jeść mniej, niż jesteśmy przyzwyczajeni (Heymsfield i inni, 2007).

Ogromny wybór pysznych rzeczy, które nas otaczają, powoduje nawet u aktywnych osób prawdziwy lub wyimaginowany problem z otłuszczonymi udami i za dużymi pupami. Wiele wysiłku wkładamy w spalanie kalorii i nadmiaru tkanki tłuszczowej. Choć niektórym udaje się schudnąć i sukces ten przypisywany jest programowi treningowemu, inni są sfrustrowani tym, że nie mogą zrzucić nawet pół kilograma pomimo konsekwentnie wykonywanych ćwiczeń. Sarah, zapalona biegaczka pracująca w redakcji, żaliła mi się: „Biegam od dziesięciu lat, a nie schudłam nawet o kilogram. Coś muszę robić nie tak". Jej mąż Peter miał odwrotne doświadczenia: „Miesiąc temu zacząłem chodzić na siłownię. Bez problemu zrzuciłem już 2,5 kilograma". Owszem, płeć ma znaczenie, kiedy mówimy o ćwiczeniach i chudnięciu.

Z rozdziału tego dowiesz się, jak pozbyć się nadmiaru tłuszczu dzięki odpowiedniemu zarządzaniu żywieniem. Nauczysz się jeść w sposób mądry, poprawisz swoje zdrowie, będziesz mieć energię, by czerpać przyjemność z ćwiczeń i zrzucisz nadmiar tłuszczu bez uczucia wyczerpania i zniechęcenia. Wbrew powszechnej opinii można schudnąć bez diet odchudzających. Nawet kulturyści, zapaśnicy, wioślarze wagi lekkiej lub inni sportowcy, dla których waga jest kluczowa, mogą stosować się do tych samych zasad co osoby ćwiczące na siłowni.

DIETY NIE DZIAŁAJĄ

Jestem dietetykiem, dlatego większość moich pacjentów zakłada, że przepiszę im jakąś dietę. Nie robię tego. Uczę ich, jak zdrowo się odżywiać. Sportowcy – a właściwie wszyscy ludzie – którzy przechodzą na dietę odchudzającą, tak naprawdę sami sobie szkodzą. Ryzykują nie tylko tym, że odzyskają wszystkie zgubione kilogramy, ale że proporcjonalnie przybędzie im więcej tłuszczu niż mięśni. Wiele wysiłku pójdzie na marne.

Gdy słyszymy „dieta", wyobrażamy sobie pieczywo ryżowe, sałatę z beztłuszczowym dressingiem i płatki fitness z chudym mlekiem. Diety odchudzające mogą tak naprawdę wywołać problemy z utrzymaniem wagi, bo utożsamia się je z głodowaniem. Organizm chroni się przed głodem i niedożywieniem, uruchamiając mechanizm objadania się, który nazywany jest często „zawaleniem diety", przez co osoba odchudzająca się przybiera na wadze mimo swoich wysiłków.

Badanie wśród 4746 amerykańskich nastolatek wykazało, że te z nich, które odchudzały się w ostatniej klasie gimnazjum, ważyły w liceum więcej od tych, które tego nie robiły. Odchudzanie wiązało się z przybieraniem na wadze (nawet do poziomu nadwagi) i zaburzeniami w odżywianiu (Neumark-Sztainer i inni, 2006). Inne badanie – 370 sportowców (pięściarzy, sztangistów i zapaśników), którzy musieli utrzymywać szczupłą sylwetkę w trakcie kariery sportowej, wykazało, że w późniejszych latach byli bardziej zagrożeni otyłością niż grupa kontrolna składająca się z niesportowców (Saarni i inni, 2006). Diety odchudzające to po prostu zły sposób na odchudzanie.

Aby chudnąć zdrowo i utrzymać wagę bez głodzenia się, zwróć uwagę na to:

- **Ile jesz.** Możesz jeść wszystko, byle w odpowiednich ilościach.
- **Kiedy jesz.** Zjadaj obfite śniadanie zamiast obfitych kolacji.
- **Po co jesz.** Jedz wtedy, gdy twój organizm potrzebuje energii, a nie dlatego, że jesteś znudzony, zestresowany czy nieszczęśliwy.

Wiele możemy nauczyć się od osób, które schudły i z powodzeniem utrzymują prawidłową wagę. Według danych Amerykańskiego Rejestru Kontroli Wagi (National Weight Control Registry), który gromadzi informacje o ponad 5000 osób, które po schudnięciu ponad 15 kilogramów utrzymują nową wagę przez okres dłuższy niż rok, aby osiągnąć sukces, należy:

- Wysypiać się.
- Ważyć się regularnie (raz w tygodniu).
- Jeść śniadania.
- Dbać, by w diecie nie było dużo tłuszczu (poniżej 25 procent wszystkich kilokalorii).
- Jeść regularnie, w weekendy tak samo, jak w tygodniu.
- Codziennie około godziny trenować lub podejmować inną aktywność fizyczną.

Nie ma jednego odchudzającego planu odżywiania dla wszystkich.

W tym rozdziale znajdziesz wskazówki, które pomogą ci osiągnąć taką wagę, jakiej pragniesz. Zanim jednak spróbujesz schudnąć, możesz poprosić o zmierzenie ilości tkanki tłuszczowej (patrz rozdział 13). Wiedząc, ile procent twojego organizmu stanowi tłuszcz, możesz łatwiej ową wagę określić. Bardzo często doradzam osobom aktywnym, które ważą więcej, niżby chciały, ale na ich wagę składają się głównie mięśnie i bardzo mało tłuszczu. Nic dziwnego, że trudno jest im schudnąć.

Bez efektu jo-jo

Najważniejsze przy odchudzaniu jest przede wszystkim to, by nie przybrać na wadze. W tym pomoże aktywność fizyczna. Trwające siedem lat badanie około 6100 biegających mężczyzn i 2200 kobiet (National Runners' Health Study – Ogólnokrajowe Badanie Zdrowia Biegaczy) wskazuje, że ci, którzy przebiegli więcej kilometrów, mniej przybrali na wadze (Williams, 2007).

Panie i panowie, którzy przebiegali więcej niż 48 kilometrów tygodniowo, przybrali na wadze średnio o połowę mniej niż ci, którzy przebiegali mniej niż 24 kilometry tygodniowo. Wszyscy biegacze z wiekiem przybierali na wadze mniej niż ich rówieśnicy prowadzący siedzący tryb życia.

Mężczyźni w wieku od 24 do 35 lat tyli około:

- 0,6 kilograma rocznie, jeśli biegali mniej niż 24 kilometry tygodniowo,
- 0,4 kilograma rocznie, jeśli biegali od 24 do 48 kilometrów tygodniowo,
- 0,3 kilograma rocznie, jeśli biegali ponad 48 kilometrów tygodniowo.

Podobnie jest u pań. Kobiety pomiędzy 18 a 25 rokiem życia tyły:

- 0,9 kilograma rocznie, jeśli biegały mniej niż 24 kilometry tygodniowo,
- 0,6 kilograma rocznie, jeśli biegały od 24 do 48 kilometrów tygodniowo,
- 0,4 kilograma rocznie, jeśli biegały ponad 48 kilometrów tygodniowo.

Inne korzyści przebiegania dłuższego dystansu tygodniowo to mniej centymetrów w talii (dotyczy to zarówno kobiet, jak i mężczyzn) i mniej centymetrów w udach u pań.

JEDZ WIĘCEJ I CHUDNIJ

Gdyby diety odchudzające działały, każdy, kto kiedykolwiek był na diecie, byłby szczupły. Jest inaczej. Większość osób, które stosują diety odchudzające, waży za dużo. Aby zrzucić zbędne kilogramy na dobre, trzeba nauczyć się jeść – zdrowo i odpowiednio. Rozdziały 1 i 2 pomogą ci dokonywać mądrych wyborów żywieniowych. Teraz będziesz miał okazję poszerzyć tę wiedzę, by nauczyć się jeść odpowiednie porcje o właściwym czasie i chudnąć bez uczucia zniechęcenia i wyczerpania. To ma znacznie większą moc niż silna wola, którą tak bardzo chciałbyś mieć.

Roberta, 42-letnia programistka komputerowa, matka dwójki nastolatków, biegaczka, wciąż narzekała: „Schudłabym, gdybym miała więcej silnej woli. Od 12 lat próbuję zrzucić cztery, pięć kilogramów. Tak! Od 12 lat! Jestem królową odchudzania!". Czując się kompletnie bezradna, Roberta uznała, że jestem jej ostatnią szansą na schudnięcie.

Po rozmowie o tym, jak się dotychczas odchudzała, zrozumiałam, że Roberta potrzebuje bardziej realistycznego planu odżywiania. Do tej pory próbowała przetrwać na kawie wypijanej zamiast śniadania, jogurcie na lunch, sałatce na przekąskę i rybie z warzywami na obiad. Stosowała drakońską, mało zróżnicowaną dietę. Zapytałam, co jada, kiedy nie jest na diecie. Szybko wymieniła listę ulubionych produktów, którymi chętnie karmiła dzieci: płatki śniadaniowe, na lunch kanapki z masłem orzechowym lub dżemem, na obiad spaghetti. Za każdym razem, gdy przechodziła na dietę, rezygnowała z ulubionych dań. Trzymała płatki i masło orzechowe poza zasięgiem wzroku, żeby jej nie kusiły. Uważała, że brakuje jej silnej woli, więc prosiła dzieci, by je przed nią chowały.

Przekonałam Robertę, by przestała postrzegać jedzenie jako tuczące i zaczęła dostarczać organizmowi energii w satysfakcjonujących ją posiłkach. Jedzenie jest przecież jedną z przyjemności w życiu. Skoro od dzieciństwa lubiła płatki, chleb i makaron, naiwnością było sądzić, że przestanie je lubić. Zamiast unikać tych produktów poleciłam, by jadła je częściej. Uświadomiłam jej, że jej diety nie mogły przynosić efektu, bo jadła produkty „dietetyczne" (sałatę, jogurt, rybę) bez limitu. Zachęciłam ją, by codziennie najadała się płatkami na śniadanie (a nawet na lunch czy jako przekąskę), żeby uniknąć podjadania.

Jeżeli i ty masz problem związany z wagą, musisz nauczyć się zarządzać spożyciem ulubionych potraw zamiast sobie ich całkowicie odmawiać. Jeśli będziesz zjadać odpowiednie porcje wszystkiego, na co masz ochotę, i wtedy, kiedy masz na to ochotę, nie będzie ci już potrzebna silna wola, żeby tego unikać. Siła mądrego odżywiania, a nie silna wola wspomaga długotrwałe utrzymywanie upragnionej wagi. Bez głodowania i wyrzekania się przyjemności.

Jedną z umiejętności, które pomogą ci zjadać odpowiednie porcje, jest jedzenie p-o-w-o-l-i. Delektuj się smakiem. Gdy pokarm przeżuwasz powoli, szybciej poczujesz się syty. I będziesz mieć satysfakcję ze zjedzenia mniejszej porcji. Wtedy nie będzie cię kusiło, żeby się napchać do syta, bo to ostatnia szansa („ostatnia szansa na masło orzechowe, zanim znowu przejdę na dietę, więc lepiej najeść się na zapas"). Kiedy znowu poczujesz głód, możesz zaspokoić go kolejną porcją masła orzechowego, nawet na kanapce. I w ten sposób umiejętność jedzenia z namysłem wygrywa.

Druga umiejętność, która sprzyja chudnięciu, to dieta „bliżej ziemi", czyli wybieranie pokarmów pełnowartościowych: owoców, warzyw, nieprzetworzonych ziaren i innych produktów bogatych w błonnik. Błonnik wspomaga chudnięcie, bo zapewnia uczucie sytości i opóźnia nawrót głodu, dzięki czemu mniej jemy w kolejnym posiłku. Taka sama liczbę kalorii w postaci bogatych w błonnik owoców, warzyw i zbóż daje uczucie sytości na dłużej niż słodzone napoje, lizaki i żelki. Skoro musisz ograniczyć ilość kalorii, to będziesz mieć pełniejszy brzuch dzięki produktom pełnowartościowym.

Regularnie wybierając pełnowartościowe formy węglowodanów, chude mięso i niskotłuszczowe produkty nabiałowe, nie tylko stracisz na wadze, ale zmniejszysz ryzyko zachorowania na raka, nadciśnienie czy choroby serca. Plan żywieniowy, który ma ci pomóc schudnąć, powinien bazować na wytycznych dotyczących zdrowego odżywiania. Nie rzucaj się na szalone diety odchudzające, po których i tak wrócisz do wagi wyjściowej, bo one nie uczą zasad zdrowego jedzenia.

NIE DLA WSZYSTKICH TEN SAM ROZMIAR

Bez przerwy słyszę, jak ludzie narzekają: „Wiem, co powinienem zrobić, żeby schudnąć, ale po prostu tego nie robię". Poczucie braku kontroli nad jedzeniem dręczy wiele osób. Prawda jest taka, że umiejętna redukcja wagi nie jest tak prosta, jak się wydaje, ponieważ nie ma jednej diety, która byłaby dobra dla każdego. Dlatego profesjonalna porada, dopasowana do indywidualnego stylu życia i preferencji żywieniowych jest znacznie skuteczniejsza niż diety przeznaczone dla wszystkich lub wymyślane samodzielnie.

Jeśli chcesz się pozbyć nadmiaru kilogramów raz na zawsze, zachęcam do odwiedzenia dyplomowanego dietetyka. Osoby takie przeszły odpowiednie programy szkoleniowe, zdały egzaminy i często są zrzeszone w odpowiednich organizacjach. Aby ustrzec się przed wizytą u kogoś, kto nie ma odpowiednich kwalifikacji i tylko udaje guru od odżywiania, warto sprawdzić, czy ukończył studia wyższe w zakresie żywienia człowieka lub dietetyki.

POPRAWNE LICZENIE KALORII

Moi pacjenci, którzy chcą schudnąć, na ogół boją się prawdziwego jedzenia. Myślą, że zjedzenie na przykład kanapki z tuńczykiem powoduje tycie. Produkty dietetyczne, takie jak pieczywo ryżowe czy marchewki, wydają im się pod tym względem bezpieczniejsze. Lecz samodzielnie narzucona dieta często zawiera zbyt mało kalorii i zbyt mały wybór (nudnych) produktów. Osoba na takiej diecie odczuwa taki głód, że ma ochotę na bardzo kaloryczne jedzenie (Gilhooly i inni, 2007). W rezultacie porzuca dietę i przybiera na wadze tyle, ile schudła – lub więcej.

Ja wyliczam moim pacjentom odpowiedni budżet kaloryczny, tak by wiedzieli, ile mogą zjeść, żeby utrzymać wagę lub schudnąć. Tak jak wiesz, ile pieniędzy możesz wydać na zakupach, tak samo pomocne okazuje się określenie, ile kalorii możesz zjeść w ciągu dnia. Kaloria, a dokładniej kilokaloria, jest miarą energii – to ilość ciepła konieczna do podgrzania jednego litra wody o jeden stopień Celsjusza. (Aby przeliczyć kalorie na kilodżule, należy pomnożyć liczbę kalorii przez 4,1868). Aby oszacować swoje zapotrzebowanie kaloryczne, powinieneś spotkać się z profesjonalnym dietetykiem. Możesz też skorzystać z internetowego kalkulatora kalorii (patrz dodatek A) lub z grubsza ocenić swoje potrzeby kaloryczne w następujący sposób:

1. Oceń swój metabolizm w stanie spoczynku (RMR) – czyli ilość kalorii, jaką potrzebujesz, by twój organizm normalnie funkcjonował (patrz tabela 15.1), mnożąc swoją zdrową wagę przez 22 kilokalorie na kilogram masy ciała. Jeśli jesteś otyły, przyjmij jako wagę wyjściową taką, która znajduje się mniej więcej w połowie pomiędzy twoją upragnioną wagą a twoją wagą obecną. Na przykład, jeżeli ważysz 100 kilogramów, ale kiedyś twoją normalną wagą było 70 kilogramów, do obliczeń zastosuj 85 kilogramów. Roberta ważyła 59 kilogramów, ale jej upragnioną, zdrową wagą było 55 kilogramów. Potrzebowała więc około 1200 kilokalorii dziennie, żeby po prostu żyć.
2. Dodaj kalorie potrzebne do codziennej aktywności, innej niż treningi. Jeżeli w ciągu dnia jesteś umiarkowanie aktywny, dodaj około 50 procent wskaźnika RMR. Jeśli prowadzisz raczej siedzący tryb życia, dodaj od 20 do 40 procent. Jeśli jesteś bardzo aktywny (nie licząc ćwiczeń i treningów), dodaj od 60 do 80 procent wskaźnika RMR. Dzięki pracy i dwójce dzieci aktywność Roberty utrzymywała się w ciągu dnia na średnim poziomie. Spalała około 600 kilokalorii (50 procent x 1200 kilokalorii) podczas codziennej aktywności. Jej zapotrzebowanie kaloryczne wyglądało tak:

1200 RMR + 600 kilokalorii na normalną aktywność
= 1800 kilokalorii dziennie (bez ćwiczeń i treningów)

TABELA 15.1. Metabolizm spoczynkowy

Organ	Kcal/dzień*	Metabolizm spoczynkowy (%)
Mózg	365	21
Serce	180	10
Nerki	120	7
Wątroba	560	32
Płuca	160	9
Pozostałe tkanki	370	21

* Liczba kalorii spalona przez mężczyznę o wadze 68 kg podczas całodniowego leżenia w łóżku.

3. Dodaj kalorie potrzebne do ćwiczeń fizycznych. Gdy Roberta szła na siłownię, biegała na bieżni przez około 45 minut, spalając przy tym około 400 kilokalorii. Jej całkowite zapotrzebowanie na kalorie wyglądało następująco:

   1200 kilokalorii RMR + 600 kilokalorii na normalną aktywność
   + 400 kilokalorii na ćwiczenia fizyczne = 2200 kilokalorii dziennie

   Oszacowując swoje zapotrzebowanie na kalorie, staraj się podejść do sprawy uczciwie i z precyzją. Sportowcy, którzy bardzo ciężko trenują, często są mało aktywni poza treningami. Ma to wpływ na ich całodzienne potrzeby kaloryczne. W jednym z badań mężczyźni i kobiety (w wieku od 54 do 76 lat) dodali do codziennej aktywności godzinę żwawego marszu, ale nie schudli ani trochę pomimo spożywania takiej samej liczby kalorii jak przedtem. Okazało się, że zaczęli znacznie więcej odpoczywać przez resztę dnia, redukując ogólny wydatek energii aż o 62 procent (Goran i Poehlman, 1992).
4. Aby schudnąć, odejmij 20 procent (lub mniej; małe deficyty sumują się i są łatwiejsze do utrzymania) całkowitego zapotrzebowania kalorycznego. Roberta musiała zjadać około 2200 kilokalorii dziennie, żeby utrzymać stałą wagę. Po odjęciu 20 procent od 2200 kilokalorii (20 procent x 2200 = około 400 kilokalorii) zostało około 1800 kilokalorii na dzień.

W przeszłości Roberta ograniczała się do 1000–1300 kilokalorii dziennie, więc podeszła do mojej propozycji nieufnie: „Skoro nie mogę schudnąć na diecie 1000 kilokalorii, to jak mam schudnąć na diecie 1800 kilokalorii?". Przypomniałam jej, że odejmując zbyt wiele, czuła taki głód, że nie była w stanie utrzymać diety. Do tego traciła tkankę mięśniową, co spowalniało metabolizm, i dostarczała organizmowi zbyt mało odżywczych składników, koniecznych do zachowania zdrowia i dobrej formy do ćwiczeń. Uświadomiłam jej również, że powolna utrata wagi jest trwalsza, a kilogramy utracone szybko równie szybko wracają. Rozsądny spadek wagi u osób ważących mniej niż 68 kilogramów wynosi 0,25–0,5 kilograma tygodniowo, w przypadku ważących więcej – od 0,5 do jednego kilograma tygodniowo.

W założeniu, że im mniej jesz, tym więcej stracisz tłuszczu, niewiele jest prawdy. Ogólnie rzecz biorąc, im mniej jesz, tym bardziej jesteś głodny i tym trudniej utrzymać dietę. Zmniejszając całodzienne spożycie zaledwie o 100 kilokalorii (równowartość dwóch ciastek Oreo lub kulki lodów), teoretycznie stracisz w ciągu roku 4,5 kilograma tłuszczu, ponieważ 0,45 kilograma tłuszczu odpowiada 3500 kilokalorii. Jeśli będziesz jeść o 500 kilokalorii dziennie mniej niż normalnie, powinieneś tracić jakieś pół kilograma tygodniowo. Przypomnij sobie teraz, ile razy próbowałeś przyciąć swoją dietę do 1000 kilokalorii dziennie i w rezultacie zaczynałeś tyć. Musimy jednak pamiętać, że spadek wagi nie zawsze jest ścisłą matematyką. Trudno jest schudnąć osobom, które próbują przekroczyć wagę przypisaną im przez geny (Leibel, Rosenbaum i Hirsch, 1995). Jeżeli nie masz nadmiaru tłuszczu, organizm będzie walczyć o zachowanie energii. Miewałam szczupłych pacjentów, którzy twierdzili, że nie mogą schudnąć pomimo okrojonego spożycia kalorii. Narzekali, że ciągle marzną i mają lodowate dłonie – to jeden ze sposobów, w jaki natura próbowała zatrzymywać energię w ich organizmach.

Po określeniu całkowitego zapotrzebowania na kalorie rozdziel wynik równo między posiłki na cały dzień. Niektórzy lubią zjadać sześć małych posiłków: śniadanie, przekąskę, obiad, przekąskę, kolację, przekąskę. Innym, na przykład Robercie, wystarczają cztery posiłki dziennie.

Na początku Roberta z niechęcią podchodziła do pomysłu jedzenia aż czterech posiłków, bo uważała, że posiłki są tuczące. Wyznała mi: „Boję się, że jak będę jeść tak dużo na śniadanie i dwa lunche, to przytyję". Przypomniałam jej, że celem posiłków zjadanych w ciągu dnia jest zlikwidowanie wieczornego głodu. I faktycznie – gdy jadła więcej w ciągu dnia, nie była już głodna wieczorem, miała energię do ćwiczeń między godziną 17:00 a 18:00 i nie czuła nieodpartej chęci, by podjadać na noc.

Jeżeli obawiasz się, że jedzenie normalnych posiłków cię utuczy, wiedz że:

- Nie przytyjesz od sycącego śniadania lub lunchu, lecz będziesz mieć więcej energii do aktywnego spalania kalorii. Nawet jeśli zjesz za dużo, możesz zrekompensować to sobie, zjadając mniej na kolację.
- Omijając posiłki w ciągu dnia, najpewniej bardzo zgłodniejesz i przejesz się wieczorem, bo nie będziesz w stanie zahamować fizjologicznej potrzeby jedzenia.

- Będziesz spożywać mniej kalorii, nawet jeśli zaczniesz jeść większe śniadanie, lunch i obiad niż dotychczas. Po prostu zastąpisz kalorie z wieczornego podjadania bardziej odżywczymi kaloriami zjadanymi w ciągu dnia.
- Jeśli nie czujesz się głodny wieczorem, możesz spokojnie zadowolić się zupą lub sałatką. Jednak nie zjadaj samej zupy lub samej sałatki na główny posiłek w ciągu dnia – to zdecydowanie za mało.

Zapoznaj się z wartością kaloryczną produktów, które często wybierasz, a następnie naucz się mądrze wydawać swój kaloryczny budżet. W każdym posiłku zjadaj produkty z co najmniej trzech z pięciu grup żywieniowych (patrz rozdział 1) i co najmniej dwa rodzaje produktów na przekąski. Wielu odchudzających się jada ciągle to samo na lunch czy obiad. W ten sposób ograniczają różnorodność witamin, minerałów i innych składników odżywczych.

Roberta była ekspertem w liczeniu kalorii. Bała się nawet, że nabawi się obsesji na tym punkcie. Przypomniałam jej, że kalorie należy liczyć w zaokrągleniu (0, 50, 100) i używać ich jako wskaźnika tego, jak dużo (a nie jak mało) może zjeść, by nie przekroczyć kalorycznego budżetu.

Przede wszystkim jednak musiała się nauczyć słuchać swojego organizmu i obserwować, jak reaguje na przykład na spożycie 600 kilokalorii, by w przyszłości kierować się również własnymi odczuciami. Dzięki temu mogła na przykład zjeść odpowiednią porcję w restauracji. Liczenie kalorii może pomóc w wyrobieniu w sobie umiejętności odczytywania, kiedy jesteśmy syci. Możesz – i powinieneś – dość szybko zastąpić liczenie kalorii wsłuchiwaniem się w sygnały głodu i sytości wysyłane przez organizm. Liczenie kalorii nie może stać się obsesją.

SCHUDNIJ NA DOBRE W DZIESIĘCIU KROKACH

Kiedy już wiesz, ile kalorii możesz spożywać, by stopniowo redukować tkankę tłuszczową, musisz nauczyć się, w jaki sposób je spożywać.

1. **Zapisuj**. Przez trzy dni, lub dłużej, prowadź dokładny rejestr wszystkiego, co jesz i pijesz. Z badań wynika, że osoby prowadzące taki dziennik skuteczniej chudną. Możesz go prowadzić w internecie – w sekcji analiza diety w dodatku A znajdziesz adresy stron, które pomogą ci prowadzić dziennik i liczyć kalorie.

   Zapisuj, dlaczego jesz. Z powodu głodu, stresu czy nudy? Zanotuj też czas i ilość ćwiczeń. Oceń, jakie nawyki potencjalnie zagrażają utracie wagi (omijanie śniadania, podjadanie przez cały dzień, przejadanie się wieczorem, zajadanie nudy czy zjadanie czekolady na poprawę humoru).

Zwróć uwagę, w jakim jesteś nastroju podczas jedzenia. Roberta odkryła, że czasem przytulenie się do kogoś lub słowo pocieszenia działały lepiej niż posiłek. Zrozumiała, że zjadanie paczki popcornu wprawdzie pomagało jej zapomnieć o samotności czy niepokoju, ale nie rozwiązywało problemów.

Jeżeli jesz z innych powodów niż z głodu, powinieneś uświadomić sobie, że jedzenie to źródło energii. Podobnie jak leków, nie należy go przedawkować. Jedzenie staje się groźne i tuczące, gdy jemy dla rozrywki, pocieszenia lub by zmniejszyć stres. Pamiętaj też, że żadna ilość nawet najlepszego jedzenia nie rozwiąże twoich problemów.

2. **Zmień swoje nawyki**. Jeżeli zjadasz niewiele w pierwszej połowie dnia i przejadasz się wieczorem, wypróbuj większe śniadania i lunch, a mniejszą kolację. Robertę bardzo zdziwiło, że uznałam jej płatki śniadaniowe z chudym mlekiem za zbyt małe śniadanie. Wierzyła, że dieta zaczyna się od śniadania. Powiedziałam jej, żeby zaczynała się odchudzać od kolacji. Potrzebowała więcej energii, żeby przebrnąć przez aktywny dzień.
3. **Jedz powoli**. Osoby z nadwagą jedzą zwykle szybciej niż osoby o prawidłowej wadze. Mózg potrzebuje około 20 minut, aby otrzymać sygnał, że się najadłeś. Nieważne, ile zjesz w ciągu tych 20 minut, sygnał sytości nie pojawi się szybciej. Spróbuj jeść w takim tempie, by zjadać mniej i unikać dyskomfortu, który często towarzyszy szybkiemu spożywaniu posiłków. W restauracji możesz zamówić najpierw zupę – zjedzenie gorącej zupy zajmuje trochę czasu i zmniejsza apetyt na dalszy posiłek. Będziesz mógł z satysfakcją zamówić lżejsze drugie danie.

   Roberta miała zły nawyk napychania się w ciągu kilku minut. Jadła praktycznie bez zatrzymania, nie odczuwając przyjemności z jedzenia. Zachęciłam ją, by często odkładała widelec, smakowała jedzenie, nie jadła bezmyślnie. Należy zwracać uwagę na to, czym się karmimy. Najlepszy w jedzeniu jest jego smak. Jeśli nie dajesz sobie czasu na delektowanie się smakiem potraw, przegapiasz jedną z przyjemności życia.

   Roberta jadała szybko przez większość swojego życia, dlatego poleciłam, by zaczęła ćwiczyć powolne jedzenie w trakcie jednego posiłku dziennie i stopniowo przechodziła do dwóch i trzech leniwych posiłków. Odkryła, że pora lunchu stała się znacznie przyjemniejsza, kiedy pozwalała sobie na odprężenie i delektowanie się jedzeniem. Poza tym nie kusiło jej już tak bardzo, by zjadać desery, bo spożywany powoli posiłek lepiej zaspokajał jej apetyt.
4. **Jedz to, co lubisz**. Jeżeli zrezygnujesz z tego, co naprawdę lubisz, zapewne w końcu się złamiesz. Jeśli jednak pozwolisz sobie na rozsądne porcje ulubionych potraw, zmniejszysz ryzyko odejścia od planu odchudzającego. Nie możesz się obejść bez pączków błyszczących od lukru? Pozwól sobie

na taką przekąskę raz lub dwa w tygodniu. Sprawdź, ile kilokalorii ma pączek (na przykład w internecie) i weź to pod uwagę, obliczając, ile jeszcze możesz zjeść danego dnia. Jedząc coś słodkiego, pamiętaj, by przeżuwać powoli i w pełni cieszyć się smakiem. Nie połkniesz wtedy kilku pączków za jednym zamachem.

Roberta uwielbiała ciasteczka z kawałkami czekolady. „Mogę wytrzymać bez nich cztery dni, ale potem zawsze zjadam dwie paczki naraz". Zachęciłam ją, by przynajmniej dwa razy w tygodniu pozwalała sobie na zjedzenie ciasteczka po lunchu, by tego uniknąć. Po jakimś czasie przyznała, że nie myśli już ciągle o tym, jak bardzo chce jej się ciastek, bo wiedziała, że czasem może sobie na nie pozwolić. Zjadanie większych posiłków także przyczyniło się do zmniejszenia chęci na ciastka. Gdy przestała odczuwać silny głód, straciła zainteresowanie słodyczami (patrz rozdział 5).

5. **Unikaj pokus**. Co z oczu, to z serca – i z talerza. Jeśli spędzasz sporo czasu w kuchni, nawet wtedy, kiedy nie musisz, postaraj się odpoczywać w takich częściach domu, gdzie jedzenie nie jest na wyciągnięcie ręki. Na imprezach szukaj towarzystwa w salonie, a nie przy bufecie z przekąskami. W sklepach omijaj alejki ze słodyczami.

   Roberta chodziła na spacery drogą obok piekarni. Nic dziwnego, że ulegała pokusie. Zaproponowałam, by wybrała inną trasę. Okazało się, że można w tak łatwy sposób rozwiązać coś, co wydawało się jej poważnym problemem. Nauczyła się również wchodzić do domu frontowymi drzwiami i iść prosto na górę, żeby przebrać się w coś wygodnego. Wcześniej wchodziła drzwiami kuchennymi, otwierała lodówkę i dawała sobie kilka minut na przełączenie się z trybu pracy na tryb domowy.

6. **Zrób listę aktywności niezwiązanych z jedzeniem**. Opracuj strategię zachowania się w sytuacjach, gdy czujesz się znudzony, samotny, zmęczony lub zdenerwowany. Musisz mieć w zanadrzu coś innego niż podjadanie. Możesz zadzwonić do znajomego, sprawdzić maile, wziąć kąpiel, podlać kwiatki, posłuchać muzyki przy blasku świecy, surfować po internecie, poukładać puzzle, pójść na spacer, przespać się, pobawić się z dziećmi, pomedytować. Jedzenie to źródło energii, a nie rozrywka ani nagroda za przetrwanie stresującego dnia.

   Kiedy Roberta czuła się zmęczona lub zestresowana, szukała pocieszenia w jedzeniu. Zaproponowałam, by przed każdym podjadaniem zadała sobie pytania: Czy jestem głodna? Czy zmęczona i zestresowana? Czy moje ciało potrzebuje tego paliwa? Kiedy uznawała, że jest zmęczona, próbowała wcześniej położyć się spać. Gdy dochodziła do wniosku, że jest zestresowana, przypominała sobie, że żadna ilość jedzenia nie rozwiąże żadnego problemu, więc bez sensu było zaczynać jeść. Alternatywą stała się rozmowa telefoniczna z przyjaciółką lub zapisanie strony w pamiętniku.

Gdy podjadamy z powodu stresu, próbujemy zrobić sobie przyjemność. Jedzenie wpływa na procesy chemiczne w mózgu i może dać wrażenie zadowolenia – ale tylko na chwilę. Ten nieprawidłowy nawyk radzenia sobie ze stresem w końcu doprowadzi do jeszcze większego przybicia z powodu przyrastającej wagi. Rozwiązanie jest oczywiste: musisz nauczyć się radzić sobie ze stresem bez udziału jedzenia.

Bostoński instytut medyczny Umysł/Ciało (Mind/Body Medical Institute) sugeruje, by wziąć trzy powolne, głębokie oddechy – wdychać spokój, wydychać napięcie – aby w ten sposób rozproszyć stres. Pomocna może być medytacja. Uspokój umysł, siadając w wygodnej pozycji i skupiając się na słowie ocean. Weź powolny wdech na dźwięk „o" i wydech na „cean". Spokojna wizja oceanicznych fal pomoże ci ukoić nerwy... i być może uniknąć kilku nadprogramowych kalorii.

7. **Stwórz realny plan odżywiania**. Nie musisz chudnąć codziennie. Jednak każdego dnia możesz wybierać – zmniejszasz, utrzymujesz czy zwiększasz wagę. Jeśli na przykład czeka cię bardzo ciężki dzień i zastanawiasz się, jak przetrwasz stresujące sytuacje, pozwól sobie na porządne jedzenie i dzień utrzymywania wagi na stałym poziomie. Przyda ci się ta energia. Jeśli wybierasz się na eleganckie przyjęcie weselne i chcesz delektować się serwowanymi tam pysznościami, śmiało! Dzień zwiększania wagi od czasu do czasu jest częścią normalnego odżywiania. Będziesz mniej głodny następnego dnia i zjesz trochę mniej (Uwaga: nie oszczędzaj kalorii na wielkie wyjście, rezygnując z posiłków w ciągu dnia; może się to skończyć poważnym i uciążliwym wieczornym przejedzeniem).

   Roberta zawsze uważała, że dieta powinna trwać bez przerwy przez kilka tygodni lub miesięcy, dopóki nie osiągnie upragnionej wagi. Zachęciłam ją do postrzegania redukcji wagi jako codziennego wyboru, który zależny jest od poziomu obciążenia danego dnia. Zaleciłam także, by zaplanowała sobie jeden dzień podjadania w tygodniu. Tak jak czasem potrzebujemy dnia wolnego od pracy, tak ci, co się odchudzają, potrzebują czasem odpocząć od odchudzania. Roberta przyznała: „Kiedy wiem, że w piątek wieczorem mogę wyjść i jeść, co chcę, łatwiej jest mi trzymać się programu odchudzającego przez resztę tygodnia".

8. **Wyznacz sobie czas na aktywność fizyczną**. Jeśli jesteś poważnym sportowcem, który stara się schudnąć, zapewne i tak masz już regularny program treningowy. Jeżeli jednak ćwiczysz rekreacyjnie i masz problem z utrzymaniem regularności treningów, pomóc może ci wpisywanie ich

do kalendarza. Należy ćwiczyć regularnie, żeby zachować sprężystość mięśni, uwalniać stres i wspomagać zdrowie, ale nie można przesadzać. Jeżeli będziesz za dużo ćwiczyć, nabawisz się kontuzji, będziesz przemęczony i łatwo będziesz się denerwować. Jak już wspominałam, trzeba ćwiczyć dla przyjemności i zdrowia, a nie po to, by spalać kalorie. Trening powinien sprawiać ci przyjemność.

Czasem Roberta karała się ciężkimi treningami – spędzała więcej czasu na stepperze lub ćwiczyła w szybszym tempie. Choć udawało jej się spalać po 500 czy 600 kilokalorii w trakcie takiej sesji, pod koniec dnia była tak głodna, że zjadała znacznie więcej. Przestrzegłam ją przed traktowaniem ćwiczeń jako kary za nadmiar tkanki tłuszczowej w organizmie. Powinna ćwiczyć, by wspierać swoje zdrowie i kondycję. Pamiętajmy, że wysiłek fizyczny przyczynia się do spadku wagi tylko wtedy, gdy na koniec dnia powstaje deficyt kaloryczny.

Moi pacjenci często pytają: „Czy tyle, ile ćwiczę, wystarczy?". Wystarczy do czego? Żeby schudnąć? Można schudnąć i bez ćwiczeń – trzeba tylko spożywać mniej kalorii. Żeby zachować zdrowie i kondycję? American College of Sports Medicine (Amerykański College Medycyny Sportowej; ACSM, 1998) zaleca minimum 30 minut umiarkowanej aktywności fizycznej przez większość dni w tygodniu (około 150 kilokalorii dziennie, czyli 1000 kilokalorii tygodniowo). Badanie przeprowadzone wśród absolwentów Uniwersytetu Harvarda wykazało, że najniższy wskaźnik umieralności z powodu chorób układu krążenia zanotowano wśród osób, które spalają więcej niż 1000 kilokalorii tygodniowo (Sesso, Pfaffenbarger i Lee, 2000). Amerykański Instytut Medycyny zaleca 60 minut umiarkowanej aktywności fizycznej dziennie (2000 kilokalorii tygodniowo), aby zapobiec tyciu i zachować jak najlepsze zdrowie (Couzin, 2002).

9. **Najważniejszy jest sen**. Zbyt mało snu sprawia, że czujemy się głodni. Kiedy jesteś zmęczony, do twego mózgu niemal nie docierają sygnały, by przestać jeść, a te, by jeść więcej, się wzmacniają. Roberta często czuła się zmęczona i głodna pod koniec długiego dnia. Nauczyła się wcześniej chodzić spać, bo uznała sen za warunek konieczny schudnięcia. Zrozumiała, że jeśli wieczorem zacznie podjadać, będzie jej trudno przestać.
10. **Myśl pozytywnie**. Każdego ranka przed wstaniem z łóżka wyobrażaj sobie, że jesteś coraz sprawniejszy i szczuplejszy. Taki obrazek pomoże ci rozpocząć dzień z pozytywnym nastawieniem. Jeśli będziesz sobie przypominać, że zdrowo się odżywiasz i udaje ci się zrzucać zbędne kilogramy, łatwiej będzie ci tego dokonać. Pozytywna rozmowa z samym sobą to ważny element twojego dobrostanu.

Roberta nauczyła się rozważać: czy woli być zdrowsza i szczuplejsza, czy się przejeść? Wybierała mniejszą porcję. Robiła plan odżywiania na każdy dzień i trzymała się go. W drodze z pracy do domu wyobrażała sobie, że zjada smaczny (ale nieduży) obiad, powoli przeżuwając jedzenie, delektując się smakiem, po obiedzie relaksuje się przy książce, a nie przy ciasteczkach i kolejny raz z sukcesem realizuje swój plan żywieniowy. Odkryła, że dzięki takiej wizualizacji łatwiej było jej trzymać się swoich dobrych intencji.

Przekonała się też, że kiedy dobrze się odżywia, lepiej się czuje i lepiej się jej ćwiczy. Poza tym lepiej się czuła z samą sobą. Po latach porażek w odchudzaniu czerpała ogromną radość z tego, że jej się to udaje – być może jeszcze większą niż z samego chudnięcia.

DIETY BŁYSKAWICZNE

Każdy, kto się odchudza, chciałby schudnąć jak najszybciej, a diety cud obiecują natychmiastowy efekt. Niestety, działają tylko przez krótki czas, bo ludzie szybko zaczynają mieć dosyć tego, że nie mogą jeść tego, co lubią. Wyniki trwającego rok badania 311 kobiet (średnia wieku 40 lat), które odchudzały się zgodnie z wytycznymi zawartymi w książkach opisujących popularne diety (jak dieta Atkinsa, Zone czy Ornisha), pokazały, że żadnej z pań nie udało się dużo schudnąć i prawie wszystkie po sześciu miesiącach zaczęły z powrotem przybierać na wadze. Pod koniec 12 miesiąca badania okazało się, że udało im się zrzucić od 1,5 do pięciu kilogramów – czyli mniej niż pół kilograma miesięcznie (Gardner i inni, 2007). Wniosek: zamiast przeskakiwać z jednej diety cud na kolejną lepiej nauczyć się jeść odpowiednie porcje tego, co lubisz. Musisz nauczyć się zarządzać jedzeniem, a nie je eliminować.

Bywa, że pacjenci nie przyjmują moich rad dotyczących odchudzania opartego na równowadze i umiarkowaniu; chcą schudnąć szybciej – i łatwiej. Za rok lub dwa znowu lądują w mojej poradni, lecz wtedy ważą jeszcze więcej niż przy naszym pierwszym spotkaniu. Oto krótki opis niektórych diet, które nie pomogły im schudnąć – być może tobie również.

Dieta Zone (strefowa). W tym planie żywieniowym należy spożywać 40 procent kalorii z węglowodanów, 30 procent z białka i 30 procent z tłuszczu. Filozofia kryjąca się za tą dietą zakłada, że jedząc mniej węglowodanów, zmniejszamy ilość insuliny w organizmie, a w rezultacie organizm gromadzi mniej tkanki tłuszczowej. Tymczasem odkładanie się tłuszczu w organizmie spowodowane jest nadmiarem kalorii dowolnego typu, a nie nadmiarem węglowodanów. (Skoro węglowodany są tuczące, to dlaczego w Japonii czy Chinach, gdzie spożywa się mnóstwo ryżu, nie ma epidemii otyłości?).

Dieta Zone stanowiła odpowiedź na diety odchudzające nakazujące jeść dużo węglowodanów i mało tłuszczu, które nie przynosiły rezultatów. Pozorny jej sukces opiera się na założeniu, że znaczne spożycie białka i tłuszczów może wspomagać redukcję wagi, ponieważ ten rodzaj jedzenia jest bardziej sycący. A kiedy czujemy się mniej głodni, zjadamy mniej kalorii.

Zła wiadomość jest taka, że ludzie uprawiający sport potrzebują zwykle więcej niż 40 procent węglowodanów, aby zapewnić mięśniom optymalny poziom energii. Nie można intensywnie trenować dzień w dzień, jeśli węglowodany nie są podstawą każdego posiłku. Jeśli ćwiczysz nieregularnie, możesz to robić w miarę dobrze nawet przy ograniczonym spożyciu węglowodanów. Ale czy naprawdę chcesz przez resztę życia przeliczać każdy posiłek na 40–30–30? „Kiedy nie miałem pewności, czy posiłek odpowiada formule 40–30–30, po prostu go nie jadłem" – powiedział jeden z moich pacjentów. Nic dziwnego, że zaczął tracić na wadze. Pytanie, na jak długo.

Dieta Atkinsa. Polega na spożywaniu dużych ilości białka i tłuszczu i wyeliminowaniu węglowodanów do tego stopnia, że organizm popada w stan ketozy, w którym, z powody braku węglowodanów, mózg zaczyna odżywiać się ciałami ketonowymi (jest to sytuacja, w której białko przetwarzane jest w energię). Ketoza zabija apetyt, przez co łatwiej stracić na wadze. Jednak uwaga: osoby będące w stanie ketozy mają nieprzyjemny oddech, a ich źle odżywionym mięśniom brakuje energii do wysiłku.

Podobnie jak dieta Zone, dieta Atkinsa za przyczynę tycia uznaje insulinę i węglowodany. A to nieprawda. I choć ten wysokobiałkowy plan żywieniowy pozwala jeść, ile chcesz – to ile tak naprawdę możesz zjeść piersi z kurczaka lub tuńczyka z puszki, zwłaszcza że jadasz je praktycznie codziennie? Mało zróżnicowana dieta sprawia, że stajesz się nią znudzony i przez to zjadasz mniej kalorii… nie mówiąc o mniejszej ilości fitoskładników, błonnika oraz innych prozdrowotnych składników odżywczych, które występują w owocach i warzywach.

Dieta South Beach. Wiele osób decyduje się na ten zmodyfikowany model diety Atkinsa, który każe wyeliminować z menu ryż, makaron, pieczywo i inne produkty zawierające skrobię, ale (na szczęście) dopuszcza jedzenie owoców i warzyw. Jeśli trenujesz rekreacyjnie, węglowodany z samych owoców i warzyw być może wystarczą do takich ćwiczeń. Pojawia się jednak pytanie: Czy chcesz już do końca życia nie brać do ust ani makaronu, ani pieczywa?

Kluczem do zrzucenia nadmiaru wagi jest nauczenie się jedzenia mniejszych porcji potraw, które zawsze lubiłeś – i zawsze będziesz lubić. Na diecie, która każe wyeliminować ulubione jedzenie, nie wytrwasz długo. Do tego czujemy się winni, ilekroć zjemy na przykład bułkę. W moim systemie wartości jedzenie nie jest kwestią moralności. Czy życie w poczuciu winy z powodu zjedzenia bułki dobrze wpływa na zdrowie? Szczerze wątpię.

Dieta o niskim indeksie glikemicznym. W teorii pokarmy o wysokim indeksie glikemicznym są tuczące, ponieważ powodują nagły wzrost poziomu cukru we krwi, stymulują organizm do wytwarzania większej ilości insuliny i przez to (teoretycznie) wspierają magazynowanie tłuszczu. W przypadku sportowców i osób aktywnych nie jest to prawdą, u nich bowiem rekcja insulinowa jest ograniczona. Każdy organizm na pokarmy zawierające węglowodany reaguje trochę inaczej, dlatego indeks glikemiczny w większości przypadków nie ma żadnego znaczenia (patrz rozdział 6).

Ultra Slim-Fast. Pijąc ten napój zamiast dwóch z trzech posiłków w ciągu dnia, podobno traci się kilogramy. Naturalnie porcja napoju Slim-Fast o wartości 180 kilokalorii to znacznie mniej niż standardowy posiłek. Trzeba się jednak bardzo starać, żeby takiego deficytu kalorycznego nie uzupełnić przy pierwszej okazji. Tak więc to nie dieta Ultra Slim-Fast sprawia, że chudniesz, ale ty sam.

Zamiast tego głodowego posiłku (180 kilokalorii) lepiej zjeść co najmniej 500 kilokalorii na śniadanie i lunch – jeśli nie więcej. Odpowiednie posiłki w ciągu dnia zapewniają energię, tak by twój organizm nie przestawił się na tryb zachowania energii i nie zepsuł ci popołudniowego treningu. Jeśli upierasz się przy spożywaniu napoju Slim-Fast, zastąp nim kolację (dodając dużą porcję warzyw), ale nigdy śniadania czy obiadu.

Podwójny trening. Może się wydawać, że wydłużenie treningu po to, by spalić więcej kalorii, to doskonały pomysł. Ale najczęściej jest tak, że im więcej ćwiczysz, tym bardziej chce ci się jeść. Możesz spalić o 400 kilokalorii więcej niż zwykle, ale potem łatwo zjeść dodatkowych 500 kilokalorii. Nawet jeśli jesteś w stanie się powstrzymać, twój organizm zacznie oszczędzać energię, rozpoznając ogromny deficyt kaloryczny jako głodówkę. Do tego w ten sposób łatwo nabawić się kontuzji, możesz czuć się wyczerpany, odporność organizmu spadnie. Ćwiczyć należy dla przyjemności, nie za karę.

Termogeniki. Suplementy termogeniczne zyskały ogromną popularność. Ich głównym składnikiem jest efedryna, efedra lub ma huang. To silne stymulanty – tak silne, że nie tylko powodują zwiększenie metabolizmu oraz (krótkotrwały) efekt chudnięcia, ale również zabijają. Odnotowano już 70 przypadków śmierci i 1400 przypadków komplikacji medycznych po spożyciu produktów zawierających efedrynę. Nie warto ryzykować życia dla schudnięcia. Radzę trzymać się z dala od takich produktów.

Znakowanie talerzy. Prostym i skutecznym sposobem bez stosowania diety cud jest używanie talerzy, misek i szklanek wyznaczających konkretne porcje. Badanie grupy mało aktywnych osób z nadwagą wykazało, że ci, którzy używali naczyń z oznaczeniami zalecanych porcji białka, skrobi czy warzyw, chudli bardziej niż osoby, które otrzymywały tylko słowne instrukcje dotyczące prawidłowych porcji

(Pedersen, Kang i Kline, 2007). Dla wielu aktywnych osób standardowe porcje mogą być za małe, można więc zaplanować podwójne w zależności od tego, ile się trenuje.

PRAWDY I MITY O ODCHUDZANIU

Redukcja wagi to proces złożony, więc nic dziwnego że wokół tego tematu krąży mnóstwo niejasności – wśród sportowców, osób aktywnych, a nawet samych badaczy problemu otyłości. Nie ma jednej, uniwersalnej, odpowiedniej dla wszystkich diety. Bywa, że nadwaga, tak jak szczupła sylwetka, to dziedzictwo genów. Niektórzy przytyli niedawno, inni od lat walczą z wagą. Jedni zajadają smutki od dzieciństwa, inni odkryli ten sposób na poprawę humoru później. Pomimo wielu czynników składających się na problem otyłości ludzie nadal szukają prostej metody na pozbycie się nadmiaru tkanki tłuszczowej. Oto niektóre mity dotyczące odchudzania, które krążą wśród sportowców i osób aktywnych.

Mit Węglowodany tuczą.

Prawda Nie! Jak tłumaczyłam w rozdziale 6, tuczy nadmiar kalorii. Kalorie pochodzą z węglowodanów (cztery kilokalorie na gram), białka (cztery kilokalorie na gram), alkoholu (siedem kilokalorii na gram) i tłuszczu (dziewięć kilokalorii na gram). Nadmiar kalorii z tłuszczu to główny wróg. Organizm łatwo przekształca go w tkankę tłuszczową, podczas gdy nadmiar kalorii z węglowodanów może stosunkowo łatwo spalić. Masło, margaryna, oleje, majonez, sosy sałatkowe to oczywiste źródła tłuszczu. Tłuszcz kryje się również w mięsie, serach, maśle orzechowym, orzechach oraz innych produktach białkowych. Niektóre rodzaje tłuszczu są zdrowsze niż inne, ale każdy tuczy tak samo.

Dodatkowo, kalorie w postaci alkoholu także szybko się kumulują i mogą łatwo zwiększać zapasy tłuszczu, podobnie jak kalorie z wysokotłuszczowych przekąsek, które często towarzyszą spożywaniu alkoholu. Jednak kalorie z węglowodanów to doskonałe źródło energii dla mięśni. Twój organizm chętniej wykorzystuje je jako źródło energii, niż przetwarza w tłuszcz.

Mit Dieta wysokobiałkowa o niskiej zawartości węglowodanów to najlepszy sposób, by schudnąć.

Prawda Jeśli chcesz schudnąć, zjadaj mniej na kolację i stwórz deficyt kaloryczny pod koniec dnia. To, czy głównym źródłem kalorii są węglowodany czy białko, ma mniejsze znaczenie. Potwierdza to badanie, w którym jego uczestnicy spożywali 1600 kilokalorii dziennie – jedna grupa miała dietę wysokobiałkową, (30 procent białka, 40 procent węglowodanów), druga wysokowęglowodanową (15 procent białka, 55 procent węglowodanów). Po ośmiu tygodniach okazało się, że bez względu na rodzaj diety schudli po tyle samo (Luscombe i inni, 2002). W innych badaniach porównujących diety o różnych proporcjach węglowodanów, białka i tłuszczu również się okazało, że badani tracili podobną liczbę kilogramów. Liczą się wszystkie źródła kalorii.

Dieta o wysokiej zawartości białka i niewielkiej ilości węglowodanów wydaje się działać z kilku powodów:

1. Utrata wody. Węglowodany zatrzymują wodę w mięśniach. Na każdy gram węglowodanów odkładanych w postaci glikogenu przypada gram wody. Podczas wysiłku organizm zużywa węglowodany i uwalnia zapasy wody. Utrata wagi wynika z utraty wody, a nie tłuszczu.
2. Rezygnując z węglowodanów, eliminujemy zwykle mnóstwo kalorii. I tak rezygnując z pieczonego ziemniaka (200 kilokalorii), być może rezygnujesz również ze 100 kilokalorii z masła, dzięki czemu tworzy się deficyt kaloryczny.
3. Białko (i tłuszcz) pozostają w żołądku dłużej niż węglowodany, przez co mogą być bardziej sycące. Zjedzenie na śniadanie bogatych w białko jajek na boczku daje uczucie sytości na dłużej niż bogata w węglowodany bułka z dżemem. Mniejsze uczucie głodu pozwala spożywać mniej kalorii.

Lecz na dietach wysokobiałkowych z niskim spożyciem węglowodanów trudno wytrzymać. Ludzie tracą na wadze, ale potem do niej wracają. Aby schudnąć na dobre, trzeba nauczyć się zarządzać jedzeniem w taki sposób, by znowu nie przytyć. Pamiętaj: nigdy nie rozpoczynaj takiego programu żywieniowego, na którym nie chcesz pozostać do końca życia.

Mit Przytyjesz, jeśli będziesz jeść tłusto.

Prawda Przytyjesz, jeśli będziesz jeść za dużo kalorii. Kontrola wagi polega na kontrolowaniu spożycia kalorii, a nie gramów tłuszczu. Organizm redukuje tłuszcz wtedy, gdy spala więcej kalorii, niż mu ich dostarczasz. Jeśli potrzebujesz 2400 kilokalorii, żeby utrzymać wagę, i zjesz tylko 2000 kilokalorii, spalisz tkankę tłuszczową. Rodzaj kalorii ma mniejsze znaczenie. Jeśli postanowisz, że 300 z tych 2000 kilokalorii spożyjesz w postaci tłustego masła orzechowego, a nie beztłuszczowych grahamek, i tak możesz schudnąć. Tłuste jedzenie, które mieści się w twoim budżecie kalorycznym, nie jest z zasady tuczące (Alford, Blankenship i Hagen, 1990; McManus i inni, 2001). Przyjrzyj się swoim znajomym. Założę się, że są wśród nich osoby, które jedzą tłuste rzeczy, ale nie są grube. W twoim codziennym budżecie kalorycznym 25–30 procent kalorii może pochodzić z tłuszczów (przede wszystkim zdrowych).

Niektórzy jedzą duże porcje potraw niskotłuszczowych, myśląc, że „bez tłuszczu" znaczy „bez kalorii". Nic podobnego. Nadmiar kalorii, bez względu na źródło, zostanie w końcu odłożony w postaci tłuszczu (Hill i inni, 1992). Osoby odchudzające się, które jedzą tylko produkty beztłuszczowe, oszukują same siebie. Sharon, trenerka osobista, słynęła z tego, że zjadała za jednym zamachem całe opakowanie precelków beztłuszczowych jako przekąskę. Kulturysta Paul wypijał prawie dwa litry jogurtu owocowego, a pływaczka Nancy zjadała codziennie minimum sześć dużych grahamek. Każde z nich narzekało, że nie może schudnąć, chociaż unika produktów zawierających tłuszcz. Tymczasem zjadali za dużo kalorii.

Pomysł, by schudnąć dzięki niejedzeniu tłuszczu, może być dobry w przypadku osób otyłych, które eliminują ze swojego menu tłuste potrawy i przez to ograniczają liczbę kalorii. Na przykład Elliott zamienił śniadanie składające się z bekonu, jajek i tostów z masłem (razem 700 kilokalorii) na płatki z bananem (400 kilokalorii), ponieważ postanowił odchudzić się o 23 kilogramy. Udało mu się schudnąć, bo wytworzył długotrwały deficyt kaloryczny.

Kiedy szczupłe osoby przechodzą na dietę niskotłuszczową, najczęściej czują ochotę, by zjadać więcej węglowodanów, żeby zrekompensować ograniczenie kalorii. Redukcja wagi może okazać się coraz trudniejsza, kiedy próbujemy być chudsi niż zaprojektowała nas natura (Leibel, Rosenbaum i Hirsch, 1995). Paula, która starała się zrzucić 1,5 kilograma, chociaż jej waga była już prawidłowa, miała nieustający apetyt na pieczywo, precle i inne niskotłuszczowe produkty. Poradziłam, żeby włączyła nieco tłuszczu do swojej diety, by jej menu stało się bardziej różnorodne, lepiej zbilansowane (w jej ekstremalnie niskotłuszczowej diecie brakowało białka, żelaza i cynku), by mogła bardziej się najadać (produkty zawierające tłuszcz są bardziej sycące) i jeść bez stresu. Beztłuszczowy plan żywieniowy budził w niej bowiem poczucie winy, ilekroć pozwalała sobie na produkt zawierający tłuszcz. Doszło do tego, że nie zjadła nawet kawałka swojego tortu urodzinowego. Wytłumaczyłam jej, że inni ludzie jedzą tort na urodziny i nie tyją z tego powodu. Wyraźnie myliła zdrowe odżywianie z potrzebą kontrolowania wszystkiego. Chęć kontrolowania ilości tłuszczu ma niewiele wspólnego z wagą, więcej natomiast z rygorem i brakiem wiedzy.

Mit Jedzenie spożyte po godzinie 20:00 zamienia się w tkankę tłuszczową podczas snu.

Prawda Jeśli wieczorem jesteś głodny, powinieneś coś zjeść, zwłaszcza gdy w twoim całodziennym budżecie pozostało jeszcze trochę kalorii. Wiele aktywnych osób ze względu na nawał obowiązków lub treningów spożywa większość kalorii dopiero pod wieczór. Są też jednak tacy, którzy świadomie niedojadają w ciągu dnia, ale wieczorem już nie mogą wytrzymać. Jedzą wówczas więcej, niż potrzebują, dostarczając organizmowi nadmiar kalorii.

Odpowiedź na pytanie, czy jedzenie wieczorem powoduje tycie, nie jest jednoznaczne. W badaniu 1800 kobiet nie wykryto żadnego powiązania pomiędzy wagą a dużymi wieczornymi posiłkami (Kant, Ballard-Barbash i Schatzkin, 1995). Jednak kobiety, które wieczorem jadły dużo, spożywały więcej tłuszczu, białka i alkoholu, a mniej węglowodanów, witaminy C, witaminy B_6 oraz kwasu foliowego, co jest charakterystyczne dla diety fastfoodowej, z małą ilością owoców i warzyw. Wieczorem większość z nas ma ochotę pogryzać ciasteczka, nie marchewkę.

Gimnastycy i biegacze, którzy jedzą niewiele w ciągu dnia, mają zwykle więcej tkanki tłuszczowej niż ci, którzy racjonalniej dostarczają organizmowi energii, czyli starają się, by czas, kiedy brakuje mu paliwa, był jak najkrótszy – w ten sposób organizm nie przechodzi w tryb oszczędzania zapasów energii (Deutz i inni, 2000). Pamiętaj, że kiedy jesteś bardzo głodny, nie patrzysz, ile jesz. Chcesz się po prostu najeść. Jest to potrzeba fizjologiczna, która ma niewiele wspólnego z siłą twojej woli.

Mit Wysiłek fizyczny zabija apetyt.

Prawda Wysiłek może na jakiś czas stłumić apetyt, ale po godzinie lub dwóch głód znowu da o sobie znać. Apetyt do pewnego stopnia reguluje kontrola temperatury ciała, wiec jeśli po treningu jest ci gorąco, może nie chcieć ci się jeść. Jeśli natomiast jesteś wychłodzony, na przykład po pływaniu w zimnej wodzie, możesz być głodny jak wilk.

Wpływ wysiłku na apetyt jest różny u obu płci. Szczury płci męskiej poddawane regularnemu wysiłkowi fizycznemu mają mniejszy apetyt i chudną, podczas gdy szczurzycom apetyt się zaostrza, zaczynają jeść więcej i utrzymują wagę na stałym poziomie (Staten, 1991). Badania przeprowadzone wśród ludzi sugerują, że wysiłek fizyczny powoduje większe zainteresowanie jedzeniem wśród pań (Pomerleau i inni, 2004).

Różnice w apetycie po wysiłku fizycznym mogą być także uzależnione od ilości tkanki tłuszczowej. Badanie, w którym otyłe panie włączyły do swojego siedzącego trybu życia umiarkowane ćwiczenia fizyczne, wykazało, że nie zaczynały jeść więcej i w rezultacie chudły. Badania wpływu ćwiczeń na dietę u mężczyzn sugerują, że im panowie byli grubsi, tym więcej tracili na wadze (w porównaniu ze szczuplejszymi rówieśnikami), bo ich posiłki nie rekompensowały kalorii spalanych podczas ćwiczeń (Westerterp i inni, 1992).

Mit Im więcej ćwiczysz, tym bardziej chudniesz.

Prawda Często jest tak, że im więcej ćwiczysz, tym bardziej jesteś głodny i tym więcej jesz. Możesz na przykład spędzić godzinę na stepperze, spalając 500 kilokalorii, a potem w mniej niż w sześć minut wrzucić w siebie 12 ciastek Oreo (600 kilokalorii). Po ciężkim treningu ciało jest głodne. Poza tym możesz mieć ochotę się wynagrodzić. Należy ci się coś pysznego za wytrwałość, prawda? Wpływ ćwiczeń na redukcję wagi nie jest do końca jasny. Wydaje się, że w przypadku szczupłych sportowców natura dąży do uzupełniania zapasów tłuszczu, żeby uniknąć nadmiernej eksploatacji. Szczupłym sportsmenkom jest trudniej niż mężczyznom zmniejszyć ilość tkanki tłuszczowej i zachować smukły wygląd. Z punktu widzenia ewolucji ma to sens. Natura chce, by kobiety były zdolne do rozrodu, mężczyźni mają być szczupłymi myśliwymi. Zachęcam moje pacjentki, by liczyły kalorie, żeby wytworzyć deficyt kaloryczny, a trenowały dla lepszej kondycji.

Mit Dzięki treningowi do triatlonu Ironman pozbędziesz się tłuszczu.

Prawda Pobożne życzenie. Często słyszę narzekania maratończyków, triatlonistów i innych uprawiających sporty wytrzymałościowe: „ przy tym, ile trenuję, powinienem być cienki jak ołówek". Nie udaje im się zgubić tłuszczu, bo całą energię wkładają w trening, a potem zwykle siedzą przez resztę dnia, odpoczywając po ciężkim wysiłku. Badanie sportowców wytrzymałościowych wykazało, że poza treningami byli mniej aktywni niż ich nietrenujący rówieśnicy (Thompson i inni, 1995). Musisz jeść zgodnie z poziomem aktywności podczas całego dnia, a nie tylko intensywności twojego treningu.

Inną przyczyną, dla której sportowcy mogą narzekać, że nie chudną, choć jedzą jak ptaszek, może być zaniżanie liczby spożywanych kalorii

– ankieta wśród kobiet biegających maratony wykazała, że w większym stopniu dotyczyło to grubszych biegaczek. (Edwards i inni, 1993). Pamiętaj, że kalorie, które bezmyślnie zjadasz podczas pogaduszek przez telefon, liczą się tak samo, jak te zjadane w posiłkach.

Mit Im jesteś grubszy, tym mniej kalorii powinieneś zjadać.

Prawda To zupełnie nie tak. Ciężarówki potrzebują więcej paliwa niż samochody osobowe, a duże ciało potrzebuje więcej kalorii niż małe. Wbrew obiegowej opinii osoby otyłe rzadko mają spowolniony metabolizm. Potrzebują sporej dawki jedzenia. Ktoś, kto waży 115 kilogramów, może potrzebować 3000–4000 kilokalorii dziennie, żeby utrzymać wagę. Odpowiedni plan redukcji wagi zakładałby od 2400 do 3200 kilokalorii. To znacznie więcej niż 800 czy 1000 kilokalorii z szybkich diet odchudzających (które nie sprawdzają się na dłuższą metę).

Pacjenci walczący z otyłością często twierdzą, że nie mają czasu na śniadanie i pracują w porze lunchu. Prawda jest taka, że sami decydują o omijaniu tych posiłków. Wierzą, że nie zasługują na jedzenie. Jedzą mało w ciągu dnia po to, by zatopić się w jego nadmiarze wieczorem. Oczywiście otyłe osoby zasługują na to, by jeść. Jedna z moich pacjentek powiedziała kiedyś: „Nancy, jesteś jedyną osobą w całym moim życiu, która nie twierdzi, że jedzenie to coś złego".

SPORTOWCY PILNUJĄCY SWOJEJ MASY

Jeśli jesteś dżokejem, zapaśnikiem, pięściarzem lub wioślarzem wagi lekkiej, najpewniej nie masz nadwagi. Być może jednak będziesz musiał schudnąć ze względu na wymogi wagowe danej dyscypliny. Wbrew powszechnej opinii nie musisz się głodzić.

Jeśli jeszcze rośniesz i boisz się, że restrykcyjna dieta może mieć wpływ na proces wzrostu, zauważ, że nadrobisz wszystko po sezonie. Owszem, jest wielu niskich bokserów, ale nie z powodu niedożywienia, lecz genów. Wystarczy popatrzeć na ich niewysokich rodziców. Niskie osoby często wybierają dyscypliny, w których liczy się niska waga, bo pasują do nich lepiej niż futbol czy koszykówka.

Pierwszy krok do osiągnięcia twojej klasy wagowej to realne określenie, ile kilogramów musisz zrzucić. Pomoże w tym zbadanie poziomu tkanki tłuszczowej (patrz rozdział 13). Jeżeli nie możesz skorzystać z fałdomierza lub innych metod pomiaru procentowej zawartości tkanki tłuszczowej, wykonaj mniej profesjonalny test – jeśli możesz zebrać w palce skórę o grubości większej niż centymetr na łopatce lub na biodrze, możesz bezpiecznie jeszcze trochę schudnąć.

Absolutnie minimalna waga zawiera pięć procent tłuszczu u mężczyzn i 12 procent tłuszczu dla kobiet. Minimalna waga zalecana zapaśnikom zawiera zwykle siedem procent tłuszczu. Jeśli to możliwe, nie staraj się osiągać wagi, która zmusi cię do głodzenia się w takim stopniu, że zaczniesz tracić tkankę mięśniową lub odwadniać się. Dążenie do nierealnej wagi wpłynie negatywnie i na twoje zdrowie, i na sportową formę.

Po drugie, zacznij tracić na wadze na początku sezonu lub jeszcze przed nim. Będziesz mógł chudnąć powoli (0,25–0,5 kilograma tygodniowo) i przyjemniej. Twoim celem jest osiągnięcie i utrzymanie najniższego dla ciebie zdrowego poziomu tkanki tłuszczowej.

Trzymaj się wskazówek dotyczących kalorii ze stron 270–273. Bez względu na to, ile musisz schudnąć, nie jedz mniej, niż to konieczne do utrzymania twojego wskaźnika RMR (metabolizm w stanie spoczynku). Większość sportowców musi zjadać dziennie minimum 1500 kilokalorii w różnorodnych produktach, aby zapobiec niedoborom witamin, minerałów i białka. Nie rezygnuj z żadnej z grup produktów odżywczych. Na dzień lub dwa przed startem wybieraj te z niewielką zawartością błonnika, aby zredukować zawartość jelit, oraz ogranicz spożycie soli, żeby nie zatrzymywać wody w organizmie.

Nie traktuj wody jako obciążenia. Twój organizm przechowuje ją w delikatnej równowadze. Zaburzając tę równowagę, obniżysz swoją sportową formę. Stosowanie środków moczopędnych, nieoddychających kombinezonów czy sauny – wszystko, by się odwodnić, jest niebezpieczne. Uzupełniając po treningach utracone płyny, pamiętaj, że napoje izotoniczne, gazowane i soki zawierają kalorie. Pij je z umiarem, a przez resztę dnia nawadniaj się wodą.

Szybka utrata wagi przed startem ma negatywne skutki. Pozbawione glikogenu mięśnie i odwodnienie dadzą o sobie znać. Dobrze odżywiony zapaśnik, który już w trakcie treningów utrzymuje zdrową wagę startową, ma przewagę nad zapaśnikiem zagłodzonym, który przed startem stosuje niebezpieczne metody, by osiągnąć określoną wagę.

Podczas badania zapaśnicy, którzy w krótkim czasie schudli około 3,5 kilograma (4,5 procent wagi ciała), wypadali o 3,5 procent gorzej w sześciominutowym teście na rowerze treningowym. Wyniki te sugerują, że u sportowców szybka utrata wagi na krótko przed rywalizacją może być fatalna w skutkach (Hickner i inni, 1991). Jeśli jednak po ważeniu zawodnik podda się agresywnemu programowi odżywiania (należy wówczas spożywać produkty bogate w węglowodany, sód i pić mnóstwo płynów), spadek formy może zostać zminimalizowany (Slater i inni, 2007). Uważaj jednak, by nie przekraczać ilości dobrze tolerowanej przez twój organizm.

ROZDZIAŁ 16

Zaburzenia łaknienia i obsesje żywieniowe

Dla wielu aktywnych osób jedzenie jest źródłem przyjemności. Są jednak tacy, dla których stało się synonimem zła. Ludzie owładnięci obsesją na punkcie jedzenia i swojej wagi spędzają życie na próbach powstrzymywania się od jedzenia. Myślą tyko o tym, co będą jeść, gdzie będą jeść, ile przytyją, jeśli zjedzą normalny posiłek ze znajomymi, ile godzin będą musieli ćwiczyć, żeby spalić te kalorie, ile posiłków będą musieli ominąć, gdy zjedzą o kilka kęsów za dużo itd. Zżera ich ciągły strach związany z jedzeniem, wagą, treningiem i odchudzaniem. Niektóre z tych osób nie zdają sobie sprawy, że ich podejście nie jest normalne. Przecież wszyscy wokół mówią o dietach i jedzeniu, prawda?

ŹRÓDŁO ZABURZEŃ ODŻYWIANIA

Zaburzenia takie jak anoreksja czy bulimia często występują u osób z niską samooceną – wydaje im się, że nie są wystarczająco dobre. Wierzą, że gdy staną się chudzi, przemienią się w lepszych i niemal doskonałych ludzi. Prawda jest taka, że szczuplejsze ciało nikogo nie czyni lepszym, tylko chudszym. Chudy będziesz nadal tą samą osobą, tylko owładniętą obsesją, wycofaną i zmęczoną. Kiedy ktoś bardzo ogranicza jedzenie, traci tkankę mięśniową, siłę i energię do działania. Nie tędy droga do sportowych sukcesów. Ryzyko pojawienia się zaburzeń odżywiania dramatycznie wzrasta u sportowców z niską samooceną, ładnych perfekcjonistów, nadmiernie krytycznych i nerwowych. Dodajmy do tego scenariusza matkę, która borykała się (lub nadal się boryka się) z problemem wagi – jej córka to doskonała kandydatka na osobę z zaburzeniem odżywiania.

Sportowcy z zaburzeniami odżywiania są mniej towarzyscy. Kiedy ktoś nieustannie ćwiczy, liczy kalorie (zjedzone, spalone w trakcie ćwiczeń, oszczędzone dzięki ominięciu lunchu, czekające w postaci obiadu itd.) i gramy tłuszczu oraz wykonywane brzuszki, to niewiele energii pozostaje mu na myślenie o ważnych sprawach, takich jak problemy życiowe czy relacje ze znajomymi. Anoreksja czy bulimia tworzą zasłonę dymną – za nią kryją się inne problemy.

Czym jest anoreksja?

Osoby cierpiący na przypadłość o nazwie *anorexia nervosa* nieustannie albo ograniczają jedzenie, albo jedzą kompulsywnie a potem prowokują wymioty. Według Amerykańskiego Towarzystwa Psychiatrycznego charakterystyczne dla anoreksji są:

- silny strach przed przybraniem na wadze, nawet u osób z niedowagą,
- zaburzone postrzeganie własnej sylwetki (na przykład twierdzenie, że jest się grubym pomimo wychudzenia) przy nadmiernym wpływie wagi ciała lub własnych kształtów na samopoczucie,
- spadek wagi poniżej 85 procent normalnej wagi ciała lub – w przypadku osób, które dopiero rosną, przybieranie na wadze wynoszące mniej niż 85 procent normalnej wagi dla danego wieku,
- niechęć do utrzymywania wagi minimalnie wyższej niż normalna waga dla danego wieku i wzrostu,
- zaprzeczanie powadze trwającej utraty wagi,
- zanik miesiączki przez minimum trzy kolejne cykle.

Według: Amerykańskiego Towarzystwa Psychiatrycznego, 1994, *Diagnostic and statistical manual of mental disorders*, 251–252.

Jeśli podejrzewasz, że ty lub osoba w twoim otoczeniu choruje na anoreksję, zwróć uwagę na następujące objawy:

- Znaczna utrata wagi
- Zanik cyklów menstruacyjnych
- Znaczne wypadanie włosów
- Pojawienie się widocznych włosów na twarzy i rękach
- Zimne dłonie i stopy oraz nadwrażliwość na niską temperaturę
- Noszenie wielu warstw ubrań ukrywających chudość (i dających ciepło)
- Noszenie swetrów w upalne dni z powodu nieustannego poczucia zimna
- Zawroty głowy
- Problemy z koncentracją
- Niski puls
- Hiperaktywność, kompulsywne ćwiczenia przekraczające granice normalnego treningu

- Nawracające kontuzje charakterystyczne dla przetrenowania
- Mówienie o byciu grubym; zaburzone postrzeganie własnego ciała
- Wyrażanie silnego lęku przed przytyciem
- Nerwowość przy posiłkach; unikanie jedzenia w towarzystwie
- Odprawianie rytuałów przy jedzeniu, na przykład krojenie go na maleńkie kawałki i bawienie się nim
- Zachowania aspołeczne; izolowanie się od rodziny i znajomych
- Pracowanie lub studiowanie w nadmiarze, kompulsywne zachowania, surowość wobec siebie
- Skrajne emocje: płaczliwość, zdenerwowanie, nadwrażliwość, niepokój

Czym jest bulimia?

Osoba z tzw. przeczyszczającym typem bulimii może zmuszać się do wymiotów, nadużywać środków przeczyszczających, moczopędnych lub lewatywy. Przy nieprzeczyszczającym typie bulimii chory może stosować inne nieprawidłowe mechanizmy zapobiegania przyrostowi wagi po napadzie kompulsywnego jedzenia, jak głodzenie się czy przesadny trening. W definicji bulimii Amerykańskiego Towarzystwa Psychiatrycznego znajdują się następujące elementy:

- Nawracające epizody jedzenia kompulsywnego charakteryzujące się:
  1. zjadaniem nietypowo dużej ilości jedzenia w krótkim czasie (więcej, niż większość ludzi byłaby w stanie zjeść w takim samym czasie i w podobnych warunkach) oraz
  2. poczuciem braku kontroli w trakcie takiego epizodu (nad ilością jedzenia, tym, co się zjada, niemożność przestania)
- Rekompensowanie epizodów kompulsywnego jedzenia (w celu uniknięcia przyrostu wagi) wymiotowaniem, nadużywaniem środków przeczyszczających, lewatywy lub innych środków medycznych, głodzeniem się lub nadmierną ilością ćwiczeń fizycznych
- Epizody kompulsywnego jedzenia i wymiotowania średnio co najmniej dwa razy w tygodniu, przez trzy miesiące
- Ocenianie własnej wartości według kształtów i wagi własnego ciała

Według: Amerykańskiego Towarzystwa Psychiatrycznego, 1994, *Diagnostic and statistical manual of mental disorders*, 252–253.

Jeśli podejrzewasz, że ty lub osoba w twoim otoczeniu choruje na bulimię, zwróć uwagę na następujące objawy:

- Osłabienie, bóle i zawroty głowy
- Częste wahania wagi ciała z powodu naprzemiennych okresów objadania się i poszczenia

- Obrzęk węzłów chłonnych
- Problemy z przełykaniem; uszkodzenia gardła
- Częste wymioty
- Zniszczone szkliwo zębów (przez kwasy żołądkowe podczas wymiotów)
- Drobne kradzieże jedzenia lub niewielkich sum pieniędzy na jedzenie w okresach objadania się
- Dziwne zachowania towarzyszące sekretnemu podjadaniu
- Znikanie po posiłkach, często na przykład w celu „wzięcia kąpieli"
- Puszczanie wody z kranu w łazience po posiłkach, żeby zagłuszyć odgłosy wymiotowania
- Nadmierne przejmowanie się swoją wagą, kształtami, wyglądem
- Brak przybierania na wadze pomimo pochłaniania olbrzymich ilości jedzenia
- Kompulsywne trenowanie przekraczające granice normalnego treningu
- Depresja
- Przekrwione oczy

ZABURZENIA U OSÓB AKTYWNYCH

Zaburzenia odżywiania u osób aktywnych są coraz częstsze. Widzą to pracownicy siłowni, trenerzy sportowi, zwłaszcza dyscyplin, w których waga odgrywa istotną rolę, takich jak bieganie, gimnastyka czy zapasy. Ale badania wykazują, że zaburzenia odżywiania są powszechne wśród sportowców wszystkich dyscyplin. Szacuje się, że od 15 do 30 procent amerykańskich studentek uprawiających sport cierpi na jakiś rodzaj zaburzenia odżywiania, nadużywa środków przeczyszczających, kompulsywnie trenuje, stosuje głodówki czy inne niezdrowe metody odchudzania i praktyki, które mogą prowadzić do rozwinięcia się pełnego zaburzenia odżywiania (Beals i Manore, 2002). Większość osób z takimi zaburzeniami trenuje kompulsywnie, aby wytworzyć deficyt kaloryczny lub spalić kalorie spożyte w trakcie epizodu objadania się.

Mniej więcej połowa wszystkich osób odchudzających się przyznaje, że miewa napady niepohamowanego jedzenia. Wiele z nich wykorzystuje ćwiczenia jako pomoc w kontroli wagi. Mówią o sobie, że są sportowcami, podczas gdy tak naprawdę bardziej pasowałoby do nich określenie „osoby kompulsywnie trenujące". Żyją w ciągłym strachu przed przytyciem, odmawiając sobie jedzenia w nadziei na schudnięcie. Odżywiają się w sposób chaotyczny i nienawidzą własnego ciała.

Oceniam, że przynajmniej od 40 do 50 procent moich pacjentów ma obsesję na punkcie jedzenia, przy czym należą do mniejszości, która szuka profesjonalnej pomocy. Większość bowiem męczy się latami w samotności, zanim udadzą się po fachową pomoc. Wstydzą się, że nie potrafią samodzielnie rozwiązać swoich problemów z odżywianiem. Pewna 65-letnia kobieta, regularna bywalczyni siłowni, wyznała mi, że byłam pierwszą osobą, z którą rozmawiała o swojej bulimii.

Dla tych ludzi jedzenie nie jest paliwem. Jest tuczącym wrogiem, który zaprzepaszcza ich wysiłki, by być idealnie szczupłym. Chcą być chudzi za wszelką cenę, a ceną tą często jest poczucie winy, wstydu, psychiczna udręka, fizyczne zmęczenie, trudne do wyleczenia kontuzje, anemia, osłabione kości i ich złamania, a także słaba forma sportowa. Sportowcy tacy nie wspinają się na szczyt swoich możliwości, bo źle się odżywiają. Pewna nastoletnia biegaczka nie widziała związku między swoją „dietą" – jeden banan dziennie, a niemożnością ukończenia treningu na bieżni. Myślała, że zasypia na lekcjach, bo za późno kładzie się spać, a nie dlatego, że jest niedożywiona.

Jeżeli borykasz się z problemem anoreksji lub bulimii, poszukaj pomocy u profesjonalnego terapeuty, który ma doświadczenie w leczeniu zaburzeń odżywiania, oraz poproś o wskazówki dyplomowanego dietetyka. (Patrz zaburzenia odżywiania w dodatku A, gdzie znajdziesz adresy stron internetowych). Ekstremalne zaburzenia odżywiania zwykle odzwierciedlają nieumiejętność radzenia sobie z codziennymi problemami.

Pewna kobieta odpowiedzialna za pozyskiwanie funduszy dla organizacji charytatywnej pozbywała się stresu, zjadając mnóstwo domowych ciasteczek czekoladowych prosto z pieca. Taka przekąska pomagała zapomnieć o problemach, ale nie rozwiązywała żadnego z nich. Bojąc się przytyć, spalała kalorie podczas długich treningów, które były po prostu karą za objadanie się. Gdy z powodu przetrenowania nabawiła się kontuzji, przerażona, że nie może ćwiczyć, starała się nie jeść prawie nic, co kończyło się napadami objadania się, po których zmuszała się do wymiotów, bo przecież nie mogła spalić kalorii za pomocą ćwiczeń. Przyszła do mnie, prosząc o radę w sprawie odżywiania. Nalegałam, by udała się również do psychologa, który pomógłby jej poradzić sobie ze stresem i poczuciem braku kontroli.

Zaburzenia odżywiania są plagą zarówno wśród osób trenujących rekreacyjnie, jak i poważnych sportowców, wśród kobiet i mężczyzn. Być może dotknęła ona również ciebie lub kogoś, kogo znasz. Około cztery procent kobiet uprawiających sport cierpi na anoreksję, 39 procent na bulimię.

Wśród mężczyzn sportowców około 1,5 procent zmaga się z anoreksją, 14 procent z bulimią (Beals i Manroe, 2000). Dane te są raczej zaniżone, bo osoby wstydzące się swoich nieprawidłowych zachowań żywieniowych niechętnie się do nich przyznają.

Szacunki te nie uwzględniają także dużej grupy osób, u których występują objawy niepasujące do anoreksji (z powodu pozornie prawidłowej wagi ciała), choć ich zachowania żywieniowe są nieprawidłowe i poświęcają zbyt wiele czasu i uwagi na myślenie o jedzeniu i wadze. Każdego dnia trwonią energię na próbach schudnięcia jeszcze bardziej.

Pogłębione wywiady z kobietami, które wykazują zaburzenia inne niż klasyczne, ujawniły następujące charakterystyczne zachowania:

- Ograniczanie spożycia kalorii, aby schudnąć, i stosowanie monotonnej diety, z bardzo niewielkimi urozmaiceniami rodzaju czy ilości jedzenia – lub zupełnie bez nich.
- Stosowanie bardzo rygorystycznych zasad żywieniowych, poczucie winy i złość w przypadku złamania zasad.
- Eliminowanie „złych produktów" i wybieranie na ogół tych z obniżoną zawartością tłuszczu lub beztłuszczowych.
- Niemal wszystkie postrzegają się jako za grube i martwią się swoją wagą (Beals i Manroe, 2000).

Co dziwne, kobiety te mają zwykle wyższy poziom tkanki tłuszczowej niż osoby jedzące normalnie, chociaż więcej ćwiczą i twierdzą, że jedzą mniej niż osoby odżywiające się normalnie. Zwykle spożywają też mniej tłuszczu niż inni. A to stawia pod znakiem zapytania dwa częste przekonania dotyczące odżywiania: (1) że im więcej ćwiczysz, tym chudszy jesteś oraz (2) że unikanie tłuszczu w pożywieniu pomaga pozbyć się tkanki tłuszczowej z organizmu.

Wygląda na to, że organizmy owych pań przyzwyczaiły się do połączenia intensywnych ćwiczeń i wysokiego wydatku kalorii z ich niskim spożyciem. Duży deficyt powoduje, że organizm zamyka się i oszczędza energię (podobnie jak w stanie hibernacji). Jak już wspomniałam w rozdziale 13, wydaje się, że w ten sposób natura zapobiega sytuacji, w której kobiety mają za mało tłuszczu, by się rozmnażać.

Z badań wynika, że kobiety odżywiające się w ten sposób i tak dostarczają organizmowi wystarczająco dużo kalorii, tyle że w chaotycznych napadach objadania się (Wilmore i inni, 1992). Jeśli masz wrażenie, że twój organizm przeszedł w stan hibernacji, i uważasz, że jesz mniej, niż powinnaś, biorąc pod uwagę ilość treningu, rozwiązaniem jest stopniowe zwiększenie dziennego spożycia kalorii do odpowiedniego poziomu, skończenie z życiem na deficycie kalorycznym i powstrzymanie napadów kompulsywnego jedzenia. Można to zrobić, zwiększając dzienne spożycie kalorii o 100 kilokalorii przez cztery dni, potem o kolejne 100 kilokalorii przez kolejne cztery dni itd., aż do momentu osiągnięcia prawidłowych wytycznych kalorycznych z rozdziału 15. Pomocny w tym procesie może być dietetyk.

GŁÓD: PROŚBA O ENERGIĘ

Bezustanne uczucie głodu nie wynika ze słabości twojego charakteru. To po prostu prośba organizmu o paliwo. Niestety, w dzisiejszym społeczeństwie zakochanym w chudości wiele aktywnych osób ignoruje tę prośbę, bo boją się, że jedzenie powoduje tycie. Myśl o jedzeniu wywołuje swego rodzaju panikę: „Jeśli zjem, przytyję. Ale jeśli przetrzymam ten głód, to na pewno nie przytyję". To chore podejście.

Sportowcy mogą jeść i nie przybierać na wadze. W końcu jedzenie to źródło energii. Problemy pojawiają się, gdy ktoś odmawia sobie jedzenia (jak w przypadku ścisłych diet odchudzających) i głód staje się normą. Wynikiem jest nieprawidłowy stan fizjologiczny – wygłodzenie.

Dotyczy to także tych, którzy trenują, by się za wszelką cenę odchudzić.

Co dzieje się z ciałem i mózgiem, gdy dostają bardzo mało pożywienia, a waga ciała jest nienormalnie niska? W 1950 roku Ancel Keys wraz ze współpracownikami z Uniwersytetu w Minnesocie badali fizjologiczne skutki głodu (Keys i inni, 1950; Garner, 1998). Uważnie obserwowali 36 młodych, fizycznie i psychicznie zdrowych mężczyzn, którzy dobrowolnie wzięli udział w eksperymencie – przez sześć miesięcy jedli o połowę mniej niż dotychczas (czyli tyle, ile dopuszcza restrykcyjna dieta odchudzająca, lub tyle, ile jedzą anorektycy). Przez trzy miesiące poprzedzające ów eksperyment badacze uważnie studiowali zachowania każdego z uczestników, ich osobowość i nawyki jedzeniowe. Po jego zakończeniu obserwowali ich jeszcze przez trzy do dziewięciu miesięcy okresu „odkarmiania".

Przy spadku wagi ciała 25 procent poniżej normy pojawiało się wiele objawów, które można by przypisać anoreksji lub bulimii, a które w rzeczywistości są wynikiem wygłodzenia. Najbardziej dramatyczną zmianą w zachowaniu było obsesyjne, nieustanne myślenie o jedzeniu. Badani bez przerwy zajmowali się tym tematem, podobnie jak wygłodzeni na dietach i anorektycy. Mówili o jedzeniu, czytali o jedzeniu, śnili o nim. Zaczynali zbierać przepisy kulinarne. Pili bardzo dużo kawy i herbaty, żuli mnóstwo gumy do żucia. Pojawiła się depresja, ekstremalne wahania nastrojów, łatwo się irytowali, złościli, doświadczali lęków. Stali się wycofani, stracili zainteresowanie seksem oraz poczucie humoru. Mieli zimne stopy i dłonie, było im słabo, zaczęli tracić włosy. Podstawowy wskaźnik metaboliczny (liczba kalorii potrzebna do przeżycia) spadł o 40 procent, bo ich organizmy przystosowały się do oszczędzania energii. Czy któreś z tych zmian brzmią znajomo?

Skala głodu

Jeśli od lat się odchudzasz i odmawiasz sobie jedzenia pomimo uczucia głodu, a następnie regularnie napychasz się aż do przejedzenia, możesz mieć problem z wyregulowaniem swojego organizmu. Poniższa skala głodu może ci pomóc – znowu zaczniesz jeść tak, jak w dzieciństwie. Dzieci jedzą wtedy, gdy są głodne, i przestają jeść, gdy czują się najedzone – a rzadko kiedy brakuje im energii.

1	5	10
Silny głód Zawroty głowy Kłopoty z koncentracją	Najedzenie Przyjemnie napełniony żołądek Syty	Objedzenie Dyskomfort Boleśnie wypchany żołądek

Słuchaj własnego ciała i jedz, aż poczujesz się syty – nie objedzony. Jedz powoli, z rozwagą i wyczekuj na przyjemne uczucie nasycenia, które jest w połowie między głodem a objedzeniem.

Niektórzy mężczyźni nie byli w stanie zachować kontroli nad jedzeniem; gdy pojawiała się okazja – objadali się. Nawet po zakończeniu głodowej diety wielu z nich jadło bez przerwy – po obfitych posiłkach zaczynały się niekończące się przekąski. Niektórym zdarzało się przejadać aż do nudności i wymiotów. Takie nienormalne zachowania żywieniowe utrzymywały się przez mniej więcej pięć miesięcy. Przed upływem ośmiu miesięcy większość panów powróciła do nawyków żywieniowych sprzed eksperymentu. Początkowo odzyskiwali średnio o dziesięć procent wyższą wagę niż ich sprzed diety, jednak stopniowo wracali mniej więcej do wagi wyjściowej.

O czym świadczą wyniki tego badania?

- Nadmierne zainteresowanie jedzeniem to znak, że twój organizm jest głodny. Głód wywołuje silną fizjologiczną potrzebę jedzenia.
- Kompulsywne jedzenie jest efektem zagłodzenia. Jeśli martwisz się, że kiedy zaczniesz jeść, nie będziesz w stanie przestać, prawdopodobnie jesteś zbyt głodny.
- Waga to więcej niż silna wola. Kiedy schudniesz, twój organizm będzie starał się powrócić do wagi, którą określają twoje geny.
- Osoby, które głodzą się, żeby schudnąć, najpewniej odzyskają utracone kilogramy lub nawet więcej. Jeśli chcesz się odchudzić, rób to powoli i nie głódź się.

Aby zapobiegać pojawianiu się głodu, warto wiedzieć, ile kalorii potrzebuje twój organizm, by utrzymać lub zmniejszyć wagę. Następnym razem, gdy wpadniesz w jedzeniowy szał, przejesz się ponad miarę i będziesz się zastanawiać, czy to już bulimia – porównaj to, ile normalnie zjadasz ze swoim zapotrzebowaniem kalorycznym. Najpewniej jest znaczna rozbieżność pomiędzy zapotrzebowaniem twojego organizmu a tym, co mu dostarczasz. Głód ma wielką moc! Nie dopuszczaj, aż stanie się nadmierny.

SZCZUPŁY ZA WSZELKĄ CENĘ

Ograniczanie jedzenia, które towarzyszy zmaganiom o idealnie szczupłą sylwetkę, jest przyczyną problemów zdrowotnych zarówno osób trenujących rekreacyjnie, jak i poważnych sportowców. Może znacznie obniżyć spożycie witamin, minerałów, białka i węglowodanów, powodując ryzyko niedożywienia. Głodzenie się może prowadzić także do chronicznego zmęczenia, osłabienia układu odpornościowego, pogorszenia gojenia się ran, anemii, zaburzeń równowagi elektrolitowej, zaburzeń miesiączkowania, mniejszej gęstości kości i aż czterokrotnie zwiększa ryzyko pourazowych złamań kości (ACSM, 2007).

Doradzam wielu osobom z zaburzeniami odżywiania i nieprawidłowymi nawykami jedzeniowymi – praca z nimi wypełnia większość mojego czasu. Przychodzą do mnie, wierząc, że gdyby tylko byli chudsi, byliby lepsi w sporcie i w ogóle ich życie byłoby lepsze. To nieprawda. Wysiłek, jaki wkładają w to, by osiągnąć wymarzoną sylwetkę, obniża ich energię i formę. Byliby lepsi w sporcie, gdyby lepiej się odżywiali. Tak było z Gretchen, zapaloną rowerzystką. Przyszła do mnie, narzekając, że nie może zrzucić 2,5 kilograma. „Gdybym tylko zrzuciła ten nadmiar tłuszczu, o wiele szybciej robiłabym podjazdy". Rygorystycznie ograniczała ilość jedzenia. Uświadomiłam jej, jak mało kalorii dostarczała swojemu organizmowi w porównaniu z jego zapotrzebowaniem. Kiedy zaczęła odżywiać się odpowiednio, odkryła, że bez problemu dotrzymuje kroku innym rowerzystom. Jedzenie działa!

Oto kilka historii moich pacjentów. Być może pomogą ci, jeśli i ty nieustannie walczysz z jedzeniem i ćwiczeniami.

Królowa steppera

Alicia, 41-letnia nauczycielka, do swoich 39 urodzin nie odchudzała się i nie przejmowała specjalnie swoją wagą. Lecz przez ostatnie dwa lata z powodu stresu w pracy przybyło jej kilka kilogramów. Niezadowolona z większej wagi postanowiła chodzić na siłownię. Codziennie przed pracą zmuszała się do ćwiczenia przez godzinę na stepperze, jadła bardzo mało w ciągu dnia, ale po powrocie do domu, wygłodniała, rzucała się na jedzenie. „Czuję potworne wyrzuty sumienia z powodu tych wszystkich krakersów, paluszków i ciasteczek. Napycham się nimi i rezygnuję z obiadu. Zamiast tego idę jeszcze raz na siłownię, żeby spalić nadmiar kalorii. Bez przerwy jestem wyczerpana. Nie sprawdzam się jako nauczycielka. Wszystko mnie denerwuje i mam ochotę krzyczeć na uczniów. Frustruje mnie, że nie jestem w stanie zrobić czegoś tak prostego, jak zrzucenie paru kilogramów. Nie umiem już nawet normalnie jeść. Albo się obżeram, albo głodzę. Nie wiem, czy powinnam przyjść do pani, czy do psychologa".

Aby pomóc Alicii odnaleźć równowagę w jedzeniu i treningach oraz znormalizować jej zaburzony schemat żywieniowy, zmierzyłam zawartość tkanki tłuszczowej w jej organizmie (szczupłe 18 procent) i wyliczyłam, ile kalorii potrzebuje każdego dnia. Około 1200 kilokalorii wynosił jej wskaźnik metabolizmu w stanie spoczynku, poza tym potrzebowała 600 kilokalorii na umiarkowaną codzienną aktywność oraz 500 kilokalorii na ćwiczenia, co w sumie daje jakieś 2300 kilokalorii dziennie. Ułożyłam jej plan żywieniowy, aby ustabilizować sposób odżywiania.

Jak wielu moich pacjentów za bardzo się odchudzała i ograniczała spożycie kalorii w sposób niemożliwy do utrzymania. Spalała 500 kilokalorii na siłowni, ale nie jadła aż do lunchu, podczas którego ograniczała się do 250 kilokalorii. Nic dziwnego, że czuła się wygłodniała i objadała się po powrocie do domu. Doradziłam jej, żeby zaczęła jeść śniadanie i obiad i zachowała rozsądek, komponując wieczorne posiłki. Zmieniła nawyki i przestała wpadać w szał wieczornego objadania.

Alicia zastosowała się do moich zaleceń – zaczęła jeść 2300 kilokalorii podzielone równo na cztery posiłki: śniadanie, lunch, obiad (po pracy) i kolację. Podczas kolejnej wizyty dwa tygodnie później oznajmiła mi z radością: „Kiedy wracam ze szkoły, nie zachowuję się już w kuchni jak wariatka, nie pożeram wszystkiego, co wpadnie mi w ręce. Czuję się o wiele lepiej i zaczęłam nawet tracić na wadze, bo już się nie objadam. Po pożywnym śniadaniu i lunchu mam energię do pracy z uczniami. Przestałam się tak irytować – to znowu dawna radosna ja. A co najważniejsze, odzyskałam kontrolę nad jedzeniem".

Alicia unormowała odżywianie, bo przestała się odchudzać i zaczęła jadać odpowiednie posiłki na śniadanie i lunch. Aby wyeliminować napady objadania się, potrzebowała po prostu lepszego planu odżywiania, bo owe napady były skutkiem ekstremalnego głodu, a nie zaburzeń odżywiania. Myślała, że dieta pomoże jej schudnąć, jednak nauczyła się, że normalne zdrowe jedzenie jest najlepszym sposobem kontroli wagi.

Uzależniony od treningu

Bill, sprzedawca w firmie komputerowej, był uzależniony od ćwiczeń. Wstawał o 5:15, by zjawić się przed drzwiami siłowni o 6:00, kiedy się otwierała. Od 6:00

do 7:00 miał zajęcia spinningu, od 7:00 do 8:00 ćwiczył z hantlami. W porze lunchu brał udział w zajęciach aerobowych w firmowym klubie sportowym. Po pracy przez godzinę pływał w basenie. Trenował w trzech różnych miejscach, więc niewiele osób wiedziało, jak wiele czasu poświęcał na treningi, z wyjątkiem jego żony i rodziny. Narzekali, że nigdy nie ma go w domu.

W dni wolne od pracy narzekali jeszcze bardziej: „Dlaczego musisz ćwiczyć w Boże Narodzenie?" – pytała ośmioletnia córka, kiedy oznajmiał jej, że wybiera się na dwugodzinny bieg świąteczny – taki prezent dla siebie samego. Rodzina wiedziała jednak, że gdyby nie pobiegł, byłby wściekły, więc ze świątecznym śniadaniem czekała, aż wróci.

Bill był bezsprzecznie uzależniony od treningu. Jeśli nie mógł poćwiczyć przy najmniej cztery godzinny dziennie, był poirytowany, niespokojny, przybity i miał wyrzuty sumienia. Aby osiągać wciąż ten sam poziom fizycznego i emocjonalnego zadowolenia, musiał ćwiczyć coraz więcej. Trenował nawet wtedy, gdy był chory lub kontuzjowany. Na inną aktywność nie wystarczało mu energii – doszło do tego, że z powodu coraz słabszych wyników zaczął się obawiać zwolnienia z pracy.

Dotarł do ściany, gdy zaczął nękać go silny ból pleców. Nawet chodzenie sprawiało mu poważne trudności. Lekarzowi wyznał: „Nie mogę już ćwiczyć tak, jak bym chciał, i boję się, że przytyję. Staram się nie jeść, bo nie mogę spalać kalorii,

Ile należy trenować?

Aktywność fizyczna powinna być sposobem na trenowanie własnego ciała i poprawianie formy, a nie na pozbywanie się kalorii. Jeżeli jesteś treningowym bulimikiem, który zbyt wiele czasu poświęca na ćwiczenia, oto kilka wskazówek pochodzących z Dietary Guidelines for Americans (Zasady Odżywiania dla Amerykanów, 2005) oraz wytycznych Amerykańskiego Towarzystwa Kardiologicznego (Mosca i inni, 2007).

Dla utrzymania zdrowia i formy oraz zmniejszenia ryzyka chorób osoby dorosłe powinny podejmować aktywność fizyczną przez większość dni w tygodniu zgodnie z następującymi zasadami:

- co najmniej 30 minut umiarkowanego wysiłku fizycznego w celu zapobiegania chorobom przewlekłym;
- 60 minut umiarkowanego do intensywnego wysiłku w celu kontroli wagi ciała i zapobiegania stopniowemu wzrostowi wagi z wiekiem;
- osoby, które były otyłe w przeszłości: od 60 do 90 minut aktywności w celu ochrony przed ponownym przybraniem na wadze.

Jako sportowiec możesz poświęcać treningom więcej czasu. Pamiętaj jednak, by poprosić o pomoc, jeśli trenujesz kompulsywnie po to, by spalić kalorie.

ale kończy się na tym, że podjadam ukradkiem – i wykradam córce M&M's". Lekarz namówił Billa na wizytę u mnie. Na pierwszy rzut oka było widać, że Billowi bardzo daleko do stanu, w którym ktokolwiek uznałby go za grubego – miał 178 centymetrów wzrostu i ważył 59 kilogramów. Ale uważnie wysłuchałam jego obaw. Uświadomiłam mu, że nawet ludzie leżący w szpitalu nie robią się od tego grubi, chociaż jedzą i ruszają się bardzo mało lub wcale. Często nawet tracą na wadze.

Pracowałam z Billem nad unormowaniem jego zachowań żywieniowych i treningu, podsunęłam mu odpowiednie lektury (na przykład *Hooked on Exercise* autorstwa Rebecci Prussin) i przekonałam go, że spotkania z terapeutą pomogą mu uporządkować życie. Dzięki pomocy lekarza, psychologa i dietetyka, przy wsparciu terapeuty rodzinnego, kochającej żony i dzieci, Bill odzyskał radość życia. Nauczył się wyrażać swoje pragnienia i potrzeby, dzięki czemu przestał uciekać od problemów. Zrozumiał, że jego przekonanie, iż nie jest wystarczająco dobrą osobą, było błędne. Nauczył się siebie lubić i akceptować takim, jakim był.

Maratonka z bulimią

Carol, 29-latka na pomagisterskich studiach MBA, utyła 5,5 kilograma w czasie dwóch ostatnich lat studiów. Przejadała się, kiedy przytłaczały ją uczelniane obowiązki i miała poczucie, że nie jest w stanie sprostać wymaganiom. „Wieczorem się obżeram, wymiotuję i idę długo biegać. Ciągle jestem wyczerpana i myślę prawie tylko o tym, jak, gdzie i czym się objem. Przestałam chodzić na obiady z koleżankami, bo boję się, że za dużo zjem i nie będę mogła tego zwrócić. Spędzam czas, ucząc się i trenując do maratonu. Liczę na to, że większa ilość ruchu pomoże mi schudnąć. Jestem jedzenioholikiem. Kiedy kończę bieg, zawsze idę do sklepu na rogu, gdzie kupuję dwa duże muffiny i mnóstwo innych przekąsek. Kompletnie nie kontroluję tego, ile jem".

Zrozumiałam, że Carol jest uzależniona nie tylko od jedzenia, ale również od treningu i nauki. Wciąż wyznaczała sobie terminy, cele wagowe i treningowe. Czuła się przez to zestresowana i zmęczona. W jej życiu brakowało zdrowej równowagi.

Zapytałam, czy ktokolwiek w jej rodzinie miał problem alkoholowy. Przyznała, że jej mama jest alkoholiczką. Zdawała się wstydzić tego rodzinnego sekretu. Co najmniej jedna trzecia moich pacjentów z zaburzeniami odżywiania dorastała w rodzinie z jakimś typem dysfunkcji, najczęściej związanej z nadużywaniem alkoholu. Osoby takie najczęściej same nie są uzależnione od alkoholu, ale niektóre z nich są trzeźwymi alkoholikami lub nadużywają narkotyków (Varner, 1995). Mogą także wykazywać alternatywne zachowania typowe dla osób uzależnionych i nadmiernie pracować, jeść, trenować lub za dużo wymagać od siebie. Cechy i zachowania wymienione w tabeli 16.1 są typowe dla osób, które dorastały w rodzinach dotkniętych problemem alkoholowym lub inną dysfunkcją.

Carol wykazywała wszystkie te cechy. Miała silną potrzebę perfekcjonizmu i kontrolowania wszystkiego. Żeby zrekompensować problemy rodzinne, od dzieciństwa starała się być doskonała, Obecnie próbowała się idealnie odżywiać, osiągnąć idealną wagę, podążać ścieżką idealnej kariery i trenować według idealnie ułożonego planu. Codziennie przebiegała 16 kilometrów pomimo fatalnej pogody, choroby czy zmęczenia. Żywiła się pozbawioną kalorii kawą, napojami dietetycznymi i produktami beztłuszczowymi – poza atakami obżarstwa, kiedy to silny głód niweczył jej starania. Po obżarstwie wymiotowała, żeby odzyskać poczucie kontroli i wrócić do doskonałej diety.

Pomogłam Carol odzyskać właściwe spojrzenie na prawidłową wagę, mierząc procentową zawartość tłuszczu. Komponując dla niej plan posiłków, pomogłam jej się odpowiednio odżywiać. Konsultacja z trenerem z lokalnego klubu biegowego pozwoliła jej trenować według odpowiedniego dla niej programu. Doradziłam jej także, by przeczytała jakieś książki o dorosłych dzieciach alkoholików (patrz dodatek A), poszukała pomocy u specjalisty i być może przystąpiła do grupy wsparcia dla takich osób.

„Przez ostatnie dwa lata starałam się unikać jedzenia, wierząc, że powoduje tycie" napisała do mnie po jakimś czasie. „Dotarło do mnie, że jedzenie nie stanowi problemu. To moja nieumiejętność radzenia sobie ze stresem była problemem. Jestem teraz dla siebie łagodniejsza. Nie staram się już być perfekcyjną studentką. Wzięłam na przykład trzy dni wolnego od studiów i treningu, żeby pojechać na narty ze znajomymi! Dobrze się odżywiam i ćwiczę z głową, nie karzę się dodatkowymi kilometrami biegu za zjedzone kalorie. Lepiej się teraz czuję, jestem zadowolona z siebie i ze swojego ciała".

TABELA 16.1. Sygnały ostrzegawcze

Charakterystyczna cecha	Częste wypowiedzi, w których się ujawnia
Perfekcjonizm	„Przez ostatnie 2 lata trenowałem codziennie przez godzinę"
Potrzeba kontrolowania	„Nigdy nie jadam po 19:00"
Zachowania kompulsywne	„Ćwiczę codziennie po 2 godziny, nawet jeśli muszę z tego powodu wstać o 4:00"
Poczucie bycia niedoskonałym	„Mógłbym pedałować jeszcze szybciej, gdybym trochę schudł"
Problem z relaksowaniem się	„Dzięki za zaproszenie do kina, ale muszę dziś jeszcze poćwiczyć na siłowni"
Problemy w relacjach	„Moja żona narzeka, że poświęcam za dużo czasu na trening, a za mało rodzinie"

Łyżwiarka figurowa z anoreksją

Emily, 16-letnią łyżwiarkę figurową, przysłał do mnie jej trener. Na spotkanie umówiła ją mama. Z powodu chronicznego zmęczenia dziewczyna nie była w stanie wysoko skakać i dużo trenować. Jej pierwsze słowa brzmiały: „Mama i trener zmusili mnie, żebym tu przyszła. Wydaje im się, że za mało jem".

Emily ważyła 42 kilogramy. Rok wcześniej ważyła 50 kilogramów, a przy wzroście 160 centymetrów mogłaby ważyć spokojnie 52 kilogramy. Ograniczała się do 1000 kilokalorii dziennie, choć potrzebowała 1800 kilokalorii, jeśli nie więcej. Jedząc tak mało, spożywała za mało białka, wapnia, żelaza, cynku oraz wielu witamin i minerałów koniecznych dla zdrowia.

Emily bardzo się bała, że przytyje, jeśli zacznie więcej jeść, musiałam jej nieustannie przypominać, że jedzenie to energia i zdrowie. Kiedy do mnie trafiła, nie była zdrowa. Przestała miesiączkować (jedna z oznak pogorszenia zdrowia), jej cera była zanieczyszczona i poszarzała (kolejna oznaka). Potrzebowała bardziej urozmaiconego jedzenia niż serek wiejski, białka jaj i jabłka. Musiała zbilansować dietę i wprowadzić do niej składniki, których jej brakowało. Musiała też wprowadzić do diety więcej tłuszczu.

Przekonałam Emily, że zasługuje na to, by jeść – nawet wówczas, gdy nie trenuje. Poprosiłam, by przyjrzała się koleżankom, które nie uprawiały sportu. Większość z nich była szczupła, choć przecież wszystkie jadły. Większa ilość jedzenia nie dostarczyłaby jej nadmiaru kalorii, ale podstawowej energii. Wspólnie ustaliłyśmy cele żywieniowe:

- Dostarczać organizmowi odpowiedniej ilości pożywienia, stopniowo zwiększając liczbę kalorii w posiłkach i przekąskach.
- Doprowadzić organizm do prawidłowej wagi, żeby poprawić siłę i zdrowie.
- Obniżyć ryzyko złamań i przyszłej osteoporozy, jedząc wystarczająco dużo, by utrzymać regularne cykle miesiączkowe.
- Osiągnąć spokój w kwestiach jedzenia i wagi.

Emily zgodziła się stopniowo więcej jeść, o 100 kilokalorii tygodniowo, zjadając więcej na śniadanie i lunch – aż do momentu, kiedy będą to posiłki o wartości 500 kilokalorii zawierające produkty z co najmniej trzech grup żywieniowych (na przykład płatki z mlekiem i owoce, pieczywo z indykiem i jogurt, ryba z ryżem i brokułami oraz mleko), a każda przekąska będzie składać się z co najmniej dwóch grup produktów. Dzięki takiej zmianie diety zyskała więcej energii, by lepiej koncentrować się w szkole i odzyskać chęć do trenowania. Zasugerowałam, by trenowała zdrowe odżywianie tak samo, jak ćwiczy jazdę na łyżwach, i skupiła się na tym, o ile lepiej się czuje, kiedy dostarcza organizmowi odpowiednią ilość paliwa do działania.

W ciągu kilku tygodni Emily przestała rygorystycznie kontrolować to, ile je, i zaczęła się lepiej odżywiać. Jako dietetyk dostarczyłam jej istotnych wskazówek, ale kluczem była terapia. Emily uczęszczała do psychologa doświadczonego w pracy z osobami cierpiącymi na zaburzenia odżywiania i na terapię rodzinną z rodzicami i siostrą. Zaczęła wyrażać swoje potrzeby – nie musiała już chować emocji w sobie i ograniczać jedzenie, co było niemą prośbą o pomoc.

Po trzech miesiącach zaczęła miesiączkować – znak, że odpowiednio odżywiała swój organizm. Czuła się mocniejsza fizycznie, lepiej się dogadywała z rodziną, przestała się przejmować jedzeniem i swoim ciałem. Przestała myśleć, że musi być idealna, żeby rodzice ją kochali, nie musiała też już być idealnie chuda, mieć idealnej diety, być idealną uczennicą czy łyżwiarką. Nauczyła się czerpać przyjemność z tego, że jest zdrową młodą dziewczyną. Przestała wierzyć, że idealne ciało oznacza idealne życie. „Myślałam, że będę szczęśliwsza, kiedy będę szczuplejsza, ale się myliłam. Zrozumiałam, że człowiek jest szczęśliwy, kiedy lubi się za to, jaki jest, a nie – jak wygląda".

ZANIK MIESIĄCZKI U AKTYWNYCH KOBIET

U sportsmenek z zaburzeniami odżywiania często występuje zanik miesiączki. Może to przytrafić się także paniom, które nie mają takich zaburzeń – na przykład kiedy kobieta zacznie znacznie więcej trenować, nie zwiększając spożycia kalorii. Tak czy inaczej, jeśli trenujesz i przestałaś regularnie miesiączkować, choć wcześniej nie miałaś z tym problemów, nie ignoruj tego. Może się wydawać, że zanik miesiączki to nic strasznego, bo przecież nie trzeba sobie radzić z comiesięcznymi uciążliwościami, ale to może prowadzić do problemów zdrowotnych i spadku formy. Z zanikiem miesiączki wiąże się na przykład:

- cztery razy wyższe ryzyko wystąpienia pourazowych złamań kości, które wykluczają trening (Nativ, 2000),
- przedwczesna osteoporoza,
- problemy z zajściem w ciążę, kiedy już zdecydujesz się na założenie rodziny.

Zanik miesiączki to złożona sprawa

Jeśli uznasz, że nie miesiączkujesz tylko dlatego, że jesteś za chuda i za dużo ćwiczysz, możesz być w błędzie. Badania nie wykazały różnic w procentowej zawartości tkanki tłuszczowej u intensywnie trenujących kobiet, które regularnie miesiączkują, i tych, które przestały miesiączkować (Sanborn i inni, 2000). Wiele bardzo szczupłych sportsmenek ma regularne cykle. Najwyraźniej chudość i intensywny trening nie stanowią prostego wytłumaczenia dla złożonego problemu zaniku miesiączki.

Pozostaje pytanie: dlaczego nie miesiączkujesz, skoro twoje koleżanki z podobnym programem treningowym i tak samo niską ilością tłuszczu w organizmie nie mają tego problemu? Prawdopodobnie nie dostarczasz organizmowi tyle kalorii, ile wymaga twój program treningowy, a zanik miesiączki wynika z niedożywienia.

Rozwiązanie problemu

Najnowsze badania sugerują, że zanik miesiączki nie jest skutkiem nadmiaru ćwiczeń, ale zbyt małej ilości jedzenia. Aby regularnie miesiączkować, musisz spożywać tyle kalorii, ile wymaga twój program treningowy i twój organizm – po to by utrzymywać zdolności rozrodcze. Aby zachować zdolność do rozmnażania, organizm potrzebuje co najmniej 30 kilokalorii na kilogram masy ciała liczony bez tkanki tłuszczowej (Loucks, 2004). Dla porównania – przeciętna (nietrenująca) kobieta potrzebuje około 45 kilokalorii na kilogram masy ciała (bez tłuszczu) dla utrzymania równowagi energetycznej.

Przyjmijmy, że wysportowana kobieta o wadze 54 kilogramów ma 20 procent tkanki tłuszczowej, a jej waga bez tłuszczu (LBM, od ang. *lean body mass*) wynosi 43,2 kilograma (20 procent x 54 kilogramy = 10,8; 54 – 10,8 = 43,2 kilograma). Powinna zjadać co najmniej 1300 kilokalorii (30 kilokalorii/kilogram x 43,2 kilograma LBM = 1296, w zaokrągleniu 1300 kilokalorii), których nie spala. Stanowią one źródło dostępnej energii. Jeśli spala 500 kilokalorii podczas ćwiczeń, musi spożywać co najmniej 1300 + 500 = 1800 kilokalorii; to nadal znacznie za mało, by w pełni odżywić mięśnie i korzystać z optymalnej formy sportowej.

Jeśli jesz za mało, dyplomowany dietetyk może pomóc ci uporać się z tym problemem. Mogą ci pomóc też poniższe rady:

1. Pozbądź się wagi z łazienki. Zamiast dążyć do jakiejś wymyślonej wagi, pozwól swojemu ciału ważyć tyle, ile zaprogramowały mu geny. Informacje z rozdziałów 13 i 15 pomogą ci ocenić, ile możesz ważyć bez ciągłego odchudzania się. Profesjonalną poradę w tej kwestii możesz również uzyskać od swojego lekarza lub dietetyka.
2. Nie obniżaj spożycia kalorii o więcej niż 20 procent. Jeśli masz kilka kilogramów do zrzucenia, nie zjadaj mniej niż 1200 kilokalorii dziennie (Woolsey, 2001), a dokładnie – nie jedz mniej niż 30 kilokalorii na kilogram chudej masy ciała (Loucks i Thuma, 2003). Dzięki zdrowemu programowi redukcji wagi nie tylko osiągniesz długotrwały efekt, ale będziesz mieć również wystarczająco dużo energii, by trenować i poprawiać swoje wyniki.

3. Zacznij jeść tak, jak w dzieciństwie. Jeżeli masz prawidłową wagę, jedz, kiedy czujesz głód, i przestawaj jeść, kiedy poczujesz się syta. Jeśli cały czas jesteś głodna i nie możesz przestać myśleć o jedzeniu, to prawdopodobnie spożywasz za mało kalorii. Twój organizm narzeka i domaga się więcej jedzenia – głód to zwykła prośba o energię. Informacje z rozdziału 15 oraz porada lekarza i dietetyka pomogą ci określić odpowiednie dla ciebie spożycie kalorii.

   Kobiety, u których zanikła miesiączka, najczęściej odżywiają się chaotycznie (Wilmore i inni, 1992). Mogą jeść bardzo mało na śniadanie i lunch, a przejadać się na wieczór, albo głodzić się w dni powszednie i przejadać się przez weekend. Jeśli mimo to udaje im się utrzymywać stabilną wagę, to znaczy, że w jakiś sposób udaje im się spożywać wystarczającą ilość kalorii, co równie dobrze by osiągnęły, gdyby jadły regularnie pożywne, zbilansowane posiłki. Jeśli trudno ci samej ułożyć odpowiedni plan odżywiania, poproś o pomoc dietetyka.
4. Jedz wystarczająco dużo białka. Z jednego z badań wynika, że 82 procent kobiet cierpiących na zanik miesiączki spożywa mniej niż zalecana dzienna dawka białka (Nelson i inni, 1986). Zwłaszcza wegetarianki muszą pilnować, by zjadać wystarczającą jego ilość. Panie niejedzące mięsa, które spożywają właściwą ilość białka i kalorii, mają zwykle regularne miesiączki (Barr, 1999).
5. Co najmniej 20 procent kalorii spożywaj w postaci tłuszczu. Pewna porcja tłuszczu jest absolutnie niezbędna dla zachowania zdrowia i dobrostanu. Twój organizm potrzebuje tłuszczu do budowy błon komórkowych i wytwarzania podobnej do hormonów substancji zwanej prostaglandyną. Należy zwiększyć spożycie dobrych tłuszczów i uważać na tłuszcze nasycone („złe") w czerwonym mięsie i innych produktach naturalnie bogatych w białko. Dla większości kobiet aktywnych odpowiednią dawką tłuszczu byłoby od 40 do 60 gramów dziennie. Można więc bez problemu pozwalać sobie na łososia, masło orzechowe, orzechy, oliwę i inne prozdrowotne tłuszcze oraz na mniejsze ilości tłuszczów nasyconych w postaci chudej wołowiny, chudych serów czy innych odżywczych produktów, które zapewniają diecie sportowca równowagę. Jeżeli jednak za nic nie posmarujesz chleba masłem i nie polejesz sałaty oliwą, możesz:
   - posypywać sałatki pestkami słonecznika lub płatkami migdałów;
   - jako przekąskę zjadać mieszankę bakalii lub orzechów;
   - wybierać pełnoziarnisty chleb i płatki (mają więcej zdrowego tłuszczu);
   - jeść tłuste ryby dwa razy w tygodniu;
   - używać oliwy lub oleju rzepakowego do gotowania;
   - unikać produktów całkowicie pozbawionych tłuszczu (mają gorszy smak).

6. Utrzymuj dietę bogatą w wapń. Kobiety z zanikiem miesiączki powinny regularnie spożywać porcje 250 mililitrów mleka lub jogurtu (albo innych produktów bogatych w wapń), by chronić kości. Aktywność fizyczna ma pozytywny wpływ, ale nie zrekompensuje niedoboru wapnia. Być może skrzywisz się na myśl, że 300 czy 400 kilokalorii ze swojego kalorycznego budżetu masz przeznaczać na nabiał, ale pamiętaj, że mleko to pełnowartościowy produkt, który zawiera wiele ważnych składników odżywczych. Kobiety, które wypijają dziennie trzy lub więcej szklanek mleka lub jogurtu, są przeciętnie szczuplejsze niż panie, które tego nie robią (Pereira i inni, 2002). Jeśli twoja dieta jest bogata w otręby, owoce i warzywa, twoje zapotrzebowanie na wapń może być jeszcze większe, ponieważ błonnik może zaburzać proces wchłaniania wapnia.

   Wiele niemiesiączkujących kobiet martwi się o zdrowie swoich kości – i słusznie. Gdy zanik miesiączki ma związek z anoreksją, zmniejszenie gęstości kości może wynosić 2,5 procent rocznie (Miller i inni, 2006). Wystarczy pomnożyć to przez kilka lat – i stanie się jasne, dlaczego wiele moich klientek ma kości jak u siedemdziesięciolatki i problemy ze złamaniami. Gęstość kości w 90 procentach kształtuje się przed 17 rokiem życia, więc jeśli jako nastolatka nie będziesz o to dbać, twoje kości mogą nigdy nie osiągnąć maksymalnej gęstości, co oznacza, że będziesz bardziej narażona na osteoporozę (Weaver, 2002).

   Można w dużym stopniu zregenerować kości dzięki odpowiedniej diecie odbudowującej mięśnie i przyczyniającej się do wzrostu wagi, jednak nie zawsze udaje się odbudować je w pełni (Dominguez i inni, 2007). Badanie wykazało, że mineralna gęstość kości 31-letniej biegaczki wróciła do normy dzięki lepszemu odżywianiu i odbudowaniu wagi ciała mimo długiej historii anoreksji i braku miesiączek (Fredericson i Kent, 2005). Jednak nie wszyscy mają szczęście.

Wiele uprawiających sport kobiet, u których zanikła miesiączka, stosuje antykoncepcję hormonalną w celu przywrócenia menstruacji, co teoretycznie powinno zapobiec spadkowi gęstości kości. Jednak badania tego nie potwierdzają. Kluczem do odwrócenia tendencji spadkowej jest spożywanie odpowiedniej liczby kalorii, które zapobiegają brakowi energii i wspierają budowę mięśni. Kalorie te muszą zawierać odpowiednio dużo węglowodanów, by odbudowywać zapasy glikogenu, odpowiednio dużo białka do budowy mięśni, oraz w pełni zaspokajać potrzeby energetyczne organizmu (Zanker i Cooke, 2004).

Choć trenujące kobiety obawiają się, że większa ilość jedzenia przy mniejszej ilości treningu źle wpłynie na ich formę, nie jest to prawdą. 19-letnia biegaczka z zanikiem miesiączki zrezygnowała z jednego treningu w tygodniu, zwiększyła dzienne spożycie kalorii o jeden dietetyczny posiłek w płynie (360 kilokalorii), a w ciągu czterech miesięcy przybrała na wadze 2,7 kilograma (z około 48 do 51 kilogramów) i ponownie zaczęła miesiączkować. Ustanowiła więcej osobistych rekordów niż w którymkolwiek z wcześniejszych sezonów, pobiła dwa rekordy szkoły i zakwalifikowała się do ogólnokrajowych zawodów (Dueck i inni, 1996). Na co jeszcze czekasz?

JAK MOŻESZ POMÓC

Być może w twojej rodzinie, wśród znajomych lub w pracy jest ktoś, kto boryka się z problemem odżywiania, i zastanawiasz się, jak możesz pomóc go rozwiązać. Obserwowanie bliskiej osoby, która zmaga się z czymś takim, może być bolesne i przerażające. Czasem trudno stwierdzić, czy ktoś faktycznie ma problem, czy jest po prostu zapalonym sportowcem. Nawet eksperci mogą mieć problem z rozpoznaniem, czy ktoś jest szczupły i w formie, czy zmaga się z anoreksją.

Sportowiec z anoreksją najczęściej trenuje bez opamiętania – obawiając się przybrania na wadze – i nigdy nie robi sobie wolnego. Oddany sportowiec ciężko

Kojące mantry i afirmacja

Być może podjąłeś decyzję, by lepiej się odżywiać, ale okazuje się, że nie jest to proste. Moim pacjentom pomaga, jeśli powtarzają sobie ze:

- Moje ciało jest głodne; oznacza to, że spaliło już to, czym je nakarmiłem, i potrzebuje więcej. Głód to zwykła prośba o dostarczenie energii.
- To jedzenie jest niezbędne, a nie „dodatkowe" czy „tuczące".
- Jeden posiłek nie zmieni mojego życia na zawsze.
- Mogę sobie pozwolić na większą elastyczność. W razie czego zawsze mogę wrócić do starych nawyków.
- Moje ciało jest mocniejsze i staję się lepszym sportowcem, kiedy lepiej je odżywiam.
- Moja dieta nie musi być idealna, żeby była dobra.
- Nie muszę być doskonały.
- Głodzenie się nie rozwiąże moich problemów.
- Bycie szczęśliwym i zdrowym jest ważniejsze od tego, co pokazuje waga.
- Mam wybór: chcę być osobą z anoreksją czy dobrze odżywionym sportowcem?
- Wszystko będzie dobrze, muszę tylko skupić się na szerszej perspektywie – muszę być zdrowy.

trenuje w nadziei na poprawę wyników, ale delektuje się również dniami wolnymi od treningu. W obu przypadkach chodzi o osiągnięcie perfekcji – bycie perfekcyjnie szczupłym lub bycie perfekcyjnym w danej dyscyplinie. Niekiedy oba te światy się przeplatają. Niestety, wielu trenerów, rodziców, przyjaciół i kolegów z drużyny nie podejmuje tematu wyniszczającego poczucia przymusu bycia chudym. Skoro ktoś ciężko trenuje i wydaje się z tego zadowolony, to przecież nie może być chory, prawda?

Jeżeli podejrzewasz, że twój znajomy, partner treningowy, dziecko lub kolega z drużyny ma problem z odżywianiem, nie czekaj, aż potwierdzą to problemy zdrowotne – anoreksja i bulimia stanowią zagrożenie dla życia i nie można ich ignorować. Porozmawiaj z nim. Oto dziesięć wskazówek, które ci to ułatwią.

1. **Dostrzegaj znaki**. Można zauważyć, że osoby z anoreksją ubierają się na cebulkę, w luźne ubrania, które ukrywają nietypową chudość lub że zjadają niewiele w porównaniu z ilością wydatkowanej energii. Na przykład biegacz z anoreksją może zjeść na kolację tylko jogurt, chociaż przebiegł przed chwilą 15 kilometrów. Takie osoby mogą nigdy nie jadać w towarzystwie, z rodziną ani ze znajomymi. Zawsze znajdują wymówkę, by nie siadać z innymi do posiłku. Jeśli już to zrobią, mogą bawić się jedzeniem na talerzu, udając, że jedzą. Można zauważyć także zachowania kompulsywne, jak pracoholizm czy poświęcanie całego wolnego czasu nauce.

   Bulimia bywa trudniejsza do wychwycenia. Chory może dużo jeść, a potem iść do łazienki. Może odkręcać wodę, żeby zagłuszyć odgłosy wymiotów. Może po kryjomu przyjmować środki przeczyszczające, a nawet mówić o magicznym sposobie na jedzenie bez przybierania na wadze. Może mieć przekrwione oczy i narzekać na ból gardła (spowodowany częstym wymiotowaniem).
2. **Ostrożnie wyraź swoją troskę**. Należy podejść do takiej osoby łagodnie, mówiąc na przykład: „Martwi mnie, że twoja kontuzja tak długo się goi". Mów o tym, co widzisz: „Zauważyłem, że jesteś zmęczona i pogarszają się twoje wyniki". Uzasadnij, dlaczego uważasz, że ten ktoś ma problem ze znalezieniem równowagi pomiędzy jedzeniem i treningiem, i zapytaj, czy chce o tym porozmawiać.

   Osoby, które faktycznie cierpią na anoreksję lub bulimię, często zaprzeczają, że mają problem, i upierają się, że nic im nie jest. Ale nie wolno dawać łatwo za wygraną. Należy dzielić się z nimi swoimi obawami na temat przyczyn ich problemów z koncentracją, zawrotów głowy lub nieustannego zmęczenia. Kwestie zdrowotne mają największą szansę przekonać chorego do przyjęcia pomocy, zważywszy, że jedzenie i trening są dla niego sposobem na uzyskanie kontroli i stabilizacji.

3. **Nie poruszaj tematu wagi ani nawyków jedzeniowych**. Sportowiec z takim problemem może być bardzo dumny ze swojej chudości i pomyśli, że jesteś zwyczajnie zazdrosny. Nie próbuj przekonywać, że naprzemienne głodzenie i objadanie się stanowi problem. Skoncentruj się na problemach życiowych, a nie jedzeniowych.
4. **Zasugeruj powód szukania pomocy**. Zauważ, jak niespokojny i zmęczony był ostatnio twój rozmówca. Podkreśl, że wcale nie musi tak być.
5. **Okaż wsparcie i wysłuchaj ze współczuciem**. Nie oczekuj, że ktoś od razu przyzna, że ma problem. Daj przyjacielowi tyle czasu, ile potrzebuje, i często mu przypominaj, że w niego wierzysz. Twoje wsparcie będzie miało znaczenie w procesie leczenia.
6. **Podsuń listę źródeł, z których można czerpać profesjonalne wsparcie**. Gdy ktoś, kogo znasz, wykazuje pełne lub częściowe objawy zaburzenia odżywiania, mogą cię frustrować niepowodzenia w rozwiązywaniu tego problemu. Możesz myśleć: „Gdyby tylko zaczął jeść normalnie, wszystko byłoby w porządku". Raczej nie. Jedzenie to tylko objaw. Problemem jest to, że dana osoba czuje się nieszczęśliwa. Aby lepiej to zrozumieć, możesz czytać książki o zaburzeniach odżywiania – to dobre źródło wiedzy o tym problemie.

   Namów znajomego lub bliskiego, by poszukał pomocy u profesjonalisty – to twoje zadanie. Może to oznaczać poszukanie dietetyka, który specjalizuje się w dietach dla sportowców i zaburzeniach odżywiania. Uświadom choremu, że szczęście nie zależy od tego, ile waży. Szczęście bierze się z wewnątrz, a nie z cyferek, które pokaże waga. Być może chory będzie zaprzeczać problemom, ale za chwilę może przyznać, że jest w rozpaczy. Możesz poszukać psychologa specjalizującego się w leczeniu zaburzeń odżywiania. Możesz również zadzwonić do kliniki medycyny sportowej i poprosić o poradę lekarza lub dietetyka, zwrócić się do lekarza na swojej uczelni lub poprosić o wsparcie w leczeniu zaburzenia odżywiania w przychodni.
7. **Obniż oczekiwania**. Nie rozwiążesz problemu samodzielnie. To bardziej złożona sprawa niż kłopoty z jedzeniem i treningiem – to problem życiowy. Podziel się swoimi obawami z innymi. Szukaj pomocy u zaufanego członka rodziny lub lekarza.
8. **Zastanów się, czy nie przesadzasz**. Być może nie ma żadnego zaburzenia. Może twój znajomy jest odpowiednio szczupły, zważywszy zaawansowany trening. Jak to stwierdzić? Aby sytuacja była jasna, możesz zachęcić go do poddania się ocenie zdrowia psychicznego. W razie konieczności możesz sam umówić wizytę i zawieźć na nią znajomego. Tylko w ten sposób otrzymasz niezależną opinię. Terapeuta może powiedzieć, żebyś wracał do domu i niczym się nie martwił, ale może też zalecić natychmiastowe leczenie.

9. **Podziel się z profesjonalistą swoimi obawami**. Być może będziesz chciał porozmawiać z kimś o tej sytuacji. Pamiętaj, nie odpowiadasz za zdrowie innej osoby. Możesz jedynie próbować pomóc. Twoim zadaniem jest znalezienie wsparcia u doradców, dyplomowanych dietetyków, lekarzy lub specjalistów od zaburzeń odżywiania.
10. **Bądź cierpliwy**. Zaakceptuj, że leczenie może być długim i żmudnym procesem, z licznymi nawrotami choroby. Twoją nagrodą będzie wprowadzenie zasadniczej zmiany w życiu tej osoby. Z powodu anoreksji lub bulimii można przecież umrzeć.

JAK ZAPOBIEC ZABURZENIOM

Wiele osób uważa – lub tak im się wmawia – że gdy będą głodzić się i chudnąć, będą lepiej trenować, lepiej wyglądać i w ogóle lepiej funkcjonować. Jak na ironię odchudzanie może się przyczynić do otyłości, nieprawidłowych schematów odżywiania i zaburzeń odżywiania. Odchudzanie się jest ryzykowne; może prowadzić do niedożywienia mięśni, zaniku miesiączki, podatności na złamania kości, omdleń, osłabienia, zmęczenia, spadku formy, a prędzej czy później także do zaburzeń odżywiania lub nieprawidłowych nawyków jedzeniowych. To oczywiste, że odchudzanie się nie jest rozwiązaniem problemów z wagą.

Nie byłoby zaburzeń odżywiania, gdyby ludzie nauczyli się kochać swoje ciała i dobrze się ze sobą czuć. Może warto rzucić w kąt magazyny o modzie i urodzie, które mogą zdołować cię do tego stopnia, że zaczynasz ćwiczyć, żeby ukarać się za to, jak wyglądasz?

Jako społeczeństwo musimy:

- obalić mit, że diety działają oraz że szczupłość jest synonimem szczęścia i sukcesu,
- zniechęcać ludzi do myślenia, że im szczuplejszy sportowiec, tym lepszy,
- zacząć lubić swoje ciała za to, jakie są, a nie nienawidzić ich za to, jakie nie są,
- dążyć do tego, by być sprawnym i zdrowym, a nie chudym oraz...
- ...uważać na słowa, kiedy zauważymy, że ktoś schudł.

Co powiedzieć, gdy ktoś znajomy schudnie?

Kiedy zauważamy, że ktoś schudł, reagujemy spontanicznie, mówiąc: „Świetnie wyglądasz!". To zdanie jest z założenia pozytywne, jednak sugeruje ono, że:

1. Twój znajomy wcześniej wyglądał okropnie.
2. Rozmiar ciała jest ważniejszy niż zdrowie.
3. Twój znajomy stał się lepszy i bardziej wartościowy dzięki utracie wagi.

Czy ktoś schudł jeden kilogram, czy 10 kilogramów, lepszym sposobem na zauważenie tego jest skupienie się na aspektach godnych pochwały: lepszym zdrowiu tej osoby. Oto kilka pomocnych zdań, których możesz użyć:

- „Wygląda na to, że ciężko pracowałeś nad zrzuceniem paru kilogramów". Znajomy z chęcią i z dumą opowie o tym, ile się napracował, żeby schudnąć. Wysłuchaj go i upewnij się, czy wpłynęło to pozytywnie na jego zdrowie.
- „Chyba jest jakoś ciebie mniej ostatnio...". Przekaz jest taki, że osoba ta nie stała się lepsza dzięki schudnięciu, tylko szczuplejsza.
- „Wyglądasz na zadowoloną z niższej wagi, jak się z nią czujesz?". Znajoma może odpowiedzieć, że czuje się zdrowsza i pełna energii, ale może też wyrazić frustrację, że nie jest dostatecznie chuda.
- „Zdrowo wyglądasz! Jak tam twoje treningi? Czujesz, że masz dużo energii? Jak się czujesz?". Jeśli twój znajomy chudnie w sposób prawidłowy, będzie czuć się świetnie.
- „Zdaje się, że wymieniłeś trochę tłuszczyku na mięśnie". Daj sygnał, że dostrzegasz zmianę, ale nie sugeruj, że odchudzanie uczyniło tę osobę lepszą.

Bez względu na odpowiedź chodzi o to, by pomóc osobie odchudzającej się w pełni doceniać jej wartość. Piękno kryje się w szczerym uśmiechu, przyjaźni, pozytywnych cechach – a nie w rozmiarze 36 zamiast 40. Ludzie muszą wiedzieć, że są lubiani i kochani za to, jacy są w środku, a nie oceniani za wygląd. Kiedy ktoś chudnie, powinien wiedzieć, że po prostu jest go trochę mniej do kochania. Nie staje się lepszy ani bardziej lubiany. Jest tylko szczuplejszy. Dzięki odpowiedniemu odżywianiu może być zdrowszy, silniejszy, mieć więcej energii i cieszyć się korzyściami spadku wagi.

CZĘŚĆ IV

Przepisy dla zwycięzców

ROZDZIAŁ 17
Pieczywo i śniadania

Gorące, świeżutkie pieczywo to jedno z ulubionych źródeł węglowodanów aktywnych osób. Oto kilka wskazówek, które sprawią, że twoje pieczywo i babeczki będą naprawdę wyborne.

- Sekretem lekkich, puszystych chlebków, muffinów i babeczek jest delikatne mieszanie ciasta zaledwie przez 20 sekund. Nie przejmuj się grudkami. Jeśli będziesz wyrabiać ciasto zbyt długo, gluten (białko) obecny w mące sprawi, że będzie twarde.
- Pieczywo wypiekane w całości z mąki pełnoziarnistej jest dość ciężkie. Lepiej łączyć mąkę pełnoziarnistą z białą w proporcji pół na pół. Ten sposób wykorzystuję w wielu przepisach. Możesz zmieniać proporcje według uznania. Wymieniając mąkę białą na pełnoziarnistą w pozostałych przepisach, użyj trzech czwartych miarki mąki pełnoziarnistej na jedną miarkę mąki oczyszczonej.
- W większości moich przepisów jest mało cukru. W innych wystarczy użyć jednej trzeciej lub połowy cukru z przepisu; efekt końcowy i tak będzie wystarczająco słodki. Jeśli chcesz zastąpić biały cukier miodem, cukrem brązowym lub melasą, użyj tylko pół łyżeczki proszku do pieczenia na około 280 gramów mąki i dodaj pół łyżeczki sody oczyszczonej. Dzięki temu wypiek będzie miał lepszy smak.
- W większości przepisów na krótko wypiekane pieczywo zaleca się przesianie proszku do pieczenia razem z mąką. W ten sposób uzyskuje się najdelikatniejsze ciasto. W moich przepisach zalecam łączyć proszek do pieczenia z mokrymi składnikami i dodawać mąkę na końcu. Mój sposób jest prostszy i znacznie szybszy, a efekt końcowy jest i tak bardzo dobry.

- Aby zapobiec przyleganiu ciasta do formy, używaj form teflonowych, sprayu do smażenia lub wykładaj formy papierem do pieczenia. Moim zdaniem papier jest niezawodny. Po upieczeniu chleb należy pozostawić do ostygnięcia na pięć minut, podważyć go i wyjąć z formy, a następnie ściągnąć papier.
- Aby skrócić czas pieczenia chlebków, możesz używać kwadratowej formy 20 na 20 centymetrów zamiast podłużnej formy do chleba. Upieką się dwa razy szybciej. Ciasto na babeczki również można wlać do formy podłużnej lub kwadratowej – w ten sposób unikniesz uciążliwego czyszczenia foremek do babeczek.

Ciepła owsianka to nie tylko zdrowy dodatek do diety sportowca, ale przede wszystkim lekkostrawne śniadanie w sam raz przed treningiem. Wiele osób lubi zjadać owsiankę przed długim biegiem, ciężkim treningiem na siłowni, sesją pływania czy innym wysiłkiem fizycznym. Owsianka nie znudzi ci się, jeśli będziesz stosować wymiennie wiele różnych dodatków:

- kawałki suszonych moreli, miód, szczypta gałki muszkatołowej,
- rodzynki i cynamon,
- plastry banana (gotowane razem z owsianką), brązowy cukier, masło orzechowe,
- suszona żurawina, miód, siekane orzechy laskowe,
- kawałki jabłka (gotowane razem z owsianką) i słodki syrop, na przykład klonowy.

Niektórzy nie słodzą, lecz dodają do owsianki szczyptę soli. Osoby, które dużo trenują, muszą uzupełniać zapasy sodu, który traci się wraz z potem, więc solenie owsianki jest jak najbardziej dopuszczalne – poza tym wielu owsianka na słono bardziej smakuje.

SPIS PRZEPISÓW

Zobacz również: burrito z tofu, ciasteczka owsiane, orzechowe batony energetyczne, bananowy zawijaniec z masłem orzechowym, koktaj sojowo-pomarańczowy, koktajl owocowy, koktajl proteinowy, tęczowa sałatka owocowa.

CHLEBEK BANANOWY

Sekretem tego pysznego ciasta jest użycie bardzo dojrzałych bananów, z poczerniałą skórką. Chlebek bananowy jest bardzo popularny jako doskonałe źródło węglowodanów i przekąska na długie jazdy rowerem oraz piesze wyprawy. Smarując go masłem orzechowym, otrzymasz pyszną kanapkę, która dostarczy ci energii na długi czas.

3 duże dojrzałe banany
1 jajko lub białko z 2 jaj
2 łyżki oleju, najlepiej rzepakowego
80 mililitrów mleka
⅓ lub ½ szklanki cukru
1 łyżeczka soli
1 łyżeczka sody oczyszczonej
½ łyżeczki proszku do pieczenia
1½ szklanki mąki, najlepiej pół porcji białej i pół pełnoziarnistej

1. Rozgrzej piekarnik do 180 stopni Celsjusza.
2. Rozgnieć banany widelcem.
3. Dodaj jajko, olej, mleko, cukier, sól, sodę i proszek do pieczenia. Dobrze wymieszaj.
4. Delikatnie dosyp mąkę do masy bananowej. Mieszaj do momentu połączenia składników (przez około 20 sekund).
5. Przelej do formy (10 na 20 centymetrów) lekko nasmarowanej tłuszczem lub wyłożonej papierem do pieczenia.
6. Piecz 45 minut lub do momentu, gdy patyczek wbity w środek daje się wyjąć bez śladów ciasta.
7. Odstaw na 5 minut, zanim wyjmiesz z formy.

Porcja: 12 kromek
Wartości odżywcze: w sumie: 1600 kilokalorii; 1 kromka zawiera: 135 kilokalorii, 24 gramy węglowodanów, 3 gramy białka, 3 gramy tłuszczu.

OWSIANE BABECZKI JAGODOWE

Jagody i płatki owsiane to wyśmienite połączenie. Babeczki doskonale nadają się na śniadanie lub przekąskę. Dodatek maślanki sprawia, że są bardziej puszyste. Jeśli nie masz maślanki, możesz zastąpić ją szklanką mleka wymieszaną z łyżeczką octu (należy odstawić na kilka minut).

80 gramów suchych płatków owsianych, błyskawicznych lub zwykłych
240 mililitrów (1 szklanka) maślanki (lub 240 mililitrów mleka + 1 łyżeczka octu)
1 jajko lub białko z 2 jaj
50–66 gramów (¼–⅓ szklanki) cukru
60–80 mililitrów oleju, najlepiej rzepakowego
140 gramów (1 szklanka) mąki
1 łyżeczka proszku do pieczenia
½ łyżeczki sody oczyszczonej
1 łyżeczka soli
145–215 gramów (1–1½ szklanki) jagód, świeżych lub mrożonych
Opcjonalnie: ¼ łyżeczki gałki muszkatołowej lub cynamonu

1. Rozgrzej piekarnik do 200 stopni Celsjusza. Nasmaruj lub wyłóż papierem 12 foremek do babeczek.
2. W średniej misce połącz płatki owsiane, maślankę, jajko, cukier i olej. Dobrze wymieszaj. Jeśli masz trochę więcej czasu, odstaw na 5–10 minut, żeby płatki zmiękły.
3. W małej misce wymieszaj dobrze mąkę, proszek do pieczenia, sodę i sól (oraz gałkę muszkatołową lub cynamon). Dodaj do płatków. Mieszaj do momentu połączenia składników.
4. Ostrożnie dodaj jagody.
5. Przelej ciasto do foremek. Piecz przez 15–20 minut lub do momentu, gdy patyczek wbity w środek babeczki daje się wyjąć bez śladów ciasta. Odstaw na 5 minut do ostygnięcia, następnie wyjmij babeczki z foremek.

Ilość: 12 babeczek
Wartości odżywcze: w sumie: 1600 kilokalorii; 1 babeczka zawiera: 135 kilokalorii, 18 gramów węglowodanów, 4 gramy białka, 5 gramów tłuszczu.

BABECZKI MARCHEWKOWE Z RODZYNKAMI

To ulubiony przepis Evelyn Tribole, dietetyczki i specjalistki od diety sportowej, autorki książki *Healthy Homestyle Desserts* (Zdrowe desery domowe). Doskonale rozumiem, skąd u niej słabość do tych babeczek. Smakują wyśmienicie na ciepło i jeszcze lepiej na drugi dzień, kiedy smaki idealnie się połączą. Jeżeli wolisz babeczki beztłuszczowe, możesz zastąpić olej rzepakowy ⅓ szklanki musu jabłkowego oraz użyć białek z 6 jaj zamiast całych jajek.

140 gramów (1 szklanka) pełnoziarnistej mąki pszennej
140 gramów (1 szklanka) białej mąki
150 gramów (¾ szklanki) cukru
2 łyżeczki proszku do pieczenia
1 łyżeczka soli
2 łyżeczki cynamonu
½ łyżeczki sody oczyszczonej
3 jajka lub białko z 6 jaj
½ szklanki maślanki (lub ½ szklanki mleka wymieszanego z ½ łyżeczki octu i odstawionego na 5 minut)
80 mililitrów (⅓ szklanki) oleju, najlepiej rzepakowego
2 łyżeczki aromatu waniliowego
220 gramów (2 szklanki) tartej marchwi
1 średnie jabłko, obrane i starte
80 gramów (około ½ szklanki) rodzynek
60 gramów (około ½ szklanki) siekanych orzechów

1. Nagrzej piekarnik do 180 stopni Celsjusza. Nasmaruj lub wyłóż papierem do pieczenia 12 foremek do babeczek.
2. W dużej misce wymieszaj mąkę z cukrem, proszkiem do pieczenia, cynamonem i sodą.
3. W drugiej misce wymieszaj jajka, maślankę, olej, aromat waniliowy, następnie dodaj marchew, jabłko, rodzynki i orzechy. Przelej masę do suchych składników i mieszaj do momentu, aż składniki się połączą.
4. Nakładaj ciasto łyżką do foremek. Piecz około 30 minut lub do momentu, gdy patyczek włożony w środek babeczki wychodzi suchy.

Ilość: 12 babeczek
Wartości odżywcze: w sumie: 2750 kilokalorii; 1 babeczka zawiera: 230 kilokalorii, 37 gramów węglowodanów, 5 gramów białka, 7 gramów tłuszczu.
Źródło: www.EvelynTribole.com (za zgodą autorki).

BABECZKI Z MELASĄ, SIEMIENIEM I DAKTYLAMI

Siemię lniane jest bogate w substancje zapobiegające chorobom serca i działa antynowotworowo. Ma delikatny smak i świetnie nadaje się jako dodatek do babeczek i pieczywa, a także do posypywania płatków śniadaniowych. Podany przepis to jeden ze sposobów na dodanie łyżeczki siemienia do śniadania i przekąski w całodziennym menu. Babeczki są niezwykle słodkie i wilgotne, choć nie ma w nich dodatku tłuszczu (3 gramy tłuszczu na babeczkę pochodzą z prozdrowotnych tłuszczów zawartych w siemieniu lnianym).

1 jajko lub białko z 2 jaj
115 gramów (⅓ szklanki) melasy
240 mililitrów (1 szklanka) maślanki (lub 1 szklanka mleka zmieszanego z 1 łyżeczką octu)
120 gramów (¾ szklanki) mielonych ziaren siemienia lnianego
½ łyżeczki soli
175 gramów (około 1 szklanka) siekanych daktyli
1½ szklanki mąki, najlepiej pół porcji białej i pół pełnoziarnistej
1 łyżeczka sody oczyszczonej
Opcjonalnie: ½ łyżeczki cynamonu; 1 łyżeczka skórki startej z pomarańczy; 1 łyżeczka aromatu waniliowego

1. Nagrzej piekarnik do 180 stopni Celsjusza. Nasmaruj lub wyłóż papierem do pieczenia 12 foremek do babeczek.
2. W dużej misce wymieszaj jajka, melasę, maślankę, siemię i sól, następnie dodaj daktyle.
3. W drugiej misce wymieszaj mąkę i sodę oczyszczoną (ewentualnie cynamon).
4. Ostrożnie dodaj mąkę (oraz skórkę pomarańczową i aromat) do masy jajecznej.
5. Napełnij foremki ciastem do ⅔ wysokości. Piecz 18–20 minut lub do momentu, gdy patyczek włożony w środek babeczki wychodzi bez śladów ciasta.

Ilość: 12 babeczek
Wartości odżywcze: w sumie: 2000 kilokalorii; 1 babeczka zawiera: 165 kilokalorii, 30 gramów węglowodanów, 4 gramy białka, 3 gramy tłuszczu.

PŁATKI NA ZIMNO Z GORĄCYMI OWOCAMI

Oto jeden z moich ulubionych przepisów. Uwielbiam połączenie gorących owoców z płatkami i zimnym mlekiem – danie to przypomina mi ciepłe ciasto z lodami. Banany, gruszki, jabłka, maliny… można wykorzystać dowolny rodzaj owoców i płatków. Możesz śmiało wymyślać własne połączenia!

W zimie owoce na ciepło jako dodatek do szybkiego i chrupiącego śniadania to doskonały sposób na walkę z chłodem. Czasem podgrzewam nie tylko owoce, ale również mleko i dopiero wtedy dodaję chrupiące płatki. To prostsze niż przygotowanie ciepłej owsianki, a działa równie rozgrzewająco.

W przepisie można wykorzystać też mrożone owoce. W zamrażalniku trzymam zwykle porcje mrożonych jagód, gotowych do wykorzystania na śniadanie. Mogę w dowolnej chwili przygotować chrupiące śniadanie jagodowe, posypując zimne płatki jagodami i podgrzewając je w kuchence mikrofalowej.

Porcja pełnoziarnistych płatków śniadaniowych
¼ szklanki granoli o obniżonej zawartości tłuszczu
75 gramów (½ szklanki) jagód lub innych owoców
240 mililitrów (1 szklanka) chudego mleka

1. Wsyp płatki do miseczki, którą możesz wstawić do kuchenki mikrofalowej.
2. Posyp jagodami lub innymi ulubionymi owocami.
3. Podgrzewaj w mikrofalówce przez 20–40 sekund, do momentu podgrzania jagód.
4. Polej chłodnym mlekiem. Smacznego!

Ilość: 1 porcja
Wartości odżywcze: 500 kilokalorii, 85 gramów węglowodanów, 20 gramów białka, 7 gramów tłuszczu.

PŁATKI NA WYNOS

To ulubione danie Paula Friedmana, biegacza i ojca piłkarza – dlatego często jeździ na mecze. Miesza składniki w zamykanym pojemniku, który potem zastępuje mu miskę, dolewa wodę i wstrząsa: błyskawiczne śniadanie! Trzeba tylko pamiętać, żeby zapakować łyżkę.

Przepis ten przyda się zwłaszcza sportowcom, którzy dużo podróżują i nie chcą szastać pieniędzmi. Płatki, mleko w proszku i suszone owoce się nie zepsują, więc sprawdzą się nie tylko w drodze na zawody, ale również w podróży służbowej. To proste danie pozwala oszczędzić sporo czasu i pieniędzy. Wystarczy trochę planowania i organizacji, żeby mieć pod ręką sprawdzony i pożywny posiłek śniadaniowy.

70 gramów (½ szklanki) płatków owsianych
½ szklanki twoich ulubionych płatków śniadaniowych
40–55 gramów (¼–⅓ szklanki) rodzynek lub innych suszonych owoców
40–60 gramów (⅓–½ szklanki) granulowanego mleka w proszku
Opcjonalnie: brązowy cukier; kawałki jabłka, banana lub innych owoców wkrojone tuż przed spożyciem)

Ilość: 1 porcja
Wartości odżywcze: 520 kilokalorii, 104 gramy węglowodanów, 15 gramów białka, 5 gramów tłuszczu

ŚNIADANIOWA SAŁATKA OWOCOWA Z JOGURTEM POMARAŃCZOWYM

Do sałatki możesz użyć owoców świeżych, suszonych lub z puszki. Bądź pomysłowy i wykorzystaj owoce, które nie pojawiają się standardowo w twoim menu, na przykład mango, papaję, kiwi.

Jako sos najlepszy jest jogurt grecki, ponieważ jest gęstszy i słodszy niż zwykły jogurt, ma bogatszy, kremowy smak. Świetnie sprawdzi się również jogurt z dodatkiem wanilii.

3 szklanki pokrojonych na kawałki dowolnych owoców (jabłko, banan, mango, ananas świeży lub z puszki, maliny, suszone morele)
115 gramów (½ szklanki) naturalnego niskotłuszczowego jogurtu, najlepiej greckiego
1 łyżka dżemu pomarańczowego
Opcjonalnie: szczypta gałki muszkatołowej lub cynamonu; płatki migdałów lub siekane orzechy włoskie

1. Wrzuć owoce do miseczki.
2. Wymieszaj jogurt z dżemem.
3. Polej owoce jogurtem (posyp przyprawami i orzechami) i podawaj.

Ilość: 2 porcje
Wartości odżywcze: sos: w sumie 120 kilokalorii; w 1 porcji: 60 kilokalorii, 8 gramów węglowodanów, 5 gramów białka, 1 gram tłuszczu. Z owocami: w sumie od 220 do 280 kilokalorii, 33 do 48 gramów węglowodanów, 5 gramów białka, 1 gram tłuszczu.

GRANOLA Z MIODEM I ORZECHAMI

Komponując własną granolę, unikasz niezdrowych tłuszczów nasyconych, które znajdują się w granoli sklepowej. Zamiast tego przepis ten zawiera zdrowe tłuszcze pochodzące z orzechów i oleju rzepakowego, bogactwo węglowodanów w postaci płatków, suszonych owoców oraz inne chrupiące smakołyki, które postanowisz dodać.

Łącząc domową granolę ze świeżymi owocami i jogurtem, otrzymujesz pyszne i zdrowe danie na początek dnia lub potreningową przekąskę. Mleko w proszku i orzechy wzbogacają granolę w białko.

420 gramów (3 szklanki) płatków owsianych (nie błyskawicznych)
120 gramów (1 szklanka) siekanych migdałów
2 łyżeczki cynamonu
120 gramów (1 szklanka) mleka w proszku
⅓ szklanki miodu
80 mililitrów (⅓ szklanki) oleju rzepakowego
165 gramów (1 szklanka) kawałków suszonych owoców (rodzynek, żurawiny, siekanych daktyli itp.)
Opcjonalnie: 1 łyżeczka soli; ½ szklanki ziarna sezamowego (nieprażonego); ½ szklanki pestek słonecznika (niesolonych, nieprażonych); ½ szklanki zarodków pszennych; ½ szklanki mielonego siemienia lnianego

1. W dużej misce połącz płatki, migdały, cynamon i mleko w proszku (ewentualnie: sól, sezam, pestki słonecznika, według uznania).
2. Wlej miód i olej do rondelka lub naczynia. Podgrzej w mikrofalówce, doprowadzając prawie do wrzenia. Polej suche składniki mieszanką miodu z olejem i dobrze wymieszaj.
3. Rozprowadź na dwóch dużych blachach do pieczenia.
4. Piecz w temperaturze 150 stopni Celsjusza przez 20–25 minut, mieszając co 5 minut.
5. Po ostudzeniu granoli dodaj suszone owoce (oraz zarodki pszenne i siemię, według uznania). Przechowuj w szczelnym pojemniku.

Ilość: 10 porcji po pół szklanki
Wartości odżywcze: w sumie: 3300 kilokalorii; w 1 porcji: 330 kilokalorii, 40 gramów węglowodanów, 10 gramów białka, 14 gramów tłuszczu.

TOST FRANCUSKI Z PIECZONYM JABŁKIEM

Jest to przepiękne danie o cudownym aromacie, doskonałe na wspólne śniadanie po wyczerpujących zawodach. Można przygotować je wieczorem, a rano tylko wstawić do piekarnika.

1 bochenek dowolnego pieczywa, pokrojony na kromki o grubości 2½ centymetra
4 jajka
300 mililitrów (1¼ szklanki) mleka, najlepiej chudego
½ szklanki cukru, w dwóch porcjach
1 łyżka aromatu waniliowego
3 jabłka, wydrążone
2 łyżeczki cynamonu
syrop klonowy

1. Nasmaruj formę o wymiarach 20 x 30 centymetrów sprayem do smażenia (lub kawałkiem ręcznika papierowego nasączonego olejem).
2. Ułóż kromki pieczywa na dnie formy.
3. W misce połącz ze sobą jajka, mleko, ¼ szklanki cukru i aromat waniliowy. Dobrze wymieszaj. Połową mieszanki polej pieczywo.
4. Pokrój jabłka w plastry i ułóż je na pieczywie.
5. Polej jabłka pozostałą porcją mieszanki.
6. Połącz ¼ szklanki cukru z cynamonem i posyp nim jabłka. W takiej postaci możesz przykryć danie i przechować przez noc w lodówce.
7. Piecz w temperaturze 200 stopni Celsjusza przez 35–40 minut. Odstaw na 5–10 minut przed podaniem. Podawaj z syropem klonowym.

Ilość: 5 porcji
Wartości odżywcze: w sumie: 2250 kilokalorii; 1 porcji: 450 kilokalorii (bez syropu klonowego), 77 gramów węglowodanów, 17 gramów białka, 8 gramów tłuszczu. Z syropem klonowym: na każdą łyżkę syropu dodaj 60 kilokalorii i 15 gramów węglowodanów.

Dzięki uprzejmości Jenny Hegmann.

PLACKI Z PŁATKÓW OWSIANYCH

Oto lekkie i puszyste placki, idealne danie wysokowęglowodanowe lub posiłek regenerujący po wyczerpującym treningu. Jeśli przed smażeniem odstawisz ciasto na 5 minut, uzyskasz najlepszy efekt.

70 gramów (½ szklanki) płatków owsianych zwykłych lub błyskawicznych
½ szklanki jogurtu naturalnego lub maślanki
120–180 mililitrów (½–¾ szklanki) mleka
1 jajko lub białko z 2 jaj, roztrzepane
1 łyżka oleju, najlepiej rzepakowego
2 łyżki brązowego cukru
½ łyżeczki soli (można pominąć)
1 łyżeczka proszku do pieczenia
140 gramów (szklanka) mąki pszennej (pół na pół pełnoziarnistej i białej)
Opcjonalnie: szczypta cynamonu

1. W misce wymieszaj płatki z jogurtem i mlekiem. Odstaw na 15–20 minut, żeby płatki mogły zmięknąć.
2. Kiedy płatki napęcznieją, dodaj jajko i olej i dobrze wymieszaj. Dodaj cukier i sól (ewentualnie cynamon), a następnie proszek do pieczenia i mąkę. Wymieszaj (tylko do momentu połączenia się składników).
3. Wstaw nasmarowaną tłuszczem lub teflonową patelnię na średni ogień.
4. Wylewaj na rozgrzaną patelnię po ¼ szklanki ciasta.
5. Przekładaj na drugą stronę, kiedy na wierzchu pojawią się bąbelki, a brzegi się zarumienią.
6. Podawaj z syropem, miodem, musem jabłkowym, jogurtem lub innym dowolnym sosem.

Ilość: 6 sztuk o długości 15 centymetrów
Wartości odżywcze: w sumie: 1000 kilokalorii; w porcji (2 placki): 330 kilokalorii, 57 gramów węglowodanów, 10 gramów białka, 7 gramów tłuszczu.

PLACKI Z ZARODKAMI PSZENNYMI I SERKIEM WIEJSKIM

Oto smakowity sposób na to, by śniadanie było bardziej pożywne i zawierało białko. Choć serek wiejski może się wydać nietypowym dodatkiem do placków, nawet nie zwrócisz na niego uwagi. Zarodki pszenne to bogactwo witaminy E, witamin z grupy B i błonnika.

115 gramów (½ szklanki) serka wiejskiego, najlepiej chudego
60 gramów (½ szklanki) zarodków pszennych
2–4 łyżki brązowego cukru lub miodu
1 jajko lub białko z 2 jaj
1–2 łyżki oleju, najlepiej rzepakowego
240 mililitrów (1 szklanka) mleka, najlepiej chudego
1 łyżeczka aromatu waniliowego
1 łyżeczka proszku do pieczenia
½ łyżeczki sody oczyszczonej
140 mililitrów (1 szklanka) mąki, najlepiej pół porcji białej i pół pełnoziarnistej
Opcjonalnie: ½ łyżeczki cynamonu lub ¼ łyżeczki gałki muszkatołowej

1. W misce wymieszaj serek wiejski z zarodkami pszennymi, brązowym cukrem, jajkiem i olejem.
2. Mieszając, dodaj mleko i wanilię, następnie proszek do pieczenia i sodę (ewentualnie cynamon lub gałkę). Delikatnie wmieszaj mąkę.
3. Wylewaj po ¼ szklanki ciasta na gorącą patelnię. Przerzucaj na drugą stronę, gdy brzegi się zarumienią, a na powierzchni uformują się bąbelki.
4. Podawaj bez dodatków lub z syropem klonowym, musem jabłkowym z cynamonem lub jogurtem.

Ilość: 3 porcje
Wartości odżywcze: w sumie: 1200 kilokalorii; w 1 porcji: 400 kilokalorii, 54 gramy węglowodanów, 10 gramów białka, 12 gramów tłuszczu.

ROZDZIAŁ 18

Makaron, ryż, ziemniaki

Niektóre osoby dbające o wagę unikają typowych obiadowych dodatków, takich jak makaron, ryż czy ziemniaki – zupełnie niepotrzebnie. W dodatku w ten sposób zmniejsza się zawartość węglowodanów w diecie tak ważnych dla sportowca, bo zapewniających energię.

MAKARON

Jaki makaron do jakiej potrawy? Te zakręcone i zaokrąglone (świderki, muszelki) pasują najbardziej do mięsnych i gęstych sosów. Takie kształty złapią więcej sosu niż proste spaghetti czy wstążki.

Idealnie ugotowany makaron jest miękki, ale sprężysty – jak mawiają Włosi, jest „al dente", czyli stawia lekki opór przy gryzieniu. Najkrócej gotuje się niteczki, literki i gwiazdki. Oto kilka wskazówek, jak najlepiej ugotować makaron:

- Weź cztery litry wody na 500 gramów suchego makaronu. Wrzucaj makaron na wrzącą wodę. (Jeśli się spieszysz, możesz zmniejszyć ilość wody o połowę – rezultat wciąż będzie dobry, a woda szybciej się zagotuje). Nie gotuj naraz więcej niż kilogram makaronu, inaczej zrobi się z niego kleista breja.
- Aby woda nie wykipiała, dodaj do wrzątku łyżkę oleju.
- Wsypuj makaron porcjami, by się nie sklejał i by zbytnio nie schłodzić wody. Po wrzuceniu do garnka makaronu spaghetti odczekaj chwilkę, a następnie zanurz wystające z wody fragmenty, przyciskając je łyżką z długim trzonkiem.
- Jeśli po wrzuceniu makaronu woda przestanie wrzeć, przykryj garnek pokrywką, zwiększ ogień i doprowadź ją jak najszybciej do wrzenia.

- Czas gotowania zależy od kształtu makaronu. Aby sprawdzić, czy jest gotowy, wyjmij kawałek makaronu z wody, ostudź szybko i przekrój lub ugryź. Powinien być sprężysty, ale nie może być twardy w środku.
- Po ugotowaniu od razu przelej makaron na durszlak ustawiony w zlewie, używając rękawic, żeby nie poparzyć się parą. Potrząśnij, żeby pozbyć się resztek wody i przełóż z powrotem do garnka lub ciepłego naczynia, w którym będziesz go podawać.
- Aby makaron nie skleił się, wymieszaj go z odrobiną oleju lub sosu.

Oto kilka pomysłów na proste dodatki do makaronu inne niż standardowy sos pomidorowy ze słoika:

- gotowane na parze siekane brokuły,
- salsa z serkiem wiejskim,
- płatki suszonej papryki,
- niskotłuszczowy sos sałatkowy,
- niskotłuszczowy sos włoski z sosem tamari, siekanym czosnkiem i warzywami gotowanymi na parze,
- niskotłuszczowa śmietana z ziołami włoskimi,
- włoskie zioła z serkiem wiejskim lub parmezanem,
- pierś z kurczaka podduszona na oleju z czosnkiem, cebulą i bazylią,
- chilli z fasolką (i serem),
- gęsta zupa soczewicowa,
- sos do spaghetti z łyżką żurawiny,
- sos do spaghetti z dodatkiem białka: kurczakiem lub tuńczykiem z puszki, kostkami tofu, fasolką z puszki, serkiem wiejskim, mieloną wołowiną lub indykiem,
- sos do spaghetti z dodatkiem świeżych pomidorów pokrojonych w kostkę i siekanej natki pietruszki.

RYŻ

To trzecie najczęściej jedzone zboże na świecie, po pszenicy i kukurydzy. Brązowy ryż staje się biały po oczyszczeniu, podczas którego usuwa się bogate w błonnik otręby. W ten sposób usuwa się również część składników odżywczych, ale jeśli wolisz biały ryż od ciemnego możesz nadrobić tę stratę, jedząc pełnoziarniste produkty w innych posiłkach, na przykład płatki śniadaniowe i pieczywo. Oto kilka wskazówek dotyczących gotowania ryżu.

Gotuj ryż w proporcji dwie szklanki wody na jedną szklankę ryżu. Możesz dodać łyżeczkę soli. Wodę doprowadź do wrzenia, wsyp ryż, przykryj garnek i pozostaw na małym ogniu. Nie mieszaj. Poczekaj, aż ryż wchłonie całą wodę i stanie się miękki. Następnie pomieszaj delikatnie widelcem (jeśli przesadzisz z mieszaniem, ryż będzie się za bardzo kleił). Taki sposób gotowania pozwala zachować witaminy, które mogłyby pozostać w wodzie.

- Ze względu na twarde otręby i zarodki brązowy ryż wymaga gotowania przez około 45–50 minut; biały ryż potrzebuje od 20 do 30 minut.
- Możesz ugotować ryż rano, kiedy szykujesz się do pracy – po powrocie do domu wystarczy go podgrzać.
- Możesz ugotować podwójną porcję ryżu – resztki możesz zamrozić lub przechować w lodówce.

Korzystaj z poniższych wskazówek:

- szklanka surowego białego ryżu = 3 szklanki gotowanego = 700 kilokalorii
- szklanka surowego brązowego ryżu = 3–4 szklanki gotowanego = 700 kilokalorii

Możesz urozmaicić smak ryżu, gotując go na przykład w:

- rosole drobiowym lub wołowym,
- wodzie z sokiem jabłkowym lub pomarańczowym,
- wodzie przyprawionej cynamonem, sosem sojowym, oregano, curry, chilli lub inną przyprawą pasującą do twojego dania.

Możesz też łączyć ryż z następującymi produktami:

- sosem do makaronu, który został z obiadu,
- prażonym sezamem i siekanymi orzechami,
- warzywami gotowanymi na parze,
- kawałkami pieczarek z papryką (surowymi lub podsmażonymi),
- chudą śmietaną z rodzynkami, tuńczykiem i curry,
- rodzynkami z cynamonem i musem jabłkowym,
- sosem sojowym i posiekaną szalotką,
- miodem z rodzynkami i siekanymi migdałami.

ZIEMNIAKI

Ziemniak jest bogatym w węglowodany warzywem, które zawiera więcej witamin i minerałów niż ryż czy makaron bez dodatków. Oto kilka podpowiedzi, jak włączyć więcej ziemniaków do sportowej diety.

- Jest wiele odmian ziemniaków. Niektóre najlepiej nadają się do pieczenia, inne do gotowania. Warto zapytać o to sprzedawcę.
- Ziemniaki najlepiej przechowywać w chłodnym, wilgotnym (ale nie mokrym) i przewiewnym miejscu, na przykład w dobrze wentylowanej piw-

nicy. Nie przechowuj ziemniaków w lodówce, bo staną się słodkie i będą ciemniały.

- Zamiast obierać ziemniaki, pozbawiając je w ten sposób części błonnika, możesz je wyszorować i ugotować ze skórką. Nawet tłuczone ziemniaki można zrobić z nieobranych ziemniaków.
- 100 gramów ziemniaka ma około 80 kilokalorii.
- Aby upiec ziemniaki, nagrzej piekarnik do 200 stopni Celsjusza i wstaw je na około 40 minut, jeśli są średniej wielkości, lub bliżej godziny, jeśli są duże. Ziemniaki można piec w dowolnej temperaturze, więc możesz dostosowywać czas pieczenia do innych potraw w piekarniku.
- Ziemniak jest gotowy, gdy daje się z łatwością nakłuć widelcem.
- Aby ugotować ziemniaka w mikrofalówce, nakłuj skórkę widelcem w kilku miejscach i ułóż go na ręczniku papierowym. Te średniej wielkości podgrzewaj przez około cztery minuty, duże przez sześć do dziesięciu minut. Czas gotowania będzie zależał od wielkości ziemniaka, mocy mikrofalówki oraz liczby przygotowywanych ziemniaków. W połowie gotowania obróć je na drugą stronę. Wyjmij ziemniaki z mikrofalówki, zawiń w ręcznik papierowy i zostaw jeszcze na trzy do pięciu minut.

Poniższe dodatki wzbogacą nieco smak ziemniaka:

- jogurt naturalny,
- musztarda lub sos Worcestershire,
- ocet biały lub smakowy oraz niskotłuszczowe sosy sałatkowe,
- sos sojowy,
- pesto,
- koperek, natka i szczypiorek,
- gotowane na parze brokuły lub inne warzywa,
- pokrojona papryczka jalapeño,
- niskotłuszczowa śmietana z siekaną cebulką i startym żółtym chudym serem,
- niskotłuszczowy serek wiejski z granulowanym czosnkiem lub salsą,
- gotowany siekany szpinak z rozkruszonym serem feta,
- rosół lub mleko jako dodatek do tłuczonych ziemniaków,
- pasta z fasoli lub gęsta zupa z soczewicy,
- mus jabłkowy.

SPIS PRZEPISÓW

Zobacz również: zupa z białej fasoli z makaronem i suszonymi pomidorami, kurczak z makaronem i szpinakiem, makaron wiejski z kiełbaską z indyka i białą fasolą, sos z mielonym indykiem do spaghetti, makaron z krewetkami, lo mein z tofu, słodko-ostra wołowina pomarańczowa, zupa minestrone, fettucini Alfredo z kurczakiem i brokułami, makaron ze szpinakiem i ciecierzycą, słodkie ziemniaki w miodzie.

MAKARON ZE SZPINAKIEM I FETĄ

To świetny dodatek do kurczaka lub ryby z sałatką. Smakowity sposób na szpinak, który zapewni ci mnóstwo energii aż do finiszu!

250 gramów suchego makaronu, na przykład małych muszelek
1–3 łyżki oliwy
160 gramów (1 szklanka) siekanej cebuli
1–2 ząbki czosnku lub ćwierć łyżeczki czosnku w proszku
300 gramów mrożonego szpinaku (należy rozmrozić i odcedzić nadmiar wody)
½ łyżeczki suszonej papryczki chilli w płatkach
125 gramów pokruszonej fety
Sól i pieprz do smaku
Opcjonalnie: garść pokrojonych oliwek, garść pokrojonych suszonych pomidorów

1. Ugotuj makaron w dużym garnku zgodnie z zaleceniami na opakowaniu. Odcedź i przelej zimną wodą.
2. Gdy makaron się gotuje, rozgrzej na średnim ogniu oliwę w rondelku. Wrzuć cebulę i czosnek, podsmażaj przez 3–5 minut.
3. Dorzuć do rondelka szpinak i gotuj przez kolejne 4 minuty lub do momentu, gdy szpinak będzie miękki.
4. Dodaj papryczkę i ugotowany makaron. Podgrzej, wymieszaj.
5. Zdejmij z ognia i dodaj fetę (ewentualnie oliwki i suszone pomidory), wymieszaj. Dodaj sól i pieprz do smaku.

Ilość: 6 porcji (jako dodatek do innego dania)
Wartości odżywcze: w sumie: 1400 kilokalorii; w 1 porcji: 230 kilokalorii, 35 gramów węglowodanów, 9 gramów białka, 7 gramów tłuszczu.

Źródło: S. Petusevsky, *Spinach and Feta a Lively Couple*, South Florida Sun-Sentinel 12.04.2007.

LASAGNE Z RONDELKA

To o wiele szybsza wersja klasycznej włoskiej lasagne, nieustępująca smakiem oryginałowi. Przepis jest banalnie prosty. Wegetarianie mogą zastąpić mieloną wołowinę kruszonym tofu. Aby dostarczyć mięśniom maksymalną dawkę węglowodanów, serwuj to danie z chrupiącymi pełnoziarnistymi bułeczkami i owocami na deser.

250–500 gramów chudego mielonego mięsa wołowego lub z indyka
740 mililitrów dobrego sosu do spaghetti
3 szklanki (720 mililitrów) wody
250 gramów suchego makaronu jajecznego
230 gramów serka wiejskiego, najlepiej niskotłuszczowego
25 gramów (¼ szklanki) tartego parmezanu
120–240 gramów startego chudego sera mozzarella

1. W dużym rondlu podsmaż mieloną wołowinę. Odcedź nadmiar tłuszczu.
2. Dodaj sos do spaghetti i 3 szklanki wody. Zagotuj.
3. Dorzuć makaron. Doprowadź do wrzenia, od czasu do czasu mieszając. Zmniejsz ogień i duś pod przykryciem przez około 10 minut.
4. Gdy makaron będzie miękki, dodaj sery i delikatnie wymieszaj. Przykryj i gotuj jeszcze przez 5 minut lub dłużej.
5. Opcjonalnie: posyp dodatkową porcją mozzarelli i podawaj.

Ilość: 4 duże porcje
Wartości odżywcze: w sumie: 2100 kilokalorii, w 1 porcji: 525 kilokalorii, 60 gramów węglowodanów, 35 gramów białka, 16 gramów tłuszczu.

Dzięki uprzejmości Karin Daisy.

WYKWINTNA LASAGNE WEGETARIAŃSKA

To doskonała lasagne na spotkanie ze znajomymi. Pysznie pachnie i stanowi alternatywę dla klasycznej lasagne. Wyróżniają ją suszone na słońcu pomidory i orzeszki pini – warto się w nie zaopatrzyć, jeśli nie ma ich w twojej kuchni.

15 płatków makaronu lasagne
60 gramów (½ szklanki) orzeszków pini
8–9 pomidorów suszonych na słońcu
1–3 ząbki czosnku (drobno posiekane)
1 łyżka oleju, najlepiej rzepakowego lub oliwy z oliwek
500 gramów sera ricotta, najlepiej chudego
125–250 gramów tartego niskotłuszczowego sera mozzarella
1–2 szczypty gałki muszkatołowej
¼ łyżeczki oregano
300 gramów mrożonego szpinaku, rozmrożonego i odcedzonego
840 mililitrów dobrego sosu do spaghetti
Opcjonalnie: garść tartego parmezanu

1. Rozgrzej piekarnik do 180 stopni Celsjusza.
2. Wysyp orzeszki pini na blachę i praż w piekarniku przez 5 minut (lub na patelni przez 2–3 minuty).
3. Wrzuć suszone pomidory do małej miski i zalej wrzątkiem. Jeśli były w oleju, mocz je przez 5 minut, a jeśli suche – przez 10–15 minut. Odcedź i posiekaj.
4. Podsmaż czosnek na oleju przez 2 minuty. Nie pozwól, żeby się przyrumienił. Zdejmij patelnię z ognia.
5. W dużej misce wymieszaj ricottę, mozzarellę, gałkę muszkatołową, oregano, szpinak, pomidory, orzeszki i czosnek.
6. Wylej porcję sosu do spaghetti na formę do pieczenia o wymiarach 20 x 30 centymetrów, by sos przykrył dno. Ułóż na nim 5 płatków makaronu (przełamując w razie potrzeby). Polej ⅓ masy z ricottą, a następnie ⅓ pozostałego sosu do spaghetti. Powtórz to dwukrotnie, tak by wylać w sumie trzy warstwy masy z ricottą. Na samej górze ułóż makaron i polej sosem pomidorowym. Możesz posypać parmezanem.
7. Przykryj folią aluminiową. Piecz 30–40 minut.

Ilość: 8 porcji
Wartości odżywcze: w sumie: 3600 kilokalorii; w 1 porcji: 450 kilokalorii, 53 gramy węglowodanów, 21 gramów białka, 17 gramów tłuszczu.

Według przepisu Linda Press Wolfe.

PASTA À LA ALFREDO

Sosy Alfredo są zwykle mocno śmietanowe i maślane, jednak ta wersja jest uboga w tłuszcz i bogata w smak. Aby dodać koloru i wartości odżywczych, posyp danie krojonymi pomidorami, papryką, gotowanym na parze brokułem lub innymi warzywami.

250 gramów makaronu, na przykład penne, świderków lub muszelek
345 gramów serka wiejskiego, najlepiej chudego
240 mililitrów (1 szklanka) mleka, najlepiej chudego
1–2 ząbki czosnku, pokrojone, lub ćwierć łyżeczki czosnku w proszku
2 łyżki mąki
1 łyżka soku z cytryny
1 łyżeczka suszonej bazylii lub oregano
½ łyżeczki musztardy w proszku lub mielonej gorczycy
Sól i pieprz do smaku
Opcjonalnie: garść parmezanu; szczypta chilli

1. Ugotuj makaron według przepisu na opakowaniu.
2. Gdy makaron będzie się gotować, zmiksuj na gładką masę serek wiejski, mleko i czosnek.
3. Dodaj mąkę, sok z cytryny, bazylię (lub oregano), musztardę, sól, pieprz, parmezan i chilli: zmiksuj do połączenia się składników.
4. Przelej masę do rondelka i podgrzewaj na średnim ogniu, aż zgęstnieje. Nie doprowadzaj do wrzenia.
5. Wymieszaj z makaronem.

Ilość: 3 porcje
Wartości odżywcze: w sumie: 1200 kilokalorii; w 1 porcji: 400 kilokalorii, 70 gramów węglowodanów, 25 gramów białka, 2 gramy tłuszczu.

Źródło: magazyn „Taste of Home". www.tasteofhome.com.

AMERYKAŃSKA SAŁATKA RYŻOWA Z FASOLĄ

Sałatka ta pasuje do grillowanego kurczaka. Jeśli nie masz limonek, możesz użyć soku z cytryny, octu ryżowego lub białego.

2 szklanki ugotowanego i wystudzonego ryżu (około ⅔ szklanki, 135 gramów, ryżu surowego)
puszka czarnej fasolki 450 gramów, odcedzonej i opłukanej
1 duży pomidor pokrojony w kostkę
90 gramów chudego sera żółtego pokrojonego w małą kostkę

Sos
1 łyżka oleju, najlepiej rzepakowego lub oliwy z oliwek
2 łyżki soku z limonki, cytryny lub octu
1 łyżeczka kminu rzymskiego
szczypta pieprzu cayenne
Opcjonalnie: 2 łyżki posiekanej kolendry, ¼ szklanki posiekanej cebuli, sól i pieprz

1. W dużej misce wymieszaj ugotowany ryż z fasolą, pomidorem i serem (ewentualnie kolendrą i cebulą).
2. W małej miseczce wymieszaj olej z sokiem z limonki i przyprawami. Polej sałatkę i dobrze wymieszaj. Dopraw do smaku. Przechowuj w lodówce.

Ilość: 4 porcje (jako dodatek do innego dania)
Wartości odżywcze: w sumie: 960 kilokalorii; w 1 porcji: 240 kilokalorii, 27 gramów węglowodanów, 15 gramów białka, 8 gramów tłuszczu.

FRYTKI PIECZONE

Takie zdrowe frytki w wielu rodzinach są bardzo popularne. Nikt nawet nie podejrzewa, że mają bardzo mało tłuszczu. Dla urozmaicenia możesz maczać je w salsie, chudym jogurcie z ziołami lub ketchupie.

1 duży ziemniak ze skórką, dokładnie umyty
1 łyżeczka oleju, najlepiej rzepakowego lub oliwy z oliwek
Sól i pieprz do smaku
Opcjonalnie: płatki suszonej papryczki; suszona bazylia; oregano; czosnek; parmezan; zamiast oleju możesz użyć gotowego pesto

1. Pokrój ziemniaka wzdłuż na 10–12 kawałków. Wrzuć do sporego garnka, zalej zimną wodą i odstaw na 15–20 minut. (Namaczanie skraca czas pieczenia i poprawia końcowy efekt – w ostateczności można je pominąć).
2. Odcedź ziemniaki, osusz je papierowym ręcznikiem, następnie przełóż do miski lub foliowej torebki z zamknięciem. Skrop olejem, przypraw solą i pieprzem do smaku. Dokładnie wymieszaj.
3. Rozłóż ziemniaki równo na blasze wyłożonej papierem do pieczenia.
4. Piecz w temperaturze 220 stopni Celsjusza przez 15 minut. Obróć ziemniaki na drugą stronę, przypraw ziołami i piecz jeszcze przez 10–15 minut. Podawaj od razu. Uwaga: frytki będą bardzo gorące.

Ilość: 1 porcja
Wartości odżywcze: 260 kilokalorii, 52 gramy węglowodanów, 4 gramy białka, 4 gramy tłuszczu.

Dzięki uprzejmości dietetyczki Ann LeBaron.

JAJKO W PIECZONYM ZIEMNIAKU

Wystarczy przed treningiem wstawić ziemniaka do piekarnika, a kolacja będzie gotowa, kiedy skończysz ćwiczyć. Możesz też przyrządzić go w mikrofalówce.

Jeden ziemniak może nie wystarczyć, by pokryć zapotrzebowanie kaloryczne na obiad. Dodaj do niego zupę i sałatkę lub zjedz dwa ziemniaki.

1 duży ziemniak (250 gramów)
1 jajko
30 gramów tartego sera, najlepiej chudego
Sól i pieprz do smaku
Opcjonalnie: 1–2 łyżki mleka

1. Nakłuj ziemniaka w kilku miejscach widelcem. Piecz przez godzinę w piekarniku nagrzanym do 200 stopni Celsjusza; ziemniak powinien dać się łatwo przekłuć. Możesz też gotować go 8 minut w mikrofalówce, a potem odstawić jeszcze na 3 minuty.
2. Natnij wierzch upieczonego ziemniaka w kształt litery X. Wywiń końcówki skórki na zewnątrz i wydrąż trochę miąższu, formując wgłębienie.
3. Opcjonalnie: możesz wlać do wgłębienia 1–2 łyżki mleka, żeby ziemniak był bardziej wilgotny.
4. Wbij jajko do wydrążonego ziemniaka. Posyp serem, solą i pieprzem do smaku.
5. Wstaw do piekarnika na około 10 minut lub do momentu, gdy białko się zetnie. Możesz wstawić do mikrofalówki nastawionej na średnią moc na 1–2 minuty, pamiętając o nakłuciu żółtka (w przeciwnym razie wybuchnie).

Ilość: 1 porcja
Wartości odżywcze: 375 kilokalorii, 53 gramy węglowodanów, 18 gramów białka, 10 gramów tłuszczu.

ROZDZIAŁ 19

Warzywa i sałatki

Warzywa mają wspaniały smak, nawet bez dodatków, dlatego znajdziesz tu niewiele przepisów. Gotuj je tylko do chwili, gdy zmiękną, ale nadal są kruche i pełne smaku. Warzywa rozgotowane, papkowate tracą nie tylko ładny wygląd, ale i część składników odżywczych.

Większość warzyw zawiera nieznaczne ilości białka i tłuszczu, ale za to sporo węglowodanów, błonnika oraz mnóstwo witamin i minerałów. Ich jedzenie to najlepszy sposób zwiększenia spożycia witamin – o wiele lepszy niż łykanie tabletek z witaminami.

Pierwszych pięć przepisów zawiera podstawowe informacje na temat sposobów przyrządzania warzyw. Ponieważ możesz używać dowolnie wybranych warzyw, podaję wartości odżywcze tylko przy kolejnych przepisach. Więcej o wartościach odżywczych warzyw możesz znaleźć w tabeli 1.2 w rozdziale 1 oraz tabeli 4.1 w rozdziale 4.

SPIS PRZEPISÓW

Zobacz również: zupa minestrone, lasagne z rondelka, wykwintna lasagne wegetariańska, lo mein z tofu, pieczona ryba na szpinaku, ciasto marchewkowe, babeczki marchewkowe z rodzynkami.

WARZYWA GOTOWANE NA PARZE

Dowolne warzywa, na przykład: brokuły, szpinak, marchew, fasolka szparagowa, brukselka
Opcjonalnie: możesz posypać warzywa przyprawami przed lub po ugotowaniu. Użyj bazylii i oregano do cukinii, imbiru do marchwi, czosnku do fasolki szparagowej. Marchew możesz po ugotowaniu doprawić miodem. Bądź kreatywny!

1. Warzywa dokładnie umyj i pokrój na kawałki dowolnej wielkości.
2. Wlej wodę do garnka, tak by dobrze przykryła dno (niewiele ponad 1 centymetr), doprowadź ją do wrzenia, wrzuć warzywa i przykryj garnek szczelnie pokrywką. Jeśli masz koszyk do gotowania na parze, umieść w nim warzywa i wstaw koszyk na garnek z 2½ centymetra wody na dnie (lub taką ilością, by woda nie wyparowała do końca w trakcie gotowania). Przykryj szczelnie i doprowadź wodę do wrzenia.
3. Gotuj na średnim ogniu, aż warzywa zmiękną, lecz pozostaną chrupkie, od 3 do 10 minut w zależności od rodzaju i wielkości warzyw.
4. Odcedź warzywa. Możesz wykorzystać pozostały płyn do zupy, sosu lub nawet do wypicia jako bulion warzywny.

WARZYWA PODSMAŻANE

Do podsmażania warzyw najlepsza jest duża patelnia z nieprzywierającym dnem. Warzywa mają być miękkie, ale chrupiące i pełne smaku. Łącząc ze sobą tylko 2 lub 3 różne warzywa, otrzymasz danie o bardziej wyrazistym smaku. Poza tym przy mniejszej liczbie rodzajów warzyw łatwiej osiągnąć idealną chrupkość.

Najzdrowsze oleje do przygotowywania takich dań to olej rzepakowy i oliwa z oliwek. Aby warzywa nabrały wspaniałego smaku, możesz dodać odrobinę oleju sezamowego (znajdziesz go w supermarketach na półkach z produktami kuchni chińskiej i w sklepach ze zdrową żywnością). Jeśli pilnujesz wagi, używaj niewielkiej ilości oleju.

Dowolnie wybrane warzywa. Najchętniej wybierane połączenia to:

- *marchewka, brokuły i grzyby,*
- *cebula, cukinia i pomidory,*
- *kapusta chińska i sos sojowy*
- *groszek cukrowy i brokuły.*

Olej do smażenia: rzepakowy, oliwa z oliwek, sezamowy

Opcjonalnie: prażone ziarno sezamu; orzechy; cząstki mandarynek; kawałki ananasa

1. Umyj warzywa i dobrze osusz (żeby nie pryskał tłuszcz). Pokrój w plastry lub dużą kostkę. W miarę możliwości staraj się przekrajać warzywa w poprzek, aby zwiększyć powierzchnię smażenia. Kawałki muszą być równej wielkości, żeby usmażyły się równomiernie.
2. Na dużym ogniu rozgrzej rondel, wok lub dużą patelnię teflonową, wlej 1–3 łyżki oleju. Aby wzbogacić smak, możesz dodać plasterek świeżego imbiru lub rozgnieciony czosnek. Podsmażaj przez minutę, żeby olej przeszedł smakiem przyprawy.
3. Najpierw wrzuć warzywa, które gotują się najdłużej (marchewkę, kalafiora, brokuły). Po kilku minutach dorzuć pozostałe (grzyby, fasolkę, kapustę, szpinak). Mieszaj mniej więcej co pół minuty, tak by nie schładzać zbytnio patelni. W razie potrzeby zmniejsz ogień, żeby warzywa się nie przypalały.
4. Nie wrzucaj na patelnię zbyt dużo. W razie potrzeby usmaż warzywa w kilku porcjach. Mają zmięknąć, ale być chrupiące. Wystarczy im od 2 do 5 minut.
5. Opcjonalnie: posyp warzywa prażonym sezamem, prażonymi orzechami (migdałami, orzechami nerkowca lub ziemnymi), cząstkami mandarynek lub kawałkami ananasa.

WARZYWA PIECZONE

Jeśli masz gorący piekarnik, bo dopiero co upiekłeś w nim frytki, kurczaka lub zapiekankę, warto to wykorzystać i upiec również warzywa. Pieczenie pozbawia warzywa sporo wody, uwalnia naturalne cukry, bogaty smak i nadaje im mięsistą fakturę.

Dowolnie wybrane warzywa, na przykład: połówki bakłażana posypane czosnkiem granulowanym, połówki cukinii przykryte plastrami cebuli, kawałki marchwi, plastry słodkich ziemniaków i jabłek

1. Pokrój warzywa na równe części, posmaruj niewielką ilością oleju rzepakowego lub oliwy i ułóż na blasze wyłożonej papierem do pieczenia. Nie przykrywaj.
2. Piecz w temperaturze 180 stopni Celsjusza przez 30–45 minut do miękkości.

Lub

1. Owiń warzywa folią aluminiową lub ułóż w żaroodpornym naczyniu z niewielką ilością wody (warzywa będą wówczas bardziej przypominały ugotowane na parze niż upieczone).
2. Piecz w temperaturze 180 stopni Celsjusza przez 20–30 minut (zależnie od wielkości kawałków) do miękkości.
3. Odwijając warzywa z folii, uważaj, by nie oparzyć się parą.

WARZYWA Z MIKROFALÓWKI

Mikrofale są idealne do gotowania warzyw, bo robią to szybko i bez dodatku wody, co pozwala zachować więcej składników odżywczych niż przy tradycyjnych metodach.

Dowolnie wybrane warzywa, na przykład: fasolka szparagowa, groszek, brokuł, kalafior, marchew
Opcjonalnie: możesz przyprawić warzywa ziołami (bazylią, natką, oregano, czosnkiem), sosem sojowym lub inną przyprawą, która ci odpowiada.

1. Umyj warzywa i pokrój na kawałki.
2. Umieść je w naczyniu w mikrofali i przykryj folią spożywczą. Jeśli warzywa różnią się grubością (jak na przykład fasolka i brokuły), ułóż grubsze kawałki bliżej zewnętrznych ścianek naczynia.
3. Gotuj do miękkości. Czas podgrzewania będzie zależał od mocy mikrofalówki i ilości warzyw. Musisz to ustalić metodą prób i błędów. Zacznij od 3 minut na porcję warzyw: większa ilość może potrzebować więcej czasu. Pamiętaj o tym, że warzywa będą dochodzić jeszcze chwilę po wyjęciu z mikrofalówki.

WARZYWA GRILLOWANE

Grillując kurczaka, rybę lub inne mięso, zaplanuj też trochę miejsca na warzywa. Grillowane warzywa mają wyborny smak. Wysoka temperatura sprawia, że część wody odparowuje, przez co ich smak staje się bardziej skoncentrowany. Najlepiej grillować warzywa na średnio gorącym grillu – powinieneś być w stanie utrzymać rękę około 15 centymetrów nad grillem przez 4 sekundy.

Dowolne warzywa, na przykład: szparagi, bakłażan, pieczarki, cebula, papryka

1. Cukinię, paprykę, ziemniaki, bakłażan pokrój w grube plastry. Do mniejszych warzyw (pomidorków koktajlowych, kawałków cebuli, pieczarek) używaj patyczków lub koszyka do grillowania warzyw.
2. Aby brzegi warzyw nie przypalały się, podgrzej kawałki warzyw w mikrofalówce przez 1–2 minuty, a następnie posmaruj olejem. Mniejsze kawałki wrzuć do foliowej torebki, dodaj trochę oleju i potrząsaj, żeby olej pokrył warzywa.
3. Ułóż warzywa na grillu lub w koszyku do grillowania. Grilluj do miękkości przez 5 do 10 minut, przewracając po jakimś czasie na drugą stronę.

SAŁATKA SZPINAKOWA Z SOSEM SŁODKO-OSTRYM

Szpinak to superwarzywo, pełne potasu, kwasu foliowego, beta-karotenu i wielu innych bogactw. Możesz z łatwością jeść go więcej dzięki sałatkom. Oto jedna z nich.

300 gramów świeżego szpinaku, dokładnie umytego i pokrojonego
Opcjonalnie: 250 gramów pokrojonych pieczarek; 2 świeże pomidory pokrojone w paski; 2 jajka ugotowane na twardo i pokrojone w plastry; ½ szklanki siekanych orzechów włoskich

Sos słodko-ostry
3 łyżki oliwy z oliwek
2 łyżki octu z czerwonego wina
1 łyżka cukru
1 łyżeczka soli
1 łyżka ketchupu

1. Wsyp szpinak do dużej miski (ewentualnie wymieszaj z pomidorem lub pieczarkami).
2. Do słoika wlej oliwę, ocet, dodaj cukier, sól i ketchup. Zakręć i potrząsaj do połączenia składników.
3. Polej sałatkę sosem, wymieszaj, udekoruj jajkiem i orzechami.

Ilość: 4 duże porcje
Wartości odżywcze: w sumie: 480 kilokalorii; w 1 porcji: 120 kilokalorii, 7 gramów węglowodanów, 2 gramy białka, 9 gramów tłuszczu.

SAŁATKA SZPINAKOWA Z SOSEM ORIENTALNYM

Ta sałatka dobrze komponuje się z pieczoną rybą lub kurczakiem i świeżym pełnoziarnistym pieczywem.

300 gramów świeżego szpinaku, dokładnie umytego i pokrojonego
Opcjonalnie: 250 gramów pieczarek w plastrach; 250 gramów fasolki szparagowej; puszka mandarynek 325 mililitrów; ½ łyżeczki prażonego sezamu

Sos orientalny
1 łyżka sosu sojowego light lub zwykłego
60 mililitrów (¼ szklanki) octu, najlepiej ryżowego
2 łyżeczki świeżego soku z cytryn (lub dodatkowe 2 łyżeczki octu)
1 łyżeczka cukru
½ łyżeczki imbiru
¼ łyżeczki czosnku granulowanego
2 łyżki oleju sezamowego

1. Wrzuć szpinak do miski (ewentualnie wymieszaj z pieczarkami, fasolką i mandarynkami).
2. Wlej do słoika sos sojowy, ocet, sok z cytryny, dodaj cukier, imbir, czosnek i olej sezamowy. Zakręć i potrząsaj do połączenia się składników.
3. Polej sałatkę sosem i wymieszaj.
4. Możesz posypać prażonymi ziarnami sezamu.

Ilość: 4 duże porcje
Wartości odżywcze: w sumie: 320 kilokalorii; w 1 porcji: 80 kilokalorii, 4 gramy węglowodanów, 2 gramy białka, 6 gramów tłuszczu.

SAŁATKA GRECKA WEDŁUG BRENDY

To ulubiona sałatka dietetyczki Brendy Ponichtery, autorki książki kucharskiej *Quick and Healthy Recipes and Ideas* (Szybkie i zdrowe przepisy i pomysły na dania). Jej zdaniem połączenie czerwonej i żółtej papryki nadaje sałatce wspaniały aromat. Jeśli masz wystarczająco dużo czasu, pozwól, by sałatka marynowała się przez kilka godzin – będzie też doskonale smakować na drugi dzień. (Osobiście lubię używać jej jako nadzienia do tortilli na lunch). Można użyć jedynie zielonej papryki i też będzie świetnie smakować. Dla wzbogacenia smaku możesz dodać kapkę oliwy z oliwek.

1 zielona papryka, pokrojona w paski lub krążki
1 czerwona papryka, pokrojona w paski lub krążki
1 żółta papryka, pokrojona w paski lub krążki
1 zielony ogórek ze skórką, pokrojony w plastry
2 łyżki soku z cytryny
3 łyżki octu z czerwonego wina
szczypta suszonego oregano
125 gramów pokruszonej beztłuszczowej fety

1. Wrzuć do miski paprykę i ogórka.
2. Polej sokiem z cytryny i octem, posyp oregano, dobrze wymieszaj.
3. Na koniec posyp pokruszoną fetą.

Ilość: 4 porcje
Wartości odżywcze: w sumie: 250 kilokalorii; w 1 porcji: 80 kilokalorii, 10 gramów węglowodanów, 5 gramów białka, 0 gramów tłuszczu.
Źródło: Brenda J. Ponichtera, *Quick and Healthy Recipes and Ideas*. Za zgodą autorki.

SŁODKIE ZIEMNIAKI W MIODZIE

Bogate w węglowodany słodkie ziemniaki mają piękny kolor i mnóstwo prozdrowotnego beta-karotenu. Świetnie pasują do kurczaka, ryby i wołowiny. Przygotuj ich trochę więcej – na zimno będą idealną przekąską przed treningiem. Takie ziemniaki są znacznie zdrowsze niż ciastko – a równie słodkie!

4 średnie ziemniaki słodkie (pataty)
60 mililitrów (¼ szklanki) wody
2 łyżki brązowego cukru
2 łyżki miodu
1 łyżka oliwy z oliwek

1. Nagrzej piekarnik do 190 stopni Celsjusza.
2. Wysmaruj olejem rzepakowym dno i boki formy o wymiarach 20 x 30 centymetrów, odstaw.
3. Obierz pataty (możesz pominąć) i pokrój na kawałki o grubości 2 centymetrów.
4. W miseczce wymieszaj wodę z brązowym cukrem, miodem i oliwą.
5. Wrzuć pataty do formy do pieczenia, polej sosem, dokładnie wymieszaj i rozłóż tak, by na siebie nie nachodziły.
6. Przykryj folią aluminiową i piecz 30–40 minut, do miękkości. W trakcie pieczenia dwukrotnie delikatnie przemieszaj pataty, żeby obtoczyć je w sosie.
7. Gdy zmiękną, zdejmij folię i piecz jeszcze około 15 minut, by sos odparował i zgęstniał.

Ilość: 4 porcje
Wartości odżywcze: w sumie: 1050 kilokalorii; w 1 porcji: 260 kilokalorii, 55 gramów węglowodanów, 3 gramy białka, 3 gramy tłuszczu.

Źródło: www.mayoclinic.com.

ROZDZIAŁ 20

Kurczak i indyk

Jasne i ciemne mięso kurczaka i indyka to dwa rodzaje włókien mięśniowych. Jasne mięso z piersi zbudowane jest głównie z włókien szybkokurczliwych, wykorzystywanych przy nagłych, szybkich zrywach energii. W mięśniach zawodowych gimnastyków, koszykarzy i innych sportowców, którzy wykonują dużo ćwiczeń w tempie sprinterskim, zwykle przeważają włókna szybkokurczliwe.

Ciemne mięso w nogach i skrzydełkach to przede wszystkim włókna wolnokurczliwe, które sprawdzają się najlepiej przy wysiłku wytrzymałościowym. Mięśnie zawodowych maratończyków, kolarzy długodystansowych i przedstawicieli innych sportów wytrzymałościowych mają zwykle wysoką zawartość procentową włókien wolnokurczliwych. Ciemne mięso drobiowe zawiera więcej tłuszczu niż jasne, ponieważ tłuszcz dostarcza energii, gdy wyczerpie się zapas węglowodanów. Z tego powodu ma nieco więcej kalorii niż jasne:

90 gramów jasnego mięsa piersi z kurczaka = 120 kilokalorii
90 gramów ciemnego mięsa z udka kurczaka = 150 kilokalorii

Ciemne mięso zawiera też więcej żelaza, cynku, witamin z grupy B i innych składników odżywczych. Sportowcom, którzy nie jedzą wołowiny, radzę, by wybierali ciemne mięso drobiowe bez skóry i w ten sposób zwiększyli spożycie tych istotnych składników. Najwięcej tłuszczu w kurczaku pochodzi ze skóry, dlatego warto ją usunąć przed pieczeniem. Nie będzie cię potem kusiło, żeby ją zjeść.

Oto najprostszy sposób przyrządzenia kurczaka: przykryj dno patelni jednym centymetrem wody, wrzuć kurczaka, przykryj szczelnie pokrywką i doprowadź do wrzenia. Następnie zmniejsz ogień i gotuj na niewielkim ogniu przez 20–25 minut. Kurczak powinien być miękki przy nakłuciu widelcem. Możesz też położyć kawałki kurczaka bez skóry na kratce do pieczenia ułożonej nad blachą. Piecz bez przykrycia w temperaturze 180 stopni Celsjusza 20–30 minut, do miękkości. Warto używać blachy nieprzywierającej lub wykładać ją folią do pieczenia – łatwiej potem ją umyć.

Niektórzy z moich pacjentów jedzą tak dużo kurczaka, że zdarza im się żartować, iż kiedyś wyrosną im skrzydełka. Jeśli i ty jesteś zagorzałym fanem drobiu, oto kilka sposobów na urozmaicenie przyrządzanych z niego posiłków:

- Zastąp wodę do gotowania sokiem pomarańczowym, białym winem lub puszką słodkich pomidorów.
- Przypraw wodę kostką rosołową o obniżonej zawartości sodu, sosem sojowym, curry, bazylią lub tymiankiem.
- Ugotuj ryż razem z kurczakiem (dodając więcej wody).
- Upiecz kurczaka nadziewanego farszem przygotowanym na rosole z mieszanką przypraw do kurczaka.
- pięć minut przed końcem gotowania dorzuć do kurczaka warzywa.
- Ostudzonego kurczaka pokrój na kawałki i zawiń w tortillę, dodając sos salsa, kawałki sałaty i niskotłuszczowy tarty ser.
- Posmaruj kurczaka łyżeczką musztardy Dijon, posyp obficie tartym parmezanem i upiecz w piekarniku.
- Posmaruj kurczaka łyżeczką miodu, posyp szczyptą przyprawy curry i upiecz w piekarniku.
- Owiń pierś kurczaka paskami żółtego sera, przymocuj wykałaczką, upiecz w piekarniku.
- W torebce foliowej z zamknięciem zrób marynatę z: z sosu sojowego, kawałka rozgniecionego lub startego imbiru, musztardy, czosnku granulowanego. Wrzuć kurczaka, zamieszaj, marynuj od dziesięciu do 60 minut. Upiecz w piekarniku lub usmaż na niewielkiej ilości tłuszczu.
- Zanurz kawałki kurczaka w oleju, następnie obtocz w nasionach sezamu lub pokruszonych płatkach kukurydzianych. Upiecz w piekarniku lub usmaż na niewielkiej ilości tłuszczu.
- Ułóż pierś kurczaka na folii do pieczenia, przykryj warzywami (na przykład cebulą, pieczarkami, marchewką, ziemniakiem, pomidorem) i przypraw (na przykład czosnkiem, rozmarynem, tymiankiem, bazylią). Szczelnie owiń folią, wywijając nadmiar folii do góry. Piecz w temperaturze 190 stopni Celsjusza przez około 20 minut. Uważaj, by nie poparzyć się parą przy odwijaniu dania.

SPIS PRZEPISÓW

Zobacz również: warzywa podsmażane, lasagne z rondelka, zupa fasolowa z makaronem i suszonymi pomidorami, lo mein z tofu, ryba po meksykańsku pieczona w folii, szybkie i łatwe chilli, fura klopsików, makaron ze szpinakiem i ciecierzycą, zapiekanka z sosem enchilada.

KURCZAK PIECZONY

Osoby prowadzące aktywny tryb życia bardzo lubią kurczaka smażonego na głębokim tłuszczu. Nie jest to jednak najzdrowsza pozycja w sportowym menu. Mój przepis zawiera znacznie mniej tłuszczu, a kurczak tak przyrządzony będzie smakować nawet wybrednym smakoszom. Użycie kratki do pieczenia zapewnia cyrkulację powietrza, dzięki której kurczak będzie bardziej chrupiący i nie trzeba go obracać podczas pieczenia. Wykładając blachę folią aluminiową, ułatwisz sobie jej mycie.

140 gramów czerstwej bułki
2–4 łyżki oleju rzepakowego lub oliwy
białko z 2 jaj lub 1 jajko
4 piersi kurczaka bez skóry i kości
Opcjonalnie: 1 łyżka musztardy Dijon; sól i pieprz do smaku

1. Rozgrzej piekarnik do 200 stopni Celsjusza.
2. Umieść kratkę do pieczenia na płytkiej blasze wyłożonej folią aluminiową.
3. Wrzuć bułkę do zamykanej plastikowej torebki i rozkrusz wałkiem lub innym ciężkim przedmiotem, pozostawiając część okruchów wielkości ziarna kukurydzy. (Można użyć po prostu gotowej bułki tartej).
4. Przesyp okruchy (lub bułkę) do płytkiego naczynia i skrop oliwą. Dokładnie wymieszaj.
5. W średniej wielkości misce roztrzep jajko. Jeśli chcesz, dodaj musztardę, sól i pieprz.
6. Zanurz każdy kawałek kurczaka w jajku, odczekaj, aż nadmiar masy spłynie, i obtaczaj w okruchach. Dokładnie posyp nimi kurczaka i lekko dociśnij. Otrząśnij nadmiar panierki i ułóż kawałki kurczaka na kratce do pieczenia.
7. Piecz przez 40 minut. Panierka powinna przybrać ciemnobrązowy kolor, a mięso powinno być miękkie po przekrojeniu.

Ilość: 4 porcje
Wartości odżywcze: w sumie: 1200 kilokalorii; w 1 porcji: 300 kilokalorii, 12 gramów węglowodanów, 40 gramów białka, 10 gramów tłuszczu.

Źródło: „Cook's Illustrated", maj/czerwiec 1999.

KURCZAK Z PATELNI Z PIECZARKAMI I CEBULKĄ

Prosty przepis na pyszne mięso, które może stanowić szybkie danie obiadowe. Przygotowuje się je z łatwo dostępnych składników, które często mamy w domu: piersi kurczaka, pieczarek, cebuli, niskotłuszczowego sera i wina. Świetnie smakuje z (brązowym) ryżem, chrupiącymi, pełnoziarnistymi bułeczkami i zielonymi warzywami.

1 lub 2 łyżki oleju, najlepiej rzepakowego lub oliwy z oliwek
4 piersi kurczaka bez skóry i kości
1 średnia cebula pokrojona w kostkę
240 mililitrów (1 szklanka) wytrawnego białego wina
2 pełne garści pieczarek krojonych
60 gramów sera żółtego o obniżonej zawartości tłuszczu
Opcjonalnie: 1–2 ząbki czosnku (przeciśniętego przez praskę) lub 1 łyżeczka tymianku

1. Rozgrzej olej na dużej patelni. Wrzuć kurczaka i cebulę (ewentualnie czosnek). Smaż po 5 minut z każdej strony.
2. Dodaj wino, pieczarki (oraz tymianek).
3. Duś pod przykryciem około 10 minut lub do momentu, gdy kurczak będzie miękki.
4. Podziel ser na 4 grube plastry i ułóż po jednym na każdej piersi kurczaka. Przykryj i duś jeszcze przez 3 minuty lub do chwili, gdy ser się roztopi.
5. Podawaj, układając każdą pierś na kopczyku z pieczarek i cebuli.

Ilość: 4 porcje
Wartości odżywcze: w sumie: 1200 kilokalorii; w 1 porcji: 300 kilokalorii, 10 gramów węglowodanów, 42 gramy białka, 10 gramów tłuszczu.

Dzięki uprzejmości Molly Curran.

KURCZAK Z MAKARONEM I SZPINAKIEM

To przepis nie tylko szybki i łatwy, ale i danie dobrze zbilansowane, zawierające produkty z trzech grup odżywczych (zboże, białko i warzywa). Urozmaicone jedzenie pomaga zachować siły aż do finiszu – podobnie zresztą jak szpinak.

500 gramów makaronu, na przykład fettuccine
2 łyżki oleju, najlepiej rzepakowego, lub oliwy z oliwek
500 gramów piersi kurczaka bez skóry i kości, pokrojonych w cienkie plastry
1–4 ząbki czosnku drobno posiekanego lub ¼–1 łyżeczka suszonego czosnku
300 mililitrów rosołu z kurczaka
500 gramów świeżego szpinaku (umytego, odcedzonego i grubo pokrojonego)
sól i pieprz do smaku
Opcjonalnie: 300 gramów pieczarek krojonych; garść tartego parmezanu

1. Ugotuj makaron zgodnie z przepisem na opakowaniu.
2. Gdy makaron się gotuje, rozgrzej olej w dużym rondlu i podsmażaj plastry kurczaka przez 30 sekund.
3. Dodaj czosnek (i pieczarki), dobrze wymieszaj. Smaż przez około 5 minut.
4. Wlej rosół i doprowadź do wrzenia. Wrzuć szpinak i mieszaj do chwili, gdy zmięknie.
5. Odcedź makaron i wrzuć z powrotem do garnka. Wlej sos z kurczakiem i szpinakiem, dobrze wymieszaj. Podgrzewaj jeszcze przez 2 minuty.
6. Dopraw solą i pieprzem (ewentualnie parmezanem).

Ilość: 5 porcji
Wartości odżywcze: w sumie: 2800 kilokalorii; w 1 porcji: 560 kilokalorii, 75 gramów węglowodanów, 40 gramów białka, 11 gramów tłuszczu.

FETTUCCINE ALFREDO Z KURCZAKIEM I BROKUŁAMI

To proste i szybkie danie jest jednym z ulubionych Suzie Dorner, bramkarki piłkarskiej i córki dietetyczki Becky Dorner. Po wyczerpującym meczu potrawa ta doskonale odżywia jej zmęczone mięśnie.

250 gramów fettuccine lub innego makaronu
300 gramów mrożonych lub świeżych brokułów
250 gramów piersi kurczaka bez skóry i kości
1–3 łyżeczki oliwy z oliwek
300 mililitrów bulionu z kurczaka
120 mililitrów (½ szklanki) mleka, najlepiej chudego
50 gramów (½ szklanki) tartego parmezanu

1. Ugotuj makaron zgodnie z przepisem na opakowaniu. 4 minuty przed końcem gotowania dorzuć brokuły. Odcedź.
2. W tym czasie pokrój kurczaka na kawałki, usuwając resztki skóry lub tłuszczu.
3. W dużym rondlu na średnim ogniu rozgrzej oliwę. Wrzuć kurczaka i podsmaż na rumiano.
4. Dolej bulion i mleko, dorzuć ser i dobrze wymieszaj. Na koniec dorzuć makaron z brokułami. Poczekaj, aż potrawa dobrze się zagrzeje. Podawaj gorącą.

Ilość: 3 obfite porcje
Wartości odżywcze: w sumie: 1600 kilokalorii; w 1 porcji: 530 kilokalorii, 70 gramów węglowodanów, 36 gramów białka, 12 gramów tłuszczu.

Dzięki uprzejmości Suzie Dorner.

SAŁATKA Z KURCZAKA Z MIGDAŁAMI I MANDARYNKAMI

Smakuje wyśmienicie z pełnoziarnistym pieczywem podana na zielonych liściach sałaty.

500 gramów piersi kurczaka bez skóry i kości
60–120 gramów (¼–½ szklanki) płatków migdałów
puszka (325 mililitrów) mandarynek (odcedzonych)
Opcjonalnie: 250 mililitrów ananasa z puszki w kawałkach; ½ szklanki rodzynek lub siekanych daktyli

Sos cytrynowy
½–1 szklanka beztłuszczowego jogurtu cytrynowego lub pół na pół jogurtu wymieszanego z majonezem light

Sos orientalny
2 łyżki sosu hoisin
2 łyżki soku z mandarynek
4 łyżki majonezu light
Opcjonalnie: ½ łyżeczki musztardy w proszku lub sproszkowanej gorczycy; ¼ łyżeczki suszonego czosnku

Alternatywa dla sosu
½ szklanki majonezu light

1. Ugotuj kurczaka pod przykryciem w 1 szklance wody (przez około 20 minut lub do momentu, gdy mięso będzie miękkie). Wystudź i pokrój w kostkę, wsyp do dużej miski, dodaj migdały i mandarynki (ewentualnie ananasa, rodzynki lub daktyle).
2. Dodaj sos cytrynowy lub wymieszaj w miseczce sos hoisin z sokiem z mandarynek i majonezem (ewentualnie musztardą lub czosnkiem) i polej sałatkę.
3. Sałatkę najlepiej jest schłodzić przed podaniem i serwować na porwanych liściach mieszanki sałat.

Ilość: 4 porcje
Wartości odżywcze: w sumie: z sosem cytrynowym 1100 kilokalorii; w 1 porcji: 275 kilokalorii, 12 gramów węglowodanów, 40 gramów białka, 7 gramów tłuszczu. W sumie: z sosem orientalnym 1200 kilokalorii; w 1 porcji: 300 kilokalorii, 17 gramów węglowodanów, 40 gramów białka, 8 gramów tłuszczu.

Dzięki uprzejmości dietetyczki Barbary Day.

ZUPA Z KURCZAKIEM I CZARNĄ FASOLĄ

Dostałam przepis na to proste, a zarazem wyśmienite i odżywcze danie od entuzjasty fitnessu i szefa kuchni Petera Hermana. To wspaniały sposób na wzbogacenie diety w fasolę, która zawiera dużo błonnika. Danie będzie bardziej sycące, jeśli dodasz do niego makaron.

4 piersi kurczaka bez skóry i kości
5 szklanek bulionu z kurczaka lub wody
2 marchewki, obrane i pokrojone
2 pomidory (pokrojone)
½ posiekanej cebuli
3–5 rozgniecionych ząbków czosnku
2 puszki czarnej fasoli, przepłukanej i odcedzonej
1 łyżka świeżego oregano lub 1 łyżeczka suszonego oregano
Opcjonalnie: ½ szklanki wina Marsala; 2–4 garści ugotowanego makaronu (muszelek lub wstążek); 60 gramów tartego sera; płatki suszonej ostrej papryczki

1. Do dużego garnka włóż kurczaka, marchew, pomidory, cebulę, czosnek, fasolę i przyprawy, zalej bulionem lub wodą (ewentualnie dodaj wino). Przykryj, doprowadź do wrzenia, zredukuj ogień i duś pod przykryciem przez około 20 minut lub do momentu, gdy mięso będzie miękkie.
2. Wyjmij kurczaka i odstaw do ostygnięcia. Wywar pozostaw na niewielkim ogniu, żeby nie stygł. (Możesz dodać do niego ugotowany makaron).
3. Pokrój kurczaka na małe kawałki. Wrzuć z powrotem do garnka i podgrzej.
4. Możesz przybrać zupę tartym serem i płatkami papryki.

Ilość: 4 porcje
Wartości odżywcze: w sumie: 1200 kilokalorii; w 1 porcji: 300 kilokalorii, 33 gramy węglowodanów, 35 gramów białka, 3 gramy tłuszczu.
Dzięki uprzejmości Petera Hermana.

ŻURAWINOWO-JABŁKOWY WRAP LUB KANAPKA Z INDYKIEM

Łatwy do zrobienia wrap to pyszna alternatywa dla kanapki i ulubiony lunch lub kolacja bostońskiej dietetyczki Heidi McIndoo. Można zrobić go z chlebków pita, chrupiącej pełnoziarnistej bagietki lub kromek chleba. To dobry posiłek regeneracyjny – połączenie białka, węglowodanów i pysznego smaku. W chłodne dni można podgrzać go w kuchence mikrofalowej. Pychota!

Na 1 porcję:
1–2 łyżki żurawiny do mięs
1 wrap pełnoziarnisty lub 2 kromki pełnoziarnistego chleba
30 gramów sera w plastrach, najlepiej niskotłuszczowego
60 gramów pieczonej piersi indyka w plastrach
ćwierć jabłka pokrojonego w cienkie plasterki

1. Rozłóż wrap na blacie i posmaruj dolną jego połowę żurawiną (lub posmaruj żurawiną kromkę chleba).
2. Na żurawinie ułóż plastry sera, piersi z indyka i plasterki jabłka.
3. Zwiń wrap w rulon, zaczynając od strony z dodatkami, lub przykryj drugą kromką chleba.
4. Jeśli chcesz, podgrzej krótko w mikrofalówce.

Ilość: 1 kanapka
Wartości odżywcze: 400 kilokalorii, 60 gramów węglowodanów, 25 gramów białka, 6 gramów tłuszczu

Dzięki uprzejmości Heidi McIndoo.

WIEJSKI MAKARON Z MIELONYM INDYKIEM I BIAŁĄ FASOLĄ

Oto przepis, który wyzwala kreatywność. Można przygotować makaron bez indyka lub fasoli albo z różnymi źródłami białka, na przykład z mieloną wołowiną, kawałkami kurczaka, tofu lub owocami morza.

500 gramów mielonego mięsa z indyka
345 gramów makaronu, na przykład muszelek, rurek lub świderków
420 mililitrów krojonych pomidorów z puszki, odcedzonych
puszka białej fasoli, odcedzonej
1½ łyżki skrobi kukurydzianej zmieszanej z 360 mililitrami (1½ szklanki) chudego mleka lub mleka skondensowanego
garść tartego parmezanu
Opcjonalnie: 1 mała cebula pokrojona w kostkę; 1 lub 2 ząbki przeciśniętego czosnku; szczypta płatków suszonej papryki; sól i pieprz

1. Na rozgrzaną dużą teflonową patelnię wrzuć mięso z indyka (oraz cebulę, czosnek i płatki papryki). Mieszając, podsmażaj na średnim ogniu przez około 10 minut.
2. Ugotuj makaron zgodnie z przepisem na opakowaniu.
3. Do mięsa dodaj odcedzone pomidory z puszki i fasolę. Dobrze podgrzej, następnie wlej skrobię rozmieszaną w mleku. Mieszaj, aż sos zgęstnieje. Dodaj tarty parmezan.
4. Dorzuć ugotowany makaron, wymieszaj i podgrzewaj jeszcze przez chwilę, żeby smaki dobrze się połączyły. Dopraw do smaku solą i pieprzem.

Ilość: 5 dużych porcji
Wartości odżywcze: w sumie: 2500 kilokalorii; w 1 porcji: 500 kilokalorii, 75 gramów węglowodanów, 25 gramów białka, 11 gramów tłuszczu.

KLOPSIKI LUB BURGERY Z INDYKA

Dodatek płatków owsianych sprawia, że klopsiki są bardziej soczyste. Zamiast indyka można użyć bardzo chudego mięsa wołowego. Jeśli jednak zamierzasz ugościć osoby, które nie jedzą czerwonego mięsa, burgery lub klopsiki z indyka będą w sam raz.

45 gramów (⅓ szklanki) płatków owsianych
120 mililitrów (½ szklanki) bulionu z kurczaka (domowego lub z kostki rosołowej)
500 gramów mielonego mięsa z indyka
1 jajko lub białko z 2 jaj
2 łyżki cebuli startej na tarce
sól i pieprz do smaku
Opcjonalnie: szczypta gałki muszkatołowej lub kilka ziaren ziela angielskiego.

1. W misce połącz płatki, bulion, mięso, jajko, cebulę i przyprawy.
2. Klopsiki: uformuj z mięsa kulki o średnicy 4 centymetrów, ułóż na blasze wyłożonej papierem do pieczenia i piecz w temperaturze 180 stopni Celsjusza przez 20–25 minut. (Możesz też usmażyć je na teflonowej patelni). Burgery: uformuj z mięsa 4 cienkie placki, smaż na teflonowej patelni przez około 5 minut z każdej strony.

Ilość: 4 porcje
Wartości odżywcze: w sumie: 760 kilokalorii; w 1 porcji: 190 kilokalorii, 5 gramów węglowodanów, 26 gramów białka, 7 gramów tłuszczu.

INDYK MIELONY DO SPAGHETTI LUB CHILLI

To jeden z ulubionych przepisów Sue Luke, dietetyczki sportowej z Charlotte w Karolinie Północnej. Sue zwykle przygotowuje podwójną lub potrójną porcję mięsa i przechowuje w zamrażalniku. To prosty sposób na wzbogacenie w białko sosu do makaronu lub zupy. Mięso świetnie nadaje się też do meksykańskich tacos.

750 gramów mielonego mięsa z indyka
1 łyżka oleju, najlepiej rzepakowego lub oliwy z oliwek
1 mała posiekana cebula
1 mała zielona papryka drobno pokrojona
250 gramów posiekanych pieczarek

1. Usmaż mięso z indyka na dużej teflonowej patelni. Przełóż na durszlak, by pozbyć się nadmiaru tłuszczu. Wytrzyj patelnię papierowym ręcznikiem.
2. Na tej samej patelni rozgrzej olej i podsmaż cebulę z papryką (powinny pozostać kruche).
3. Dodaj pieczarki i podsmażaj, aż zmiękną.
4. Wrzuć mięso z powrotem na patelnię i dobrze wymieszaj.
5. Możesz użyć od razu do spaghetti lub chilli albo podzielić na porcje i przechowywać w zamrażalniku w zamykanych torebkach foliowych.

Ilość: 4 porcje
Wartości odżywcze: w sumie: 900 kilokalorii; w 1 porcji: 225 kilokalorii, 9 gramów węglowodanów, 35 gramów białka, 7 gramów tłuszczu.

Dzięki uprzejmości Sue Luke.

KURCZAK PO MEKSYKAŃSKU Z FASOLĄ PINTO

Pikantna pychota! Gdy piekę kurczaka tylko dla siebie, zawijam go w folię do pieczenia razem z ¼ puszki fasoli i połową szklanki salsy, wkładam do piekarnika i nie mam żadnych naczyń do zmywania!

2 puszki fasoli pinto
4 kawałki kurczaka bez skóry
1 szklanka salsy

1. Odcedź fasolę i ułóż na dnie naczynia żaroodpornego.
2. Na fasoli połóż kawałki kurczaka; polej sosem salsa.
3. Piecz pod przykryciem w temperaturze 180 stopni Celsjusza przez 25–30 minut. Możesz odkryć na ostatnie 10 minut pieczenia, żeby sos zgęstniał.

Ilość: 4 porcje
Wartości odżywcze: w sumie: 3500 kilokalorii; w 1 porcji: 340 kilokalorii, 31 gramów węglowodanów, 45 gramów białka, 4 gramy tłuszczu.

ROZDZIAŁ 21

Ryby i owoce morza

Dania z ryb częściej jadamy w restauracjach niż w domu, bo wiele osób nie wie, jak kupować i przyrządzać rybę. Poniższe wskazówki rozproszą aurę tajemnicy, w rzeczywistości bowiem ryby to jedne z najłatwiejszych do przyrządzania produktów.

Świeża i dobrze przechowywana ryba nie ma nieprzyjemnego zapachu, zarówno surowa, jak i smażona; pojawia się on, kiedy na rybie rozwijają się bakterie. Staraj się zawsze powąchać rybę, którą kupujesz. O tym, że jest świeża, świadczą wypukłe oczy, zaczerwienione skrzela oraz błyszczące, dobrze przylegające do skóry łuski. Kiedy już kupisz świeżą rybę, przyrządź ją szybko, najlepiej w ciągu doby. A przechowuj w najchłodniejszej części lodówki.

Gdy kupujesz pakowaną rybę mrożoną, sprawdź, czy opakowanie jest szczelnie zamknięte, ma prawidłowy kształt i nie wykazuje innych oznak rozmrożenia i ponownego zamrożenia. Rozmrażaj rybę w lodówce lub w mikrofalówce. Nie zamrażaj ponownie.

Do przygotowania jednej porcji użyj 500 gramów świeżej, surowej ryby (na przykład pstrąga, makreli) lub 175–250 gramów filetów czy steków z ryby (na przykład z łososia, miecznika, halibuta, soli). Aby pozbyć się zapachu ryby z rąk, natrzyj je sokiem z cytryny lub octem, a naczynia umyj wodą z sodą – jedna łyżeczka na litr wody.

Oto kilka kulinarnych trików, które pomogą ci przygotować doskonałą rybę:

- Jeśli to tylko możliwe, podawaj rybę w naczyniu, w którym została przygotowana. Delikatne mięso ryb im jest mniej przekładane, tym ładniej się prezentuje.

- Przyprawy, które najlepiej podkreślają smak ryby, to sok z cytryny, koperek, bazylia, rozmaryn, natka pietruszki. Dodaj paprykę, aby nadać daniu kolor.
- Aby sprawdzić, czy ryba jest gotowa, delikatnie oddziel kawałek mięsa widelcem. Powinno łatwo się rozdzielić i mieć biały, nieprzezroczysty kolor.
- Używaj resztek mięsa ryby do kanapek, jako urozmaicenie dla kurczaka i indyka.

A teraz cztery sposoby przygotowywania ryby.

Opiekanie. Połóż rybę na blasze lekko nasmarowanej tłuszczem, żeby nie przywierała. Możesz skropić ją odrobiną oliwy i oprószyć przyprawami. Umieść blachę 10–15 centymetrów od źródła ciepła. Cienkie filety, na przykład z soli lub flądry, wystarczy opiekać przez pięć minut bez obracania. Grubsze, na przykład z łososia lub miecznika, mogą wymagać pięciu–sześciu minut na każdą stronę. Przed opieczeniem posmaruj rybę musztardą Dijon zmieszaną w proporcji pół na pół z majonezem light.

Pieczenie. Ułóż rybę w naczyniu żaroodpornym lekko nasmarowanym tłuszczem, dopraw według uznania, przykryj i piecz w temperaturze 200 stopni Celsjusza przez 15–20 minut, w zależności od grubości.

Gotowanie. Umieść rybę w teflonowym rondlu lub patelni, przykryj filety wodą, białym winem lub mlekiem. Dopraw według uznania ziołami i czosnkiem, przykryj i gotuj na małym ogniu przez dziesięć minut. Aby nadać daniu nieco azjatycki smak możesz dorzucić szalotkę i trochę sosu sojowego.

Gotowanie w mikrofalówce. Ułóż rybę najgrubszą częścią przy zewnętrznej krawędzi naczynia, najcieńsze połóż jedne na drugim, by się nie rozgotowały. Przypraw według uznania, przykryj papierem woskowanym i wstaw do mikrofalówki na jak najkrótszy czas, żeby mięso nie stało się twarde i suche. Wyjmij, kiedy ryba jest już prawie gotowa, i odstaw na pięć minut przed podaniem. Filety z białej ryby gotuj mniej więcej cztery minuty, steki z łososia przez sześć–siedem minut.

SPIS PRZEPISÓW

Zobacz też: wiejski makaron z mielonym indykiem i białą fasolą, lo mein z tofu.

ŁOSOŚ MUSZTARDOWY Z KOPERKIEM

Tłusta ryba (na przykład łosoś) raz lub dwa w tygodniu to mądry wybór, bo ryby takie zawierają mnóstwo prozdrowotnych kwasów omega-3. W przyrządzeniu łososia pomoże ci ten prosty przepis, ulubione danie mistrzyni maratońskiej Joan Benoit Samuelson. Do łososia dobrze pasuje zielony groszek i ziemniaki.

500 gramów świeżych filetów lub steków z łososia
¼ szklanki twojej ulubionej musztardy
2 łyżki soku z cytryny (sok z połowy cytryny)
koperek, najlepiej świeży
Opcjonalnie: płatki migdałów

1. Podziel łososia na 3 porcje. Ułóż kawałki ryby w naczyniu żaroodpornym i posmaruj musztardą.
2. Skrop łososia sokiem z cytryny i posyp koperkiem.
3. Piecz w temperaturze 170 stopni Celsjusza przez 20–25 minut lub grilluj przez 3–7 minut z każdej strony, w zależności od grubości mięsa. Jeśli chcesz, posyp płatkami migdałów.

Ilość: 3 porcje
Wartości odżywcze: w sumie: 660 kilokalorii; w 1 porcji: 220 kilokalorii, 2 gramy węglowodanów, 30 gramów białka, 10 gramów tłuszczu.
Dzięki uprzejmości Joan Benoit Samuelson.

ŁATWE KOTLECIKI Z ŁOSOSIA

Kotleciki przygotowuje się z łososia z puszki, który jest niedrogim źródłem kwasów omega-3. Pasuje do nich makaron ze szpinakiem i fetą (str. 334) oraz brązowy ryż i zielone warzywa.

420 gramów różowego łososia z puszki, odcedzonego i podzielonego na płatki (usuń skórę, ale zachowaj ości, które są źródłem wapnia)
70 gramów (1 szklanka) bułki tartej lub pokruszonych krakersów
1 jajko, rozbełtane
150 gramów zielonej lub czerwonej papryki pokrojonej w kostkę
½ cebuli pokrojonej w kostkę, najlepiej słodkiej
60 mililitrów (¼ szklanki) mleka, najlepiej chudego
pieprz cytrynowy lub czarny, według uznania
1–2 łyżki oliwy lub oleju rzepakowego do smażenia
Opcjonalnie: 1 łyżka sosu Worchestershire lub sojowego; szczypta pikantnego sosu chilli; ½ łyżeczki suszonego koperku lub 1 łyżeczka świeżego

1. W dużej misce wymieszaj łososia, bułkę tartą, jajko, paprykę i cebulę. Dodaj mleko (ewentualnie sos Worchestershire, chilli i koperek). Dobrze wymieszaj rękami. Uformuj 8 kotlecików.
2. Rozgrzej olej na patelni. Wkładaj kotleciki na gorący tłuszcz i smaż z każdej strony na złoty kolor, 3–5 minut.

Ilość: 4 porcje (8 kotlecików)
Wartości odżywcze: w sumie: 1200 kilokalorii; w 1 porcji: 300 kilokalorii (2 kotleciki), 24 gramy węglowodanów, 27 gramów białka, 11 gramów tłuszczu (2 gramy omega-3).

Dzięki uprzejmości dietetyczki Kelly Leonard.

PIECZONA RYBA ZE SZPINAKIEM

Danie to świetnie komponuje się z ryżem lub pełnoziarnistym pieczywem. Jeśli chcesz wzbogacić jego smak, na niewielkiej ilości oliwy podsmaż ½ łyżeczki czosnku, 250 gramów pokrojonych pieczarek i ¼ łyżeczki oregano, a następnie dodaj do szpinaku.

300 gramów mrożonego siekanego szpinaku
60 gramów tartego sera mozzarella
500 gramów filetów rybnych
sól, pieprz i sok z cytryny do smaku

1. Rozgrzej piekarnik do 200 stopni Celsjusza.
2. Rozmroź szpinak, odcedź nadmiar wody. Wyłóż na dno małego naczynia żaroodpornego.
3. Posyp tartym serem i ułóż na nim filety. Dopraw według uznania.
4. Przykryj folią do pieczenia. Piecz przez około 20 minut.

Ilość: 2 porcje
Wartości odżywcze: w sumie: 560 kilokalorii (dorsz); w 1 porcji: 280 kilokalorii, 6 gramów węglowodanów, 50 gramów białka, 6 gramów tłuszczu.

MAKARON Z KREWETKAMI

Banalnie prosty, ale tak pyszny, że można śmiało podawać gościom, najlepiej z zielonymi warzywami (groszkiem, fasolką szparagową, brokułem). Warzywa gotuj na parze w trakcie przygotowywania makaronu.

175 gramów makaronu, najlepiej fettuccine
1 łyżka margaryny lub oliwy z oliwek
250 gramów mrożonych obranych i wypatroszonych krewetek
1 kostka rosołowa
1 łyżka skrobi kukurydzianej wymieszanej z 240 mililitrów (1 szklanką) mleka, najlepiej chudego
2 łyżki tartego parmezanu
Opcjonalnie: 1 przetarty ząbek czosnku lub ⅛ łyżeczki czosnku w proszku; 2 łyżki białego wina; pomidory i natka pietruszki do przystrojenia

1. Gotuj makaron zgodnie z przepisem na opakowaniu.
2. Rozpuść margarynę na dużej teflonowej patelni.
3. Dodaj krewetki i kostkę rosołową oraz ewentualnie czosnek. Podsmażaj przez 3–4 minuty do momentu, aż krewetki nabiorą różowego koloru.
4. Wymieszaj skrobię z mlekiem i wlej na patelnię. Gotuj, ciągle mieszając. Gdy sos zgęstnieje, dodaj ser i wino (jeśli chcesz).
5. Odcedź makaron, wymieszaj z sosem z krewetkami.
6. Udekoruj parmezanem, kawałkami pomidorów i natką. Podawaj od razu.

Ilość: 2 duże porcje
Wartości odżywcze: w sumie: 1100 kilokalorii; w 1 porcji: 550 kilokalorii, 70 gramów węglowodanów, 40 gramów białka, 12 gramów tłuszczu.

Według przepisu Helen Baker.

KREWETKI PO GRECKU Z FETĄ I POMIDOREM

Szybkie i proste danie, które najlepiej podawać na ryżu. Pamiętaj, żeby wstawić ryż, zanim zabierzesz się za krewetki.

1 łyżka oliwy z oliwek
2–4 ząbki czosnku posiekanego lub ¼ łyżeczki czosnku suszonego
500 gramów oczyszczonych i wypatroszonych krewetek
840 mililitrów krojonych pomidorów z puszki
125 gramów sera feta, pokruszonego
Opcjonalnie: ½ łyżeczki suszonego oregano; ½ szklanki posiekanej natki pietruszki

1. Rozgrzej oliwę na patelni teflonowej. Podsmażaj czosnek i krewetki, aż nabiorą różowego koloru (mniej więcej 1 minutę).
2. Dodaj pomidory (i oregano) i duś na małym ogniu przez 2 do 5 minut.
3. Dorzuć pokruszoną fetę. Posyp pietruszką tuż przed podaniem.

Ilość: 4 porcje
Wartości odżywcze: w sumie: 1000 kilokalorii; w 1 porcji: 250 kilokalorii, 9 gramów węglowodanów, 28 gramów białka, 11 gramów tłuszczu. Z 1 szklanką ryżu: 450 kilokalorii, 53 gramy węglowodanów, 30 gramów białka, 13 gramów tłuszczu.

KREWETKI W SOSIE MARINARA

Mam ten przepis od dietetyczki sportowej Eileen Stellefson Myers z Nashville. To pomysł na łatwy i szybki – choć niebanalny – obiad. Eileen radzi, by pozostawić sos pomidorowy na ogniu przez 25 minut, żeby zgęstniał. Mnie brakuje cierpliwości i zdejmuję go po 5 minutach. Podawaj z sałatą i bułką pełnoziarnistą.

840 mililitrów krojonych pomidorów z puszki doprawionych bazylią, czosnkiem i oregano
¼ łyżeczki papryki
3 łyżki oliwy z oliwek
500 gramów surowych krewetek, oczyszczonych i wypatroszonych
350 gramów makaronu, najlepiej pełnoziarnistego
Opcjonalnie: 1–2 ząbki przetartego czosnku; 2 łyżki natki pietruszki grubo posiekanej

1. Gotuj makaron zgodnie z przepisem na opakowaniu.
2. Na dużej patelni wymieszaj oliwę z papryką i pomidorami. Podgrzej na niewielkim ogniu i pozostaw do odparowania przez 5 do 25 minut.
3. Dodaj krewetki i duś do chwili, gdy nabiorą różowego koloru. Możesz udekorować natką pietruszki.
4. Polej sosem makaron i podawaj.

Ilość: 4 obfite porcje
Wartości odżywcze: w sumie: 2400 kilokalorii; w 1 porcji: 600 kilokalorii, 82 gramy węglowodanów, 35 gramów białka, 12 gramów tłuszczu. Sos bez dodatków: w sumie: 1100 kilokalorii; w 1 porcji: 275 kilokalorii, 20 gramów węglowodanów, 25 gramów białka, 11 gramów tłuszczu.

Według przepisu Eileen Stellefson Myers.

RYBA PO MEKSYKAŃSKU PIECZONA W FOLII

Ryba pieczona w folii jest zawsze soczysta i pełna smaku. Możesz ją piec na sposób orientalny (z sosem sojowym, olejem sezamowym i szalotką) lub włoski (z pomidorami, cebulą i oregano). Przepis ten sprawdza się również w przypadku piersi kurczaka bez skóry i kości.

Z poniższych składników wychodzą dwie porcje. Jeśli chcesz nakarmić całą rodzinę, musisz je odpowiednio zwiększyć.

2 kawałki wytrzymałej folii do pieczenia o długości 45 centymetrów
500 gramów filetów z białej ryby
120 mililitrów (½ szklanki) sosu salsa
Opcjonalnie: 1 pokrojona w kostkę zielona papryka i 1 pokrojona w kostkę mała cebula podsmażone na 1 łyżce oliwy; szczypta suszonego czosnku; sól i pieprz; niskotłuszczowy ser tarty

1. Jeśli chcesz dodać cebulę i paprykę, podsmaż je na oliwie.
2. Na środku każdego kawałka folii ułóż 250 gramów ryby. Posmaruj ¼ szklanki sosu salsa (posyp papryką, cebulką i przyprawami według uznania).
3. Zawiń na rybę dwa przeciwległe brzegi folii, skręć pozostałe dwa boki folii, formując „cukierka", i zawiń je do góry.
4. Piecz lub grilluj paczuszki przez 15–20 minut. Wyjmij, używając szpatułki, i ostrożnie otwórz uważając, by nie poparzyła cię para.

Ilość: 2 porcje
Wartości odżywcze: w sumie: 400 kilokalorii; w 1 porcji: 200 kilokalorii, 4 gramy węglowodanów, 42 gramy białka, 2 gramy tłuszczu.

ROZDZIAŁ 22

Wołowina i wieprzowina

Wbrew wielu mitom chuda wołowina i wieprzowina mogą wchodzić w skład zdrowej diety. Stanowią doskonałe źródło białka, żelaza, cynku – czyli składników ważnych dla każdego, w szczególności dla sportowca. Często zniechęca do tego mięsa zawartość tłuszczu – wystarczy jednak wybierać chude kawałki, odkrajać tłuszcz przed przyrządzeniem i zjadać niewielkie porcje. Aby ograniczyć ryzyko zachorowania na raka, ogranicz spożycie czerwonego mięsa do 560 gramów tygodniowo (cztery małe porcje).

Oto najchudsze części wołowiny: udziec, polędwica, rostbef, rozbratel.

A oto najchudsze fragmenty wieprzowiny: polędwica, schab.

Na koniec najchudsze rodzaje wędlin wieprzowych: chuda szynka wędzona (o zawartości od siedmiu do trzech procent tłuszczu), szynka środkowa, polędwica sopocka/łososiowa.

SPIS PRZEPISÓW

Zobacz też: szybkie i proste chilli, mięso z indyka do spaghetti lub chilli, lasagne z rondelka.

FURA KLOPSIKÓW

Dietetyczka sportowa Sue Luke zwykle trzyma zapas tych klopsików w zamrażalniku. Gdy zabraknie czasu na gotowanie obiadu, zawsze można podać spaghetti lub kanapkę z klopsikami. Wystarczy dodać kawałki świeżej papryki lub małe marchewki i pełnowartościowe danie gotowe.

1 kilogram bardzo chudej mielonej wołowiny lub mielonego indyka
4 jajka, lekko roztrzepane
180 gramów bułki tartej
2 średnie cebule drobno posiekane
2 łyżeczki włoskich ziół
1 łyżeczka papryki
sól i pieprz
Opcjonalnie: 2–6 ząbków czosnku przeciśniętych przez praskę

1. Włóż wszystkie składniki do dużej miski.
2. Wymieszaj je dobrze rękami (pamiętaj, że należy wcześniej dokładnie je umyć).
3. Formuj klopsiki w dowolnym rozmiarze.
4. Wyłóż na dużą blachę nasmarowaną tłuszczem lub wyłożoną papierem również nasmarowanym tłuszczem. Piecz w temperaturze 180 stopni Celsjusza przez 25–30 minut.
5. Ostudź, przełóż do zamykanego pojemnika i zamroź.
6. Gdy masz ochotę na klopsiki, wyjmij odpowiednią liczbę i rozmroź w mikrofalówce lub wrzuć do gotującego się sosu spaghetti.

Ilość: 28 klopsików o średnicy 5 centymetrów
Wartości odżywcze: w sumie: 2800 kilokalorii; w 1 porcji (2 klopsy): 200 kilokalorii, 10 gramów węglowodanów, 22 gramy białka, 8 gramów tłuszczu.

Dzięki uprzejmości Sue Luke.

ZAPIEKANKA Z SOSEM ENCHILADA

W tym przepisie używam wołowiny, ale możesz zastąpić ją mielonym mięsem z indyka, kostkami tofu lub gotowaną fasolą. Aby dodać potrawie koloru, posyp pokrojoną w kostkę zapiekankę papryką.

500 gramów chudego mielonego mięsa wołowego
840 mililitrów krojonych pomidorów z puszki lub świeżych pomidorów
300 mililitrów sosu enchilada z puszki
480 mililitrów pasty z fasoli
175 gramów pieczonych chipsów kukurydzianych
125 gramów sera żółtego, najlepiej o obniżonej zawartości tłuszczu
Opcjonalnie: 1 średnia posiekana cebula; 1 łyżeczka chilli, ½ łyżeczki suszonej bazylii; 1 zielona papryka pokrojona w kostkę

1. Na patelni teflonowej zarumień mieloną wołowinę i cebulę.
2. Odlej tłuszcz, a następnie dodaj pokrojone w kostkę pomidory, sos enchilada i pastę z fasoli (ewentualnie chilli i bazylię). Doprowadź do wrzenia.
3. Rozgrzej piekarnik do temperatury 180 stopni Celsjusza. Pokrusz chipsy kukurydziane, odłóż 1 szklankę, resztą wysyp dno formy do pieczenia o wymiarach 20 x 30 centymetrów.
4. Do formy wylej sos z mięsem.
5. Posyp wierzch tartym serem i pozostałymi chipsami (ewentualnie pokrojoną w kostkę papryką).
6. Piecz przez 15 minut lub do momentu, gdy ser się roztopi.

Ilość: 6 porcji
Wartości odżywcze: w sumie: 2800 kilokalorii; w 1 porcji: 470 kilokalorii, 52 gramy węglowodanów, 30 gramów białka, 15 gramów tłuszczu.

DANIE MEKSYKAŃSKIE Z PATELNI

To łatwe do przyrządzenia danie doskonale łączy węglowodany i białko. A że na drugi dzień smakuje nawet lepiej, przygotuj je wcześniej, a kiedy wrócisz do domu głodny po wyczerpującym treningu, sprawisz sobie przyjemność. Aby otrzymać danie w wersji wegetariańskiej, po prostu zrezygnuj z mięsa.

195 gramów (1 szklanka) suchego ryżu, najlepiej brązowego
500 gramów chudej mielonej wołowiny lub indyka
saszetka (około 33 gramy) przyprawy do taco
słoik (480 mililitrów) sosu salsa
1 puszka czarnej lub czerwonej fasoli, opłukanej i odcedzonej
120–240 mililitrów (½ lub 1 szklanka) wody
Opcjonalnie: 150 gramów pokrojonej w kostkę zielonej lub czerwonej papryki; puszka kukurydzy; tarty ser o obniżonej zawartości tłuszczu do posypania

1. Ugotuj ryż zgodnie z przepisem na opakowaniu.
2. Zarumień mięso na teflonowej patelni (możesz dodać paprykę). Odlej tłuszcz, mięso posyp przyprawą do taco.
3. Dodaj salsę, fasolę (i kukurydzę) i wodę. Gotuj przez 3 do 5 minut. Dodaj ugotowany ryż. Jeśli chcesz, posyp danie tartym serem.

Ilość: 4 obfite porcje
Wartości odżywcze: w sumie: 2000 kilokalorii; w 1 porcji: 500 kilokalorii, 60 gramów węglowodanów, 30 gramów białka, 15 gramów tłuszczu.

SŁODKO-OSTRA WOŁOWINA POMARAŃCZOWA

To świetna przekąska po ciężkim treningu, kiedy masz ochotę na coś słodkiego, ale pożywnego. Dobrze smakuje z gotowaną marchewką z groszkiem.

195 gramów (1 szklanka) suchego ryżu
500 gramów chudej mielonej wołowiny
55 gramów (¼ szklanki) dżemu pomarańczowego
¼ łyżeczki płatków suszonej papryczki lub szczypta pieprzu cayenne
Opcjonalnie: ugotowany groszek; pokrojony seler naciowy; zielona papryka; kawałki ananasa

1. Ugotuj ryż zgodnie z przepisem na opakowaniu.
2. Usmaż mięso na patelni teflonowej, odlej nadmiar tłuszczu.
3. Dodaj dżem, płatki papryki i ugotowany ryż. Dobrze wymieszaj. Ewentualnie dodaj pozostałe składniki.

Ilość: 3 porcje
Wartości odżywcze: w sumie: 1500 kilokalorii; w 1 porcji: 500 kilokalorii, 70 gramów węglowodanów, 42 gramy białka, 6 gramów tłuszczu.

KOTLETY WIEPRZOWE GLAZUROWANE MIODEM

Połączenie miodu, musu jabłkowego i cynamonu świetnie pasuje do wieprzowiny. Podawaj z ryżem polanym sosem z patelni.

4 chude surowe kotlety schabowe (po około 150 gramów każdy), pozbawione tłuszczu

Glazura miodowa:
2 łyżki miodu
¼ szklanki musu jabłkowego
¼ łyżeczki cynamonu
sól i pieprz według uznania

1. W miseczce wymieszaj miód z musem i cynamonem (ewentualnie dodaj pieprz i sól do smaku).
2. Na rozgrzanej patelni teflonowej podsmaż kotlety przez 3 minuty.
3. Obróć je i posmaruj glazurą. Przykryj i duś przez 3 minuty.
4. Odkryj i smaż na średnim ogniu przez 10 minut lub do miękkości, jeszcze jeden raz obracając kotlety.
5. Podawaj z ryżem.

Ilość: 4 porcje
Wartości odżywcze: w sumie: 1000 kilokalorii; w 1 porcji: 250 kilokalorii, 10 gramów węglowodanów, 30 gramów białka, 10 gramów tłuszczu.

SMAŻONA WIEPRZOWINA Z OWOCAMI

Smakuje zarówno dzieciom, jak i dorosłym. Ananas może stanowić alternatywę lub dodatek dla mandarynek.

1 łyżeczka oleju
500 gramów kotletów wieprzowych bez kości i tłuszczu pokrojonych w paski
120 mililitrów (½ szklanki) wody
60 mililitrów (¼ szklanki) octu winnego
2 łyżki melasy lub miodu
2 łyżki sosu sojowego
puszka mandarynek
1 łyżka skrobi kukurydzianej zmieszanej z 1 łyżką wody
Opcjonalnie: 125 gramów ananasa w kawałkach; 1 zielona papryka pokrojona na kawałki; 1 średnie jabłko pokrojone w plastry; 40 gramów (¼ szklanki) rodzynek; 30 gramów (¼ szklanki) prażonych orzechów

1. Rozgrzej olej na dużej teflonowej patelni. Wrzuć mięso, usmaż na brązowy kolor stale mieszając.
2. Dodaj wodę, ocet, miód, sos sojowy i mandarynki (ewentualnie ananasa, paprykę, jabłko i rodzynki).
3. Zagotuj i duś pod przykryciem przez 5 minut.
4. Stopniowo dolewaj wodę ze skrobią (cały czas mieszając) i gotuj, aż sos zgęstnieje.
5. Posyp siekanymi orzechami.

Ilość: 4 porcje
Wartości odżywcze: w sumie: 1200 kilokalorii; w 1 porcji: 300 kilokalorii, 30 gramów węglowodanów, 25 gramów białka, 8 gramów tłuszczu.

ROZDZIAŁ 23

Fasola i tofu

Rośliny strączkowe to jeden z najwspanialszych darów natury: są bogate w białko, zawierają mało tłuszczu i zero cholesterolu. Pomagają obniżać poziom cholesterolu w organizmie, kontrolują poziom cukru we krwi, chronią przed rakiem, zmniejszają problemy z zaparciami, przyczyniają się do przyrostu tkanki mięśniowej (dzięki zawartości białka), odżywiają mięśnie (dzięki węglowodanom) i dostarczają mnóstwo witamin z grupy B, żelaza, cynku, magnezu, miedzi, kwasu foliowego i potasu.

Warzywa strączkowe stanowią zdrowe źródło i białka, i węglowodanów, dlatego dania wegetariańskie – na przykład chilli, hummus, zapiekanki z ryżem i fasolą czy inne dania z fasoli, to idealne pożywienie dla sportowca. Jeśli warzywa strączkowe stanowią jedyne źródło białka w twojej diecie, jedz ich odpowiednio dużo, by zaspokoić zapotrzebowanie organizmu na ten składnik (zobacz rozdział 7). Jeżeli jesz mięso, ale chcesz je częściowo zastąpić warzywami strączkowymi, możesz na przykład zastąpić wołowinę fasolą w przepisie na chilli czy lasagne.

Oto kilka rad dotyczących przygotowywania i podawania fasoli:

- Zmiksuj fasolę pinto lub czerwoną, sos salsa i żółty ser. Podgrzej w mikrofalówce – otrzymasz sos do tortilli lub ziemniaków.
- Podsmaż czosnek i cebulę na niewielkiej ilości oleju; dodaj fasolę z puszki (w całości lub rozgniecioną) i podgrzej. Taką pastę możesz dodać do ryżu lub posmarować nią tortillę.
- Aby zwiększyć spożycie białka, dorzucaj fasolę do sałatek, sosu do spaghetti, zup i gulaszu.
- Przygotuj tortillę z gotową pastą z fasoli, serkiem wiejskim, posiekaną sałatą i pomidorem, ewentualnie innymi dodatkami, które lubisz. Możesz podgrzać w piekarniku lub mikrofalówce.

- Zmieszaj czerwoną fasolę z pastą z białej fasoli i sosem salsa. Wyłóż na tortillę. Możesz dodać jeszcze trochę salsy i żółtego sera.

Informacje o tym, jak przyrządzać domowe dania z fasoli, znajdziesz w książkach z przepisami wegetariańskimi. Kilka tytułów amerykańskich podaję w dodatku A.

Tofu, zwane też twarożkiem sojowym, wytwarza się z ziarna soi. Jest źródłem pełnowartościowego białka, zawiera wszystkie aminokwasy egzogenne, a także zdrowy tłuszcz. Nie zawiera natomiast cholesterolu i ma stosunkowo mało kalorii oraz sodu. Stanowi popularną alternatywę dla mięsa i może być źródłem wapnia dla osób, które ograniczają spożycie nabiału.

W większości supermarketów znajdziesz tofu w lodówkach w dziale z warzywami. Do wyboru masz tofu miękkie i twarde – miękkie nadaje się do miksowania i przygotowywania sosów; twarde daje się łatwo kruszyć i kroić. Bez względu na to, jakie wybierzesz, zawsze sprawdzaj datę przydatności do spożycia i kupuj najświeższe. Tofu ma bardzo słaby smak, ale dobrze przyjmuje smaki dodatków, z którymi jest przygotowywane – z sosem sojowym nabiera aromatów typowych dla kuchni chińskiej; dodatek chilli robi z niego danie meksykańskie. Dzięki temu sprawdza się jako dodatek do wielu dań: spaghetti, sałatek, chilli, dań z woka czy nawet sosów sałatkowych. Nadasz tofu interesującą, gąbczastą strukturę, jeśli zamrozisz je na minimum dwa dni. Po rozmrożeniu wyciśnij nadmiar wody (jak z gąbki), porwij na kawałki i dodaj do spaghetti, chilli, zupy lub innych dań.

SPIS PRZEPISÓW

Zobacz też: zupa z kurczakiem i czarną fasolą, wiejski makaron z indykiem i białą fasolą, kurczak po meksykańsku z fasolą pinto, koktajl sojowo-pomarańczowy, koktajl proteinowy, danie meksykańskie z rondelka, lasagne z rondelka, zapiekanka z sosem enchilada.

ZUPA MINESTRONE

Przyjemny sposób na zwiększenie spożycia nie tylko fasoli, ale i innych warzyw. Możesz śmiało wymieniać składniki na inne w zależności od tego, co jest akurat dostępne. Podawaj z chrupiącą pełnoziarnistą bułką.

2–4 łyżki oleju, najlepiej rzepakowego lub oliwy z oliwek
2 ząbki czosnku (przeciśniętego przez praskę) lub ½ łyżeczki czosnku granulowanego
1 średnia cebula pokrojona w kostkę
1 duża marchewka pokrojona w kostkę
2 łodygi selera naciowego pokrojone w kostkę
2 duże ziemniaki pokrojone w kostkę
2 małe cukinie pokrojone w kostkę
4–6 pieczarek pokrojonych w kostkę
1 szklanka świeżej lub mrożonej zielonej fasolki szparagowej (w kawałkach po 2–3 centymetry)
840 mililitrów pomidorów z puszki (razem z zalewą)
6 szklanek bulionu (wołowego lub warzywnego) lub wody
puszka (570 mililitrów) białej fasoli
Opcjonalnie: 2 łyżeczki suszonej bazylii; 2 liście laurowe; tarty parmezan

1. W dużym garnku rozgrzej olej, wrzuć czosnek i cebulę, podsmażaj do miękkości.
2. Dorzuć marchewkę, selera, ziemniaki, cukinie, pieczarki, fasolkę szparagową, pomidory, wlej bulion (ewentualnie dodaj bazylię lub liście laurowe). Zagotuj, zmniejsz ogień i gotuj przez około 30 minut.
3. Dodaj białą fasolę z puszki i gotuj jeszcze przez chwilę, żeby się dobrze zagrzała. Przypraw do smaku.
4. Przed podaniem możesz posypać zupę tartym parmezanem.

Ilość: 6 dużych porcji
Wartości odżywcze: w sumie: 1300 kilokalorii; w 1 porcji: 220 kilokalorii, 36 gramów węglowodanów, 10 gramów białka, 4 gramy tłuszczu.

ZUPA Z FASOLI Z MAKARONEM I SUSZONYMI POMIDORAMI

Przepyszna zupa – warto dla niej poszukać w sklepie pomidorów suszonych na słońcu. Aby była jeszcze bardziej sycąca, można dodać więcej fasoli i makaronu, a nawet kawałki kurczaka.

1 łyżka oleju, najlepiej rzepakowego lub oliwy z oliwek
1 duża cebula pokrojona w kostkę
1 średnia marchewka pokrojona w kostkę
¼–½ łyżeczki płatków suszonej papryczki
360 mililitrów białej fasoli z puszki, odcedzonej
5 szklanek bulionu drobiowego lub warzywnego
85 gramów (niecała szklanka) makaronu typu kokardki lub muszelki
35 gramów (⅓ szklanki) suszonych na słońcu pomidorów pokrojonych na kawałki
sól i pieprz według uznania
3 łyżki świeżej natki pietruszki
Opcjonalnie: 1 ząbek przetartego czosnku lub ¼ łyżeczki suszonego czosnku; 1 liść laurowy; tarty parmezan

1. W dużym teflonowym garnku rozgrzej olej na średnim ogniu. Podsmaż cebulę, marchew i czerwoną papryczkę (ewentualnie czosnek).
2. Duś pod przykryciem przez 10 minut, od czasu do czasu mieszając.
3. Dolej bulion, dodaj fasolę (i liść laurowy). Zagotuj.
4. Dorzuć makaron i suszone pomidory. Zmniejsz ogień i gotuj przez 10 minut (lub do chwili, gdy makaron będzie miękki).
5. Dopraw solą i pieprzem, dorzuć natkę.
6. Przed podaniem możesz udekorować tartym parmezanem.

Ilość: 4 porcje
Wartości odżywcze: w sumie: 900 kilokalorii; w 1 porcji: 225 kilokalorii, 38 gramów węglowodanów, 9 gramów białka, 4 gramy tłuszczu.

Według przepisu dietetyczki Terri Smith.

SZYBKIE I ŁATWE CHILLI

Proste danie dla całej rodziny. Choć użycie gotowej przyprawy do chilli może wydawać się oszustwem, znacznie upraszcza gotowanie i może nawet zdecydować o tym, czy w ogóle weźmiesz się za ten przepis. Mięso sprawia, że potrawa jest bogata w białko. Jeśli chcesz, możesz wołowinę zastąpić indykiem lub kostkami tofu.

500 gramów bardzo chudego mielonego mięsa wołowego
480 mililitrów pomidorów z puszki
480 mililitrów fasoli z puszki (białej lub pinto)
1 opakowanie przyprawy do chilli, ostrej lub łagodnej
330 gramów (1 i ⅔ szklanki) surowego ryżu
Opcjonalnie: puszka kukurydzy (bez zalewy); 1 zielona papryka pokrojona w kostkę

1. Na głębokiej patelni zrumień mięso. Odlej nadmiar tłuszczu.
2. Dodaj pomidory, fasolę i przyprawy (ewentualnie kukurydzę i paprykę). Zagotuj i zmniejsz ogień.
3. Gotuj przez 5 do 50 minut, w zależności od tego, ile masz czasu.
4. W tym czasie ugotuj ryż zgodnie z przepisem na opakowaniu.
5. Wyłóż ryż na talerze i polej go sosem chilli.

Ilość: 6 porcji
Wartości odżywcze: w sumie: 1650 kilokalorii bez ryżu; w 1 porcji bez ryżu: 275 kilokalorii, 20 gramów węglowodanów, 24 gramy białka, 11 gramów tłuszczu. W 1 porcji z ryżem: 480 kilokalorii, 64 gramy węglowodanów, 27 gramów białka, 13 gramów tłuszczu.

Dzięki uprzejmości Johna McGratha.

MAKARON ZE SZPINAKIEM I CIECIERZYCĄ

Wszystkie składniki dają się łatwo przechowywać, możesz więc w dowolnej chwili przyrządzić to pyszne i proste, idealne dla sportowca danie. Jest to zbilansowany posiłek wegetariański zawierający produkty z czterech grup żywieniowych. Jeśli nie jesteś wegetarianinem, możesz dorzucić kawałki gotowanego kurczaka.

3–6 łyżeczek oliwy z oliwek
1 duża posiekana cebula
1–4 ząbki przeciśniętego czosnku lub ⅛–½ łyżeczki czosnku granulowanego
420 mililitrów bulionu drobiowego
450 gramów ciecierzycy z puszki (cieciorki), przepłukanej i odsączonej
300 gramów mrożonego szpinaku, rozmrożonego i odcedzonego z wody lub 1 torebka świeżego młodego szpinaku
350 gramów makaronu, na przykład muszelek
sól i pieprz do smaku
garść tartego parmezanu
Opcjonalnie: kurczak gotowany pokrojony w kostkę

1. Ugotuj makaron zgodnie z przepisem na opakowaniu.
2. Rozgrzej na średnim ogniu 1–2 łyżeczki oliwy na dużej, ciężkiej, nieprzywierającej patelni. Wrzuć cebulę i czosnek, smaż do miękkości około 10 minut.
3. Wlej bulion drobiowy i gotuj do chwili, gdy płyn zredukuje się o połowę (mniej więcej 4 minuty).
4. Dodaj fasolę i szpinak, gotuj przez 1 minutę. Przełóż do dużej miski.
5. Dorzuć ugotowany makaron, skrop go pozostałymi 2–4 łyżeczkami oliwy i wymieszaj z sosem.
6. Dopraw porządnie pieprzem, ewentualnie solą i parmezanem, dobrze wymieszaj.

Ilość: 4 obfite porcje
Wartości odżywcze: w sumie: 2000 kilokalorii; w 1 porcji: 500 kilokalorii, 87 gramów węglowodanów, 20 gramów białka, 8 gramów tłuszczu.

TORTILLA Z HUMMUSEM

Tradycyjny hummus z oliwy i pasty tahini może mieć zaskakująco dużo tłuszczu. W tym przepisie ograniczyłam jego ilość. Sekretnym składnikiem hummusu jest tahini, czyli pasta z sezamu. Można ją dostać w dziale z produktami etnicznymi w większych sklepach lub w sklepie ze zdrową żywnością. Niewykorzystaną pastę tahini możesz przechowywać w lodówce i zużyć do innych potraw.

480 mililitrów cieciorki z puszki
1–2 łyżki soku z cytryny
1 ząbek czosnku lub ¼ łyżeczki suszonego czosnku
2–4 łyżki tahini lub masła orzechowego
sól i pieprz według uznania
tortille lub wrapy o średnicy 20 centymetrów, najlepiej pełnoziarniste
Opcjonalnie: szczypta pieprzu cayenne; 1 łyżka natki pietruszki; ¼ łyżeczki kminu rzymskiego; pokrojone w kostkę lub starte na tarce świeże warzywa do przystrojenia

1. Odcedź cieciorkę, zachowując ¼ szklanki zalewy.
2. W blenderze lub robocie kuchennym połącz cieciorkę, ¼ szklanki zalewy, sok z cytryny, czosnek, tahini i przyprawy.
3. Zmiksuj na gładko. Jeśli nie masz blendera, możesz rozgnieść masę widelcem.
4. Rozsmaruj hummus na tortillach (mniej więcej ¼ szklanki na porcję). Dorzuć pokrojone lub starte warzywa: pomidora, paprykę, szalotki, fasolę, orzechy, marchewkę, sałatę.

Ilość: około 1½ szklanki hummusu, jakieś 5 porcji
Wartości odżywcze: w sumie: 625 kilokalorii; w 1 porcji (⅓ szklanki): 125 kilokalorii, 18 gramów węglowodanów, 5 gramów białka, 4 gramy tłuszczu. W 1 tortilli z około ½ szklanki hummusu: 300 kilokalorii, 49 gramów węglowodanów, 8 gramów białka, 8 gramów tłuszczu.

LO MEIN Z TOFU

To wszechstronny przepis, który możesz modyfikować według uznania - dodawać warzywa, ostrą papryczkę lub czosnek. Możesz też zastąpić tofu kurczakiem, krewetkami, wołowiną lub samymi warzywami. Jeśli makaron wyjdzie za suchy, dodaj trochę wody lub bulionu.

275 suchego makaronu chińskiego noodle lub 125 gramów suchego makaronu spaghetti
4 łyżki oleju, najlepiej sezamowego pół na pół z rzepakowym
½–¾ łyżeczki mielonego imbiru lub 2 łyżeczki świeżego posiekanego imbiru
¼–½ łyżeczki granulowanego czosnku lub 1–2 ząbki świeżego, przeciśniętego przez praskę
2–4 szklanki posiekanej kapusty pekińskiej lub pak choi
1 duża marchew starta na tarce
2 łyżki sosu sojowego lub sosu tamari
250 gramów bardzo twardego tofu, odcedzonego i pokrojonego w 1-centymetrową kostkę
Opcjonalnie: ⅛ łyżeczki cukru (nadaje daniu przyjemną słodycz); szczypta płatków suszonej ostrej papryczki; 4 posiekane szalotki; 250–500 gramów pokrojonych w kostkę pieczarek, cebuli, strączków papryki lub innych warzyw; pestki słonecznika lub posiekane migdały do przybrania

1. Ugotuj makaron zgodnie z zaleceniami na opakowaniu. Odcedź, wrzuć z powrotem do garnka i potnij na mniejsze, łatwiejsze do nabierania kawałki.
2. Na dużej teflonowej patelni rozgrzej olej, wrzuć imbir, czosnek, kapustę i marchewkę (ewentualnie cukier, ostrą papryczkę i warzywa). Podsmażaj na średnim ogniu przez 1–2 minuty, aby warzywa nabrały chrupkiej miękkości.
3. Dorzuć makaron, dobrze wymieszaj, przypraw do smaku i podawaj.

Ilość: 5 porcji jako dodatek do innego dania; 3 duże porcje jako danie główne
Wartości odżywcze: w sumie: 1500 kilokalorii; w 1 porcji: 300 kilokalorii (jako dodatek), 35 gramów węglowodanów, 10 gramów białka, 13 gramów tłuszczu.

BURRITO Z TOFU

To proste danie na lunch, obiad, a nawet śniadanie. Lubię dodawać do niego odrobinę hummusu.

2 łyżki margaryny lub oliwy z oliwek
1 mała cebula pokrojona w kostkę
1 zielona papryka pokrojona w kostkę
400 gramów pokruszonego twardego tofu
4 tortille (białe, pełnoziarniste lub kukurydziane) podgrzane
sól i pieprz według uznania
Opcjonalnie: rodzynki, siekane orzechy i przyprawa curry; nasiona sezamu, olej sezamowy (zamiast margaryny) i sos sojowy; czosnek granulowany; hummus

1. Na teflonowej patelni rozpuść margarynę, wrzuć cebulę i zieloną paprykę. Podsmażaj do miękkości.
2. Dodaj pokruszone tofu i dowolne przyprawy; dobrze podgrzej.
3. Wykładaj po ¼ sosu na środek każdej tortilli, złóż brzegi do środka, zawiń.

Ilość: 4 małe porcje (lub 2 duże)
Wartości odżywcze: w sumie: 1200 kilokalorii; w 1 porcji: 300 kilokalorii (mała porcja), 40 gramów węglowodanów, 15 gramów białka, 9 gramów tłuszczu.

ROZDZIAŁ 24

Napoje i koktajle

Napoje nie tylko gaszą pragnienie i uzupełniają poziom wypoconej wody. Mogą też dzięki węglowodanom dostarczać mięśniom energii, a dzięki dawce białka wspomagać regenerację. Niektóre koktajle zastąpią szybki posiłek, który wystarczy przelać do kubka na kawę i popijać w drodze do pracy. Dzięki innym można w prosty sposób zwiększyć spożycie owoców.

Przedstawiam kilka koktajlowych sugestii, które być może rozbudzą twoją kreatywność. Jeśli korzystasz ze świeżych owoców, możesz dorzucić kilka kostek lodu, aby otrzymać charakterystyczny chłodzący efekt.

- Mrożone truskawki, banan, odtłuszczone mleko w proszku i sok pomarańczowy
- Jogurt waniliowy, kawa rozpuszczalna (bezkofeinowa lub zwykła) i kostki lodu
- Mrożone maliny, miękkie tofu, sok żurawinowy i miód
- Kawałki banana, sok pomarańczowy, sok ananasowy i odżywka proteinowa
- Mleko sojowe, brzoskwinie i lody waniliowe o obniżonej zawartości tłuszczu
- Sok pomarańczowy, kawałki melona i jogurt waniliowy

SPIS PRZEPISÓW

DOMOWY NAPÓJ ENERGETYCZNY

Napoje energetyczne, które kupujesz, zawierają od 50 do 70 kilokalorii i około 110 miligramów sodu na 250 mililitrów produktu. Ten, który proponuję, ma takie same parametry, ale jest znacznie tańszy. Możesz nie dodawać soku z cytryny, jednak smak będzie gorszy.

Przyrządzając własny napój energetyczny, możesz eksperymentować. Można łączyć soki i rozcieńczać je, aby otrzymać napój o wartości 50 kilokalorii w 250 mililitrów, oraz dodawać do nich szczyptę soli (a dokładnie ¼ łyżeczki soli na litr napoju). Niektórzy dodają lemoniadę bez cukru, żeby wzmocnić smak, nie przekraczając ilości 50–70 kilokalorii na 250 mililitrów. Pamiętaj, by zawsze wypróbowywać napój podczas treningów, a nie ważnego wyścigu. Musisz się upewnić, że twój napój energetyczny dobrze smakuje i odpowiada ci, gdy pijesz go w trakcie intensywnego wysiłku.

50 gramów (¼ szklanki) cukru
¼ łyżeczki soli
60 mililitrów (¼ szklanki) wrzątku
60 mililitrów (¼ szklanki) soku z pomarańczy oraz 2 łyżki soku z cytryny
840 mililitrów (3½ szklanki) zimnej wody

1. W dzbanku rozpuść we wrzątku cukier i sól.
2. Dolej soki i zimną wodę, wymieszaj i schłódź.
3. Ugaś pragnienie!

Ilość: 1 litr
Wartości odżywcze: w sumie: 200 kilokalorii; w porcji 250 mililitrów: 50 kilokalorii, 12 gramów węglowodanów, 110 miligramów sodu.

KOKTAJL OWOCOWY

Koktajle z owoców to dobry pomysł na śniadanie lub przekąskę. Wybór składników zależy wyłącznie od indywidualnego smaku. Wśród najpopularniejszych połączeń znajdziemy sok pomarańczowy z bananem i truskawkami oraz sok ananasowy z kawałkami ananasa, jednak dobre jest każde połączenie, jeśli tylko ci smakuje.

Aby koktajl był gęsty i zmrożony, użyj mrożonych owoców. Możesz przygotować porcje do koktajlu, krojąc świeże owoce na kawałki i wkładając je na tackach do zamrażalnika. Po zamrożeniu przełóż owoce do zamykanych torebek foliowych (jeśli zamrozisz owoce od razu w torebce, otrzymasz zlepioną bryłkę, którą trudno będzie rozdzielić).

115 (½ szklanki) chudego jogurtu (naturalnego lub smakowego) lub mleka
240 mililitrów (1 szklanka) soku owocowego
80–160 gramów (½–1 szklanka) owoców (świeżych, mrożonych lub z puszki)
Opcjonalnie: ¼ szklanki odtłuszczonego mleka w proszku; szczypta cynamonu lub gałki muszkatołowej; słodzik

1. Wrzuć wszystkie składniki do blendera i zmiksuj na gładko.

Ilość: 1 porcja
Wartości odżywcze: w 1 porcji: 220–290 kilokalorii, 50–60 gramów węglowodanów, 5 gramów białka, 0–3 gramów tłuszczu.

KOKTAJL SOJOWO-POMARAŃCZOWY

Diana Dyer, specjalistka od żywienia, która trzykrotnie wygrywała walkę z rakiem, wierzy, że ten koktajl działa. Jest pełen witamin, minerałów, błonnika, wapnia i prozdrowotnych fitoskładników. Diana codziennie wypija go na śniadanie. Połowę w domu, zagryzając pełnoziarnistą bułką, a resztę przelewa do termicznego kubka na kawę i zabiera na wynos. Wiele osób potwierdza, że koktajl jest przepyszny i energetyzujący. Pij na zdrowie!

180 mililitrów (¾ szklanki) mleka sojowego, najlepiej wzbogaconego wapniem
180 mililitrów (¾ szklanki) soku pomarańczowego, najlepiej wzbogaconego wapniem
1–2 łyżki otrębów pszennych lub owsianych*
1–2 łyżki zarodków pszennych*
1–2 łyżki siemienia lnianego (całego lub mielonego)*
60–90 gramów miękkiego tofu
6–8 małych marchewek lub 1 duża marchew, surowa, pokrojona w kawałki
120 gramów (¾ szklanki) owoców świeżych lub mrożonych

**Stopniowo zwiększaj ilość błonnika, zaczynając od płaskiej łyżki otrębów, zarodków pszennych i siemienia. Daj sobie kilka tygodni na dojście do ilości 2 łyżek każdego z tych produktów.*

1. Wlej mleko i sok do blendera. Włącz blender i stopniowo dosypuj otręby, zarodki i siemię lniane. (Dzięki temu suche składniki nie przylgną do ścianek naczynia).
2. Wyłącz blender, dodaj tofu, marchewkę i owoce. Zakryj i zmiksuj na gładko.
3. Jeśli koktajl jest za gęsty, dodaj trochę soku, mleka sojowego lub zwykłego, wody lub mrożonej zielonej herbaty.

Ilość: mniej więcej 3 szklanki
Wartości odżywcze: około 450 kilokalorii, 65 gramów węglowodanów, 25 gramów białka, 10 gramów tłuszczu.

Dzięki uprzejmości Diany Dyer.

KOKTAJL PROTEINOWY

Oto doskonały sposób na zwiększenie w diecie ilości białka i wapnia. Używam miękkiego tofu, które zawiera około 7 gramów białka w 100 gramach. Bardzo twarde tofu ma więcej białka (16 gramów w 100 gramach), ale źle się miksuje. Zawartość białka można zwiększyć, dodając również odtłuszczone mleko w proszku, które w ¼ szklanki zawiera 8 gramów białka.

125 gramów miękkiego tofu
45 gramów (⅓ szklanki) odtłuszczonego mleka w proszku
240 mililitrów (1 szklanka) chudego mleka
2 łyżki rozpuszczalnego kakao lub syropu czekoladowego

1. Umieść wszystkie składniki w blenderze.
2. Przykryj i zmiksuj na gładko (przez mniej więcej 1 minutę).

Ilość: 1 porcja
Wartości odżywcze: 350 kilokalorii, 52 gramy węglowodanów, 26 gramów białka, 4 gramy tłuszczu.

GĘSTY MROŻONY MILK SHAKE

Ten gęsty i pyszny koktajl mleczny stanowi zdrową alternatywę dla milk shake'ów przygotowywanych na bazie lodów. Dodatek budyniu nadaje mu gęstość, a dzięki kostkom lodu jest zimny i orzeźwiający. Lubię przygotowywać go dla moich dzieci – to przyjemny sposób na dostarczenie im białka i wapnia.

Możesz zmieniać smak koktajlu, wybierając różne smaki budyniu: waniliowy, cytrynowy, czekoladowy. Możesz też dodać kawałki owoców (najlepiej mrożonych), żeby zwiększyć wartość odżywczą. Uwaga: koktajl zgęstnieje po jakimś czasie; możesz dodawać więcej lub mniej budyniu w zależności od gęstości, jaką chcesz uzyskać. Jeśli w koktajlu pozostaną kawałki nieskruszonych kostek lodu, nie ma powodu do obaw – dzięki nim pozostanie on przyjemnie zmrożony.

240 mililitrów (1 szklanka) chudego mleka
35 gramów (¼ szklanki) suchego budyniu z torebki
30 gramów (¼ szklanki) odtłuszczonego mleka w proszku
3 kostki lodu
Opcjonalnie: 1–2 garści (mrożonych) owoców w kawałkach

Ilość: 1 porcja
Wartości odżywcze: 280 kilokalorii, 55 gramów węglowodanów, 15 gramów białka, 0 gramów tłuszczu.

Dzięki uprzejmości Annie i Davida Bastille'ów.

KOKTAJL REESE

Jeżeli lubisz czekoladki z masłem orzechowym, pokochasz ten koktajl! Aby otrzymać lekki i orzeźwiający napój regeneracyjny, użyj po ¼ szklanki masła orzechowego i syropu czekoladowego. Aby otrzymać kaloryczny koktajl pomagający przybrać na wadze, użyj po pół szklanki każdego z tych produktów.

480 mililitrów (2 szklanki) mleka, najlepiej chudego lub o obniżonej zawartości tłuszczu
60 gramów (½ szklanki) odtłuszczonego mleka w proszku
65–130 gramów (¼–½ szklanki) masła orzechowego
60–125 mililitrów (¼–½ szklanki) syropu czekoladowego

1. Umieść wszystkie składniki w blenderze.
2. Przykryj i zmiksuj na gładko (przez mniej więcej 1 minutę).

Ilość: 1 porcja
Wartości odżywcze: 890–1500 kilokalorii, 105–170 gramów węglowodanów, 45–60 gramów białka, 32–64 gramy tłuszczu.

ROZDZIAŁ 25

Przekąski i desery

Wielu sportowców znajduje w codziennej diecie miejsce na słodkie przekąski i desery. Rzecz polega na tym, by wybierać desery o niskiej zawartości tłuszczu, za to bogate w węglowodany. Przepisy z tego rozdziału to zdrowa alternatywa dla pokus w postaci pustych kalorii.

Pamiętaj, że masło orzechowe to produkt idealny dla głodnych sportowców szukających sycącej i odżywczej przekąski. Choć zawiera dużo tłuszczu, z powodzeniem można zmieścić je w budżecie większości sportowców. Jeśli jesteś fanem masła orzechowego, możesz smarować nim pieczywo lub tortillę i dorzucać któryś z poniższych dodatków, aby otrzymać oryginalną sportową przekąskę:

- dżem,
- miód,
- cynamon lub cukier cynamonowy,
- mus jabłkowy, rodzynki i cynamon,
- rodzynki,
- plastry banana,
- plastry jabłka,
- kiełki,
- granolę lub pestki słonecznika,
- serek wiejski,
- plasterki marynowanych warzyw (naprawdę!).

Łatwo można też przygotować domowego milk shake'a – wystarczy zmiksować jedną szklankę mleka, jednego banana, jedną łyżkę masła orzechowego i ewentualnie coś słodkiego.

SPIS PRZEPISÓW

Zobacz też: koktajl owocowy, gęsty mrożony milk shake, koktajl Reese.

CIASTECZKA OWSIANE

Takie niskotłuszczowe i lekkostrawne ciasteczka to dobra przekąska przed treningiem oraz świetny produkt regeneracyjny. Z przepisu wychodzi około 60 ciasteczek – wystarczy, żeby nakarmić całą drużynę. Jeśli chcesz, możesz zmniejszyć ilość każdego składnika o połowę.

420 gramów (3 szklanki) mąki, najlepiej pół na pół białej i pełnoziarnistej
2 łyżeczki sody oczyszczonej
2 łyżeczki soli
2 łyżeczki cynamonu
300 mililitrów (1¼ szklanki) mleka
240 mililitrów (1 szklanka) oleju, najlepiej rzepakowego
150 gramów (¾ szklanki) białego cukru
200 gramów (1 pełna szklanka) brązowego cukru
320 gramów (4 szklanki) suchych płatków owsianych
2 jajka lub białko z 4 jaj
2 łyżki aromatu waniliowego
165 gramów (1 szklanka) rodzynek

1. Nagrzej piekarnik do temperatury 180 stopni Celsjusza.
2. W średniej wielkości misce wymieszaj sodę z solą, cynamonem i mąką. Odstaw.
3. W dużej misce połącz mleko z olejem, cukrem, płatkami, jajkami i wanilią. Dobrze wymieszaj.
4. Stopniowo dosypuj mieszankę suchych składników do dużej miski, uważając, by nie powstawały grudki. Na końcu delikatnie wmieszaj rodzynki.
5. Wykładaj łyżką na nienasmarowaną blachę do pieczenia.
6. Piecz przez 15–18 minut do momentu, gdy ciastka staną się chrupiące.

Ilość: około 60 ciasteczek
Wartości odżywcze: w sumie: 6500 kilokalorii; w 1 ciasteczku: około 110 kilokalorii, 16 gramów węglowodanów, 2 gramy białka, 4 gramy tłuszczu.
Według przepisu Natalie Updegrove Partridge.

ORZECHOWE BATONY ENERGETYCZNE

Wspaniała alternatywa dla kupnych batonów energetycznych. Będą doskonałe na wycieczki, na rower lub po prostu jako sycąca popołudniowa przekąska. Mają stosunkowo dużo tłuszczu, jednak jest to zdrowy tłuszcz z masła orzechowego i nasion słonecznika. Dla urozmaicenia możesz przygotowywać je z orzechami nerkowca i masłem z tych orzechów oraz różnymi suszonymi owocami (żurawiną, wiśniami, daktylami).

60 gramów (½ szklanki) solonych prażonych orzechów ziemnych
60 gramów (½ szklanki) prażonych pestek słonecznika (możesz też dodać więcej orzechów ziemnych lub innych)
80 gramów (½ szklanki) rodzynek lub innych suszonych owoców
160 gramów (2 szklanki) suchych płatków owsianych, zwykłych lub błyskawicznych
50 gramów (2 szklanki) ryżowych płatków śniadaniowych
130 gramów (½ szklanki) masła orzechowego, zwykłego lub z kawałkami orzechów
100 gramów (½ szklanki) brązowego cukru
120 mililitrów (½ szklanki) syropu kukurydzianego light lub miodu
1 łyżeczka aromatu waniliowego
Opcjonalnie: ¼ szklanki prażonych zarodków pszennych

1. W dużej misce wymieszaj orzechy z pestkami słonecznika, rodzynkami, płatkami owsianymi i ryżowymi (ewentualnie zarodkami pszennymi). Odstaw.
2. W średniej misce, którą możesz podgrzać w mikrofalówce, połącz masło orzechowe z brązowym cukrem i syropem kukurydzianym. Wstaw do mikrofalówki na wysoką moc na 2 minuty. Dodaj wanilię i wymieszaj.
3. Polej suche składniki masą z masła orzechowego. Wymieszaj, by dobrze się połączyły.
4. Kwadratowe batoniki: wylej masę do formy 20 x 20 centymetrów wysmarowanej sprayem do pieczenia. Prostokątne batoniki: wylej masę do formy 20 x 30 centymetrów. Dociśnij dłonią natłuszczoną margaryną lub olejem.
5. Odstaw na godzinę, następnie pokrój w kwadraty lub prostokąty.

Ilość: 16 batonów
Wartości odżywcze: w sumie: 3600 kilokalorii; w 1 batoniku: 225 kilokalorii, 30 gramów węglowodanów, 6 gramów białka, 9 gramów tłuszczu.

Dzięki uprzejmości The Peanut Institute.

SŁODKO-AROMATYCZNA CHRUPIĄCA MIESZANKA

Dietetyczkę Shannon Weiderholt ta przekąska chroni przed atakiem wieczornego głodu – chrupie ją w pracy, w drodze do domu lub po powrocie. Mieszankę możesz przechowywać w zamykanej plastikowej torebce i trzymać w szufladzie biurka, w torbie treningowej, aby zapewnić sobie dzień pełen energii. Mieszanka jest słodka, ale nie za słodka.

165 gramów (3 szklanki) gotowych płatków śniadaniowych
3 szklanki precelków, solonych lub nie
2 łyżki margaryny
1 łyżka brązowego cukru
½ łyżeczki cynamonu
165 gramów (½ szklanki) kawałków suszonych owoców lub rodzynek

1. Nagrzej piekarnik do temperatury 170 stopni Celsjusza.
2. Wymieszaj płatki i precelki w dużej zamykanej plastikowej torebce lub w zamykanym pojemniku. Odłóż na bok.
3. Rozpuść margarynę.
4. Dodaj do niej brązowy cukier i cynamon i dobrze wymieszaj.
5. Polej margaryną płatki z precelkami, zamknij torebkę lub pojemnik i potrząsaj (nie za mocno), aby margaryna pokryła suche składniki. Wyłóż równomiernie na blachę do pieczenia.
6. Piecz przez 15–20 minut, mieszając raz lub dwa.
7. Wyjmij z piekarnika, odstaw do ostygnięcia, a następnie połącz z suszonymi owocami.
8. Przechowuj w szczelnym pojemniku lub w torebkach foliowych z zamknięciem.

Ilość: 10 porcji
Wartości odżywcze: w sumie: 2000 kilokalorii; w 1 porcji: 200 kilokalorii, 40 gramów węglowodanów, 5 gramów białka, 2 gramy tłuszczu.
Źródło: American Heart Association, www.deliciousdecisions.org.

BANANOWY ZAWIJANIEC Z MASŁEM ORZECHOWYM

To ulubiona przekąska rodziny Anne Fletcher, dietetyczki i autorki książki *Sober for Good*. Smakuje dzieciom w każdym wieku nie tylko jako przekąska, ale także proste śniadanie lub lunch.

1 tortilla o średnicy 25 centymetrów, zwykła lub pełnoziarnista
2 łyżki masła orzechowego
½ średniej wielkości banana pokrojonego w plastry
1 łyżka rodzynek

1. Podgrzej tortillę w mikrofalówce przez 20–30 sekund lub do zmięknięcia.
2. Posmaruj tortillę masłem orzechowym, pozostawiając krawędź szerokości 1 centymetra.
3. Na środku tortilli ułóż plastry banana, posyp rodzynkami i zwiń jak burrito.

Ilość: 2 porcje na przekąskę lub 1 porcja na szybkie śniadanie lub kolację
Wartości odżywcze: 500 kilokalorii (cała tortilla), 70 gramów węglowodanów, 12 gramów białka, 19 gramów tłuszczu.

Dzięki uprzejmości Anne Fletcher.

JABŁKA POD KRUSZONKĄ

W tym przepisie lubię stosować jabłka ze skórką, bo dzięki temu deser ma więcej błonnika i składników odżywczych. Mała ilość przypraw sprawia, że kruszonka jest jedynie akompaniamentem do smaku jabłek. Aby kruszonka była naprawdę krucha, starannie połącz masło z mąką.

5–6 dużych jabłek pokrojonych w plastry
50 gramów (¼ szklanki) cukru
70 gramów (½ szklanki) mąki
65–100 gramów (⅓–½ szklanki) cukru, pół na pół białego i brązowego
¼ łyżeczki cynamonu
3–4 łyżki margaryny lub masła prosto z lodówki
Opcjonalnie: ¾ szklanki siekanych migdałów lub orzechów laskowych; ¼ łyżeczki gałki muszkatołowej; ¼ łyżeczki soli

1. Usuń z jabłek gniazda nasienne i pokrój je w plasterki. Ułóż w formie do pieczenia 20 x 20 centymetrów. Posyp ¼ szklanki cukru.
2. Rozgrzej piekarnik do 190 stopni Celsjusza.
3. W średniej wielkości misce wymieszaj mąkę z cukrem i cynamonem (ewentualnie gałką muszkatołową i solą). Dodaj margarynę lub masło i rozcieraj w palcach, aż połączy się z mąką i będzie wyglądać jak mokry piasek. Możesz dodać orzechy.
4. Rozprowadź kruszonkę równomiernie na jabłkach.
5. Piecz przez 40 minut. Jeśli chcesz nadać kruszonce więcej kruchości, na ostatnie 5 minut pieczenia zwiększ temperaturę do 200 stopni Celsjusza.

Ilość: 6 porcji
Wartości odżywcze: w sumie: 1560 kilokalorii
w 1 porcji: 260 kilokalorii, 50 gramów węglowodanów, 1 gram białka, 6 gramów tłuszczu.

Dzięki uprzejmości Janice Clark.

TĘCZOWA SAŁATKA OWOCOWA

Ciesząca oczy sałatka owocowa to zawsze dobry pomysł na deser. Jest wyjątkowo zdrowa, bo zawiera mnogość składników odżywczych pochodzących z różnokolorowych owoców.

1 duże mango, obrane i pokrojone w kostkę
145 gramów (1 szklanka) świeżych jagód
1 banan pokrojony w plastry
150 gramów (1 szklanka) truskawek bez szypułek przekrojonych na pół
160 gramów (1 szklanka) winogron bez pestek
1 nektarynka lub brzoskwinia pokrojona w plastry
1 kiwi, obrane i pokrojone w plastry

Sos miodowo-pomarańczowy
75 mililitrów (⅓ szklanki) soku z pomarańczy
2 łyżki soku z cytryny
1½ łyżki miodu
¼ łyżeczki mielonego imbiru
szczypta gałki muszkatołowej

1. Owoce wrzuć do dużej miski.
2. Połącz wszystkie składniki na sos i wymieszaj.
3. Tuż przed podaniem polej owoce sosem.

Ilość: 6 porcji
Wartości odżywcze: w sumie: 600 kilokalorii; w 1 porcji: 100 kilokalorii, 25 gramów węglowodanów, 0 gramów białka, 0 gramów tłuszczu.

GORĄCE BRZOSKWINIE NA JOGURCIE Z CHRUPIĄCĄ POSYPKĄ

Wyśmienity przepis, doskonały jako przekąska dla dzieci lub poobiedni deser. Możesz przygotować jogurt i posypkę wcześniej, a przed podaniem przygotować tylko gorące brzoskwinie. Składniki można łatwo podzielić i przygotować porcję tylko dla siebie. Jest to jeden z wielu przepisów, który można dowolnie modyfikować, używając różnych owoców i różnych smaków jogurtu.

1 łyżka margaryny lub masła
450 mililitrów brzoskwiń z puszki lub 340 gramów brzoskwiń świeżych albo mrożonych pokrojonych w kostkę
2 łyżki brązowego cukru
¼ łyżeczki cynamonu
12 kruchych ciasteczek imbirowych
175 gramów jogurtu waniliowego lub brzoskwiniowego, chudego lub o obniżonej zawartości tłuszczu

1. Wrzuć masło lub margarynę na patelnię i rozpuść na średnim ogniu.
2. Dodaj brzoskwinie, wsyp brązowy cukier i cynamon. Duś przez 2 do 5 minut, od czasu do czasu mieszając.
3. W tym czasie wrzuć ciasteczka do wytrzymałej foliowej torebki z zamknięciem, zamknij ją i rozkrusz ciasteczka wałkiem lub innym ciężkim przedmiotem.
4. Wyłóż jogurt do 4 miseczek lub pucharków. Posyp warstwą ciasteczkowych okruszków, na wierzch połóż ciepłe brzoskwinie.

Ilość: 4 porcje
Wartości odżywcze: w sumie: 110 kilokalorii; w 1 porcji: 275 kilokalorii, 47 gramów węglowodanów, 8 gramów białka, 6 gramów tłuszczu.

Źródło: Washington State Dairy Council.

CIASTO MARCHEWKOWE

Dietetyczka sportowa Jenny Hegmann mawia, że jeśli już koniecznie musisz jeść ciasto, wybierz takie, które zawiera owoce, warzywa lub orzechy. Ciasto marchewkowe spełnia te wymagania. Inaczej niż większość ciast marchewkowych, które zawierają bardzo dużo tłuszczu, ciasto według przepisu Jenny Hegmann ma go niewiele – i to w postaci zdrowego dla serca oleju rzepakowego.

300 gramów (1½ szklanki) cukru
180 mililitrów (¾ szklanki) oleju, najlepiej rzepakowego
3 jajka lub białko z 6 jaj
220 gramów (2 szklanki) tartej marchewki
250 gramów (1 szklanka) rozgniecionego ananasa z puszki (razem z sokiem)
2 łyżeczki ekstraktu z wanilii
1 łyżeczka soli
1 łyżeczka cynamonu
1 łyżeczka proszku do pieczenia
½ łyżeczki sody oczyszczonej
350 gramów (2 ½ szklanki) mąki
Opcjonalnie: 1 szklanka (120 gramów) siekanych orzechów włoskich; 1 szklanka (165 gramów) rodzynek

Polewa:
125 niskotłuszczowego kremowego serka (o temperaturze pokojowej)
250 gramów (2½ szklanki) drobnego cukru
1 łyżeczka ekstraktu waniliowego lub 2 łyżki skórki startej z pomarańczy
1–2 łyżki mleka lub soku pomarańczowego

1. Nasmaruj formę o wymiarach 20 x 30 centymetrów
2. Nagrzej piekarnik do 180 stopni Celsjusza.
3. W średniej misce ubij cukier z olejem, a następnie jajkami.
4. Dodaj tartą marchew, ananasa wraz z sokiem i ekstrakt z wanilii. wymieszaj.
5. Dodaj sól, cynamon, proszek do pieczenia i sodę (ewentualnie orzechy i rodzynki). Delikatnie wmieszaj mąkę.
6. Wylej masę do przygotowanej formy. Piecz przez 35–40 minut. Poczekaj, aż całkowicie wystygnie.
7. Zmiksuj serek kremowy z cukrem. Dodaj wanilię i mleko (lub sok pomarańczowy i skórkę z pomarańczy) i zmiksuj na gładką masę. Rozsmaruj na cieście.

Ilość: 24 kawałki
Wartości odżywcze: Bez polewy: całe ciasto: 4200 kilokalorii; 1 porcja: 175 kilokalorii, 26 gramów węglowodanów, 2 gramy białka, 7 gramów tłuszczu. Z polewą: całe ciasto: 5500 kilokalorii; 1 porcja: 230 kilokalorii, 37 gramów węglowodanów, 3 gramy białka, 8 gramów tłuszczu.

Dzięki uprzejmości Jenny Hegmann.

CZEKOLADOWA POKUSA

Najbardziej w tym czekoladowym puddingu podoba mi się to, że zawiera niewiele tłuszczu, a przy tym ma mocno czekoladowy smak. Podczas pieczenia wytwarza się również sos. Jeśli potrzebujesz racjonalnego powodu do rozsmakowania się w czekoladzie, pamiętaj, że kakao zawiera dobre dla zdrowia fitoskładniki.

140 gramów (1 szklanka) mąki
150 gramów (¾ szklanki) cukru
2 łyżki kakao
2 łyżeczki proszku do pieczenia
1 łyżeczka soli
120 mililitrów (½ szklanki) mleka
2 łyżki oleju, najlepiej rzepakowego
2 łyżeczki ekstraktu z wanilii
150 gramów (¾ szklanki) brązowego cukru
35 gramów (¼ szklanki) kakao
420 mililitrów (1¾ szklanki) gorącej wody
Opcjonalnie: ½ szklanki (60 gramów) posiekanych orzechów

1. Nagrzej piekarnik do 180 stopni Celsjusza.
2. Wymieszaj mąkę z białym cukrem, 2 łyżkami kakao, proszkiem do pieczenia i solą; wlej mleko, olej i ekstrakt z wanilii (dodaj orzechy). Wymieszaj na gładką masę.
3. Wylej masę do lekko nasmarowanej formy 20 x 20 centymetrów.
4. Wymieszaj brązowy cukier z ¼ szklanki kakao i gorącą wodą. Ostrożnie polej ciasto.
5. Piecz przez 40 minut lub do chwili, gdy pudding zarumieni się i zaczną się na nim tworzyć bąbelki.

Ilość: 9 porcji
Wartości odżywcze: w sumie: 2100 kilokalorii; w 1 porcji: 230 kilokalorii, 46 gramów węglowodanów, 3 gramy białka, 4 gramy tłuszczu.

Dzięki uprzejmości Sue Westin.

DODATEK A

Więcej informacji

Poniższa lista to zestaw książek i adresów stron internetowych, gdzie znaleźć można więcej informacji na wiele poruszonych w tej książce tematów. Niektóre z wymienionych tu książek to klasyka, inne są stosunkowo nowe. Kilka tytułów umieściłam z myślą o profesjonalistach, ale większość skierowana jest do szerszego grona czytelników.

Wymienione tu strony internetowe i publikacje zawierają sprawdzone informacje na temat żywienia, żywienia sportowców i zdrowia. Nie jest to wyczerpujące kompendium wiedzy w tym zakresie – istnieje mnóstwo innych doskonałych stron i źródeł.

Często pytana jestem, co trzeba zrobić, żeby zostać dietetykiem sportowym, dlatego na końcu tego rozdziału zamieściłam garść porad na ten temat. Specjaliści poszukujący materiałów do nauki o zdrowym żywieniu znajdą slajdy i materiały do wydrukowania na mojej stronie internetowej, www.nancyclarkrd.com, a także kursy internetowe na www.sportsnutritionworkshop.com.

Źródła książkowe i internetowe

Polskie	Zagraniczne
Alkohol	
www.psychologia.edu.pl/czytelnia/51-alkohol-i-nauka/254--alkohol-a-odzywianie.html – alkohol a odżywianie www.prozdrowie.pl/Artykuly/Dieta-i-Fitness/zywienie-w--chorobach/Dieta-w-chorobie-alkoholowej – rady dla osób dotkniętych chorobą alkoholową www.natemat.pl/76377,co-laczy-alkoholizm-z-zaburzeniami-odzywiania – artykuł o dziedziczności uzależnienia od alkoholu, i zaburzenia odżywiania www.fassaction.org.uk/phocadownload/Alcohol%20and%20 Nutrition_PL.pdf – wpływ alkoholu na wartości odżywcze	Garner A. i Woititz J., *Lifeskills for Adult Children*, Deerfield Beach, FL: Health Communications 1990 Woititz J., *The Complete adult children of alcoholics sourcebook: Adult children at home, at work and in love*, Deerfield Beach, FL: Health Communications 2002 www.AddictionAlternatives.com www.alcoholics-anonymous.org www.moderation.org www.secularsobriety.org www.smartrecovery.org www.unhooked.com
Analiza diety i ocena potrzeb żywieniowych, kontrola wagi	
Campbell T.C., Campbell T.M. *Nowoczesne zasady odżywiania. Przełomowe badanie wpływu żywienia na zdrowie*, Galaktyka 2011 Kunachowicz H., Nadolna I., Iwanow K., *Wartość odżywcza wybranych produktów spożywczych i typowych potraw*, PZWL 2012 Ogden J., *Psychologia odżywiania się. Od zdrowych do zaburzonych zachowań żywieniowych*, Wydanictwo Uniwersytetu Jagiellońskiego 2011 Tajner-Czopek A. Kita A., *Analiza żywności Jakość produktów spożywczych*, Wydawnictwo Akademii Rolniczej we Wrocławiu 2005 www.kalkulatorkalorii.net/ – kalkulatory kalorii, przemiany materii, BMI, spalania kalorii www.www.zdrowotne.pl/kalkulator-kalorii – co jeść i w jakich ilościach, analiza potrzeb żywieniowych www.www.tabele-kalorii.pl/ – kalkulator kalorii, tabela kalorii, kalorie, wartości odżywcze, tabele kaloryczne oraz diety www.darkthorn.republika.pl – dziennik posiłków	Fletcher A. i Wyatt H., *Weight loss confidential: How teens lose weight and keep it off – and what they wish parents knew*, Houghton Mifflin 2007 Fletcher A., *Thin for life: 10 keys to success from people who have lost weight and kept it off*, Houghton Mifflin 2003 Kostas G., *The Cooper Clinic solution to the diet revolution*, Good Health Press 2007 Netzer C., *The complete book of food counts*, Dell 2005 Pennington J. i Douglass R., *Bowes & Church's food values of portions commonly used*, Lippincott 2004 Tribole E. i Resch E., *Intuitive eating: A revolutionary program that works*, St. Martin's Griffin 2003 www.ars.usda.gov/services/docs.htm?docid=7783 www.caloriescount.com www.chasefreedom.com www.hin.nhlbi.nih.gov/menuplanner/menu.cgi www.mypyramidtracker.gov www.shapeup.org www.usda.gov/cnpp
Celiakia	
Jarosz M., *Celiakia*, PZWL Kunachowicz H. (red.), *Dieta bezglutenowa – co wybrać? Wartość odżywcza produktów i potraw*, PZWL Rujner J., Aleksandra B., Cichańska *Dieta bezglutenowa i bezmleczna dla dzieci i dorosłych*, PZWL www.celiakia.pl www.dietabezglutenowa.pl	Case S., *Gluten-free diet: A comprehensive resource guide*, Case Nutrition Consulting 2006 www.gluten.net www.glutenfreediet.ca www.glutenfreemeals.com www.iansnaturalfoods.com
Ciąża	
Szostak-Węgierek D., Cichocka A., *Żywienie kobiet w ciąży*, PZWL 2011 Murkoff H., Mazel S., *W oczekiwaniu na dziecko*, Rebis 2010 Conway R., *Co jeść podczas ciąży?*, Wydawnictwo Esprit 2010	Erick M., *Managing morning sickness: A survival guide for pregnant women* Bull 2004 Luke B. i Eberlein T., *When you are expecting twins, triplets and quads*, Harper Collins 2004

Źródła książkowe i internetowe cd.

Polskie	Zagraniczne
Ciąża cd.	
Idol O., *Dieta Alleluja dla kobiet w ciąży i maluchów*, Vocatio 2013 Peter A.J., *Jedz zgodnie ze swoją grupą krwi. Dla kobiet w ciąży*, Wydawnictwo Mada 2003 www.mamazone.pl www.poradnikmamy.pl www.rodzice.pl	Swinney B., *Eating expectantly: A practical and tasty approach to prenatal nutrition*, Meadowbrook Press 2006 Waterhouse D., *Outsmarting the female fat cell – after pregnancy: Every woman's guide to shaping up, slimming down, and staying same after the baby*, Hyperion 2003 www.morningsickness.net
Cukrzyca	
Karnafel W., Levy D., *Praktyczna opieka diabetologiczna*, PZWL Leigh B.C., *Cukrzyca leczymy i zapobiegamy*, Źródło Życia 2015 www.cukrzyca.info.pl/ strona Polskiego Towarzystwa Diabetologicznego www.diabetyk.info portal poświęcony cukrzycy	American Diabetes Association, *The American Diabetes Association's complete guide to diabetes*, Author 2006 Colberg S., *The diabetic athlete*, Human Kinetics 2000 www.ndep.nih.gov, www.diabetes.org
Fizjologia treningu i wysiłku fizycznego	
www.www.fit-pro.pl www.www.zdrowie.fit.pl	McArdle W., Katch F. i V. Katch V., *Exercise physiology: Energy, nutriotion and human performance*,Lippincott, Williams & Wilkins 2006 Wilmore J. i Costill D., *Physiology of sport and exercise*, Human Kinetics 2008 www.acsm.org www.fitlinxx.com www.choosetomove.org
Książki i czasopisma kulinarne	
„Kukbuk" „Kuchni" „Food&Friends" „Usta" Fitzgerald M., Fear G., Książka kucharska dla aktywnych. Waga Startowa, Inne Spacery 2014 McKeith G., *Jesteś tym, co jesz. Książka kucharska*, Dom wydawniczy Rebis 2006 Michaels J., *Opanuj swój metabolizm. Książka kucharska*, Laurum 2013 Rapley G., Murkett T., *Bobas lubi wybór. Książka kucharska*, Mamania 2012 Wieczorek-Chełmińska Z., *Nowoczesna dietetyczna książka kucharska* PZWL	American Heart Association, *AHA meals in minutes cookbook: Over 200 all new quick and easy low-fat recipes*, Crown 2000 Bissex J. i Weiss L., *The mom's guide to meal makeovers: Improving the way your family eats one meal at a time*, Broadway 2003 Foco Z., *Lickety-split meals for health conscious people on the go!*, ZHI 2007 Molt M., *Food for fifty*, Prentice Hall 2005 Pivanka E. i Berry B., *5 a day: The better health cookbook*, Rodale 2002 Ponichtera B., *Quick and healthy recipes and ideas*, Small Steps Press 2008 Tribole E., *Healthy homestyle cooking*, Rodale 1994 www.cookinglight.com www.eatingwell.com www.lightandtasty.com
Medycyna alternatywna	
www.library.ncnm.edu www.portal.abczdrowie.pl/medycyna-naturalna www.www.medycyna-naturalna.424.pl www.zioladlazdrowia.pl	www.dietary-suplements.info.nih.gov www.nccam.gov

Źródła książkowe i internetowe cd.

Polskie	Zagraniczne
Menopauza	
Francis C., *Pierwsze kroki do przejścia przez menopauzę*, Jedność 2013 Phillips R.N., *Menopauza. Poradnik dla kobiet*, Wydawnictwo Muza 2011 Zoltan R., *Menopauza. Przechodzimy naturalnie*, Źródła Życia 2014 www.menopauza.pl	Boston Women's Health Book Collective i Vivian Pinn, *Our bodies, ourselves: Menopause*, Touchstone 2006 Nelson M. i Wernick S., *Strong women, strong bones: Everything you need to know to prevent, treat and beat osteoporosis*, Perigree 2006 www.menopause.org www.power-surge.com
Nadciśnienie i dieta DASH	
Januszewicz W., *Jak żyć z nadciśnieniem tętniczym*, PZWL 2008 Jarosz M., Respondek W., *Nadciśnienie tętnicze. Porady lekarzy i dietetyków*, PZWL 2015 Wieczorek Z., *Żywienie w nadciśnieniu tętniczym* PZWL 2013 www.dashdieta.eu	www.nhlbi.nih.gov
Odżywianie w sporcie	
Bean A., *Żywienie w sporcie*, Wydawnictwo Zysk i S-ka 2014 Celejowa I., *Żywienie w sporcie*, PZWL 2014 Fitzgerald M., *Waga startowa*, Inne Spacery 2012 Lafay O., *Skuteczne odżywianie w treningu i sporcie*, Wydawnictwo AHA 2014 www.ec.europa.eu/health/nutrition_physical_activity/portal/index_pl.htm www.kulturystyka.pl	Benardot D., *Advanced sports nutrition*, Human Kinetics 2006 Burke L., *Practical sports nutrition*, Human Kinetics 2007 Clark N., *The cyclist's food guide*, Sports Nutrition 2005 Clark N., *Nancy Clark's food guide for marathoners: Tips for everyday champions*, Meyer & Meyer Sport 2007 Coleman E., *Eating for endurance*, Bull 2003 Dunford M., *Sports nutrition: A practice manual for professionals*, American Dietetic Association 2006 Gerard E.S., *Endurance sports nutrition*, Human Kinetics 2007 Ivy J. i Poortman R., *Nutrient timing: The future of sports nutrition*, Basic Health 2004 Kleiner S. i Greenwood M., *Power eating*, Human Kinetics 2007 Larson D., *Vegetarian sports nutrition*, Human Kinetics 2007 Litt A., *Fuel for young athletes*, Human Kinetics 2004 Volpe S., Sablewski S. i Mohr C., *Fitness nutrition for special dietary needs*, Human Kinetics 2007 www.ais.org.au www.SCANpg.org www.gssiweb.com www.nlm.nih.gov
Osteoporoza	
Jarosz M., Charzewska J., *Osteoporoza*, PZWL 2010 Kunachowicz H., *Liczmy wapń w diecie*, PZWL 2007 Marcinowska-Suchowierska E., *Osteoporoza komu zagraża. Jak jej unikać*, PZWL 2001 www.osteoporoza.pl – Polskie Towarzystwo Osteoartrologii	www.nof.org
Otyłość u dzieci	
Litwin M., Małecka-Tendera E., Matusik P., *Otyłość u dzieci i młodzieży*, PZWL 2011 Tounian P., *Otyłość u dzieci*, PZWL 2008 www.imid.med.pl – poradnik Instytutu Matki i Dziecka	www.cdc.gov/growthcharts www.nhlbi.gov/health/public/heart/obesity/wecan

Źródła książkowe i internetowe cd.

Polskie	Zagraniczne
Pestycydy	
www.stressfree.pl/pestycydy-trucizna-ktora-jemy-co-dzien/ www.gis.gov.pl – Rozporządzenie Komisji (UE) nr 491/2014 dnia 5 maja 2014 r." www.roik.pl/tag/pestycydy	www.ams.usda.gov/science/pdp www.beyondpesticides.org www.EPA.gov/pesticides www.ewg.org
Praca nad sobą	
Duhhig C., *Siła nawyku*, Dom Wydawniczy PWN Parzelski D., *Psychologia w sporcie. Teoria, badania, praktyka*, Wydawnictwa Uniwersytetu Warszawskiego 2009 www.bezograniczen.org	Prochaska J., Norcross J. i DiClemente C., *Changing for good: A revolutionary six-stage program for overcoming bad habits and moving your life positively forward*, Harper Collins 1995 Rollnick S., *Health behavior change: A guide for practitioners*, Churchill Livingstone 1999
Przekręty	
www.fit-pro.pl/dietetyczne-mity-czyli-czego-nie-robic-podczas-odchudzania/	www.quackwatch.com www.healthfactsandfears.com
Przepisy kulinarne	
www.dieta-sportowca.com.pl www.durszlak.pl www.mytaste.pl www.smaker.pl	www.aboutseafood.com www.eatchicken.com www.foodfit.com www.fruitsandveggiesmatter.gov www.fruitsandveggiesmorematters.org www.ilovepasta.org www.mealmakeovermoms.com www.mealsforyou.com www.mealtime.org www.nal.usda.gov/fnic www.potatohelp.com www.usaricc.com
Relaks i kontrola stresu	
www.portalyogi.pl www.szybkanauka.net/kontrola-stresu-0	www.meditationcenter.com www.learningmeditation.com
Suplementy	
Jarosz M., Dzieniszewski J., *Uważaj, co jesz, gdy zażywasz leki. Interakcje między żywnością, suplementami diety a lekami*, PZWL 2007 www.krsio.org.pl/site/18 www.gis.gov.pl/dep/?dep=14&id=27	www.cfsan.fda.gov www.ConsumerLab.com www.drugabuse.gov www.nal.usda.gov/fnic www.ncaa.org
Walka z rakiem	
Jarosz M., Sajór I., *Żywienie chorych z nowotworami. Porady lekarzy i dietetyków*, PZWL 2014 www.amazonki.net – fakty i mity żywienia w chorobie nowotworowej – poradnik do ściągnięcia ze strony www.kodekswalkizrakiem.pl/kodeks www.pkopo.pl – strona Polskiej Koalicji Organizacji Pacjentów Onkologicznych www.policzmysie.pl www.pto.med.pl – Polskie Towarzystwo Onkologiczne	Dyer, D. 2002. *The dietitian's cancer story: Information and inspiration for recovery and healing*, Swan Press Weihofen D. iMarino C., *The cancer survival cookbook: 200 quick and easy recipes with helpful eating tips*, Wiley 2002 www.aicr.org www.cancer.org www.cancernutritioninfo.com www.CancerRD.com www.dietandcancerreport.org

Źródła książkowe i internetowe cd.

Polskie	Zagraniczne
Wegetarianizm	
Dymek M., *Kuchnia roślinna*, Jadłonomia Łuczaj Ł., *Dzika kuchnia*, Nasza Księgarnia 2013 Malinowska M., Borawska M., *Wegetarianizm. Zalety i wady* PZWL 2009 Robbins J., *Głosy rewolucji żywnościowej. Możesz uzdrowić swoje ciało i świat tym, co jesz*, Illuminatio 2014 www.jadlonomia.pl www.zielenina.blogspot.com www.zostanwege.pl	Krizmanic J., *The teen's vegetarian cookbook*, Viking Press 2000 Lappe F.M., *Hope's edge: The next diet for a small planet*, Tarcher 2002 Melina V i Davis B., *The new becoming vegetarian: The essential guide to a healthy vegetarian diet*, Healthy Living 2003 www.vrg.org www.vegweb.com www.vegancooking.com
Zaburzenia odżywiania	
Abraham S., Llewelyn-Jones D., *Bulimia i anoreksja. Zaburzenia odżywiania*, Prószyński i S-ka 1999 Hollis J., *Nadwaga jest sprawą rodziny. Poradnik dla cierpiących na zaburzenia łaknienia oraz osób, które ich kochają*, Gdańskie Wydawnictwo Psychologiczne 2000 Józefik B. (red.), *Anoreksja i bulimia psychiczna. Rozumienie i leczenie zaburzeń odżywiania się*, Wydawnictwo Uniwersytetu Jagiellońskiego 1999 Koenig K.R., *Grzeczne dziewczynki kończą z nadwagą: nie musisz być zawsze miła i gruba* Wydawnictwo Czarna Owca 2010 Namysłowska I., Ruszkowska E. i Siewierska A., *Gdy odchudzanie jest chorobą*, Intra 2000 Wiatrowska A., *Jakość życia w zaburzeniach odżywiania*, UMCS 2009 Wiatrowska A., *Jakość życia w zaburzeniach odżywiania*, Wydawnictwo UMCS 2009 www.centrumzaburzenodzywiania.pl	Beals K., *Disordered eating among athletes*, Human Kinetics 2004 Heffner M., *The anorexia workbook*, Gurze Books 2004 Hirschmann J. i Munter C., *Overcoming overating: Living free in a world of food*, Vermillion 2000 Koeing K., *Food and feelings workbook: A full course meal on emotional health*, Gurze Books 2007 McCabe R., McFarlane T., *Overcoming bulimia workbook: Your comprehensive step by step guide to recovery*, Gurze Books 2003 Pope H., *The secret crisis of male body obsession*, Free Press 2000 Roth G., *Breaking free from emotional eating*, Plume 2003 Siegel M., Brisman J., *Surviving an eating disorder: Perspectives and strategies for family and friends*, Harper Perennial 1997 www.eatright.org www.nationaleatingdisorders.org www.bulimia.com www.findingbalance.com www.somethingfishy.org
Zaburzenia odżywiania (dla specjalistów)	
Bomba J. i Józefik B., *Leczenie anoreksji i bulimii psychicznej: co, kiedy, komu*, Polskie Towarzystwo Psychiatryczne 2002 Cooper M., Todd G., Wells A., *Bulimia. Program terapii*, Zysk i S-ka 2005 Maine M., Hartman McGilley B., Bunnell D.W., *Leczenie zaburzeń odżywiania. Pomost między nauką a praktyką*, Wydawnictwo Medyczne Urban & Partner 2013	Katrina K., King N. i Hayes D., *Moving away from diets: New ways to heal eating problems and exercise resistance*, Helm 2003 Thompson R. i Trattner Sherman R., *Helping athletes with eating disorders*, Human Kinetics 1993 Woolsey M., *Eating disorders: A clinical guide to counseling and treatment*, American Dietetic Association 2002
Zdrowe odżywianie	
Beck J. S., *Dieta dr Beck. Myślenie wyszczuplające*, W.A.B. 2009 Hans-Ulrich G., *Nie jedz tego – szkodliwe składniki zdrowego jedzenia*, Vital 2013 Kunachowicz H., Nadolna I., Przygoda B., *Jem zdrowo węglowodany indeks gikemiczny i inne składniki odżywcze*, PZWL 2011	Carpenter R.A. i Finley C., *Healthy eating every day*, Human Kinetics 2005 Duyff R., *The American Dietetic: Association's complete food and nutrition guide*, Wiley 2006 Lichten J., *Dining lean: How to eat healthy when you're not at home*, Nutrifit 2007

Źródła książkowe i internetowe cd.

Polskie	Zagraniczne
Zdrowe odżywianie cd.	
Pitchford P., *Odżywianie dla zdrowia. Tradycje wschodnie i nowoczesna wiedza o żywieniu*, Galaktyka 2008 Potter J., *Gotowanie dla geeków*, Helion 2011 Statham B., *Tabele dodatków i składników chemicznych, czyli wiesz, co jesz*, Wydawnictwo RM 2012 Thomas P., *Świadome zakupy, czyli co naprawdę kupujemy*, Purana 2007 Włodarek D., Lange E., Kozłowska L., *Dietoterapia*, PZWL 2015	Nelson M., Lichtenstein A. i Linder L., *Strong women, strong hearts*, Aurum Press 2005 Nestle M., *What to eat: An aisle-by-aisle guide to savvy food choices and good eating*, North Point Press 2006 Tribole E., *Eating on the run*, Human Kinetics 2004 www.americanheart.org www.nal.usda.gov/fnic www.fruitsandveggiesmatter.gov www.mayoclinic.com www.health.gov/dietaryguidelines
Zdrowie w dojrzałym wieku	
Ettinger Walter H., Wright Brenda S., Blair Steven N., *Sprawność i zdrowie po pięćdziesiątce*, Buk Rower 2014 Phillips R. N., *Menopauza. Poradnik dla kobiet*, Muza 2011 Zoltan R., *Menopauza. Przechodzimy naturalnie*, Źródła Życia www.menopauza.pl	Nelson M., *Strong Women Stay Slim*, Random House 1999 www.healthandage.com
Zioła i leki	
Senderski M., *Zioła. Praktyczny poradnik o ziołach i ziołolecznictwie*, Liber 2009 Łuczaj Ł., *Dzika kuchnia*, Wydawnictwo Nasza Księgarnia 2013 Szymanderska H., *Z łąki na talerz*, Świat Książki 2014 Kalemba-Drożdż M., *Pyszne chwasty*, Pascal 2014	www.herbmed.org www.mskcc.org/aboutherbs www.herbs.org
Żywienie dzieci	
Atkinson C., *Smacznego. Sposób na małego niejadka*, Publicat 2008 Książyk J., *Standardy leczenia żywieniowego w pediatrii*, PZWL 2013. Szajewska H., Albrecht P., *Jak żywić niemowlęta i małe dzieci. Praktyczny poradnik dla rodziców*, PZWL Woś H., Staszewska-Kwak A., *Żywienie dzieci*, PZWL 2008 www.szkolanawidelcu.pl	Friedman S., *When girls feel fat: Helping girls through adolescence*, HarperCollins 2001 Litt A., *The college student's guide to eating well on campus*, Tulip Hill Press 2005 Satter E., *Child of mine: Feeding with love and good sense*, Bull 2000 Satter E., *Secrets of feeding a healthy family*, Kelcy Press 2005 Ward E., *Healthy foods, healthy kids: A complete guide to nutrition for children from birth to six years old*, Adams Media 2002 www.kidnetic.com
Żywność	
www.pttz.org/zyw/ – czasopismo naukowe poświęcone problematyce nauk o żywności i żywieniu www.minrol.gov.pl/Jakosc-zywnosci/Poznaj-Dobra-Zywnosc www.zdrowa-zywnosc.pl	www.ific.org

Jak zostać dietetykiem sportowym

Każdego tygodnia otrzymuję e-maile od osób, które czytały moje książki lub artykuły i pytają, gdzie mogą się dowiedzieć więcej o odżywianiu i treningu. Niektóre z nich chciałyby nawet zostać dietetykiem sportowym. Oto co im odpowiadam.

- Coraz więcej szkół i instytucji oferuje programy nauczania i kursy z zakresu żywienia sportowców. Możesz wybrać kierunek studiów, który oferuje taką specjalizację.
- Jeśli chcesz po prostu poszerzyć wiedzę na własny użytek, możesz zapisać się na jeden czy dwa kursy z zakresu odżywiania lub treningu, nie poświęcając na to pięciu lat edukacji. Osobom, które chcą zajmować się żywieniem sportowców zawodowo, zalecam jednak, by przeszły cały program szkoleniowy dla dietetyków.
- Jeżeli chcesz prowadzić doradztwo z zakresu odżywiania, musisz ukończyć odpowiednie studia i uzyskać dyplom dietetyka. W ten sposób utorujesz sobie drogę do kariery w tej dziedzinie. Niektórzy odbywają tylko kurs na certyfikowanego dietetyka, jednak znacznie szerszą wiedzę zdobędziesz dzięki regularnym studiom i ewentualnie stażowi w firmie zajmującej się doradztwem żywieniowym. Zdobycie odpowiedniej wiedzy i doświadczenia świadczy o twojej zawodowej odpowiedzialności.
- Gorąco zachęcam studentów i świeżo upieczonych absolwentów, by – nawet jeśli chcą w przyszłości pracować ze sportowcami i innymi aktywnymi zdrowymi osobami – popracowali najpierw na przykład w szpitalu, gdzie mogą się nauczyć jak postępować w przypadku chorób serca, cukrzycy, raka oraz wielu innych schorzeń pojawiających się wraz z wiekiem. Dzięki takiej wiedzy będą lepszym doradcą swoich pacjentów. Rok czy dwa pracy w przychodni lub szpitalu to dobra inwestycja w przyszłą karierę.
- Zostań wolontariuszem – w młodzieżowej lidze piłkarskiej, klubie sportowym itp. – i wykorzystuj programy żywieniowe i treningowe opracowane przez towarzystwo dietetyczne działające w twoim kraju czy okolicy. Wypróbuj to, czego uczysz innych. Pisz artykuły o tematyce żywieniowej do lokalnej gazety lub stwórz newsletter dla pobliskiego klubu biegowego czy rowerowego. Przecierając szlaki, dzięki którym możesz poznawać innych specjalistów od sportowej diety i z zakresu medycyny sportowej, być może torujesz sobie drogę do swojej wymarzonej – i płatnej – pracy.
- Dieta stała się obecnie integralną częścią większości programów treningowych, dzięki czemu pojawia się dla nas coraz więcej pracy. O wakaty warto dowiadywać się w klubach sportowych, centrach treningowych, ośrodkach SPA, siłowniach, firmach zapewniających programy wellness dla swoich pra-

cowników, klinikach medycyny sportowej, wydziałach sportowych w szkołach i na uczelniach, a także w zawodowych i półamatorskich drużynach sportowych. Wystarczy być pomysłowym!

- Większość osób musi zapukać do wielu drzwi, zanim znajdzie pracę, której szuka. Można też wziąć sprawę w swoje ręce. Na przykład niektórzy dietetycy mający nastoletnie dzieci uprawiające sport organizują zajęcia dla rodziców, trenerów, uczniów z zakresu odżywiania. Wielu dietetyków spełnia się, pracując w dziedzinie, którą lubią najbardziej, na przykład w tenisie, balecie czy gimnastyce. Wiele osób znajduje pacjentów, pracując w klubie sportowym. Można stworzyć sobie swoją wymarzoną pracę i dzięki ciężkiej pracy i cierpliwości osiągnąć swój cel.

Produkty odżywcze i napoje dla sportowców

Sportowcy zawsze pytają mnie o to, który napój energetyczny, żel, baton energetyczny, baton proteinowy czy inny produkt żywieniowy dla sportowców jest najlepszy. Odpowiadam zawsze, że najlepszy jest ten produkt, który najbardziej smakuje i najlepiej odpowiada układowi trawiennemu. Zawsze sprawdzaj nowe produkty podczas treningu, a nie podczas ważnego spotkania.

Można oczywiście korzystać z wielu produktów, zwłaszcza gdy potrzebujemy energii podczas intensywnego wysiłku, jednak tak naprawdę chodzi tu bardziej o wygodę niż konieczność. Produkty takie nie są w żaden sposób niezwykłe ani lepsze od zwyczajnego jedzenia. Stanowią komercyjną odpowiedź na rynkową niszę. Branża produktów dla sportowców rozwija się niesłychanie dynamicznie.

Śledząc opublikowaną listę, możesz zobaczyć, że producenci starają się wypełnić dosłownie każdą lukę. Twoim zadaniem jest przetestowanie, czy dany produkt sprawdza się w trakcie treningu i czy faktycznie jest wart swojej ceny; może równie dobrze sprawdzają się o wiele tańsze i często smaczniejsze cząstki pomarańczy, banany, woda, odgazowana cola, herbata z miodem, mleko czekoladowe lub inne zwyczajne produkty dostarczające energii.

Wybieraj, pamiętając, że:

- Dodatek sodu jest dobrym pomysłem, jeśli planujesz intensywny wysiłek w upale trwający dłużej niż dwie godziny.
- Maltodekstrynę często stosuje się jako substancję słodzącą, bo uważa się, że jej działanie jest bardziej długotrwałe niż sacharozy.
- Żele energetyczne należy bezwzględnie przetestować podczas treningu. Mogą okazać się za słodkie i często przyczyniają się do biegunki.
- Napoje oznakowane jako regeneracyjne zawierają oprócz węglowodanów trochę białka.

- Napoje energetyczne zawierają głównie skoncentrowany cukier, często z dodatkiem kofeiny.
- Są trzy podstawowe rodzaje batonów odżywczych: energetyzujące – do spożywania przed wysiłkiem, proteinowe oraz zastępujące posiłek (sklepy oferują jeszcze batony odchudzające, ale tych nie znajdziesz na mojej liście).
- Batony energetyczne powinny być spożywane jako źródło dodatkowej energii, a nie zamiast właściwego posiłku.
- Batony typu meal-replacement (zastępujące posiłek) zawierają nieco białka, witamin i minerałów, ale powinny stanowić wyjście awaryjne, a nie standardowe posiłki. Najczęściej nie dostarczają odpowiedniej liczby kalorii, aby zastąpić pełnowartościowy posiłek.
- Batony proteinowe zwykle zawierają mieszankę soi, pszenicy, kazeiny i białka jaj. Standardowa zawartość białka wynosi w nich od 15 do 35 gramów. Zwykle białko jest niesmaczne i dlatego batony są mocno aromatyzowane.

ŻYWNOŚĆ FUNKCJONALNA I NAPOJE DLA SPORTOWCÓW

NAPOJE DLA SPORTOWCÓW

Z dodatkiem sodu: Vitargo® +Electrolyte, Sponser Energy Isotonic, Gatorade, Born Final Liquid Energy Drink

Bez barwników: Vitargo® Pure

Z dużą dawką sodu: Oshee, Born Final Liquid Energy Drink

Więcej węglowodanów: Vitargo® Carboloader, Nutrend Isodrinx

Wytrzymałościowe: Endurosnack, Multi Carbo Drink

Słodzone maltodekstryną: Born Final Liquid Energy Drink, Nutrend Isodrinx, Multipower Iso Drink, Squeezy Energy Drink

Z dodatkiem białka: Sponser Long Energy, Born Protein PeptoPro® Recovery

Regeneracyjne: Profidrinx, NutrendUnisport, Amino BCAA Mega Strong

Z dodatkami : NutrendUnisport, Nutrend Isodrinx, Multipower Iso Drink, Born Final Liquid Energy Drink

Niskokaloryczne: Powerade, 4 Move, Oshee

Dla kobiet: Pump it, Green Coffee, All Day Protein + EAA

Wysokokaloryczne: Gatorade, Isostar

ELEKTROLITY

Żele: Endurosnack, Carbosnack

Więcej sodu: Electroactive

Z dodatkiem białka: Recovery 2.0

Z dodatkiem kofeiny: Gutzy Sport Drink

Z dodatkami: Equimins Elektrolity Revitalyte Electro Salts

PRODUKTY ENDURANCE

Vitargo Endurance Bar, B4 Sport, Carbosnack, Isodrinx, Voltage Energy Cake

NAPOJE REGENERACYJNE

Squeezy Recovery Drink, Vitargo, Vitargo Formula Strength, Nutrend Regener, PowerBar Recovery

BATONY REGENERACYJNE

Z granolą: Lean Body Granola, Meal Exchange, Activlab Master Bar, Cereal Energy Plus

Obniżona zawartość węglowodanów: PowerBar Protein Plus Reduced in Carbs, Quest Bar, Barre arôme framboise, Baton DietiSnack, Power Crunch, ProtoMax

Koszerne: Fig Bar, Snickers Marathon,

Bez nabiału: Fig Bar, Lewy Sierpowy, Aloha, Kosmos,

Sojowe: Natural Balance Bar Choco, Vegetal 35 Baton

Na bazie samych owoców: Lewy Sierpowy, Aloha, Kosmos

Bez glutenu: Rawbite , Combat Crunch Bar, Quest Bar,Lewy Sierpowy, Aloha, Kosmos, Rise Protein Bar Almond Honey, Denuts

Bez pszenicy: Lewy Sierpowy, Aloha, Kosmos, Denuts

Bez soi: Quest Bar, Lewy Sierpowy, Aloha, Kosmos

Bez fruktozy: Quest Bar, Rise Protein Bar Almond Honey, Barre arôme framboise

Wegańskie/fair trade: Lewy Sierpowy, Aloha, Kosmos, Raw Organic Food Bar Protein

Z kofeiną: Squeezy

Wzbogacone: Tonic 35, Carni Line

Regeneracyjne (W:B 4:1): Maxim Recovery Bar

Wegeteriańskie/fair trade: MuleBar Chocolate Banana ReFuel, Rise Protein Bar Almond Honey, Snickers Marathon, ProtoMax

BATONY PROTEINOWE

Gutzy Recovery Bar, Cookie Roll,Lean Body Gold, Tri-O-Plex Duo, Tonic 35, Oh Yeah! Victory, Smart Food baton czekoladowy, Snickers Marathon, Barre arôme framboise, Baton DietiSnack, ProtoMax

Batony typu meal-replacement: Matrix pro 32, FA Gear Mass Shock

Napoje typu meal-replacement: ISS Oh Yeah RTD, Olimp Perfect Body MRP

ODŻYWKI PROTEINOWE

Olimp Pure Whey Isolate 95, Olimp Provit 80, Inkospor Active Pro 80

Mało tłuszczu: Cookie Roll, Tonic 35, Baton DietiSnack

Bez dodatkowego cukru: RaWbite

WYBRANA BIBLIOGRAFIA

Ackennark C., Jacobs I., Rasmussan M. i Karlsson I. 1996. *Diet and muscle glycogen concentration in relation to physical performance in Swedish elite ice hockey players*, „Int J Sports Nutr and Exar Metab" 6(3):272–284.

Affenito S. 2007, *Breakfast: A missed opportunity*, „J Amer Diet Assoc" 107(4):565–569.

Ainslie P., Campbell I., Frayn K. i in. 2002, *Energy balance, metabolism, hydration, and performance during strenuous hill walking: The effect of age*, „J Appl Physiol" 93(2):714–723.

Akerstrom T.C. i Pedersen B.K., 2007, *Strategies to enhance immune function for marathoners: What can be done?* „Sports Med" 37(4–5):416–419.

Alford B.A., Blankenship A. i Hagen D.R. 1990, *The effects of variations in carbohydrate, protein, and fat content of the diet upon weight loss, blood values, and nutrient intakes of adult obese women*, „J Amer Diet Assoc„ 90:534–540.

American College of Sports Medicine (ACSM), 1998, *The recommended quantity and quality of exercise for developing and maintaining cardiorespiratory and muscular fitness, and flexibility in healthy adults*, „Med Sci Sports" Exerc 30(6):975–991.

American College of Sports Medicine (ACSM), 2007, *ACSM position stand on exercise and fluid replacement*, „Med Sci Spam Exerc" 39(2):377–390.

American College of Sports Medicine (ACSM), 2007, *ACSM position stand on the female athlete triad*, „Med Sci Sports Exerc" 39(10):1867–1882.

American College of Sports Medicine (ACSM), American Dietetic Association (ADA) i Dietitians of Canada, 2000, *Joint position statement: Nutrition and athletic performance*, „Med Sci Sports Exerc" 32(12):2130–2145.

American Psychiatric Association, 2000, *Diagnostic and statistical manual of mental disorders*, 4th ed., Washington, DC: Author.

Armstrong, L. 2002, *Caffeine, body fluid-electrolyte balance and exemise perfomance* „Int J Sports Nutr and Exerc Metab" 12:189–206.

Amstrong L., Pumerantz A., Roti M. i in., 2005, *Fluid, electrolyte, and renal indices of hydration during 11 days of controlled caffeine consumption*, „Int J Sport Nutr" Exerc Metab" 15:252–265.

Bailey W., Jacobsen D. i Donnelly J. 2002, *Changes in total daily energy expenditure as a result of 16 months of aerobic training: The Midwest Exercise Trial*, „Am J Clin Nutr" *75* (Suppl. nr 2): 363.

Barr, S. 1999, *Vegetarianism and menstrual cycle disturbances: Is there an association?* „Am J Clin Nutr" 70 (Suppl. nr 3): 549–554.

Barr S., K.C. Janelle i J.C. Prior, 1995, Energy intakes are higher during the luteal phase of ovulatory menstrual cycles, „Am J Clin Nutr" 61:39–43.

Bazzano L.A., Song Y., Bubes V., Good C., Manson J. i Liu S. 2005, *Dietary intake of whole and refined grain breakfast cereals and weight gain in men*, „Obes Res" 13(11):1952–1960.

Beals K. i Manore M. 2000, *Behavioral, psychological, and physical characteristics of female athletes with subclinical eating disorders*, „Int J Sports Nutr and Exerc Metab" 10(2):128–143.

Beals K. i Manore M., 2002, *Disorders of the female athlete triad among collegiate athletes*, „Int J Sports Nutr and Exerc Metab" 12:281–293.

Bell D.G. i Mcbellan T.M., 2002, *Endurance exercise 1, 3 and 6 h after caffeine ingestion on caffeine users and nonusers*, „J Appl Physiol" 93(4):1227–1234.

Benardot, D., ed, 1992, *Sports nutrition: A guide for the professional working with active people*, 2nd ed., „Chicago: American Dietetic Association„.

Bergstrom J., Hermansen L., Hultman E. i Saltin B., 1967, *Diet, muscle glycogen, and physical performance*, „Acta Physial Scand„ 71:140–150.

Bielakovic C., Nikolova D., Gluud L.L., Simonetti R.G. i Gluud C., 2007, *Mortality in randomized trials of antioxidant supplements for primary and secondary prevention: Systematic review and meta-analysis*, *JAMA* 297(8):842–857.

Blackburn G. 2001, *The public health implications of the Dietary Approaches to Stop Hypenension Trial*, „Am J Clin Nutr„ 74:1–2.

Bolstet D.R., Pikosky M.A., Cainei P.C. i in., 2005, *Dietary protein intake impacts human skeletal muscle protein fractional synthetic rates after endurance exercise*, „Am J Physiol" 289:E678–E683.

Bouchard C. 1990, *Heredity and the path to overweight and obesity*, „Med Sci Sports Exerc" 23(3):285–291.

Bray G., Nielsen S.J. i Popkin B., 2004, *Consumption of high-fructose corn syrup in beverages may play a role in the epidemic of obesity*, „Am J Clin Nutr" 79:537–543.

Brouns F., Saris W. i Rehrer N., 1987, *Abdominal complaints and gastro-intestinal function during long lasting exercise*, „Intl Spam Med" 8:175–189.

Burke L., 2007, *Training and competition nutrition*, in „Practical sports nutrition", Champaign IL: Human

Kinetics.
Burke L., Collier C. i Hargreaves M., 1998, *Glycemic index: A new tool in sports nutrition?* „Int J Span Nutr" 8:401–415.
Burke L.M., Classen A., Hawley L.A. i Noakes T.D., 1998, *Carbohydrate intake during prolonged cycling minimizes effect of glycemic index of preexercise meal,* „J Appi Physiol" 55(6):2220–2226.
Caan B., Neuhouser M., Aragaki A. i in., 2007, *Calcium plus vitamin D supplementation and the risk of postmenopausal weight gain,* „Arch Intern Med" 167(9):893–902.
Campbell C., Prince D., Applegate B. i Casam G, 2007, *Effect of carbohydrate supplementation type on endurance cycling performance in competitive athletes,* „Med Sci Sports Exerc" 39 (Suppl. nr 5): Abstract 1760.
Casa D., Armstrong L., Montain S. i in., 2000, *National AthleticTrainers' Association position statement: Fluid replacement for athletes,* In „Athletic Training" 35(2):212–224.
Center for Science in the Public Interest (CSPI), 2006, *Are you deficient?* „Nutrition Action Healthletter" 33(9): 3–7.
Center for Science in the Public Interest (CSPI), 2006, *Pour better or pour worse: How beverages stack up,* „Nutrition Action Healthletter"33(5):3–7.
Clancy R.L., Gleeson M., Cox A. i in., 2006, *Reversal in fatigued athletes of a defect in interferon gamma secretion after administration of Lactobacillus acidophilus,* „Br J Sports Med" 40(4):351–354.
Clark N., Nelson M. i Evans W., 1988, *Nutrition education for elite women runners,* „Phys Spammed" 16:124–135.
Clegg D., Reda D., Harris C. i in., 2006, *Glucosamine, chondroitin sulfate, and the two in combination for painful knee osteoarthritis,* „N Engl J Med" 354(8):795–808.
ConsumerLab.com, 2007, *Product review: Joint supplements,* [Online] Available: www.consumerlab.com/results/gluco.asp.
Cook N.R., Cutler J., Obarzanek E. i in., 2007, *Long temt effects of dietary sodium reduction on cardiovascular disease outcomes: Observational follow-up of the trials of hypertension prevention (TOHP),* „Br Med J" 334(7599):885.
Costill D., Bowers R., Branam G. i Sparks K., 1971, *Muscle glycogen utilization during prolonged exercise on successive days,* „J Appl Physiol" 31 (6):834–838.
Costill D.L., King D.S., Thomas R. i Hargreaves M., 1985, *Effects of reduced training on muscular power in swimmers,* „Phys Spommed" 13(2):94–101.
Costill D.L., Sherman W., Fink W., Maresh C., Witten M. i Miller I., 1981, *The role of dietary carbohydrate in muscle glycogen resynthesis after strenuous exercise,* „Am J Clin Nutr" 34:1831–1836.
Costill D.L., Thomas R., Robergs R.A. i in., 1991, *Adaptations to swimming training: Influence of training volume,* „Med Sci Sports Exerc" 23(3):371–377.
Couzin J., 2002, *Nutrition research: IOM panel weighs in on diet and health,* „Science "297(5588):1399–1409.
Coyle E.F. i Montain S.J., 1992, *Benefits of fluid replacement with carbohydrates during exercise,* „Med Sci Sports Exerc" 24 (Suppl. nr 9): 324–330.
Cribb P. i Hayes A., 2006, *Effects of supplement timing and resistance exercise on skeletal muscle hypertrophy,* „Med Sci Sports Exerc" 38(1):1918–1925:
Cribb P., Williams A. i Hayes A., 2007, *A creatine-protein-carbohydtale supplement enhances responses to resistance training,* „Med Sci Sports Exerc": 39(1)):1960–1968.
Das S.K., Gilhooly C., Golden I. i in., 2007, *Long-term effects on 2 energy-restricted diets differing in glycemic load on dietary adherence, body composition, and metabolism in CALERIE: a 1-y randomized controlled trial,* „Am J Clin Nutr" 85: 1023–1030.
Davison G. i Gleeson M., 2005, *Vitamin C and carbohydrate ingestion in prolonged exercise,* „Int J Sports Nutr Exerc Metab" 15:465–479.
Davison G., Gleeson M. i Phillips S., 2007, *Antioxidant supplementation and immunoendocrine responses to prolonged exercise,* „Med Sci Sports Exerc" 39(4):645–652.
Dawson D., Henry C., Goodman C. i in., 2002, *Effect of C and E supplementation on biochemical and ultrastructural indices of muscle damage after a 21 km run,* „Int Sports Med" 23(1): 10–15.
Demura S., Yamaii S., Goshi F. i Nagasawa Y., 2002, *The influence of transient change of total body water on relative body fats based on three bioelectrical impedance analyses methods. Comparison between before and after exercise with sweat loss, and after drinking,* „J Sports Med Phys Fitness" 42(1):38–44.
Deutz R., Benardot D., Martin D. i Cody M., 2000, *Relationship between energy deficits and body composition in elite female gymnasts and runners,* „Med Sci Sports Exerc" 32(3):659–668.
Di Carlo C., Tommaselli G., Sammartino A. i in., 2004, *Serum leptin levels and body composition in postmenopausal women: Effects of hormone therapy,* „Menopausa" 11(4):466–473.
Doherty M. i Smith P., 2005, *Effects of cafffeine ingestion on the rating of perceived exertion during and after exercise: A meta-analysis,* „Stand J Med Sci Sports" 15(2):69–78.
Domingua I., Goodman L., Sen, Gupta S. i in., 2007, *Treatment of anorexia nervosa is associated with increases in bone mineral density, and recovery is a biphasic process involving both nutrition and return of menses,* „Am J Clin Nutr" 86(1):92–99.
Drewnowski A. i Bellisle F., 2007, *Liquid calories, sugar, and body weight,* „Am J Clin Nutr" 85:651–661.
Dueck C., Matt K., Manore M. i Skinner I., 1996, *Treatment of athletic amenorrhea with a diet and training intervention program,* „Int J Sport Nutr" and Exerc

Metab" 6(1):24–40.
Ebbeling C.B., Leidig M.M., Feldman H.A., Lovesky i M.M., Ludwig D.S., 2007, *Effects of a low-glycemic load vs low-fat diet in obese young adults: A randomized trial*, JAMA 297(19):2092–2102.
Edwards, I., Lindeman A., Mikesky A. i Stager I., 1993, *Energy balance in highly trained female endurance runners*, „Med Sci Sports Exerc" 25(12):1398–1404.
Environmental Working Group, 2006, *When should you buy organic?* [Online] Available: www.foodnews.org/release.php.
Esmarck B., Andersen J., Olsen S., Richter E., Mizuno M. i Kjaer M., 2001, *Timing of postexercise protein intake is important for muscle hypertrophy with resistance Training in elderly humans*, „J Physiol" 535 (Pt 1):301–311.
Etnier J., Caselli R., Reiman E. i in., 2007, *Cognitive performance in older women relative to Apo-E4 genotype and aerobic fitness*, „Med Sci Sports Exerc" 39(1): 199–207.
Expert Panel on Detection, *Evaluation, and Teatment of High Blood Cholesterol in Adults. 200L Executive summary of the third report of the National Cholesterol Education Program Expert Panel on detection, evaluation, and treatment of high cholesterol in adults*, JAMA 285:2486–2497.
Fairchild T., Fletcher S., Steele P., Goodman C., Dawson B., Fournier P., 2002, *Rapid carbohydrate loading after a short bout of near maximal-intensity exercise*, „Med Sci Sports Exerc" 34(6):980–986.
Fairfield K. i Fletcher R., 2002, *Vitamins for chronic disease prevention in adults*, JAMA 287(23):3116–3126.
Ferreira S.E., de Mello M.T., Pompeia S. i de Souza--Formigoni M.L., 2006, *Effects of energy drink ingestion on alcohol intoxication*, Alcohol Clin Exp Res 30(4):598–605.
Fields D., Goran M. i McCrory M., 2002, *Body-composition assessment via airdsplacement plethysmography in adults and children: A review*, „Am J Clin Nutr" 75:453–467.
Finnegan D., 2003, *The health effects of stimulant drinks*, Nutrition Bulletin 28:147–155.
Fitó M., Cladellas M., de la Torre R. i in., 2007, *Anti--inflammatory effect of virgin olive oil in stable coronary disease patients: A randomized, crossover, controlled trial*, Eur J Clin Nutr [Online], March 21.
Flakoll P., Judy T., Flinn K., Carr C. i S. Flinri S., 2004, *Postexercise protein supplementation improves health and muscle soreness during basic military training in marine recmits*, „J Appl Physiol" 96(3):951–956.
Flight I. i Clifton P., 2006, *Cereal grains and legumes in the prevention of coronary heart disease and stroke: A review of the literature*, „Eur J Clin Nutr "60(10):1145–1159„
Food and Nutrition Board, Institute of Medicine, 1998/2000, *Dietary reference inrakes*, Lanover, MD: National Academy Press.
Franz M.J., 2003, *Glycemic index: Not the most effective nutrition therapy intervention*, Diabetes Care 26:2466–2468.
Fredericson M. i Kent K., 2005, *Normalization of bone density in a previously amenorrheic runner with osteoporosis*, „Med Sci Sports Exerc" 37(9):1481–1486.
Gallus S., Scotti L., Negri E. i in., 2007, *Artificial sweeteners and cancer risk in a network of case-control studies*, Ann Oncol 18(1):40–44.
Gardner C.D., Kiazand A., Alhassan S. i in., 2007, *Comparison of the Atkins, Zone, Ornish, and LEARN diets for change in weight and related risk factors among overweight premenopausal women: The A to Z Weight Loss Study: A randomized trial*, JMMA 297(9):969–977.
Garner D., 1998, *The effects of Starvation on behavior. Implications for dieting and eating disorders*, „Healthy Weight Journal" 12(5):68–72.
Geleijnse J., Launer L., van der Kuip D., Hofman A. i Witteman I., 2002, *Inverse association of tea and flavonoid intakes with incident myocardial infarction: The Rotterdam Study*, „Am J Clin Nutr" 75:880–886.
Getchell B. i Anderson W., 1982, *Being fit: A personal guide*, New York: Wiley.
Gibson A., Heyward V. i Mermier C., 2000, *Predidive accuracy of Omron Body Logic Analyzer in estimating relative body fat of adults*, „Int J Sports Nutr and Exerc Metab" 10:216–227.
Gilhooly C., Das S.K., Golden L.K. i in., 2007, *Food craving and energy regulation: The characteristics of craved foods and their relationship with eating behaviors and weight diange during 6 months of dietary energy restriction*, „Int J Obes "31 (12): 1849–1858.
Godard M., Williamson D. i Trappe S., 2002, *Oral amino-acid provision does not affect muscle strength or size gains in older men*, „Med Sci Sports Exerc" 34(7):1126–1131.
Goran M. i Poehlman E., 1992, *Endurance training does not enhance total energy expenditure in healthy elderly persons*, „Am J Physiol" 263:E950–E957.
Green H., Ball-Bumett M., Jones S. i Farrance B., 2007, *Mechanical and metabolic responses with exercise and dietary carbohydrate manipulation*, „Med Sci Sports Exerc": 39(1):139–148.
Greene R., Godek S., Burkholder A. i Peduzzi C., 2007, *Sweat sodium and total sodium losses in NFL players with exercise associated muscle cramps during training camp vs matched non-crampers*, „Med Sci Spam Ererc" 39 (Suppl. nr 5): Abstract 574.
Haller C., Benowitz N. i Peyton I., 2005, *Hemodynamic effects of ephedra-free weight-loss supplements in humans*, „Am J Med" 118:998–1003.
Hansen A., Fischer C., Plomgaard P., Andersen I., Saltin B. i Pedersen B., 2005, *Skeletal muscle adaptation: Training twice every second day vs training once daily*, „J Appl Physiol" 98:93–99.

Heymsfield S., Harp J., Reitman M. i in., 2007, *Why do obese patients not lose more weight when treated with low-Calorie diets? A mechanistic perspective*, „Am J Clin Nutr" 85:346–354.

Hickner R., Horswill C., Welker J., Scott J., Roemmich J. i Oostill D., 1991, *Test development for the study of physical performance in wrestlers following weight loss*, „Int J Spurts Med" 12(6):557–562.

Hill J.O., McArdle W., Snook J. i Wilmore I., 1992, *Commonly asked questions regarding nutrition and exercise: What does the scientific literature suggest?* Vol. 9 of Spurs science exchange, Chicago: Gatorade Sports Science Institute.

Holm L., Esmarck B., Mizuno M. i in., 2006, *The effect of protein and carbohydrate supplementation on strength training outcome of rehabilitation in ACL patients*, „J Orthop Res" 24(11):2114–2123.

Hooper S.L., Maddnnon L.T., Howard A., Gordon R. i Bachmann A., 1995, *Markets for monitoring overtraining and recovery*, „Med Sci Sports Exerc" 27(1):106–112.

Horowitz L.F. i Coyle E.F., 1993, *Metabolic responses to prestercise meals containing various Carbohydrates and fat*, „Am J Clin Nutr" 58:235–241.

Houmard J.A., Costill D.L., Mitchell L.B., Park S.H., Hickner R.C. i Roemmich J.N., 1990, *Reduced training maintains performance in distance runners*, „Int J Sports Med" 11(1):46–52.

Hu F., Bronner L., Willett W. i in., 2002, *Fish and omega-three fatty acid intake and risk of coronary heart disease in women*, JAMA 287:1807–1814.

Huang H.Y., Caballero B., Chang S. i in., 2006, *The efficacy and safety of multivitamin and mineral supplement use to prevent cancer and chronic disease in adults: A systematic review for a National Institutes of Health state-of-the-science conference*, „Ann Intern Med" 145(5):372–385.

Institute of Medicine, 1994, *Fluid replacement and heat stress*, Washington, DC: National Academy Press.

Institute of Medicine, 2002, *Dietary reference intakes for energy, carbohydrate, fiber, fat, fatty acids, cholesterol, protein and amino acids*, Washington, DC: National Academy Press.

International Olympic Committee, 2004, *Consensus on sports nutrition 2003*, „J Sports Sci" 22(1):X.

Ivy J., 2001, *Dietary strategies to promote glycogen synthesis after exercise*, „Can i Appl Physiol" 26 (Suppl.): 236–245.

Ivy J., Goforth H., Damon B., McCauley T., Parsons E. i Price T., 2002, *Early postexercise muscle glycogen recovery is enhanced with a carbohydrate-protein supplement*, „J Appl Physiol" 93(4):1337–1344.

Janssen C., Graef C. i Saris W., 1989, *Food intake and body composition in novice athletes during a training period to run a marathon*, „Int J Sports Med„ 10:517–21.

Ientiens R.L., Underwood K., Achten J., Currell K., Mann C.H. i Jeukendrup A.E., 2006, *Exogenous carbohydrate oxidation rates are elevated after combined ingestion of glucose and fructose during exercise in the heat*, „J Appi Physiol" 100(3):807–816.

Jiang R., Manson J.E., Stampfer M.J., Liu S., Willett W.C. i Hut E.B., 2002, *Nut and peanut butter consumption and risk of type 2 diabetes in women*, JAMA 288(20):2554–2560.

Jówko E., Ostaszewski F., Jank M. i in., 2001, *Creatine and beta-hydroxy beta-methylbutyrate (HMB) additiver increase lean body mass and muscle strength during a weight-training program*, „Nutrition" 17 (7–8):558–566.

Jung A., Bishop P., Al-Nawwas A. i Dale R., 2005, *Influence of hydration and electrolyte supplementation on incidence and time of onset of exercise associated muscle cramps*, „J Athl Train" 40:71–75.

Kant A., Ballard-Barbash R. i Schatzkin A., 1995, *Evening eating and its relation to self-reported weight and nutrient intake in women, CSFII 1985–1986*, „J Am College Nutr" 14(8):358–365.

Karp J., Johnston J., Tecklenburg S., Mickleborough T., Fly A. i Stager I., 2006, *Chocolate milk post-exercise recovery aid*, „Int J Sports Nutr Exerc Metab" 16:78–91.

Karppanen H. i Mervaala E., 2006, *Sodium intake and hypertension Prog Cardiovasc Dis* 49(2):59–75.

Katz D., Evans M., H. Nawaz H. i in., 2005, *Egg consumption and endothelial function: A randomized controlled crossover trial*, „Int J Cardiol" 9(1):65–70.

Keys A., Brozek J.,Henschel i A. in., 1950, *The biology of hyman starvation. Bols I and II*, Minneapolis: University of Minnesota Press.

Killduff L., Vidakovic P., Cooney G. i in., 2002, *Effects of creatine on isometric benchpress performance in resistance-trained humans*, „Med Sci Sports Exerc" 34(7):1176–1183.

Kirk J. Donnelly i Jacobsen D., 2002, *Time course and gender effects in aerobic capacity and body composition for overweight individuals: Midwest Exercise Trial (MET)*, „Med Sci Sports Exerc": 34 (Suppl. nr 5): 120.

Klibanski A., Biller B.M.K., Schoenfeld D.A., Herzog D. i Saxe V., 1995, *The effects of estrogen administration on trabecular bone loss in young women with anorexia nervosa*, „J Clin Endocrinol Metab" 80:898–904.

Knowler W.C., Barrett-Conner E., Fowler S.E. i in., 2002, *Reduction in the incidence of type II diabetes with lifestyle intervention or metformin*, „N Eng J Med" 346:393–403.

Kris-Etherton, P., W. Harris i L. Appel, 2002, *American Hean Association scientific statement: Fish consumption, fish oil, omega-3 fatty acids, and cardiovascular disease*, Circulation 106:2747–2757.

Kris-Etherton P., Zhao G., Binkoski A.E., Coval S.M. i Etherton T.D., 2001, *The effects of nuts on coronary*

heart disease, „Nutr Rev" 59(4):103–111.
Kritchevsky S. i Kritchwsky D., 2000, *Eggconsumption and coronary heart disease: An epidemiologic overview*, „J Am Coll Nutr„ 19 (Suppl. nr 5):549–555.
Iaidlaw S.A., Grosvenor M. i Kopple J.D., 1990, *The taurine content of common foodstuffs*, „J Par Ent Nutr" 14:183–188.
Lappe I., Travers-Gustafson D., Davies K., Recker R. i Heaney R., 2007, *Vitamin D and calcium supplementation reduces cancer risk: Results of a randomized trial*, „Am J Clin Nutr" 85(6):1586–1591.
Leibel R.L., Rosenbaum M. i Hirsch I., 1995, *Changes in energy erpenditure resulting from altered body weight*, „N Engl J Med" 332:621–628.
Lemon P. 1995, *Do athletes need more protein and amino acids?* „Int J Sport Nutr" 5 (Suppl.): 39–61.
Levine J., Eberhardt N. i Jensen M., 1999, *Role of non-exercise activity thermogenesis in resistance to fat gain in humans*, „Science" 282(5399):212–214.
Lichtenstein A., Appel L., Brands M. i in., 2006, *American Heart Association scientific statement: Diet and lifestyle recommendations revision 2006: A scientific statement from the American Hean Association Nutrition Committee Circulation* 114(1):82–96.
Lim U., Subar A.F., Mouw T. i in., 2006, *Consumption of aspaname-containing beverages and incidence of hematopoietic and brain malignancies*, „Cancer Epidemiol Biamurkers Prev"15(9):1654–1659.
Liu, H., D. Bravata, I. Olkin i in. 2007, *Systematic review: The safety and efficacy of gtowth hormone in the healthy elderly*, Ann Intern Med 146(2):104–115.
Loucks A., 2004, *Energy balance and body composition in sports and exercise*, „J Sport Sci" 22(1):1–14.
Lnucks A. i Thuma B., 2003, *Luteinizing hormone pulsatility is disrupted at a threshold of energy availability in regularly menstruating women*, „J Clin Endocrinol Metab" 88(1):297–311.
Luscombe N., Clifton E., Noakes M., Parker B. i Wittert G., 2002, *The effects of energy-restricted diets containing increased protein on weight loss, resting energy expenditure and the thermic effect of feeding in type 2 diabetes*, „Diabetes Care" 25:652–657.
Lutter J. i Cushman S., 1982, *Running while pregnan*, J Melpomene Institute 1(1):2–4.
Marchioli R., Schweiger C., Levantesr G., Tavassr L. i Valagussa F., 2001, *Antioxidant vitamins and prevention of cardiovascular disease: Epidemiological and clinical trial data*, „Lipids" 36 (Suppl.): 53–63.
Marczynski C.A. i Fillmore M.T., 2006, *Clubgoers and their trendy cocktails: Implications of mixing caffeine into alcohol on information processing and subjective reports of intoxication*, „Exp Clin Psychopharmacol" 14(4):450–458.
Martin W., Armstrong L. i Rodriquez N., 2005, *Dietary protein intake and renal function*, „Nutr Metab" (Lond) 20(2):25.
Mason W.L., McConell G. i Hargreaves M, 1993, *Carbohydrate ingestion during exercise: Liquid vs. solid feedingsi*, „Med Sci Sports Exerc" 25(8):966–969.
McManus K., Antinoro L. i Sacks F., 2001, *A randomized controlled trial of a moderate fat, low-energy diet compared with a low-fat, low energy diet for weight loss in overweight adults*, „Int J Obes Relat Metab Disard„ 25:1503–1511.
Miller K., Lee E., Lawson E. i in., 2006, *Determinants of skeletal loss and recovery in anorexia nervosa*, „J Endocrinol Metab" 91(8):2931–2937.
Morales A., Haubrich R., Hwang J., Asakura H. i Yen S., 1998, *The effect of six months treatment with a 100 mg daily dose of dehydroepiandrosterone (DHEA) on circulating sex steroids, body composition and muscle strength in age-advanced men and women*, „Clin Endocrinol" 49(4):421–432.
Mosca L., Banka C., Benjamin E. i in., 2007, *Evidence-based guidelines for cardiovascular disease prevention in women: 2007 update*, „Circulation"115(7):1481–1501.
Nair K., Rizza R., O'Brien P. i in., 2006, *DHEA in elderly women and DHEA or testosterone in elderly men*, „New Engl J Med" 355(16):1647–1659.
Napoli N., Thompson I., Civitelli R. i Armamento-Villareal R., 2007, *Effects of dietary calcium compared with calcium supplements on estrogen metabolism and bone mineral density*, „Am J Clin Nutr" 85:1428–1433.
National Eating Disorders Association, 2005, *No Weigh! A declaration of independence from a weight-obsessed world*, [Online] Available: www.NationalEatingDisorders.org.
National Institutes of Health State-of-the-Science Panel, 2007, *National Institutes of Health state-of-the-science conference statement: Multi-vitamin and mineral supplements and chronic disease prevention*, „Am J Clin Nutr" 85(1):257S–264S.
Nattiv A. 2000, *Stress fractures and bone health in track and field athletes*, „J Sci Med Sport" 3(3):258–279.
Nattiv A., Loucks A., Manore M., Sanborn C. i in., 2007, *Position Stand of the American College of Sports Medicine: The Female Athiete Triad*, „Med Sci Sports Exerc" 39(10):1867–1882.
Nelson M., Fisher E., Catsos P., Meredithm C.,Torskoy R. i Evans W., 1986, *A Diet and bone status in amenorrheic runners*, „Am J Clin Nutr" 43:910–916.
Neumark-Sztainer D., Wall M., Gou J., Story M., Haines J. i Eisenhberg M., 2006, *Obesity, disordered eating and eating disorders in a longitudinal study of adolescents: How do dieters fare five years later?* „J Amer Diet Assoc "106:559–235.
Nieman D., Henson D., McAnulty S. i in., 2002, *Influence of vitamin C supplementation on oxidative and immune changes after an ultramarathon*, „J Appi Physiol" 92(5):1070–1077.
Nieman D., Henson D., McAnulty S. i in., 2004, *Vitamin E and immunity after the Kona Triathlon World*

Championship, „Med Sci Sports Exerc" 36(8):1328–1335.
Noakes T., 2003, *Lore of running*, 4th ed. Champaign, IL: Human Kinetrcs.
O'Dea J. i Rawstome P., 2001, *Male adolescents identify theirweight gain practices, reasons for desired weight gain, and sources of weight gain information*, „J Amer Diet Assnc" 101(1):105–107.
Ode J., Pivarnik J., Reeves M. i Knous J., 2007, *Body mass index as a predictor of percent fat in college athletes and nonathletes*, „Med Sci Sports Exerc" 39(3):403– 409.
Olivardia R., 2002, *Body image obsession in men*, „Healthy Weightlournal" 16(4):59–63.
Pasman W., van Baak M., Jeukendrup A. i de Haan A., 1995, *The effects of different dosages of caffeine on endurance performance time*, „Int J Sports Med" 16:225–230.
Pedersen S., Kang J. i Kline G., 2007, *Portion control plate for weight loss in obese patients with type 2 diabetes mellitus: A controlled clinical trial*, „Arch Intern Med"167:1277–1283.
Pennington J., 2004, *Bower nad Church's food values of portions commonly used*, 18th ed. Philadelphia: Lippincott Williams and Wilkins.
Pereira M., Jacobs D., Pins I. i in., 2002, *Effect of whole grains on insulin sensitivity in overweight hyperinsulinemic adults*, „Am J Clin Nutr" 75:848–855.
Peterson J., Repovich W., Eash M., Notrica D. i Hill C., 2007, *Accuracy of consumer grade bioelectrical impedance analysis devices compared to air displacement plethysmography*, „Med Sci Sports Exerc" 39 (Suppl. no, 5): Abstract 2105.
Phillips P., Rolls B., Ledingham J. i in., 1984, *Reduced thirst after water deprivation in healthy elderly men*, „N Engl J Med" 311:753–759.
Pomerleau M., Imbeault P., Parker T. i Doucet E., 2004, *Effects of exercise intensity on food intake and appetite in women*, „Am J Clin Nutr" 80:1230–1236.
Rasmussem B., Tipton K., Miller S. i in., 2000, *An oral essential amino acid-carbohydrate supplement enhances muscle protein anabolism after resistance exercise*, „J Appl Physiol" 88:386–392.
Rauch L.H.G., Rodger I., Wilson G. i in., 1995, *The effects of carbohydrate loading on muscle glycogen content and cycling performance*, „Int J Sports Nutr„ 5(1):25–35.
Reichenbach S., Sterchi R., Schere M. i in., 2007, *Meta-analysisz Chondroitin for osteoarthritis of the knee or hip*, „Ann Int Med" 146(8):580–590.
Reiner L. i Horne J., 2002, Efficacy of a »functional energy drink« in counteracting driver sleepiness, „Physiol Bahav" 75(3):331–335.
Ribisl P., 2002, *A slim chance in a fat world: Beating the odds on woight control*, „ACSM's Health Fit J" 6(4):33.
Rock C., 2002, *A slim chance in a fat world: Beating the odds on woight control*, „ACSM's Health Fit J" 6(4):33.
Roffe C., Sills S., Crome P. i Jones P., 2002, *Randomised, cross-over, placebo controlled trial of magnesrum cttrate in the treatment of chronic persistent leg cramps*, „Med Sci Monit" 8(5):CR326–330.
Roti M.W., Casa D.J., Pumerantz A.C. i in., 2006, *Thermoregulatory responses to exercise in the heat: Chronic caffeine intake has no effect*, „Aviat Space Environ Med" 77(2):124–129.
Saarni S., Rissanen A., Sama S., Koskenvuo M. i Kaprio J., 2006, *Weight cycling of athletes and subsequent gain in middle age*, „Int J Obes" 30(11):1639–1644.
Sacks F.M., Lichtenstein A., Van Horn L., Harris W., Kris-Ethenon P. i Winston M.; American Heart Association Nutrition Committee, 2006, *Soy protein, isoflavones, and cardiovascular health: An American Hean Association Science Advisory for professionals from the Nutrition Committee*, Circulation 113(7):1034–1044.
Sallis R., Bongacre M. i Morris L., 2007, *Gastrointestinal symptoms in Hawaiian Ironman Triathletes*, „Med Sci Sports Exerc": 39 (Suppl. nr 5): Abstract 2080.
Sanbom C., Horea M., Siemers B. i Dieringer K., 2000, *Disordered eating and the female athlete triad* „Clin Sports Med" 19(2):199–213.
Saunders M., Kane M. i Todd K., 2004, *Effects of a carbohydrate-protein beverage on cycling endurance and muscle damage*, „Med Sci Sports Exerc" 36:1233–1238.
Schabort E., Bosch A., Welton S. i Noakes T., 1999, *The effect of a preexercise meal on time to fatigue during prolonged cycling atercise*, „Med Sci Spam Exerc" 31(3):464–471.
Schlundt D.G., Hill J.O., Sbrocco T., Pope-Cordle J. i Sharp T., 1992, *The role of breakfast in the treatment of obesity: A randomized clinical trial*< „Am J Clin Nutr" 55(3):645–651.
Schwellnus M.P., Nicol R., Laubscher R. i Noakes T.D., 2004, *Serum electrolyte concentrations and hydration status are not associated with exercise associated muscle cramping (EAMC) in distance runners*, „Br J Sports Med" 38(4):488–492.
Sellmeyer D., Schloetter M. i Sebastian A., 2002, *Potassium citrate prevents increased urine calcium secretion and bone resorption induced by a high sodium chloride diet*, „J Clin Endocrinol Metab" 87(5):2008–2012.
Sesso H., Pfaffenbarger K. i Lee I., 2000, *Physical activity and coronary heart disease in men: The Harvard Alumni Health Study*, „Cirmlativn" 102(9):975–980.
Sherman W., Brodowicz G., Wright D., Allen, Simonsen I. i Dembach A., 1989, *Effects of 4 h preexercise carbohydrate feedings on cycling performance*, „Med Sci Sports Exerc" 21(5):598–604.
Sherman W., Costill D., Fink W. i Miller I., 1981, *Effect of exercise-diet manipulation on muscle glycogen and its subsequent utilization during performance*, „Int J

Sports Med" 2:114–118.
Sherman W., Pedan M. i D. Wright D., 1991, *Carbohydrate feedings 1 hour before exercise improves cycling performance*, „Am J Clin Nutr" 54:866–870.
Sherman W.M. i Maglischo E.W., 1991, *Minimizing athletic fatigue among swimmers: Special emphasis on nutrition*, „Sports Sci Exchange" 4(35):1–4.
Sherriffs S. i Maughan R., 1997, *Restoration of fluid balance after exercise-induced dehydration: Effects of alcohol consumption*, „J Appi Physiol" 83(40):1152–1158.
Shields D., Corrales K. i Metallinos-Katsaras K., 2004, *Gourmet coffee beverage consumption among college women*, „J Amer Diet Assoc" 104:650-653.
Shing C.M., Peake J., Suzuki K. i in., 2007, *Effects of bovine Colostrum supplementation on immune variables in highly trained cyclists*, „J Appi Physial" 102:1113-1122.
Sims E., 1976, *Experimental obesity, dietary induced thennogenesis, and their clinical implications*, „J Clin Endocrinol Metab" 5:377–395.
Sims E. i Danforth E., 1987, *Expenditure and storage of energy in man*, „J Clin Invest" 79:1–7.
Sims S.T., van Vliet L., Cotter J. i Rehrer N., 2007, *Sodium loading aids fluid balance and reduces physiological strain of uained men exercising in the heat*, „Med Sci Sports Exerc" 39(1):123–130.
Siris E.S., Miller P.D., Barrett-Connor E. i in., 2001, *Identification and fracture outcomes of undiagnosed low bone mineral density in postmenopausal women: Results of the National Osteoporosis Risk Assessment*, JAMA 286(22):2815–2822.
Slater G., Rice A., Sharpe K., Jenkins D. i Hahn A., 2007, *The influence of nutrient intake after weigh-in on lightweight rowing performance*, „Med Sci Sport Excer": 39(1):134–191.
Song W., Chun O., Obayashi S., Cho S. i Chung C., 2005, *Is consumption of breakfast associated with body mass index in US adults?*, „J Amer Diet Assoc" 105:1373–1 382.
Staten M., 1991, *The effect oferercise on food intake in men and women*, „Am J Clin Nutr" 53:27–31.
Stemfeld B., Wang H., Quesenberry C. i in., 2004, *Physical activity and changes in weight and waist circumference in midlife women: Finding; from the study of women's health across the nation*, „Am J Epidemiol" 160(9):912–922.
Stevenson E., Williams C. i Biscoe H., 2005, *The metabolic responses to high carbohydrate meals with different glycemic indices consumed during recovery from prolonged strenuous exercise*, „Int J Sports Nutr Exerc Metab" 15(3):291–307.
Stevenson E., Williams C., McComb G. i Oram C., 2005, *Improved recovery from prolonged exercise following the consumption of low glycemic index carbohydrate meals*, „Int J Sport Nutr" Exerc Metab 15(4):333–349.
Stout R., Eckerson J., Housch T., Johnson G. i Betts N., 1994, *Validity of body fat estimations in males*, „Med Sci Sports Exerc": 26(5):262.
Taheri S., Lin L., Austin D., Young T. i Mignot E., 2004, *Short sleep duration is associated with reduced leptin, elevated ghrelin, and increased body mass index*, „PLoS Med" 1(3):E62.
Taubert D., Roesen R., Lehmann C., Jung N. i Schömig E., 2007, *Effects of low habitual cocoa intake on blood pressure and bioactive nitric oxide: A randomized controlled trial*, JAMA 298:49–60.
Teriung R.L., Clarkson P., Eichner R. i in., 2000, *American College of Sports Medicine roundrable. The physiological and health effects of oral creatine supplements*, „Med Sci Sports Exerc" 32(3):706–717.
Thompson J., Manore M., Skinner J., Ravussin E. i Spraul M., 1995, *Daily energy expenditure in male athletes with differing energy intakes*, „Med Sci Sports Exerc" 27(3):347–354.
Tipton K., Elliot T., Cree M., Wolf S., Sanford A. i Wolfe R., 2004, *Ingestion of casein and Whey proteins result in muscle anabolism after resistance exercise*, „Med Sci Sports Exerc":: 36(12):2073–2081.
Torres I.C., Mira L., Omelas C.P. i Melim A., 2000, *Study of the effects of dietary fish intake on serum lipids and lipoproteins in two populations with different dietary habits*, „Br J Nutr" 83(4):371–379.
Tremblay A., Despres J., leblanc C. i in., 1990, *Effect of intensity of physical activity on body fatness and fat distribution*, „Am J Clin Nutr" 51:153–157.
Tucker K.L., Morita K., Qiao N., Hannan M.T., Cupples L.A. i Kiel D.P., 2006, *Colas, but not other carbonated beverages, are associated with low bone mineral density in older women: The Framingham Osteoporosis Study*, „Am J Clin Nutr" 84(4):936–942.
Turner R., Bauer R., Woelkart K., Hulsey T. i Gangemi I., 2005, *An evaluation of Echinacea angustifolia in experimental rhinovirus infections*, „New Eng J Med" 353(4):341–348.
USDA Pesticide Data Program, 2006, Annual summary calendar year 2005 [Online], p. 31, Available: www.ams.usda.gov/science/pdp/status.htm.
Van der Merwe P. i Grobbelaar E., 2005, *Unintentional doping through the use of contaminated nutritional supplements*, „S Afr Med J" 95(7):510–511.
van Loon L.J., Koopman R., Stegen J.H., Wagenmakers A.J., Keizer H.A. i Saris W.H., 2003, *Intramyocellular lipids form an important substrate source during moderate intensity exercise in endurance-trained males in a fasted state*, „J Physiol" 553 (Pt. 2): 611–625.
Vander Wal J.S., Marth J.M., Khosla P., Len C. i Dhurandhar N.V., 2005, *Shortterm effect of eggs on satiety in overweight and obese subjects*, „J Am Call Nutr" 24(6):510–515.
Varner L., 1995, *Dual diagnosis: Patients with eating and substance-related disorders*, „I Am Diet Assoc", 95(2):224–225.

Vega-Lopez S., Ausman L.M., Griffith J.L. i Lichtenstein A.H., 2007, *Inter-individual reproducibility of glycemic index values for commercial white bread*, „Diabetes Care" 30:1412–1417.

Vertanian L., Schwartz M. i Brownell K., 2007, *Effects of soft drink consumption on nutrition and health: A systematic review and meta-analysis*, „Am J Public Health" 97:667–675.

Wagner M., Keathley R. i Bass M., 2007, *Developing a social norm intervention promotion campaign for student-athletes enrolled in a Division I-AA University*, „Med Sci Sports Exerc" 39 (Suppll nr 5): Abstract 1366.

Wallis C., Rowlands D., Shaw C., Ientiens R. i Jeukendrup A., 2005, *Oxidation of combined ingestion of maltodextrins and fructose during exercise*, „Med Sci Sports Exerc" 37:426–432.

Wallis G.A., Yeo S.E., Blannin A.K. i Jeukendrup A.E., 2007, *Dose-response effects of ingested carbohydrate on exercise metabolism in women*, „Med Sci Sports Excer" 39(1):131–138.

Weaver C., 2002, *Adolescence: The period of dramatic bone growth*, „Endocrine" 17:43–48.

Weaver C.M., Teegarden D., Lyle R.M. i in., 2001, *Impact of exercise on bone health and contraindication of oral contraceptive use in young women*, „Med Sci Sports Exerc" 33:873–880.

Westerterp K., Meijer G., Janssen E., Saris W. i Ten F. Hoor, 1992, *Long term effects of physical activity on energy balance and body composition*, „Br J Med" 68(1):21–30.

Williams P., 2007, *Maintaining vigorous activity attenuates 7-year weight gain in 8340 runners*, „Med Sci Sports Exerc" 39(5):801–809.

Wilmore J., Wambsgans K., Brenner M. i in., 1992, *Is there energy conservation in amenorrheic compared with eumenorrheic distance runners?*, „J Appl Physiol" 72(1):15–22.

Wing R. i Phelan S., 2005, *Long-term weight loss maintenance*, „Am J Clin Nutr" 82 (Suppl. nr 1): 222–225.

Wing R.R., Matthews K.A., Kuller L.H., Meilahn E.N. i Plantinga P.L., 1991, *Weight gain at the time of menopause*, „Arch Intern Med" 151(1):97–102.

Winter C. i Davis S., 2006, *Scientific status summary: Organic foods*, „J Rmi Science" 71 (9):R117.

Woo R., Garrow J.S. i Pi-Sunyer F.X., 1982, *Effect of exerdse on spontaneous calorie intake in obesity*, „Am J Clin Nutr" 36(3):470–477.

Woo R. i Pi-Sunyer F.X., 1985, *Effect of increased physical activity on voluntary intake in lean women*, „Metabolism" 34(9):836–841.

Woolsey M., 2001, *Eating disorders: A clinical guide to counseiing and treannem*, „Chicago: American Dietetic Association".

World Cancer Research Fund and the American Institute for Cancer Research Expert Panel, 2007, *Food, Nutrition, Physical Activity and the Prevention of Cancer; a Global Perspetive*, www.dietandcancerreport.org.

Wyatt H.R., Grunwald G.K., Mosca C.L., Klem M.L., Wing R.R. i Hill I.O., 2002, *Long-term weight loss and breakfast in subjects in the National Weight Control Registry*, „Obes Res" 10(2):78–82.

Wylie-Rosett J., Segal-Isaacson C.J. i Segal-Isaacson A., 2004, *Carbohydrates and increases in obesity: Does the type of carbohydrate make a difference?*, „Obes Res" 12 (Suppl. nr 2): 124–129.

Yoshioka M., Doucet E., St-Pierre S. i in., 2001, *Impact of high-intensity uercise on energy expenditure, lipid oxidation and body famess*, „Int J Obes Relat Metab Disord" 25(3):332–331.

Zachweija J., 2002, *Protein: Power or puffery?* [Online], Gatorade Sports Science Institute, Available: www.gssiweb.com.

Zanker C. i Cooke C., 2004, *Energy balance, bone turnover, and skeletal health in physically active individuals*, „Med Sci Sports Exerc" 36(8):1372–1381.

Zarkadas P., Carter J. i Banister E., 1994, *Taper increases perfom-tance and aerobic power in triathletes*, „Med Sci Sports Excer" 26 (Suppl.): Abstract 194.

Zelasko C., 1995, *Exercise for weight loss: What are the facts?*, „J Am Diet Assoc" 95(12):1414–1417.

Zemel M., Thompson W., Milstead A., Morris K. i Campbell P., 2004, *Calcium and dairy acceleration of weight and fat loss during energy restriction in obese adults*, „Obes Res" 12:582–590.

Ziip I., Korver O., Tijburg L., 2000, *Effect of tea and other dietary factors on iron absorption*, Crit Rev Food Sci Nutr 40(5):371–398.

INDEKS

Litery r lub t umieszczone przy numerze strony oznaczają odpowiednio rysunek lub tabelę.

Ś

O AUTORCE

Nancy Clark, dyplomowana dietetyczka sportowa, autorka popularnych książek, znana jest z umiejętności przekładania naukowej wiedzy o żywieniu na język praktycznych porad, które pomagają poprawić zdrowie, kontrolować wagę i leczyć zaburzenia odżywiania. Prowadzi prywatną praktykę w Healthworks Fitness Center w Chestnut Hill w stanie Massachusetts, doradza trenującym rekreacyjnie i zawodowym sportowcom. Jej pacjentami są członkowie drużyny bejsbolowej Boston Red Sox, koszykarze Boston Celtics oraz wielu innych sportowców reprezentujących różne dyscypliny sportu. Jest członkiem zespołu doradców firmy Mizuno, Medical Wellness Association oraz Aerobics and Fitness Association of America.

Nancy Clark prowadziła wykłady dla American Dietetic Association, American College of Sports Medicine, dla sportowców i trenerów z Boston College. Prowadzi serie warsztatów na całym świecie dla specjalistów od zdrowia i żywienia. Wyrazem uznania dla jej pracy było umieszczenie po olimpiadzie letniej w 2004 roku jej wizerunku oraz porady żywieniowej na opakowaniu płatków Wheaties.

Stopnie naukowe w dziedzinie żywienia zdobywała kolejno w Simmons College w Bostonie (licencjat) i Boston University (magister). Odbyła staż jako dietetyk w szpitalu Massachusetts General Hospital. Jest członkiem American Dietetic Association, zdobywcą przyznawanej przez ADA nagrody Media Excellence Award oraz aktywnym członkiem grupy zrzeszającej praktykujących dietetyków SCAN przy ADA, która przyznała jej honorowe wyróżnienie. Jest też członkiem American College of Sports Medicine i zdobywczynią nagrody honorowej przyznanej przez oddział ACSM w Nowej Anglii. Zdobyła również nagrodę 2007 Simmons College Distinguished Alumna Award.

Prowadzi rubryki o odżywianiu w „New England Runner", „Adventure Cycling" oraz „American Fitness", często pisuje dla takich magazynów jak „Shape" czy „Runner's World". Tworzy comiesięczną rubrykę „The Athlete's Kitchen", która ukazuje się regularnie w ponad 100 publikacjach i na stronach internetowych. Jest autorką *Nancy Clark's Food Guide for Marathoners: Tips for Everyday Champions* oraz *The Cyclist's Food Guide: Fueling for the Distance.*

Biega na dziesięć kilometrów, półmaratony i maratony. Prowadziła liczne długodystansowe wyprawy rowerowe, w tym Transamerica Trip oraz przeprawy przez Góry Skaliste w Kanadzie i USA. Była członkiem wyprawy w Himalaje i twórcą menu dla ekspedycji wysokogórskich. Najnowszy sport, w jaki się zaangażowała, to wioślarstwo.

Mieszka w Bostonie z mężem, synem i córką.